Treuhand und Unterbeteiligung an Gesellschaftsanteilen

Zivilrechtliche Schriften

Beiträge zum Wirtschafts-, Bank- und Arbeitsrecht

Herausgegeben von Peter Kreutz und Dieter Reuter

Band 34

PETER LANG

Frankfurt am Main · Berlin · Bern · Bruxelles · New York · Oxford · Wien

Freia Peters

Treuhand und Unterbeteiligung an Gesellschaftsanteilen

Eine vergleichende Betrachtung für den Bereich des Gesellschafts- und des Steuerrechts

PETER LANG
Europäischer Verlag der Wissenschaften

Bibliografische Information Der Deutschen Bibliothek
Die Deutsche Bibliothek verzeichnet diese Publikation in der Deutschen Nationalbibliografie; detaillierte bibliografische Daten sind im Internet über <http://dnb.ddb.de> abrufbar.

D 8
ISSN 0941-147X
ISBN 3-631-50224-9

www.peterlang.de

Vorbemerkung

Die vorliegende Arbeit ist im Wintersemester 2001/2002 an der Juristischen Fakultät der Christian-Albrechts-Universität zu Kiel als Dissertation angenommen worden. Das Manuskript wurde im Mai 2001 abgeschlossen. Danach veröffentlichte Rechtsprechung und Literatur konnten nicht mehr berücksichtigt werden.

Mit ganz besonderem Dank möchte ich an dieser Stelle meines kurz vor der Fertigstellung dieser Arbeit verstorbenen Lehrers, Herrn Prof. Dr. Sonnenschein, gedenken. Er gab den Anstoß zu dieser Arbeit; von ihm wurde ich während der ganzen Zeit wissenschaftlich betreut. Darüber hinaus verdanke ich seiner Unterstützung die finanzielle Förderung durch ein Stipendium des Landes Schleswig-Holstein.

Herrn Prof. Dr. Reuter möchte ich sehr dafür danken, daß er sich trotz starker Arbeitsbelastung sofort bereit erklärt hat, die Betreuung der Doktorarbeit zu übernehmen und mir bei den abschließenden Arbeiten behilflich zu sein.

Meine Eltern haben mich während meiner juristischen Ausbildung immer und in jeder Hinsicht unterstützt. Ihnen widme ich diese Arbeit.

Kiel, Juli 2002 Freia Peters

Inhaltsverzeichnis

Teil A: Einführung

Die wirtschaftliche Bedeutung der rechtsgeschäftlich begründeten Treuhand und der Unterbeteiligung an Gesellschaftsanteilen läßt sich ermessen, wenn man sich die Vielfalt der Motive, welche der Begründung dieser Formen mittelbarer Beteiligung an Gesellschaften zugrunde liegen können, vor Augen hält.

Der Einsatz eines Treuhänders kann beispielsweise sinnvoll sein, wenn die Anteile an einer Gesellschaft auf eine große Anzahl von Personen verteilt sind. Man bedient sich in diesem Fall oftmals der Figur der Treuhand, um Interessen zu bündeln und den Stimmen der Inhaber von Splitteranteilen durch ihre Vereinigung in der Person des Treuhänders größeres Gewicht verleihen zu können[1]. Gleiches gilt für die Unterbeteiligung. Die Fähigkeit der Unternehmensleitung, schnell auf neue Situationen zu reagieren, wird erhöht, wenn anstelle einer großen Zahl von Gesellschaftern nur eine Person die Stellung eines Gesellschafters einnimmt, während die anderen lediglich unterbeteiligt werden[2].

Treuhand und Unterbeteiligung werden aber auch eingesetzt, wenn der Inhaber des wirtschaftlichen Interesses an dem Anteil nach außen nicht in Erscheinung treten möchte, sei es, weil er verbergen möchte, daß ihm die Anteilsmehrheit in der Gesellschaft zusteht, sei es, weil es ihm darum geht, zu verhindern, daß beispielsweise seine Konkurrenten überhaupt von seiner Beteiligung an der Gesellschaft erfahren[3]. Verluste eines Unternehmens, welches sich zur Überwindung finanzieller Schwierigkeiten durch die Veräußerung seiner Reserven flüssige Mittel verschaffen will, werden vermieden, wenn der Zusammenhang zwischen der Veräußerung der Reserven und der Notlage des Unternehmens dadurch verschleiert wird, daß ein Treuhänder die Veräußerung für das Unternehmen übernimmt[4].

---

1 Beuthien, ZGR 1974, 31, 76; Heining, GmbHR 1954, 100/101; Däubler, GmbHR 1966, 243; Blaurock, S. 73.

2 Hesselmann, GmbHR 1964, 27; App, FPR 1996, 125.

3 Für die Treuhand: Blaurock, S. 69; Liebich/Mathews, S. 236, 253; Däubler, GmbHR 1966, 243; Heining, GmbHR 1954, 101; für die Unterbeteiligung: Blaurock/ Berninger, GmbHR 1990, 12; Fella, BB 1976, 784; Hesselmann, GmbHR 1964, 27; Henn, S. 31; Friehe, S. 5; Paulick, ZGR 1974, 255; Blaurock, Hb.d.stillen Gesellschaft, Rn. 1872; Obermüller/Obermüller, S. 609.

4 Liebich/Mathews, S. 77.

Umgehungsfunktion kann Treuhand und Unterbeteiligung zukommen, wenn der Inhaber des wirtschaftlichen Interesses nicht in der Lage ist, unmittelbarer Gesellschafter zu werden. Dies kann der Fall sein, wenn der Betreffende nicht die Voraussetzungen erfüllt, welche der Gesellschaftsvertrag an die Person des Anteilsinhabers stellt, oder wenn die Übertragung des Anteils durch den Gesellschaftsvertrag verboten ist[5]. Bis zur Neufassung des § 1 GmbHG durch die GmbH-Novelle von 1980 und des § 2 AktG im Jahre 1994 spielte der Einsatz von Strohmännern zur Umgehung des Verbots der Gründung von Einmanngesellschaften eine große Rolle; dieses Motiv für die Begründung eines Treuhandverhältnisses ist allerdings mit der Zulassung einer Einmann-Gesellschaft entfallen. Die Einräumung einer mittelbaren Beteiligung an einem Gesellschaftsanteil mit dem Zweck der Umgehung bestimmter Vorschriften ist nicht von vornherein sittenwidrig. Kommt der mittelbaren Beteiligung Umgehungsfunktion zu, muß allerdings untersucht werden, ob sich nicht die Norm, deren Eingreifen durch die Begründung des Treuhandverhältnisses bzw. der Unterbeteiligung verhindert werden soll, nach ihrem Schutzzweck auch auf den Umgehungstatbestand erstreckt[6].

Weitere Motive für die treuhänderische Übertragung eines Gesellschaftsanteils können lange Abwesenheit oder Krankheit des Inhabers des wirtschaftlichen Interesses sein[7]. Einer Unterbeteiligung liegt zudem oftmals der Zweck zugrunde, dem Unternehmen über den Hauptbeteiligten Finanzmittel zuzuführen. Ist ein Gesellschafter gegenüber der Gesellschaft zu Einzahlungen verpflichtet, die über seine finanziellen Möglichkeiten hinausgehen, kann er den Geldgeber als Unterbeteiligten am wirtschaftlichen Erfolg seines Kapitaleinsatzes teilhaben lassen[8]. Außerdem läßt sich, wenn der Unterbeteiligte sich dem Gesellschafter gegenüber verpflichtet hat, den auf den Anteil entfallenden Verlust mitzutragen, das Haftungsrisiko des Gesellschafters im Innenverhältnis verringern[9]. Des weiteren

---

5 Beuthien, ZGR 1974, 77; Lutter/Grunewald, AG 1989, 113; Reinhardt/Erlinghagen, JuS 1962, 42; Blaurock, S. 71.

6 Für die Treuhand: Beuthien, ZGR 1974, 37; Lutter/Grunewald, AG 1989, 110/111; zur Umgehungsfunktion bei der Unterbeteiligung siehe Janberg, DB 1953, 78; Blaurock/Berninger, GmbHR 1990, 12; Fella, BB 1976, 784; Hesselmann, GmbHR 1964, 27; Roemer, INF 1993, 253; Henn, S. 31; App, FPR 1996, 124; Paulick, ZGR 1974, 253/254; Friehe, S. 8; Blaurock, S. 57; Bilsdorfer, NJW 1980, 2786; Blaurock, Hb.d.stillen Gesellschaft, Rn. 1873;Obermüller/Obermüller, S. 609; App, DStR 1994, 291; Düchting, BB 1963, 808.

7 Heining, GmbHR 1954, 99; Liebich/Mathews, S. 78; Blaurock, S. 74/75.

8 Blaurock/Berninger, GmbHR 1990, 12; Fella, BB 1976, 784; App, FPR 1996, 124; Roemer, INF 1993, 253; Blaurock, S. 55; Friehe, S. 7; Paulick, ZGR 1974, 254; Blaurock, Hb.d.stillen Gesellschaft, Rn. 1872; App, DStR 1994, 291.

9 Blaurock, Hb.d.stillen Gesellschaft, Rn. 1869.

spielen im Zusammenhang mit der Begründung eines Unterbeteiligungsverhältnisses steuerrechtliche Erwägungen eine Rolle. Beispielsweise kann die Einräumung einer Unterbeteiligung zu einkommensteuerrechtlichen Vorteilen führen. Sie ermöglicht es auf legale Weise, den aus dem Anteil fließenden Gewinn auf andere Personen zu verlagern und dadurch das zu versteuernde Einkommen zu verringern. Auf diesem Wege kann die Progression bei der Einkommensteuer zum Teil abgefangen werden[10].

Es läßt sich unschwer erkennen, daß sich die Motive, welche der Begründung eines Treuhandverhältnisses an Gesellschaftsanteilen zugrunde liegen, mit den Zwecken, die mit der Begründung einer Unterbeteiligung verfolgt werden, weitgehend decken. Dies verwundert nicht, entsprechen sich doch Treuhand und Unterbeteiligung in ihren wesentlichen Auswirkungen: Beide Rechtsinstitute ermöglichen auf der einen Seite Personen, die - aus welchen Gründen auch immer - zivilrechtlich nicht Gesellschafter sein können oder wollen, an den Gewinnen der Gesellschaft teilzuhaben und über die Person des Treuhänders oder des Hauptbeteiligten in gewissem Umfang auf die Vorgänge in der Gesellschaft Einfluß zu nehmen. Auf der anderen Seite führen beide Formen mittelbarer Beteiligung zu einer Einschränkung der Position des an dem Treuhand- beziehungsweise Unterbeteiligungsverhältnis beteiligten Gesellschafters: Er hält den Anteil zumindest auch für Rechnung des mittelbar Beteiligten und muß daher bei der Ausübung seiner Gesellschafterrechte (auch) dessen Interessen achten.

Trotz dieser Parallelen werden die Institute der Treuhand und der Unterbeteiligung regelmäßig als strikt voneinander zu trennende Formen mittelbarer Beteiligung behandelt, die rechtlich unterschiedlich zu behandeln sind. Ob angesichts der zwischen Treuhand und Unterbeteiligung bestehenden Gemeinsamkeiten an dem von der bislang herrschenden Ansicht angenommenen Ausschließlichkeitsverhältnis der beiden Rechtsinstitute festgehalten werden kann und ob die an die mittelbare Beteiligung zu knüpfenden Rechtsfolgen tatsächlich entscheidend von der Qualifizierung als Treuhand oder als Unterbeteiligung abhängen, soll Gegenstand der folgenden Untersuchung sein. Von Bedeutung ist in diesem Zusammenhang, inwieweit die für den zivilrechtlichen Gesellschafter geltenden Vorschriften auch auf mittelbar an der Gesellschaft Beteiligte Anwendung finden können.

Im gesellschaftsrechtlichen Teil der Arbeit soll unter diesen Fragestellungen untersucht werden, ob und unter welchen Voraussetzungen der an einer AG, GmbH, OHG oder KG mittelbar Beteiligte wie ein Gesellschafter zur Haftung

10 Henn, S. 28; App, FPR 1996, 124; Blaurock, S. 65; Friehe, S. 5; Paulick, ZGR 1974, 256; Bilsdorfer, NJW 1980, 2786; App, DStR 1994, 291; Blaurock, Hb.d. stillen Gesellschaft, Rn. 1874.

nach Gesellschaftsrecht heranzuziehen ist und welche Einflußmöglichkeiten auf Vorgänge in der Gesellschaft ihm eingeräumt werden können.

Den Schwerpunkt des steuerrechtlichen Teils der Arbeit bildet das Einkommensteuerrecht. Neben dem Problem der Einkünftezurechnung wird hier unter anderem untersucht, wie sich die im gesellschaftsrechtlichen Abschnitt betrachtete Haftung des mittelbar Beteiligten auf die Höhe seiner der Einkommensteuer unterliegenden Einkünfte auswirkt. Von besonderem Interesse ist hier die Frage, ob sich die für das Gesellschaftsrecht gewonnenen Ergebnisse hinsichtlich der Gleichbehandlung von unmittelbar und mittelbar an der Gesellschaft Beteiligten auf die steuerrechtliche Seite der Problematik übertragen lassen oder ob die „wirtschaftliche Betrachtungsweise im Steuerrecht" eine vom Zivilrecht abweichende Einordnung gebietet. Abschließend wird auf die Auswirkungen der mittelbaren Beteiligung auf die Gewerbe- und die Körperschaftsteuer eingegangen.

Zweifellos handelt es sich auch bei den im Rahmen dieser Arbeit nicht angesprochenen Fragen, beispielsweise der Behandlung des Treugebers und des Unterbeteiligten in der Zwangsvollstreckung und in der Insolvenz oder der Auswirkungen dieser Formen mittelbarer Beteiligung an Gesellschaften bei anderen Steuerarten um bedeutende Problemfelder. Aufgabe der folgenden Untersuchung kann und soll es jedoch nicht sein, die Folgen von Treuhand und Unterbeteiligung umfassend für alle Bereiche des Rechts zu erörtern. Abgesehen davon, daß ein solches Vorhaben den Rahmen einer Dissertation sprengen müßte, ist es auch nicht erforderlich, um Klarheit über die hier zu untersuchenden Fragen zu erlangen. Denn die für die getroffene Auswahl an Problemkreisen gewonnenen Ergebnisse lassen sich ohne weiteres auch als Grundlage für die Behandlung anderer hier nicht angesprochener Problemfelder heranziehen.

Teil B: Treuhand und Unterbeteiligung im Gesellschaftsrecht

I. Begriff und Entwicklung von Treuhand und Unterbeteiligung und Abgrenzung zu anderen Rechtsformen der Teilhabe an Gesellschaften

Bevor im einzelnen untersucht wird, wie weit dem Treugeber und dem Unterbeteiligten auf der einen Seite die Pflichten eines Gesellschafters obliegen und ihnen auf der anderen Seite dessen Rechte zustehen, soll zunächst auf die Entwicklung und Bedeutung dieser beiden Formen mittelbarer Beteiligung an Gesellschaften eingegangen werden und eine Abgrenzung zu ähnlichen Rechtsinstituten erfolgen.

1. Begriff und Entwicklung von Treuhand und Unterbeteiligung

a. Treuhand

Die Treuhand ist gesetzlich nicht als selbständiger Vertragstyp ausgestaltet; nur vereinzelt lassen sich überhaupt Vorschriften finden, welche sich mit Treuhandverhältnissen befassen[11]. Das Fehlen einer umfassenden gesetzlichen Regelung dieses Rechtsinstituts steht jedoch der rechtsgeschäftlichen Begründung von Treuhandverhältnissen nicht entgegen. Die Möglichkeit, einen Treuhänder zu bestellen, ergibt sich vielmehr ohne weiteres aus der Vertragsfreiheit[12]. Diese wird zwar im Gesellschaftsrecht durch den numerus clausus der Gesellschaftsformen begrenzt. Da durch die Treuhand an Gesellschaftsanteilen keine neuen Gesellschaftsformen geschaffen werden, berührt diese Einschränkung der Privatautonomie die Zulässigkeit von Treuhandverhältnissen aber nicht.

Der Mangel einer gesetzlichen Ausgestaltung hat jedoch zur Folge, daß ein einheitlicher Begriff der rechtsgeschäftlichen Treuhand nicht existiert[13]. Einigkeit besteht nur insoweit, als ein Treuhandverhältnis zumindest voraussetzen soll, daß einer Person im Verhältnis zu Dritten eine Rechtsmacht eingeräumt ist, welche

11 Beispiele sind § 42 DepotG oder § 39 II Nr. 1 AO.

12 Staudinger/Dilcher, Einl. zu §§ 104-185, Rn. 59.

13 Beuthien, ZGR 1974, 29; Maulbetsch, S. 114; Eden, S. 22; Heining, GmbHR 1954, 98; Schaub, DStR 1995, 1634; Markwardt, S. 13; Kümmerlein, S. 4.

im Innenverhältnis zwischen den an dem Treuhandvertrag beteiligten Parteien durch eine schuldrechtliche Vereinbarung beschränkt wird.

Die Entwicklung des Instituts der Treuhand geht weit zurück. Bereits im römischen Recht gab es mit der fiducia ein der Treuhand vergleichbares Rechtsinstitut. Die fiducia wurde in der Weise begründet, daß eine Person einer anderen in der Form der mancipatio oder der in iure cessio das Eigentum an einer Sache übertrug. Die Eigentumsübertragung war mit einer schuldrechtlichen Vereinbarung, dem pactum fiduciae, verbunden, welche die Pflicht begründete, die Sache nur dem Zweck des Vertrauensverhältnisses entsprechend zu gebrauchen und nach Ende dieses Verhältnisses an den Fiduzianten zurückzuübertragen. Kennzeichen der fiducia war mithin die über den Treuhandzweck hinausgehende Rechtsmacht des Vertrauensmanns. Man unterschied die fiducia cum amico, welche mit der Abrede verbunden war, daß der Vertrauensmann im Interesse des Fiduzianten mit der Sache in bestimmter Weise zu verfahren habe, und die fiducia cum creditore, deren Zweck darin bestand, den Gläubiger des Fiduzianten dadurch zu sichern, daß er die Sache bei Nichtzahlung der Schuld veräußern oder behalten durfte[14].

Der Treuhandgedanke stand auch im deutschen Recht bei der im Mittelalter weit verbreiteten Figur des Salmanns im Vordergrund. Bei ihm handelte es sich um eine Person, welche bei Grundstücks- und Vermögensübertragungen eingeschaltet wurde und deren ältestes Aufgabengebiet die Übertragung von Vermögen mit erbrechtlicher Zielsetzung war[15]. Kinderlose Erblasser, die vermeiden wollten, daß ihre Güter nach ihrem Tode an den König oder an das Volk fielen, schufen sich über den Salmann einen künstlichen Erben, der das Treugut seinerseits an den eigentlich Bedachten zu übertragen hatte. Über die rechtliche Ausgestaltung der Stellung des Salmanns als mittelalterlicher Vorform des Testamentsvollstreckers[16] herrscht keine Einigkeit. Unklar ist, ob er als bloßer Stellvertreter auftrat, ob ihm eine Legitimation zum Handeln im eigenen Namen ohne Übertragung des Rechts eingeräumt oder sogar bedingtes Eigentum an der betreffenden Sache übertragen war[17].

Die Spuren dieser geschichtlichen Entwicklung lassen sich in der heutigen Diskussion um einen modernen Begriff der rechtsgeschäftlich begründeten Treuhand wiederfinden. Im Zusammenhang mit der Erörterung des Treuhandbegriffs sind drei rechtliche Konstruktionen zu unterscheiden: Zum einen die fiduziarische Vollrechtstreuhand, welche starke Parallelen zur römisch-rechtlichen fiducia

14 Enneccerus/Nipperdey, AT I/2, 921, Fn.19; Henssler, AcP 196 (1996), 37; Markwardt, S. 14; Otten, S. 6/7; Coing, S. 11/12.
15 Otten, S. 18; Coing, S. 15; Henssler, AcP 196 (1996), 37.
16 Henssler, AcP 196 (1996), 37; Otten, S. 18.
17 Otten, S. 38/39.

aufweist und bei der dem Treuhänder das Treugut zu Volleigentum lediglich schuldrechtlich gebunden übertragen wird[18], auf der anderen Seite die Ermächtigungstreuhand, die zu einer Verfügungsmacht des Treuhänders über den Gegenstand in eigenem Namen führt, ohne daß das Eigentum an der Sache auf ihn übergeht[19], und schließlich die sogenannte Vollmachtstreuhand, bei welcher der Treugeber wie bei der Ermächtigungstreuhand Vollrechtsinhaber bleibt, dem Treuhänder jedoch lediglich die Befugnis zum Handeln im Namen des Treugebers eingeräumt wird[20]. Die letzten beiden Fälle finden ihre Wurzeln in der deutsch-rechtlichen Treuhand.

Inwieweit diese unterschiedlichen Konstruktionen tatsächlich als Formen der Treuhand einzuordnen sind, ist umstritten. Nimmt man an, daß eine Treuhand immer dann vorliegt, wenn jemand einer Person seines Vertrauens ein Vermögensrecht oder eine Rechtsmacht einräumt und die Stellung der betreffenden Person durch eine schuldrechtliche Vereinbarung einschränkt, können ohne weiteres auch die Ermächtigung nach § 185 BGB und die Bevollmächtigung Treuhandverhältnisse darstellen[21]. Oftmals wird der Treuhandbegriff jedoch durch ein weiteres Merkmal begrenzt, nämlich durch das Erfordernis eines Handelns des Treuhänders im eigenen Namen[22]. Danach kann der Fall der unmittelbaren Stellvertretung allenfalls als treuhandähnlich eingeordnet werden. Hält man schließlich ein Treuhandverhältnis nur dann für gegeben, wenn der Treuhänder nicht nur eine ihm vom Treugeber eingeräumte Rechtsmacht im eigenen Namen und im Interesse des Treugebers ausüben soll, sondern wenn er das Treugut zu eigenem Recht erworben hat, ist allein die fiduziarische Vollrechtstreuhand als Treuhandverhältnis anzuerkennen[23].

Ob man neben der Vollrechtstreuhand auch die Ermächtigung zur Verfügung über einen Gegenstand im eigenen Namen oder gar die bloße Bevollmächtigung dazu als Formen der Treuhand einordnet, den Begriff der Treuhand somit als Oberbegriff für unterschiedliche rechtliche Gestaltungen ansieht, oder ob man

---

18 BGH DB 1972, 2010; Eden, S. 24; Armbrüster, DNotZ 1997, 763; Schaub, DStR 1995, 1634; Schlegelberger/K. Schmidt, § 230 n.F., Rn. 30; Blaurock, S. 123; Henssler, AcP 196 (1996), 42.

19 BGH NJW 1954, 190, 191; Soergel/Leptien, Vor § 164, Rn. 52; Schaub, DStR 1995, 1634; Palandt/Bassenge, § 903, Rn. 34; Beuthien, ZGR 1974, 29; Markwardt, S. 15; Eden, S. 24; Blaurock, S. 123.

20 BGH WM 1964, 318; Blaurock, S. 123; Palandt/Bassenge, § 903, Rn. 34; Coing, S. 97.

21 So BGH WM 1964, 318; Schlegelberger/K. Schmidt, § 230 n.F., Rn. 30; Palandt/Bassenge, § 903, Rn. 33, 34; Blaurock, S. 123/124.

22 Markwardt, S. 13; Staudinger/Dilcher, Einl. zu §§ 104-185, Rn. 59, 61; Schaub, DStR 1995, 1634; Coing, S. 97; Eden, S. 22/23.

23 So Henssler, AcP 196 (1996), 42.

zumindest die bloße Vollmacht von dem Treuhandbegriff ausnimmt, ist im Hinblick auf die an die jeweilige rechtliche Konstruktion anknüpfenden Rechtsfolgen unerheblich. Es liegt auf der Hand, daß in den Fällen der Vollrechtsinhaberschaft des Treuhänders andere rechtliche Probleme auftreten als bei der bloßen Ermächtigung nach § 185 BGB oder bei der Bevollmächtigung - man denke etwa an die besondere Problematik der Zwangsvollstreckung in das Treugut oder an die Behandlung des Treuguts in der Insolvenz. Richtig bemerkt Gernhuber[24], mit der Anerkennung der Vollmachtstreuhand werde weder der Zugang zu einer Regelung, der sonst verschlossen bliebe, noch ein Verständnishorizont, der unentdeckte Zusammenhänge erschließt, eröffnet. Gleiches gilt aber auch für die Ermächtigungstreuhand. Der Umstand, daß mit der Einordnung der Ermächtigung oder der Bevollmächtigung als Treuhandverhältnis somit rechtlich nichts gewonnen wird, spricht gegen das weite Treuhandverständnis. Es erscheint sinnvoll, verschiedene rechtliche Konstruktionen auch begrifflich zu trennen und die Unterschiede nicht durch eine identische Bezeichnung zu verwischen.

Letztendlich kann der Streit über die Reichweite des Treuhandbegriffs im Rahmen dieser Arbeit offenbleiben. Denn da hier Fragen im Mittelpunkt stehen, die aus dem Auseinanderfallen der rechtlichen und der wirtschaftlichen Inhaberschaft an dem Treugut herrühren, beschränkt sich die Untersuchung notwendigerweise auf den Fall der fiduziarischen Vollrechtstreuhand. Dieser kommt zudem im Gesellschaftsrecht besondere Bedeutung zu. Während eine Bevollmächtigung oder Ermächtigung Außenstehender durch Gesellschafter im Hinblick auf die Ausübung der aus dem Anteil fließenden Rechte kaum vorkommt[25], spielt die Anteilsübertragung zu Treuhandzwecken eine große Rolle. Vielfach wird sogar davon ausgegangen, daß die Beteiligten den Treuhandzweck nur dadurch erreichen können, daß dem Treuhänder die Vollrechtsinhaberschaft an der gesamten Gesellschafterstellung oder an einzelnen Gesellschafterrechten übertragen wird[26]. Unter einem rechtsgeschäftlichen Treuhandverhältnis an einem Gesellschaftsanteil soll hier mithin allein die fiduziarische Vollrechtstreuhand verstanden werden.

Die Begründung einer Vollrechtstreuhand setzt unstreitig eine schuldrechtliche Vereinbarung zwischen dem künftigen Treugeber und seiner Vertrauensperson voraus. Diese Absprache beschränkt insbesondere die nach außen unbegrenzte Rechtsmacht des Treuhänders über das Treugut.

---

24 Gernhuber, JuS 1988, 355.

25 Eden, S. 25/26; Beuthien, ZGR 1974, 29; Blaurock, S. 123/124; Schlegelberger/K. Schmidt, § 230 n.F., Rn. 30.

26 Beuthien, ZGR 1974, 29; Roth/Thöni, S. 250.

Umstritten war jedoch lange Zeit, ob an die Art der Begründung der notwendigen Rechtsmacht des Treuhänders besondere Anforderungen zu knüpfen sind. Insbesondere nach Ansicht der Rechtsprechung[27] sollte ein Treuhandverhältnis nur in der Weise begründet werden können, daß der Treuhänder den Anteil unmittelbar von dem Treugeber erwirbt (Übertragungstreuhand)[28], sog. Unmittelbarkeitsprinzip. Daß der Treuhänder den Anteil nicht von dem Treugeber, sondern von einem Dritten erwirbt (Erwerbstreuhand)[29] oder - unter der Voraussetzung, daß der zukünftige Treuhänder bereits Anteilsinhaber ist - der zukünftige Treugeber mit dem Anteilsinhaber lediglich vereinbart, daß dieser den Anteil nunmehr als Treuhänder für ihn halten werde (Vereinbarungstreuhand)[30], sollte demgegenüber zur Begründung einer Treuhand nicht ausreichen. Hintergrund für diese früher eingeschränkte Anerkennung von Treuhandverhältnissen sind die Auswirkungen der Treuhand in der Zwangsvollstreckung und in der Insolvenz des Treuhänders. Im Falle der Zwangsvollstreckung in das Treugut soll nämlich der Treugeber nach § 771 ZPO vorgehen können. Entsprechend wird ihm in der Insolvenz seines Mittelsmanns ein Aussonderungsanspruch gemäß § 47 InsO zugebilligt. Man befürchtete eine unverhältnismäßige Beeinträchtigung der Interessen der Gläubiger daran, ihrem Schuldner gehörende Gegenstände zu verwerten, wenn dem Inhaber des wirtschaftlichen Interesses an dem Anteil diese Rechte unabhängig von der Art der Begründung des Treuhandverhältnisses zugebilligt würden.

Mittlerweile ist man sich darüber einig, daß charakteristisch für die Vollrechtstreuhand allein die Treuhandabrede, welche das Treugut wirtschaftlich dem Treugeber zuweist, und die nach außen unbeschränkte Rechtsinhaberschaft des Treuhänders sind, nicht aber die Art der Begründung des Treuhandverhältnisses. Auf welche Weise der Treuhänder die Anteilsinhaberschaft erlangt hat, spielt daher keine Rolle für die Anerkennung der Treuhand[31]. Übertragungs-, Erwerbs- und Vereinbarungstreuhand sind gleichermaßen als Treuhandverhältnisse anzuerkennen.

Das Treuhandverhältnis kann fremd- oder eigennützig ausgestaltet sein. Ist einem Kreditgeber die Stellung als Treuhänder zur Sicherung seiner Forderung gegenüber dem Schuldner eingeräumt worden, übt der Treuhänder seine Rechts-

---

27 RGZ 84, 214, 217; RGZ 94, 305, 308.

28 Armbrüster, DNotZ 1997, 764; Beuthien, ZGR 1974, 29.

29 Schaub, DStR 1995, 1637; Armbrüster, DNotZ 1997, 764; Eden, S. 40.

30 Armbrüster, DNotZ 1997, 764; Schaub, DStR 1995, 1637; Eden, S. 39.

31 BGH DNotZ 1993, 384, 385/386; Beuthien, ZGR 1974, 29; Maulbetsch, S. 117; Coing, S. 115; Kümmerlein, S. 8; Eden, S. 39/40; Priester, Fachanwalt 1999, S. 155/156.

position jedenfalls in erheblichem Maße im eigenen Interesse aus[32]. Ähnlich verhält es sich bei der Nutzungstreuhand[33]. Demgegenüber handelt es sich bei der Verwaltungstreuhand um eine ausschließlich fremdnützige Treuhand. Dem Treuhänder steht zwar nach außen die Stellung eines Gesellschafters zu; diese Position ist ihm aber allein im Interesse des Treugebers eingeräumt worden[34].

Im Bereich der uneigennützigen Treuhand kommt es häufig vor, daß der Treuhänder Anteile an einer Gesellschaft für mehrere Treugeber hält[35]. Regelmäßig besteht dann eine entsprechende Anzahl voneinander unabhängiger Treuhandverhältnisse zwischen dem Gesellschafter und seinen Treugebern. Die Treugeber untereinander sind in diesem Fall nicht rechtsgeschäftlich miteinander verbunden. Allerdings steht es ihnen frei, sich in einer BGB-Gesellschaft zusammenzuschließen. Der von ihren Gesellschaftern gemeinschaftlich verfolgte Zweck liegt in der Organisation einer gemeinschaftlichen Verwaltung der Anteile oder des Anteils[36]. Das Bestehen einer solchen Gesellschaft kann allerdings nicht ohne weiteres angenommen werden. Vielmehr müssen besondere Umstände vorliegen, welche auf eine rechtsgeschäftliche Verbindung der Treugeber hindeuten.

Selbstverständlich können Treugeber und Treuhänder auch als Personenhandelsgesellschaft oder als Kapitalgesellschaft organisiert sein. Die Beteiligung einer Gesellschaft an einer anderen Gesellschaft als Treuhänderin stellt keinen Ausnahmefall dar, sondern ist gängige Praxis[37].

b. *Unterbeteiligung*

Eine Unterbeteiligung liegt vor, wenn aufgrund eines Vertrages zwischen einem Gesellschafter einer Personen- oder Kapitalgesellschaft, dem Hauptbeteiligten, und einem Dritten, dem Unterbeteiligten, der Gesellschafter dem Dritten gegen Leistung der vertraglich zu vereinbarenden Einlage eine Beteiligung an seinem

---

32 Roth/Thöni, S. 251; Beuthien, ZGR 1974, 29/30; Ulmer, FS Odersky, S. 877; Däubler, GmbHR 1966, 243.

33 Roth/Thöni, S. 251.

34 Roth/Thöni, S. 251; Armbrüster, DNotZ 1997, 763; Ulmer, FS Odersky, S. 877; Beuthien, ZGR 1974, 29/30.

35 Vgl. dazu K. Schmidt, GesellR, S. 1866; Röhricht/Graf v. Westphalen (v.Gerkan), § 230, Rn. 103.

36 Maulbetsch, S. 143; Eden, S. 48/49.

37 Beispiele BGH NJW-RR 1992, 930 ff: GmbH&Co KG mit einer GmbH als Komplementärin und einer KG als Treuhandkommanditistin; BGHZ 73, 294 ff.: GmbH&Co KG mit AG als Treuhandkommanditistin.

Anteil einräumt, ohne daß der Dritte selbst Gesellschafter der Hauptgesellschaft wird. Es handelt sich um eine Beteiligung an der Beteiligung[38].

Die zwischen den Beteiligten bestehende vertragliche Beziehung ist nach allgemeiner Ansicht als Personengesellschaft einzuordnen[39]. Denn zwischen den Parteien des Unterbeteiligungsverhältnisses steht nicht der Leistungsaustausch im Vordergrund, vielmehr dienen ihre Leistungen einem gemeinsamen Zweck, nämlich dem Innehaben und der gewinnbringenden Nutzung des Anteils[40]. Der Beitrag des Hauptbeteiligten zur Förderung dieses Zieles liegt unzweifelhaft in der Verwaltung des Anteils. Ob sich ein Entgelt, das der Unterbeteiligte dem Hauptbeteiligten im Zuge der Einräumung der Unterbeteiligung zahlt, als sein Beitrag in der Form einer Einlageleistung darstellt, ist umstritten[41]. Jedenfalls erbringt der Unterbeteiligte bereits einen ausreichenden eigenen Beitrag zur Förderung des Gesellschaftszwecks, indem er den der Unterbeteiligung entsprechenden Teil des Anteils im Vermögen des Hauptbeteiligten hält[42]. Daneben ist die Leistung einer Einlage durch den Unterbeteiligten aus seinem eigenen Vermögen nicht erforderlich. Es genügt, daß ein schuldrechtliches bilanzfähiges Einlageverhältnis zwischen dem Unterbeteiligten und dem Hauptbeteiligten besteht, wofür es ausreicht, wenn dem Unterbeteiligten die Unterbeteiligung geschenkt und das Einlageverhältnis durch Umbuchung begründet wird[43]. Bei der Unterbeteiligung han-

---

38 Janberg, DB 1953, 77; Blaurock/Berninger, GmbHR 1990, 12; Flore, BB 1994, 1191; Gehrlein, DStR 1994, 1314; Hesselmann, GmbHR 1964, 26; Roth/Thöni, S. 252; Henn, S. 15; Paulick, ZGR 1974, 256; Blaurock, Hb.d. stillen Gesellschaft, Rn. 1868; Bilsdorfer, NJW 1980, 2785. Auf die andere Ansicht Kletschkas, S. 12, wonach die Unterbeteiligung nicht auf gesellschaftsrechtliche Zusammenschlüsse beschränkt sein, sondern bereits dann vorliegen soll, wenn der Inhaber einer beliebigen Rechtsposition einen Dritten durch schuldrechtlichen Vertrag an dieser Rechtsposition teilhaben läßt, soll, da sich die folgende Untersuchung auf die Beteiligung eines Dritten an einem Gesellschaftsanteil beschränkt, hier nicht näher eingegangen werden.

39 Henn, S. 15; App, DStR 1994, 291; Bilsdorfer, NJW 1980, 2785; Blaurock/Berninger, GmbHR 1990, 12; Roth/Thöni, S. 252/253; K. Schmidt, GesellR, S. 1864, 1867.

40 Durchlaub, DB 1978, 874; Röhricht/Graf v. Westphalen (v.Gerkan), § 230, Rn. 96; Blaurock, Hb.d. stillen Gesellschaft, Rn. 1903.

41 Ausnahmslos dafür Paulick, ZGR 1974, 260/261; Esch, NJW 1964, 903; a.A. Blaurock, Hb.d.stillen Gesellschaft, Rn. 1904, der einen Beitrag in der Form einer Einlage nur dann annimmt, wenn der zu zahlende Betrag der Finanzierung des Anteilserwerbs oder einer Kapitalerhöhung dient, weil nur in diesem Fall durch die Zahlung der gemeinsame Zweck gefördert werden solle.

42 Blaurock, Hb.d.stillen Gesellschaft, Rn. 1903; K. Schmidt, GesellR, S. 1569.

43 Blaurock, Hb.d. stillen Gesellschaft, Rn. 1904; Röhricht/Graf v. Westphalen (v. Gerkan), § 230, Rn. 97; K. Schmidt, GesellR, S. 1547.

delt es sich um eine Innengesellschaft, da nach außen allein der Hauptbeteiligte auftritt, nicht aber die Gesellschaft als solche.

Das Institut der Unterbeteiligung ist gesetzlich nicht geregelt. Dies war jedoch nicht immer der Fall. Auch die Unterbeteiligung ist nämlich keine moderne Form mittelbarer Beteiligung an Gesellschaften. Ausdrücklich behandelt wurde sie erstmals bei Ulpian in den Digesten[44]. Im wesentlichen befaßte sich Ulpian mit dem Verhältnis des Unterbeteiligten zu den übrigen Gesellschaftern der Hauptgesellschaft. Im Hinblick auf das Innenverhältnis zwischen dem Haupt- und dem Unterbeteiligten ergibt sich aus der Ulpianstelle nur, daß der Unterbeteiligte an den auf den Hauptbeteiligten entfallenden Früchten teilhaben sollte.

Die Behandlung der Unterbeteiligung im römischen Recht war von erheblicher Bedeutung für die späteren kontinentaleuropäischen Rechtsordnungen. So beschränkten sich auch die Regelungen über die Unterbeteiligung im Allgemeinen Landrecht für die Preußischen Staaten von 1794, §§ 216 bis 218 ALR I 17 für die zivilen Gesellschaften[45] und § 638 ALR II 8 für die Handelsgesellschaften[46], auf das Außenverhältnis und billigten dem Unterbeteiligten einen Anspruch auf Vorlage des jährlichen Abschlusses gegenüber der Hauptgesellschaft zu. Der später an die Stelle dieser Regelungen tretende Art. 98 ADHGB[47] schränkte die

---

44 D XII, 2. 19-21; 19 : Ulpianus libro trigesimo ad Sabinum. Qui admittur socius, ei tantum socius est, et recte: cum enim societas consensu contrahatur, socius mihi esse non postest quem ego socium esse nolui. quid ego si socius meus eum admisit? ei soli socius est. 20: Idem libro trigesimo primo ad edictum (nam socii mei socius meus socius non est.) 21: Idem libro trigesimo ad Sabinum. et quidquid fuerit de societate nostra consecutus, cum illo qui eum adsumpsit communicabit, nos cum eo non communicabimus. sed factum eius praestabitur societati, id est aget socius et societati praestabit quod fuerit consecutus.

45 ALR I 17, §§ 216-218: § 216: Kein Gesellschafter kann den übrigen an seiner statt einen Fremden zum Mitgliede aufdringen.
§ 217: Dadurch, daß eins der Mitglieder seinen Antheil an dem Gewinne einem Fremden überläßt, erlangt dieser so wenig die Rechte als die Pflichten eines Mitgliedes.
§ 218: Ein solcher Cessionarius kann daher von den übrigen Gesellschaftern weder Rechnungsablegung noch andere Nachweisungen betriebener Geschäfte: wohl aber die Vorlegung einer Balance über den aus dem gemeinschaftlichen Gewerbe entstandenen Gewinn oder Verlust fordern.

46 ALR II 8, § 638: Wenn ein Mitglied, ohne ausdrückliche Einwilligung der übrigen, seinen Societätsantheil einem Fremden überläßt: so kann dieser von den übrigen Gesellschaftern, weder die Einsicht der Handelsbücher, noch Rechnungsablegung, noch andere Nachweisungen über die betriebenen Geschäfte, sondern nur die Mittheilung des jährlichen Abschlusses fordern.

47 § 98 ADHGB: (1) Ein Gesellschafter kann ohne die Einwilligung der übrigen Gesellschafter keinen Dritten in die Gesellschaft aufnehmen.Wenn ein Gesellschafter einseitig einen Dritten an seinem Antheile beteiligt, oder seinen Antheil andenselben

Rechte des Unterbeteiligten gegenüber der Gesellschaft ein. Ein Anspruch auf Mitteilung der Jahresbilanz bestand nicht mehr. Mit Inkrafttreten des BGB im Jahre 1900 verschwand die gesetzliche Regelung der Unterbeteiligung vollständig. Dies hatte seinen Grund nicht darin, daß man das Institut der Unterbeteiligung nunmehr ablehnte. Vielmehr hielt man angesichts der bereits vorhandenen gesetzlichen Regelungen eine gesonderte Normierung der Unterbeteiligung für überflüssig[48].

An der allgemeinen Anerkennung der Unterbeteiligung hat sich bis heute nichts geändert[49]. Grundlage dieser Form mittelbarer Beteiligung an Gesellschaftsanteilen ist wie auch bei der Treuhand die Vertragsfreiheit. Nicht anders als bei der Treuhand steht der grundsätzlichen Zulässigkeit der Unterbeteiligung der numerus clausus im Gesellschaftsrecht nicht entgegen. Denn die Unterbeteiligung stellt keine eigenständige Gesellschaftsform dar, sondern läßt sich in das System der gesetzlich vorgesehenen Gesellschaftsformen ohne weiteres einordnen[50].

Die Vertragsfreiheit ermöglicht eine unterschiedliche Ausgestaltung der Unterbeteiligung. Im wesentlichen lassen sich zwei Formen der Unterbeteiligung unterscheiden, die typische und die atypische Unterbeteiligung. Typisch unterbeteiligt ist eine Person, wenn sie schuldrechtlich lediglich mit einer bestimmten Quote an dem auf den jeweiligen Gesellschaftsanteil entfallenden Gewinn beteiligt ist[51]. Es kann auch eine Verlustbeteiligung vereinbart sein[52]. Nach Ende des Unterbeteiligungsverhältnisses erhält der Unterbeteiligte seine Einlage zurück, soweit sie nicht - im Falle einer Verlustbeteiligung - geschmälert ist[53]. Die Stellung des Unterbeteiligten kommt derjenigen des Hauptbeteiligten näher, wenn die Unterbeteiligung atypisch ausgestaltet ist. Der atypisch Unterbeteiligte hat nämlich nicht nur an dem auf den Gesellschaftsanteil entfallenden Gewinn teil, son-

---

abtritt, so erlangt dieser gegen die Gesellschaft unmittelbar keine Rechte; er ist insbesondere zur Einsicht der Handelsbücher und Papiere der Gesellschaft nicht berechtigt.

48 Denkschrift zum Entwurf eines Handelsgesetzbuches und eines Einführungsgesetz, in: Mugdan, Materialien zu den Reichs-Justizgesetzen, Bd.6, S. 189 ff., S. 257 (82); Blaurock, S. 30; Friehe, S. 23.

49 Roemer, INF 1993, 253; App, FPR 1996, 125; App, DStR 1994, 292; Vossius, BB 1988, Beil.5, S. 15.

50 Dazu näher unten, B I 2/3.

51 Blaurock/Berninger, GmbHR 1990, 12; Flore, BB 1994, 1191; Roth/Thöni, S. 254; Schulze zur Wiesche, GmbHR 1986, 237; Henn, S. 16; Bilsdorfer, NJW 1980, 2786; Blaurock, Hb.d. stillen Gesellschaft, Rn. 1883.

52 Henn, S. 16; Roth/Thöni, S. 254.

53 Roth/Thöni, S. 254; Schulze zur Wiesche, GmbHR 1986, 237; Flore, BB 1994, 1191; Paulick, ZGR 1974, 257; Blaurock, Hb.d. stillen Gesellschaft, Rn. 1883.

dern ihm wird darüber hinaus eine schuldrechtliche Beteiligung an der Substanz der Gesellschaft eingeräumt. Ihm kommen mithin auch mögliche Wertsteigerungen des Anteils zugute. Nach Ende der Unterbeteiligung kann er also einen quotenmäßigen Anspruch auf die in der Hauptbeteiligung enthaltenen offenen und stillen Reserven geltend machen[54]. Zusätzlich zu einer solchen schuldrechtlichen Substanzbeteiligung oder an ihrer Stelle kann dem Unterbeteiligten Einfluß auf die Geschäftsführung in der Unterbeteiligungsgesellschaft zugebilligt werden; er wird damit in die Lage versetzt, auf das Schicksal der Hauptbeteiligung einzuwirken[55].

Ebenso wie der Treuhänder kann der Hauptbeteiligte Anteile für mehrere Unterbeteiligte halten. Grundsätzlich entstehen dann zwischen dem Hauptbeteiligten und jedem Unterbeteiligten eigenständige Unterbeteiligungsverhältnisse[56]. Demgegenüber existieren Rechtsbeziehungen zwischen den Unterbeteiligten in diesem Falle nicht. Die Unterbeteiligten können sich jedoch zu einer BGB-Gesellschaft zusammenschließen. Ein solcher Fall ist dann anzunehmen, wenn die Unterbeteiligten gemeinsam den Zweck verfolgen, sich an dem Anteil eines Gesellschafters zu beteiligen.

Personenhandelsgesellschaften und Kapitalgesellschaften kommen ebenfalls als Unterbeteiligte in Betracht[57]. Von der Unterbeteiligung einer Personenhandelsgesellschaft oder einer Kapitalgesellschaft an Gesellschaftsanteilen ist ihre unmittelbare Beteiligung an der Hauptgesellschaft zu unterscheiden. Teilweise wird die durch sie vermittelte mittelbare Beziehung der Gesellschafter der unmittelbar beteiligten Gesellschaft zu der Hauptgesellschaft als verbandsmäßige Unterbeteiligung[58] oder als Unterbeteiligung vermittels eines Personenverbandes[59] bezeichnet; sie sollte jedoch wegen der unterschiedlichen rechtlichen Konstruktion nicht mit dem herkömmlichen Unterbeteiligungsverhältnis gleichgesetzt werden.

---

54 Roth/Thöni, S. 254; Henn, S. 17; Schulze zur Wiesche, GmbHR 1986, 237; Schmidt, StuW 1988, 245/246; Flore, BB 1994, 1191; Blaurock/Berninger, GmbHR 1990, 12; Blaurock, Hb.d.stillen Gesellschaft, Rn. 1884; App, FPR 1996, 125; Paulick, ZGR 1974, 258.

55 Blaurock/Berninger, GmbHR 1990, 12; Blaurock, Hb.d.stillen Gesellschaft, Rn. 1885; Flore, BB 1994, 1191; Roth/Thöni, S. 254; Schulze zur Wiesche, GmbHR 1986, 237; Henn, S. 17.

56 Glenk, INF 1995, 595; Hesselmann, GmbHR 1964, 29; App, DStR 1994, 293; App, FPR 1996, 126; Röhricht/Graf v. Westphalen (v.Gerkan), § 230, Rn. 106; Paulick, ZGR 1974, 262.

57 Henn, S. 105 ff.

58 Roth/Thöni, S. 255.

59 Henn, S. 113 ff.

Wird an einer Unterbeteiligung eine weitere Unterbeteiligung bestellt, spricht man von einer doppelstöckigen oder auch gestuften Unterbeteiligung. Der zweite Unterbeteiligte steht weder mit der Hauptgesellschaft noch mit dem Hauptbeteiligten in rechtsgeschäftlichen Beziehungen; er ist durch das zweite Unterbeteiligungsverhältnis allein mit dem ersten Unterbeteiligten verbunden [60].

2. *Gegenüberstellung von Treuhand und Unterbeteiligung*

Auf den ersten Blick mag die Abgrenzung der Rechtsinstitute Treuhand und Unterbeteiligung unproblematisch erscheinen. Während dem Treuhänder der Anteil übertragen wird, damit er ihn für Rechnung des Treugebers hält, läßt der Hauptbeteiligte den Unterbeteiligten an seinem Anteil lediglich teilhaben. Jenem steht eine bestimmte Quote an dem auf den Anteil entfallenden Gewinn zu; daneben kann ihm eine schuldrechtliche Beteiligung an der Substanz des Anteils eingeräumt sein.

An einem Beispiel lassen sich jedoch die Schwierigkeiten der Abgrenzung im Einzelfall verdeutlichen: Übernimmt jemand einen Kommanditanteil an einer Publikums-KG und wird über ihn eine Vielzahl von Anlegern mittelbar an der Gesellschaft beteiligt, läßt sich vertreten, daß der Gesellschafter, da er jeden einzelnen Anleger gegen eine Einlage schuldrechtlich an einem Teil seines Gesamtanteils beteiligt, zu jedem Anleger als Hauptbeteiligter in einem Unterbeteiligungsverhältnis steht. Auf der anderen Seite ist dieser „Hauptbeteiligte" im Innenverhältnis zweifellos für Rechnung eines jeden Anlegers tätig. Er hält, wenn auch nicht den gesamten Anteil, so aber doch den betreffenden Teilanteil ausschließlich für dessen Rechnung, so daß es nicht fernliegend erscheint, die Rechtsbeziehung zwischen ihm und jedem mittelbar Beteiligten als Treuhand einzuordnen. Über die Frage, ob Treuhand und Unterbeteiligung überhaupt zwei einander ausschließende Rechtsinstitute darstellen und, sollte dies der Fall sein, wie sie sich voneinander abgrenzen lassen, besteht denn auch in Rechtsprechung und Literatur keine Einigkeit.

Nach der herrschenden Ansicht in der Literatur ist das Institut der Treuhand strikt von demjenigen der Unterbeteiligung zu trennen. Die Abgrenzung soll danach erfolgen, ob der Gesellschafter ausschließlich im Interesse des mittelbar Beteiligten tätig wird - dann Treuhand - oder ob er den Gesellschaftsanteil auch im eigenen Interesse verwaltet und die daraus folgenden Rechte und Pflichten auch entsprechend seinen eigenen Wünschen wahrnimmt - dann Unterbeteiligung. Der Treuhand soll ein Auftrag beziehungsweise Geschäftsbesorgungsver-

---

60 Hesselmann, GmbHR 1964, 29; K. Schmidt, GesellR, S. 1866.

trag, der Unterbeteiligung demgegenüber eine Personengesellschaft in der Form einer Innengesellschaft zugrunde liegen[61]. Allerdings wird auch von Vertretern dieser Ansicht eingeräumt, daß die Abgrenzung im Einzelfall durchaus problematisch sein kann[62].

Die Schwierigkeiten einer Einordnung der Rechtsbeziehungen eines Gesellschafters einer Publikums-KG zu den über ihn an der Gesellschaft Beteiligten haben einen Teil der Literatur dazu veranlaßt, das zuvor zwingend angenommene Ausschließlichkeitsverhältnis von Treuhand und Unterbeteiligung zu lockern. Nicht nur erhebliche Parallelen zwischen beiden Formen mittelbarer Beteiligung an Gesellschaften werden eingeräumt. Ein Unterbeteiligungsverhältnis soll vielmehr in bestimmten Ausnahmefällen sogar Treuhandcharakter haben können. Ein solcher Fall wird dann angenommen, wenn wie im oben angeführten Beispiel ein Gesellschafter seinen Anteil für mehrere über ihn mittelbar an der Gesellschaft beteiligte Anleger hält. Das Einlageverhältnis der Investoren soll gesellschaftsrechtlich zu deuten sein, während - so die Vertreter dieser Ansicht - die Pflichten des Gesellschafters hinsichtlich der Verwaltung des Kommanditanteils ein Treuhandverhältnis begründen[63].

Für neue Diskussionen in der Literatur hat der BGH mit seinem Urteil vom 13.6.1994[64] gesorgt. Er vertritt die Ansicht, auch die gesellschaftsrechtliche Verbindung zwischen dem Haupt- und dem Unterbeteiligten sei - nicht nur in bestimmten Ausnahmefällen, sondern grundsätzlich - als eine Art Treuhandverhältnis zu behandeln. Auch derjenige Gesellschafter, der einen Anteil nicht nur im eigenen Interesse halte, unterliege den für die Treuhand typischen schuldrechtlichen Bindungen. Für die Frage, welche Bestimmungen im Verhältnis zwischen dem Gesellschafter und dem Dritten anzuwenden sind, soll es nach Ansicht des BGH allein darauf ankommen, wie der Vertrag inhaltlich gestaltet ist. Werde der Anteil von dem Gesellschafter in vollem Umfang für den anderen gehalten, fehle es an der gemäß §§ 705 ff. BGB erforderlichen gemeinsamen Zweckverfolgung; es liege daher ein Auftrags- oder Geschäftsbesorgungsvertrag vor. Demgegenüber werden die §§ 705 ff. BGB für anwendbar gehalten, wenn der Gesellschafter den Anteil auch im eigenen Interesse hält.

---

61 Roemer, INF 1993 253; Gummert, WiB 1994, 776; Ulbrich, S. 86; Thomsen, S. 27/28; Ulmer, FS Odersky, S. 889; Wank, JuS 1979, 407 (Beschränkung auf Verwaltungstreuhand).

62 Ulbrich, S. 87, Wank, JuS 1979, 407.

63 Schlegelberger/K. Schmidt, Vor § 230 n.F., Rn. 38; § 230 n.F., Rn. 196; K. Schmidt, GesellR, S. 1828, 1866; Röhricht/Graf v. Westphalen (v.Gerkan), § 230, Rn. 103; Bälz, ZGR 1980, 21; Hüffer, JuS 1979, 460.

64 BGH NJW 1994, 2886, 2887; so auch BGH NJW-RR 1995, 165/166.

Diese Entscheidung des BGH hat in weiten Teilen der Literatur Zustimmung gefunden[65]. Der Einwand Roths[66], der BGH lande am Ende doch wieder bei der Unterscheidung zwischen Treuhand und Unterbeteiligung und verhalte sich daher inkonsequent, überzeugt nicht, denn der BGH setzt die Einordnung als Auftrag beziehungsweise als Geschäftsbesorgungsvertrag nicht mit der Qualifizierung als Treuhand oder Unterbeteiligung gleich. Seiner Meinung nach stellt die Unterbeteiligung als Personengesellschaft vielmehr einen besonderen Fall der Treuhand dar.

Die Diskussion um die Abgrenzung von Treuhand und Unterbeteiligung leidet darunter, daß sich mangels einer gesetzlichen Ausgestaltung der beiden Rechtsinstitute nicht einmal ein Ausgangspunkt finden läßt, auf den sich jede Ansicht zurückführen ließe. Je nachdem, wie weit man die Begriffe von Treuhand und Unterbeteiligung faßt und was man als die entscheidenden Merkmale dieser beiden Formen mittelbarer Beteiligung an Gesellschaften ansieht, wird man bei der Abgrenzung zu unterschiedlichen Ergebnissen gelangen.

Genau entgegengesetzte Ansichten werden beispielsweise in jüngster Zeit von Henssler[67] und Grundmann[68] hinsichtlich der Frage vertreten, ob die Treuhand entscheidend durch das Innen- oder das Außenverhältnis charakterisiert wird. Während Grundmann darauf hinweist, daß der eigentliche Ursprung der Treuhand schuldrechtlicher Art sei und daher entscheidende Bedeutung der Ausgestaltung des Innenverhältnisses zukomme, selbst wenn ein vergleichbares Pflichtengefüge auch in anderen Rechtsverhältnissen als der Treuhand im herkömmlichen Sinne bestehe[69], vertritt Henssler die Ansicht, man müsse zur Klärung des Treuhandbegriffs an das Außenverhältnis anknüpfen. Das Innenverhältnis der Treuhand könne so unterschiedlich gestaltet werden, daß es als Systematisierungsansatz ungeeignet sei. Gerade wenn man Treuhand und Unterbeteiligung voneinander abzugrenzen versuche, zeige sich die Unbrauchbarkeit der schuldrechtlichen Vereinbarung zwischen Treugeber und Treuhänder als Ansatzpunkt, denn Treuhand und Unterbeteiligung begründeten im Innenverhältnis ähnliche Rechte und Pflichten. Anders verhalte es sich mit dem Außenverhältnis. Hier fehle es an Gemeinsamkeiten zwischen den beiden Formen mittelbarer Beteiligung, da der Treuhänder anders als der Hauptbeteiligte dazu verpflichtet sei, sei-

---

65 Reiners, WRP 1996, 1003; Meyer-Landrut, WuB II F § 723 BGB, 1.95; Fleischer, EWiR BGH § 662 BGB 1/94, 862; Roth, BGH LM 12/1994, § 662, Nr. 45 Bl.4, der allerdings die Ansicht des BGH für nicht weitgehend genug hält.

66 Roth, BGH LM H 12/1994 § 662 Nr. 45 Bl.4.

67 Henssler, AcP 196 (1996), 37 ff.

68 Grundmann, Der Treuhandvertrag, insbesondere die werbende Treuhand.

69 Grundmann, S. 88 ff.

ne Rechtsposition wieder auf den Treugeber zu übertragen, seine bloß formale Rechtsstellung daher schwächer ausgestaltet sei als die des Hauptbeteiligten[70].

Die Bedeutung, welche Henssler dem Außenverhältnis für die Abgrenzung von Treuhand und Unterbeteiligung beimißt, läßt sich schwerlich nachvollziehen. Richtig ist zwar, daß der Treuhänder - anders als in der Regel der Hauptbeteiligte - dazu verpflichtet sein wird, den für Rechnung des Treugebers gehaltenen Anteil nach Ende des Treuhandverhältnisses an den Treugeber zu übertragen; diese Pflicht rührt jedoch gerade aus dem von Henssler für die Abgrenzung als unerheblich eingeordneten Innenverhältnis her. Nach außen sind die Stellung des Treuhänders und des Hauptbeteiligten als Gesellschafter auf der einen Seite und die Position des Treugebers und des Unterbeteiligten als lediglich schuldrechtlich mit dem Gesellschafter verbundene Außenstehende auf der anderen Seite jedoch durchaus vergleichbar. Die Argumentation Hensslers im Hinblick auf die Bedeutung des Innenverhältnisses für die Abgrenzung von Treuhand und Unterbeteiligung geht in die gleiche Richtung wie die neue BGH-Rechtsprechung und die ihr folgende Literatur. Daran, daß die dem Gesellschafter gegenüber dem Außenstehenden erwachsenden Pflichten im Falle eines Treuhandverhältnisses und einer Unterbeteiligung einander im wesentlichen entsprechen, läßt sich in der Tat nicht zweifeln. In beiden Fällen ist der Gesellschafter verpflichtet, die Interessen des mittelbar Beteiligten bei der Ausübung seiner Rechte aus dem Anteil zu achten und zumindest Teile des Gewinns an ihn abzuführen.

Die Parallelen zwischen Treuhand und Unterbeteiligung sowohl hinsichtlich des Außenverhältnisses als auch in bezug auf das Innenverhältnis zwischen dem mittelbar Beteiligten und „seinem" Gesellschafter sprechen dafür, das noch immer von der herrschenden Ansicht in der Literatur angenommene Ausschließlichkeitsverhältnis zwischen Treuhand und Unterbeteiligung zu überdenken.

Die traditionell vorgenommene Abgrenzung von Treuhand und Unterbeteiligung vermag nur dann zu überzeugen, wenn der Treuhand ausnahmslos und zwingend ein Auftrags- beziehungsweise Geschäftsbesorgungsverhältnis zugrunde liegt. Überschneidungen mit der Unterbeteiligung als Personengesellschaft in der Form der Innengesellschaft[71] wären dann ausgeschlossen. Welchem Vertragstyp man das Verhältnis zwischen Treugeber und Treuhänder zuordnet, hängt entscheidend davon ab, in welcher Weise man das rechtsgeschäftlich begründete Treuhandverhältnis definiert. Nach dem hier befürworteten Verständnis der Treuhand ist kennzeichnend für das Treuhandverhältnis an einem Gesellschaftsanteil die nach außen uneingeschränkte, nach innen aber durch die Pflicht zur Berücksichtigung der Interessen des Vertragspartners gebundene Anteilsinhaber-

70 Henssler, AcP 196 (1996), S. 44.

71 So die allgemeine Ansicht, siehe auch oben Fn.39.

schaft[72]. Ob der Treugeber dabei wirtschaftlich die Stellung als alleiniger Inhaber des Anteils innehat oder ob er mit dem Treuhänder einen gemeinsamen Zweck verfolgt und sein wirtschaftliches Interesse an dem Anteil mit diesem teilt, ist unerheblich[73]. Im letzteren Fall entspricht die Annahme eines Geschäftsbesorgungsvertrages nicht den Interessen der Beteiligten. Näher liegt es, das Rechtsverhältnis zwischen dem Treugeber und dem Treuhänder als Gesellschaft zu verstehen. Anders als bei der Unterbeteiligung steht mit der Einordnung einer Rechtsbeziehung als Treuhandverhältnis folglich der zugrunde liegende Vertragstyp noch nicht fest. Bei der Treuhand handelt es sich vielmehr um einen Oberbegriff, unter den sich verschiedene rechtliche Gestaltungen fassen lassen.

Allein mit diesem Verständnis der Treuhand läßt sich auch die Einordnung der Sicherungstreuhand als Unterfall der Treuhand erklären. Die Sicherungstreuhand wird zwar auch im Interesse des Treugebers begründet, der durch die Sicherungsmöglichkeit für den Darlehensgeber ein Darlehen überhaupt erst erhält oder dem es zumindest zu günstigeren Bedingungen eingeräumt wird. In erster Linie dient die Sicherungstreuhand jedoch dem Sicherungsinteresse des Darlehensgebers; kann sein Schuldner nicht zahlen, ist er in der Lage, sich durch Verwertung des Anteils zu befriedigen. Auch die Ausübung der Rechte in der Gesellschaft bei bestehender Sicherungstreuhand erfolgt durch den Treuhänder im Interesse beider Parteien. Hierbei steht allerdings umgekehrt das Interesse des Treugebers an einer ordnungsgemäßen und gewinnbringenden Verwaltung des Anteils im Vordergrund, da er, wenn er rechtzeitig zahlt, den Anteil zurückerhält, und wenn es zu einer Verwertung kommt, an einem möglichst hohen Verwertungserlös interessiert ist. Letzteres Interesse hat jedoch auch der Sicherungsnehmer; er muß bei der Ausübung der aus dem Anteil fließenden Rechte die schutzwürdigen Interessen des Treugebers aber entscheidend berücksichtigen. Als eigennützige Form der Treuhand dient die Sicherungstreuhand mithin sowohl den Interessen des Treuhänders als auch denen des Treugebers[74]. Ihr liegt daher auch kein reiner Geschäftsbesorgungsvertrag oder Auftrag zugrunde, sondern eine Sicherungsabrede, der durchaus Elemente einer gemeinsamen Zweckverfolgung, nämlich einer möglichst gewinnbringenden Verwaltung des Anteils, innewohnen.

Festzuhalten bleibt, daß der Begriff der Treuhand nicht nur das Handeln für ausschließlich fremde Rechnung abdeckt, sondern zudem die Verwaltung des Treuguts im gemeinsamen Interesse umfaßt. Unter diesen Voraussetzungen stellt

72 Siehe oben B I 1 a.

73 Vgl. hierzu auch Priester, Fachanwalt 1999, S. 154, der die Beteiligung an einer rechnerischen Quote eines Gesellschaftsanteils ganz selbstverständlich als „Quotentreuhand“ bezeichnet.

74 Ulmer, FS Odersky, S. 877; Hachenburg/Zutt, Anh. § 15, Rn. 56; Beuthien, ZGR 1974, 30; Däubler, GmbHR 1966, 243; Heining, GmbHR 1954, 99; Ulbrich, S. 85.

die Unterbeteiligung ohne weiteres einen Unterfall der Treuhand dar. Der Hauptbeteiligte hält nämlich seinen Anteil, soweit die Unterbeteiligung daran reicht, auch für den Unterbeteiligten. Er unterliegt damit den für die Treuhand charakteristischen Bindungen im Innenverhältnis, welche seine nach außen uneingeschränkte Stellung als Gesellschafter begrenzen.

Je nach Ausgestaltung des Unterbeteiligungsverhältnisses können die Treuhandelemente unterschiedlich stark ausgeprägt sein. Während im Falle einer typischen Unterbeteiligung mit einer geringen Beteiligungsquote des Unterbeteiligten an dem auf den Anteil entfallenden Gewinn der Hauptbeteiligte die Interessen des Unterbeteiligten nur in geringem Maße zu beachten hat, tritt das eigene Interesse des Hauptbeteiligten an dem Anteil in den Hintergrund, wenn eine atypische Unterbeteiligung begründet worden ist, auf deren Grundlage dem Unterbeteiligten der entscheidende Anteil an dem Gewinn und an der Substanz des Anteils zugebilligt wird. Ist in letzterem Fall der Treuhandcharakter der Unterbeteiligung besonders offensichtlich, bleibt doch zu betonen, daß nach richtiger Ansicht jede Unterbeteiligung einen Unterfall der Treuhand darstellt. Entscheidend ist lediglich, daß der Hauptbeteiligte überhaupt auch Interessen seines Vertragspartners wahrzunehmen hat; dies ist bei der Unterbeteiligung ausnahmslos der Fall.

Auch das zwischen dem einzelnen Anleger einer Publikums-KG und „seinem“ Gesellschafter vereinbarte Treuhandverhältnis kann daher als Unterbeteiligung ausgestaltet sein, nämlich dann, wenn die Verwaltung des Gesamtanteils im Vordergrund steht und damit ein gemeinsamer Zweck der Beteiligten verfolgt wird. Anders verhält es sich demgegenüber, wenn die Rechtsbeziehung der Beteiligten sich von vornherein nur auf den für den Anleger zu verwaltenden Teilanteil bezieht, den der Gesellschafter ausschließlich in dessen Interesse zu verwalten hat Das der Beziehung dann zugrunde liegende Geschäftsbesorgungsverhältnis schließt ein Zusammentreffen von Treuhand und Unterbeteiligung aus.

Im folgenden wird der Fall, in welchem der Treuhänder ausschließlich für Rechnung des Treugebers handelt, als reines Treuhandverhältnis bezeichnet, während die Treuhand in der Sonderform der Unterbeteiligung schlicht Unterbeteiligung genannt wird.

3. Abgrenzung von Treuhand und Unterbeteiligung zu verwandten Instituten

Ein Außenstehender kann sich nicht nur in den beiden hier behandelten Formen an einer Gesellschaft beteiligen. An dieser Stelle soll auf andere Möglichkeiten, welche ihm zur Verfügung stehen, eingegangen werden, zum einen, um die Besonderheiten von reiner Treuhand und Unterbeteiligung aufzuzeigen, zum anderen, weil im Verlauf der Arbeit Parallelen zu diesen Rechtsinstituten gezogen werden sollen.

a. Stille Gesellschaft

Abgrenzungsschwierigkeiten können zwischen reiner Treuhand und Unterbeteiligung auf der einen und der Beteiligungsform der stillen Gesellschaft auf der anderen Seite entstehen. Entscheidende Bedeutung für die Einordnung des Rechtsverhältnisses kommt nicht der von den Parteien gewählten Bezeichnung zu, sondern allein der inhaltlichen Ausgestaltung der Vertragsbeziehung[75]. Die stille Gesellschaft ist dadurch gekennzeichnet, daß der stille Gesellschafter an dem Handelsgewerbe eines anderen gegen eine Gewinnbeteiligung mit einer Vermögenseinlage beteiligt ist, die in das Eigentum des Inhabers des Handelsgewerbes übergeht[76]. Gesetzlich normiert ist diese Gesellschaftsform in den §§ 230 ff. HGB. Es handelt sich - wie auch bei der Unterbeteiligung - um eine Innengesellschaft ohne Gesamthandsvermögen[77]. Ähnlichkeiten zu der Unterbeteiligung bestehen außerdem insoweit, als bei der stillen Gesellschaft, nicht anders als bei der Unterbeteiligung, die Verfolgung eines gemeinsamen Zwecks im Vordergrund steht. Zudem kennt man auch bei der stillen Gesellschaft eine typische und eine atypische Form, wobei man zur Unterscheidung die gleichen Kriterien heranzieht wie bei der Unterbeteiligung[78].

Diese Parallelen lassen es naheliegend erscheinen, Unterbeteiligung und stille Gesellschaft rechtlich gleich zu behandeln. Einer unmittelbaren Anwendung der §§ 230 ff. HGB auf die Unterbeteiligung als Form der stillen Gesellschaft könnte allerdings die Vorschrift des § 230 I HGB entgegenstehen. Danach setzt nämlich eine stille Gesellschaft die Beteiligung des Stillen an einem Handelsgewerbe voraus, sei es an dem Gewerbe eines Einzelkaufmanns, sei es an einer Handelsgesellschaft. Zu Überschneidungen zwischen stiller Gesellschaft und Unterbeteiligung kann es mithin nur dann kommen, wenn die Beteiligung an einem Gesellschaftsanteil zugleich eine Beteiligung an einem Handelsgewerbe darstellt. Der Betrieb eines Handelsgewerbes setzt voraus, daß der Handelnde auf wirtschaftlichem Gebiet zur Gewinnerzielung selbständig auf Dauer und äußerlich erkennbar tätig wird[79].

---

75 Paulick, ZGR 1974, 259.
76 Henn, S. 19; Eden, S. 29.
77 Roth/Thöni, S. 252; Ulbrich, S. 73; Roemer, INF 1993, 253; Henn, S. 19; Glenk, INF 1995, 593/594.
78 Henn, S. 19.
79 Baumbach/Hopt, § 1, Rn. 12; Canaris, HandelsR, S. 23.

Wer einen Anteil an einer Handelsgesellschaft erworben hat, wird zwar mit Gewinnerzielungsabsicht handeln und den Gesellschaftsanteil in der Regel auch für eine gewisse Dauer halten. Er tritt jedoch nicht für Dritte sichtbar als Teilnehmer am Markt hervor, so daß es an der äußeren Erkennbarkeit seiner Tätigkeit fehlt. Allein durch seine Beteiligung an der Gesellschaft betreibt der Gesellschafter einer Kapital- oder Personenhandelsgesellschaft folglich kein Handelsgewerbe. Gewerbetreibende kann allein die Hauptgesellschaft selbst sein. Als Rechtsbeziehung allein zwischen einem Gesellschafter und einem Außenstehenden führt die Unterbeteiligung daher nicht zu dessen unmittelbarer Beteiligung an einem Handelsgewerbe[80].

Die Unterbeteiligung ließe sich allerdings dann als stille Gesellschaft einordnen, wenn unter Beteiligung im Sinne des § 230 I HGB auch die mittelbare Teilhabe an dem Handelsgewerbe der Hauptgesellschaft über die Person des Hauptbeteiligten verstanden werden könnte. In diese Richtung geht die Argumentation Wintersteins[81]. Auch er vertritt die Ansicht, daß die Einräumung einer Unterbeteiligung nicht zu einer unmittelbaren Beteiligung des Außenstehenden an einem Handelsgewerbe führen kann. Nicht anders soll es sich seiner Meinung nach jedoch in bestimmten Fällen verhalten, die unstreitig unter die §§ 230 ff. HGB fallen. Da Vertragspartner einer Person, welche mit einer Personenhandelsgesellschaft in rechtsgeschäftliche Beziehungen trete und sich auf diesem Wege still an ihr beteilige, die Gesellschafter als Gesamthandsgemeinschaft seien, könne auch hier nicht von einer unmittelbaren Beteiligung des Stillen an dem Handelsgewerbe der Gesellschaft die Rede sein. Genüge aber in diesem Fall zur Begründung einer stillen Gesellschaft eine bloß mittelbare Beteiligung, sei es allein konsequent, auch die Unterbeteiligung als Fall der stillen Gesellschaft zu behandeln.

Die von Winterstein gezogene Schlußfolgerung vermag nur dann zu überzeugen, wenn die beiden von ihm miteinander verglichenen Fälle einander in ihrer rechtlichen Konstruktion entsprechen. Ausreichende Parallelen zwischen den herangezogenen Beispielsfällen sind jedoch nicht erkennbar. Denn allein derjenige, welcher sich an der Personenhandelsgesellschaft selbst beteiligt und mit ihr gesellschaftsvertragliche Vereinbarungen getroffen hat, kann aus dieser Verbindung Ansprüche beispielsweise auf einen Anteil an dem Gewinn oder auf Einsicht in die Bücher gegenüber der Gesellschaft geltend machen. Solche rechtsgeschäftlich begründeten Rechte und Pflichten des Inhabers des Handelsgewerbes und des Stillen sollen durch die §§ 230 ff. HGB ausgestaltet werden. Der Unterbeteiligte steht demgegenüber in der Regel nur in vertraglichen Beziehungen zu

---

80 So auch Paulick, ZGR 1974, 258/259; Staub Großkomm. HGB (Zutt), § 230, Rn. 107; Hesselmann, GmbHR 1964, 26.

81 Winterstein, S. 45 ff.

einem Gesellschafter. Rechtsgeschäftliche Ansprüche gegenüber der Gesellschaft bestehen daher grundsätzlich nicht, so daß die §§ 230 ff. HGB auf dieses Verhältnis von vornherein keine Anwendung finden können.

Noch weniger läßt sich mit der mittelbaren Beteiligung an dem Handelsgewerbe der Hauptgesellschaft jedoch eine Anwendung der §§ 230 ff. HGB auf das Verhältnis zwischen dem Haupt- und dem Unterbeteiligten begründen. Es bedeutet einen Widerspruch in sich, auf der einen Seite die mittelbare Beteiligung des Unterbeteiligten an der Hauptgesellschaft als stille Gesellschaft einzuordnen, auf der anderen Seite die entsprechenden Vorschriften aber in einem ganz andere Verhältnis, nämlich demjenigen zwischen dem Dritten und einem einzelnen Gesellschafter, anzuwenden. Eine Auslegung des Begriffs der Beteiligung in der Weise, daß auch mittelbare Beteiligungen an einem Handelsgewerbe eine stille Gesellschaft begründen können, läßt sich daher nicht vertreten Die gesetzliche Regelung setzt vielmehr unmittelbare rechtliche Beziehungen zwischen dem Gewerbetreibenden und dem Stillen voraus.

Die gesellschaftsvertragliche Beziehung zwischen dem Haupt- und dem Unterbeteiligten ließe sich allenfalls dann als stille Gesellschaft unter die §§ 230 ff. HGB fassen, wenn man die Beteiligung an einem Handelsgewerbe nicht als zwingendes Wesensmerkmal der stille Gesellschaft betrachtete. Diese Auffassung findet sich bei Schneider[82]. Seiner Meinung nach enthält § 230 I HGB (damals § 335 I HGB) nicht eine abschließende Definition des Begriffs der stillen Gesellschaft, sondern legt lediglich ein wesentliches Merkmal dieser Gesellschaftsform fest. Entscheidend sei nach § 230 I HGB (§ 335 I HGB) für die stille Gesellschaft allein, daß der Geschäftsinhaber Eigentümer der Einlage werde, es also an einem eigenen Gesellschaftsvermögen der stillen Gesellschaft fehle. Unter dieser Voraussetzung stelle die auf ein gesellschaftsrechtliches Dauerverhältnis ausgerichtete Beteiligung am Gewinn eine stille Gesellschaft dar. Demgegenüber komme es nicht darauf an, daß sich der Stille - unmittelbar oder mittelbar - an einem Handelsgewerbe beteilige[83]. Nach diesem Ansatz stünde der Einordnung der Unterbeteiligung als stille Gesellschaft mithin nichts entgegen.

Die Ausführungen Schneiders vermögen jedoch nicht zu überzeugen. Insbesondere lassen sie eine Begründung für seine Ansicht, § 230 HGB sei nicht abschließend, vermissen. Unklar bleibt, warum die stille Gesellschaft entscheidend durch das Fehlen eines Gesellschaftsvermögens geprägt sein soll, nicht aber durch das Vorliegen eines Handelsgewerbes als Gegenstand der Beteiligung. Da beide Merkmale in § 230 I HGB niedergelegt sind, bedürfte es eines rechtfertigenden Grundes für eine derart unterschiedliche Gewichtung, dies umso mehr,

---

82 Schneider, FS Möhring, S. 115/116.

83 Schneider, FS Möhring, S. 116.

als die meisten Vorschriften der §§ 230 ff HGB auf die Beteiligung an einem Gewerbebetrieb zugeschnitten sind, z.B. das Kontrollrecht nach § 233 I HGB, die Kündigung, § 234 HGB, und die Auseinandersetzung, § 235 HGB[84].

Nach richtiger Ansicht liegt eine stille Gesellschaft nur dann vor, wenn der Stille sich unmittelbar an einem Handelsgewerbe beteiligt[85]. Da für den Unterbeteiligten unmittelbare Rechtsbeziehungen nur zu dem betreffenden Gesellschafter entstehen, nicht aber zu der Gesellschaft selbst, fehlt es an dieser Voraussetzung[86]. Überschneidungen zwischen beiden Instituten können mithin nicht eintreten.

Aus dem Wesensunterschied zwischen stiller Gesellschaft und Unterbeteiligung folgt, daß auf die Unterbeteiligung, soweit die Vertragspartner keine vertraglichen Regelungen getroffen haben, in erster Linie die §§ 705 ff. BGB Anwendung finden müssen, wenn sie sich mit dem Charakter der Unterbeteiligung als Innengesellschaft vereinbaren lassen. Ist für die betreffende Frage ohne Belang, ob die Beteiligung an einem Handelsgewerbe oder an einer anderen Beteiligung eingeräumt worden ist, dürfen die §§ 230 ff. HGB ergänzend analog herangezogen werden[87].

Ebenso wenig wie Überschneidungen zwischen Unterbeteiligung und stiller Gesellschaft können solche zwischen der stillen Gesellschaft und der Figur der reinen Treuhand an Gesellschaftsanteilen entstehen. Denn auch hier sind bereits die Bezugspunkte für die Beteiligung unterschiedlich: Das Treuhandverhältnis wird an dem Anteil, die stille Gesellschaft an dem Handelsgewerbe, und damit an der Gesellschaft selbst, begründet. Da der Gesellschafter die Anteile im Innenverhältnis ausschließlich für den Treugeber hält, fehlt es bei der reinen Treuhand zudem an einem Gesellschaftsverhältnis zwischen dem Treuhänder und seinem Vertragspartner. Daher kommt, anders als bei der Unterbeteiligung, nicht einmal eine entsprechende Anwendung der Vorschriften über die stille Gesellschaft in Betracht.

b. Partiarisches Darlehen

Auch die Abgrenzung zwischen partiarischem Darlehen und den hier interessierenden Formen mittelbarer Beteiligung an Gesellschaften ist nicht unproblematisch. Ein partiarisches Darlehen liegt vor, wenn jemand einem anderen sein Geld

---

84 Vgl. Blaurock, S. 114; Blaurock, Hb.d. stillen Gesellschaft, Rn. 1890, der die Einordnung der Unterbeteiligung als Form der stillen Gesellschaft als kaum haltbar ansieht.

85 So auch Durchlaub, DB 1978, 874.

86 Ulbrich, S. 74; Henn, S. 19/20; Janberg, DB 1953, 77; Eden, S. 29.

87 Henn, S. 20; Flore, BB 1994, 1191; Paulick, ZGR 1974, 268.

nicht gegen eine feste Verzinsung, sondern gegen Einräumung einer bestimmten Quote am Gewinn aus den von dem anderen mit diesem Geld abgeschlossenen Geschäften überläßt[88].

Wie der Hauptbeteiligte den Unterbeteiligten kann im Falle eines partiarischen Darlehens der Darlehensnehmer den Darlehensgeber an dem auf seinen Gesellschaftsanteil entfallenden Gewinn schuldrechtlich teilhaben lassen. Während der Unterbeteiligte jedoch mit dem Gesellschafter ein Rechtsverhältnis eingeht, um mit ihm den Anteil - im Innenverhältnis - gemeinschaftlich zu halten, steht für den Darlehensgeber die Rückzahlung der Darlehensvaluta im Vordergrund, welche durch die Vereinbarung einer Gewinnbeteiligung anstelle eines festen Zinssatzes für ihn möglichst gewinnträchtig erfolgen soll. Beim partiarischen Darlehen fehlt es daher an dem für die Anwendbarkeit der §§ 705 ff. BGB erforderlichen gemeinschaftlichen Zusammenwirken der Beteiligten zur gemeinsamen Nutzung und Verwaltung des Anteils[89]; vielmehr verfolgt jede Partei ihre eigenen Interessen. Trotz des von der Höhe des Gewinns abhängigen Entgelts des Darlehensgebers liegt mithin ein reines Kreditverhältnis, also ein schuldrechtlicher Austauschvertrag vor, nicht aber wie im Falle der Unterbeteiligung ein Gesellschaftsvertrag[90].

Die theoretisch eindeutige Abgrenzung von der Unterbeteiligung als Gesellschaft bürgerlichen Rechts und dem partiarischen Darlehen als schuldrechtlichem Austauschvertrag[91] erweist sich in der Praxis als weitaus schwieriger. Auf der Grundlage der Vertragsfreiheit kann auf der einen Seite die Unterbeteiligung in ihrer konkreten Ausgestaltung stark einem Austauschvertrag angenähert, auf der anderen Seite aber auch das partiarische Darlehen in erheblichem Maße durch gesellschaftsvertragliche Elemente geprägt sein[92]. Entscheidende Bedeutung kommt daher der Entwicklung griffiger Abgrenzungskriterien zu, welche die Zuordnung der Rechtsverhältnisse erleichtern.

Eindeutig ausgeschlossen werden kann die Anwendung der Regeln über den Darlehensvertrag dann, wenn der Einzahlende nicht nur am Gewinn, sondern auch an dem von dem jeweiligen Gesellschafter zu tragenden Verlust beteiligt

---

88 K. Schmidt, GesellR, S. 1842/1843; Eden, S. 30; Ulbrich, S. 80/81; Henn, S. 20.

89 Roemer, INF 1993, 253; Henn, S. 20; Ulbrich, S. 81; Bopp/Weigell, Steuerliches Vertrags- und Formularbuch, A 13.00, Rn. 4; Obermüller/Obermüller, S. 614.

90 Märkle, DStZ 1985, 472; Henn, S. 20; Soergel/Hadding, Vor § 705 Rn. 10 (11.A.).

91 Gegen eine strikte Trennung von Unterbeteiligung und partiarischem Darlehen Schneider, FS Möhring S. 117. Seiner Meinung stellen Unterbeteiligung und partiarisches Darlehen keine sich ausschließenden Rechtsinstitute dar. Der Darlehensgeber soll vielmehr in der Regel zugleich Unterbeteiligter des Gesellschafters sein.

92 Ulbrich, S. 81.

ist[93]. Denn charakteristisch für die Rechtsform des Darlehens ist, daß dem Darlehensgeber ein Anspruch auf vollständige Rückzahlung der von ihm eingezahlten Summe zusteht. Zudem wird im Falle einer Verlustbeteiligung eine ordnungsgemäße Verwaltung des Anteils als gemeinschaftlich verfolgtes Ziel im Sinne des § 705 BGB im Vordergrund stehen. Demgegenüber läßt, da für die Abgrenzung die hinter der Vereinbarung stehende Interessenlage von entscheidender Bedeutung ist[94], die von den Vertragspartnern für das Rechtsverhältnis gewählte Bezeichnung keinen zwingenden Schluß auf das Vorliegen eines partiarisches Darlehens oder einer Unterbeteiligung zu. Sie kann lediglich ein Indiz für die rechtliche Qualifizierung der Beteiligung sein. Weitere Indizien stellen die Einräumung von Kontroll- und Mitwirkungsrechten für den Einzahlenden dar. Diese Rechte ermöglichen ein Zusammenwirken der Vertragspartner und sprechen daher für das Vorliegen einer Gesellschaft[95]. Ebenso ist die schuldrechtliche Beteiligung des Einzahlenden an den stillen Reserven der Gesellschaft Indiz dafür, daß die Parteien ein Gesellschaftsverhältnis begründen wollten[96].

Problematisch bleibt die Abgrenzung zwischen partiarischem Darlehen und typischer Unterbeteiligung, insbesondere, wenn dem Rechtsverhältnis das Motiv der Kapitalbeschaffung zugrunde liegt. Ob bei der jeweiligen vertraglichen Vereinbarung die gesellschaftsrechtlichen oder austauschrechtlichen Elemente überwiegen, muß nach einer Gesamtbetrachtung des jeweiligen Erscheinungsbildes des Rechtsverhältnisses und den ihm zugrunde liegenden persönlichen und wirtschaftlichen Beziehungen ermittelt werden[97]. Dabei sind auch der Vertragszweck und die wirtschaftlichen Ziele der Vertragspartner zu berücksichtigen. Wird die Beziehung zwischen den Parteien durch die Verschiedenartigkeit ihrer Interessen bestimmt, spricht dies für die Annahme eines partiarischen Darlehens; anders hingegen, wenn die Parteien einen gemeinsamen Zweck verfolgen[98].

Abgrenzungsprobleme zu dem Institut der reinen Treuhand werden kaum auftreten. Die oftmals im Zusammenhang mit Darlehensverträgen begründete Sicherungstreuhand unterscheidet sich sowohl durch den von den Parteien verfolgten Zweck als auch durch ihre rechtliche Konstruktion erheblich von einem partiarischen Darlehen. Während in letzterem Fall die Teilhabe des Darlehensgebers an dem auf den Anteil des Darlehensnehmers entfallenden Gewinn ein Entgelt für die Kapitalüberlassung darstellt, soll das Treuhandverhältnis der Sicherung des

93 BGH WM 1965, 1052/1053; Eden, S. 30; Obermüller/Obermüller, S. 614.
94 BGH NJW 1990, 573/574; Henn, S. 20.
95 RGZ 31, 33, 34; RGZ 122, 70, 72; Eden, S. 30/31; Blaurock, S. 84/85; Müko/Ulmer, Vor § 705, Rn. 86; Friehe, S. 16/17; Obermüller/Obermüller, S. 614.
96 Eden, S. 30/31; Blaurock, S. 84/85.
97 Blaurock, S. 84; Müko/Ulmer, Vor § 705, Rn. 86.
98 Paulick, ZGR 1974, 257/258; Friehe, S. 16.

Darlehensgebers dienen. Anders als beim partiarischen Darlehen wird ihm zu diesem Zweck der Anteil an der Gesellschaft übertragen. Im übrigen spricht die Vereinbarung einer Verpflichtung des Nichtgesellschafters zum Ersatz sämtlicher Aufwendungen aus der Beteiligung, also auch zum Ersatz der entstehenden Verluste, für das Vorliegen eines reinen Treuhandverhältnisses.

c. *Nießbrauch und Pfandrecht*

Auch Nießbrauch und Pfandrecht sind zulässige Formen der Beteiligung an Gesellschaftsanteilen.

Unter einem Nießbrauch versteht man die dingliche Belastung einer Sache oder eines Rechts, kraft derer derjenige, zu dessen Gunsten die Belastung erfolgt, berechtigt ist, die Nutzungen aus dem Nießbrauchsgegenstand zu ziehen[99]. Auf den Nießbrauch an einem Anteil finden die §§ 1068 ff. BGB Anwendung. Die früher herrschende Ansicht hielt die Bestellung eines Nießbrauchs an Gesellschaftsanteilen nur in der Form für zulässig, daß dem Nießbraucher die volle Mitgliedschaft in der Gesellschaft übertragen wurde. Im Innenverhältnis sollte der Nießbraucher aufgrund einer schuldrechtlichen Vereinbarung verpflichtet sein, sich darauf zu beschränken, die Nutzungen aus dem Anteil zu ziehen und den Anteil nach Beendigung des Nießbrauchs an den Besteller zurückzuübertragen[100].

Grund für diese Konstruktion war die Befürchtung, die Einräumung einer dinglichen Rechtsstellung an dem Anteil für den Nießbraucher könne zu einem Verstoß gegen das gesellschaftsrechtliche Abspaltungsverbot[101] führen, wenn der Nießbrauchbesteller Anteilsinhaber bleibe. Es sei nämlich zu befürchten, daß dem Nießbraucher eigene Mitverwaltungsrechte in der Gesellschaft zugebilligt und damit entgegen dem Abspaltungsverbot Mitgliedschaftsrechte ohne Mitgliedschaft begründet würden[102]. Faktisch wurde damit die Begründung eines Nießbrauchs an Gesellschaftsanteilen für unzulässig erklärt; an seiner Stelle mußte ein Treuhandverhältnis vereinbart werden.

Heute ist allgemein anerkannt, daß an einem Gesellschaftsanteil auch ein echter Nießbrauch bestellt werden kann. Es ist mithin möglich, eine dingliche (Mit-) Berechtigung des Nießbrauchers an dem Anteil ohne Ausscheiden des Gesellschafters herbeizuführen. Bedenken wegen eines Verstoßes gegen das Abspaltungsverbot sollen dem nicht entgegenstehen. Entweder wird das Abspal-

---

99 Henn, S. 22; K. Schmidt, GesellR, S. 1822/1823.

100 Zum Nießbrauch an Personengesellschaftsanteilen: Sudhoff, NJW 1971, 481/482; Soergel/Baur, § 1068, Rn. 7 (11.A.); Erman/Ronke, § 1069, Rn. 5 (7.A.).

101 Näher zum Abspaltungsverbot siehe unten B II 2 a.

102 Soergel/Baur, § 1068, Rn. 7 (11.A.).

tungsverbot als durch die Einräumung von Mitverwaltungsrechten für den Nießbraucher nicht berührt angesehen, weil der Nießbraucher durch sein dingliches Recht an dem Anteil Mitberechtigter daran und auf diese Weise in den Gesellschaftsverband einbezogen sei[103], oder aber die Übertragung von mit der Mitgliedschaft verbundenen Rechten auf den Nießbraucher als unzulässig abgelehnt[104], so daß es zu der befürchteten Abspaltung nicht kommt.

Der Nießbrauch an Gesellschaftsanteilen auf der einen Seite und reine Treuhand und Unterbeteiligung auf der anderen Seite unterscheiden sich wesentlich in der Ausgestaltung der Rechtsstellung des mittelbar Beteiligten. Anders als dem Nießbraucher wird dem Treugeber oder dem Unterbeteiligten keine dingliche Berechtigung an dem Anteil eingeräumt. Seine Rechte sind lediglich schuldrechtlicher Natur. Die Rechtsposition von Treugeber und Unterbeteiligtem stellt im Vergleich zu der gegenüber jedermann wirkenden Berechtigung des Nießbrauchers ein „Weniger" dar[105]. Die beiden hier behandelten Formen mittelbarer Beteiligung erweisen sich gegenüber dem Nießbrauch insofern als vorzugswürdig, als sie nicht dem sachenrechtlichen Typenzwang unterliegen und mit ihrer Hilfe deshalb dem Nießbraucher vergleichbare aber flexiblere Gestaltungen erreicht werden können[106].

Unstreitig kann an einem Gesellschaftsanteil auch ein Pfandrecht begründet werden, § 1274 BGB[107]. Das Pfandrecht steht dem Nießbrauch insofern nahe, als es dem Berechtigten ein dingliches Recht an dem Anteil verschafft. Auch hier bleibt der Besteller Inhaber des Anteils, welcher durch das Recht belastet wird. Hinsichtlich der Möglichkeit des Pfandrechtsinhabers, Verwaltungsrechte in der Gesellschaft als eigene ausüben zu können, besteht unter dem Gesichtspunkt einer Verletzung des Abspaltungsverbotes - ebenso wie beim Nießbrauch - Streit[108]. Der Bestellung des Pfandrechts als solcher soll dieses gesellschaftsrechtliche Prinzip jedoch nicht entgegenstehen. Abgrenzungsschwierigkeiten zum Nießbrauch werden sich trotz dieser Parallelen allerdings nicht ergeben, weil die Motive, aus denen ein Nießbrauch eingeräumt wird - nämlich die Beteiligung an

---

103 Ulmer FS Odersky, S. 880; Henn, S. 23; Rowedder/Koppensteiner, § 47, Rn. 22; Hachenburg/Zutt, Anh. § 15, Rn. 64a; Lutter/Hommelhoff, § 15, Rn. 50.

104 Eden, S. 32/33; Blaurock, S. 137; Scholz/Winter, § 15, Rn. 192; Scholz/K. Schmidt, § 47, Rn. 18.

105 K. Schmidt, GesellR, S. 1823.

106 Schaub, DStR 1995, 1635.

107 Mühl in Hadding/Schneider, S. 155; Roth/Thöni, S. 256; Schaub, DStR 1995, 1635; Vossius, BB 1988, Beil. 5, S. 11.

108 Keine Mitverwaltungsrechte des Pfandrechtsinhabers: Schaub, DStR 1995, 1635; Scholz/K. Schmidt, § 47, Rn. 18; Rowedder/Koppensteiner, § 47, Rn. 22; Scholz/Winter, § 15, Rn. 158/159; Mitverwaltungsrechte übertragbar: Hachenburg/Zutt, Anh. § 15, Rn. 44a.

den aus dem Gegenstand gezogenen Nutzungen - und diejenigen, welche der Begründung eines Pfandrechts zugrunde liegen - Sicherung einer Forderung des Pfandrechtsinhabers gegenüber dem Besteller -, sich erheblich unterscheiden.

Ähnlichkeiten bestehen zwischen Pfandrecht und Sicherungstreuhand. Beide Institute lassen sich dadurch voneinander abgrenzen, daß der Pfandrechtsinhaber im Gegensatz zum Treuhänder nicht Vollrechtsinhaber wird, sondern nur ein dingliches Recht an dem Anteil erlangt. Aus der Wahl der einen oder anderen Konstruktion ergeben sich zudem unterschiedliche Rechtsfolgen. Während das Pfandrecht als akzessorisches Recht mit der gesicherten Forderung erlischt, kann das Treuhandverhältnis auch nach Erlöschen der Forderung weiterbestehen[109]. Da auch die Verwertung des gepfändeten Anteils weitaus komplizierter ist als bei der Sicherungstreuhand, genießt letztere den Vorzug.

Abgrenzungsschwierigkeiten zur Unterbeteiligung als einer schuldrechtlichen Vereinbarung, deren Inhalt das gemeinsame Halten des Anteils ist, werden in der Regel nicht auftreten, zumal es an einem dinglichen Recht des Unterbeteiligten an dem Anteil fehlt.

II. Vergleich der Stellung des mittelbar Beteiligten im Verhältnis zu der Hauptgesellschaft, deren Gesellschaftern und Gläubigern mit derjenigen eines Gesellschafters der Hauptgesellschaft anhand von ausgesuchten Problemen

Die zivilrechtliche Behandlung eines an einer Handelsgesellschaft mittelbar Beteiligten wirft in den unterschiedlichsten Bereichen Probleme auf. Ziel dieser Arbeit ist nicht, die rechtlichen Folgen der reinen Treuhand und der Unterbeteiligung bis ins letzte Detail zu beleuchten.

Im Vordergrund steht vielmehr die Frage, ob der bloß über einen Gesellschafter an einer Gesellschaft Beteiligte rechtlich einem unmittelbaren Gesellschafter gleichzustellen ist und ob sich insoweit Unterschiede zwischen reiner Treuhand und Unterbeteiligung ergeben. An dieser Stelle werden daher mit der Haftung und der Stimmrechtsausübung nur zwei besonders bedeutsame Fälle angesprochen, in denen die rechtliche Behandlung des Treugebers und des Unterbeteiligten zweifelhaft sein kann.

109 Eden, S. 34; Schaub, DStR 1995, 1635.

1. Haftung

Für den mittelbar Beteiligten selbst, aber auch für die Gesellschaftsgläubiger und die Gesellschaft ist von ganz entscheidender Bedeutung, inwieweit der Unterbeteiligte und bei einem reinen Treuhandverhältnis der Treugeber für Gesellschaftsschulden und - im Bereich der Kapitalgesellschaften - für die Kapitalaufbringung und -erhaltung haften.

Gegenstand der folgenden Betrachtung soll daher die Frage sein, ob und unter welchen Voraussetzungen der mittelbar Beteiligte wie ein Gesellschafter zur Haftung herangezogen werden kann. Zwar unterscheidet sich die Stellung des Treugebers beziehungsweise des Unterbeteiligten zweifellos dadurch von derjenigen eines Gesellschafters, daß er mit der Hauptgesellschaft regelmäßig in keinerlei rechtsgeschäftlichem Kontakt steht. Dennoch liegt der Gedanke an seine Haftung nicht fern, wenn man bedenkt, daß unter Umständen er der wirtschaftlich an dem Anteil allein oder jedenfalls zu einem erheblichen Teil Interessierte ist, welchem möglicherweise entscheidende Einflußmöglichkeiten auf Vorgänge in der Gesellschaft zukommen.

Allerdings erscheint es ebenso gefährlich, den mittelbar Beteiligten aus dieser Erwägung haftungsmäßig pauschal einem Gesellschafter gleichzustellen, wie es als unangemessen zu beurteilen wäre, die Haftung von Treugeber und Unterbeteiligtem von vornherein vollständig abzulehnen. Vielmehr kann allein eine sorgfältige, an dem Schutzzweck der einzelnen Haftungsvorschriften orientierte Auslegung Klarheit darüber bringen, ob und gegebenenfalls in welchem Umfang der Unterbeteiligte und bei einem reinen Treuhandverhältnis der Treugeber einer Haftung unterliegen, wobei bei ersterem zudem die verschiedenen Möglichkeiten, das Unterbeteiligungsverhältnis auszugestalten, für die Haftung eine bedeutende Rolle spielen dürften.

a. Haftung in der GmbH und in der AG

Die Betrachtung erfolgt wegen der unterschiedlichen gesetzlichen Regelung der Gesellschafterhaftung im Kapital- und im Personengesellschaftsrecht für die reine Treuhand und die Unterbeteiligung an Aktien und GmbH-Anteilen auf der einen und an Anteilen an offenen Handelsgesellschaften und Kommanditgesellschaften auf der anderen Seite getrennt. Zunächst soll auf die Haftung des mittelbar an einer Kapitalgesellschaft Beteiligten eingegangen werden. Zu unterscheiden sind hierbei die Haftung gegenüber der Gesellschaft selbst und die Haftung gegenüber Gläubigern der Gesellschaft.

aa. Haftung im Verhältnis zur Gesellschaft

Die Grundlage der Haftung des Gesellschafters gegenüber der Gesellschaft bilden bei den Kapitalgesellschaften die Vorschriften über die Kapitalaufbringung und die Kapitalerhaltung.

Diese Normen sind deshalb von besonderer Bedeutung, weil die Gesellschafter den Gläubigern der Gesellschaft grundsätzlich nicht persönlich haften. Die Vollständigkeit des Stammkapitals beziehungsweise des Grundkapitals bildet daher die entscheidende Grundlage für das Vertrauen der Gläubiger in die Gesellschaft.

(1) Haftung für die Kapitalaufbringung

(a) Überblick über die Haftungsvorschriften

Der Kapitalaufbringung dienen bei der GmbH §§ 9 a, eingefügt durch die GmbH-Novelle von 1980, und 24 GmbHG, bei der Aktiengesellschaft § 46 AktG. Die Vorschriften sollen sicherstellen, daß die Gesellschaft bei ihrem Entstehen die satzungsmäßig vorgesehene Kapitalgrundlage hat[110].

§ 9 a I GmbHG ordnet die Haftung der Geschäftsführer und der Gesellschafter, und zwar der Gründer und all jener, die vor der Eintragung der Gesellschaft durch Eintritt oder Gesellschafterwechsel hinzugekommen sind, für falsche Angaben bei der Gründung an[111]. Von wem die Angaben stammen, ist dabei gleichgültig[112]. Eine Verantwortlichkeit aus dem gegenüber § 9 a I GmbHG subsidiären[113] § 9 a II GmbHG kann allein für die Gesellschafter, nicht aber für die Geschäftsführer begründet werden. Die vom Tatbestand des § 9 a II GmbHG aufge-

110 Für die AG: Kölner Kommentar/Kraft, § 46, Rn. 2; Hüffer, § 46, Rn. 1; für die GmbH: Baumbach/Hueck (Hueck/Fastrich), § 9 a, Rn. 1.

111 Baumbach/Hueck (Hueck/Fastrich), § 9 a, Rn. 2.

112 Lutter/Hommelhoff, § 9 a, Rn. 3; Scholz/Winter, § 9 a, Rn. 11; Henn, S. 70; Baumbach/Hueck (Hueck/Fastrich), § 9 a, Rn. 2. Dies ist allerdings nicht völlig unumstritten. Nach der Gegenansicht (Hachenburg/Ulmer, § 9a, Rn. 30) setzt eine generelle Einstandspflicht auch eine Mitwirkung aller Gesellschafter bei der Anmeldung der Gesellschaft zur Eintragung in das Handelsregister voraus. Die Inkongruenz zwischen Anmeldung und Gründerhaftung nach § 9 a I GmbHG könne nur durch eine restriktive Anwendung der Vorschrift ausgeglichen werden. Gesellschafter dürften daher nur für solche Angaben zur Haftung herangezogen werden, die sie selbst gemacht oder zu deren Abgabe sie die Geschäftsführer oder sonstige Dritte veranlaßt haben. Siehe dazu auch Beschlußempfehlung und Bericht des Rechtsausschusses, BT-Drucks. 8/3908, S. 71.

113 Baumbach/Hueck (Hueck/Fastrich), § 9 a, Rn. 12; Henn, S. 71.

stellte Haftungsvoraussetzung der Schädigung durch Einlagen oder Gründungsaufwand ist beispielsweise erfüllt bei der Überbewertung von Sacheinlagen oder der Gewährung eines unangemessen hohen Gründungsaufwands[114]. Die Haftung aus § 9 a I, II GmbHG setzt gemäß § 9 a III GmbHG Verschulden voraus. Die Vorschrift regelt allerdings eine Haftung für vermutetes Verschulden, so daß der Schuldner bei Vorliegen der Voraussetzungen des § 9 a I oder II GmbHG nur dann nicht zur Haftung herangezogen wird, wenn er sich exculpieren kann.

Schuldner der Parallelvorschrift zu § 9 a GmbHG im Aktienrecht, § 46 AktG, sind die Gründer der Aktiengesellschaft, das heißt diejenigen, die an der Feststellung der Satzung mitgewirkt und wenigstens eine Aktie übernommen haben[115]. Die Vorschrift des § 46 AktG entspricht in ihren Absätzen 1 bis 3 im wesentlichen § 9 a I - III GmbHG[116].

§ 24 GmbHG bezieht sich wie auch § 9 a GmbHG auf die Sicherung der Kapitalaufbringung[117], jedoch beschränkt die Vorschrift sich nicht darauf, eine Verantwortlichkeit der Gründer anzuordnen, sondern sieht eine anteilige verschuldensunabhängige Haftung sämtlicher Gesellschafter vor, wenn ein Mitgesellschafter seine Stammeinlage nicht vollständig erbringt. Über § 24 GmbHG wird die Haftung des einzelnen Gesellschafters über seine Stammeinlage hinaus erhöht; im Extremfall kann die Vorschrift dazu führen, daß ein einziger Gesellschafter das gesamte Stammkapital aufbringen muß, nämlich dann, wenn alle übrigen Gesellschafter ausfallen[118]. Allerdings können die Mitgesellschafter erst in Anspruch genommen werden, wenn der fehlende Betrag weder durch Kaduzierung (§ 21 GmbHG) noch durch Haftung des Rechtsvorgängers (§ 22 GmbHG) oder durch die Versteigerung des Anteils aufgebracht werden kann[119].

Eine dem § 24 GmbHG entsprechende Vorschrift existiert im Aktienrecht nicht; es gibt keine Garantie der übrigen Gesellschafter für das Grundkapital. § 46 IV AktG sieht für den Fall der Zahlungsunfähigkeit eines Gründungsaktionärs oder seiner Unfähigkeit, die von ihm zu erbringende Sacheinlage zu leisten, le-

---

114 Henn, S. 71.

115 Hüffer, § 46, Rn. 5.

116 Zur Anlehnung des § 9a GmbHG an § 46 AktG siehe auch den Gesetzentwurf der BReg, BT-Drucks. 8/1347, S. 35/36. Anders als bei § 9 a GmbHG besteht Einigkeit darüber, daß es einer restriktiven Anwendung der Vorschrift nicht bedarf. Nach § 36 AktG sind nämlich alle Gründer zur Mitwirkung bei der Anmeldung der Gesellschaft zur Eintragung in das Handelsregister verpflichtet, so daß die im Hinblick auf § 9 a GmbHG gerügte Inkongruenz zwischen der Mitwirkung bei der Anmeldung und der Verantwortlichkeit der Gründer nicht eintreten kann, Hachenburg/Ulmer, § 9a, Rn. 30.

117 Scholz/Emmerich, § 24, Rn. 1.

118 Scholz/Emmerich, § 24, Rn. 1; K. Schmidt, GesellR, S. 1126.

119 Baumbach/Hueck (Hueck/Fastrich), § 24, Rn. 3; Henn, S. 74.

diglich eine Haftung der Gründer vor, und zwar auch nur derjenigen Gründer, welche die Beteiligung des Aktionärs in Kenntnis seiner Zahlungs- oder Leistungsunfähigkeit angenommen haben.

Die unterschiedliche Regelung im Aktiengesetz und im Recht der GmbH ist auf den personenbezogenen Charakter der GmbH, durch den sie sich von der AG unterscheidet, zurückzuführen[120]. Bei der AG fehlt die innere Verbundenheit der Mitglieder. Die Gesellschaft ist vielmehr auf den häufigen Wechsel bloßer Kapitalanleger ausgerichtet, welchen, da sie - anders als die Gesellschafter einer GmbH - nicht in der Lage sind, beim Erwerb ihrer Anteile die Bonität ihrer Mitgesellschafter zu überprüfen, die drohende Haftung für einen Mitgesellschafter unzumutbar wäre[121].

(b) Haftung des mittelbar Beteiligten

(aa) Haftung nach § 9 a GmbHG und § 46 AktG

Besondere Bedeutung für die Frage der Haftung des mittelbar an einer GmbH Beteiligten kommt der Vorschrift des § 9 a IV GmbHG zu. Die Norm ordnet die Haftung desjenigen an, für dessen Rechnung ein Gesellschafter eine Stammeinlage übernommen hat.

Wer im Einzelfall darunter fällt, ist umstritten. Die herrschende Ansicht in der Literatur befürwortet eine restriktive Anwendung des § 9 a IV GmbHG[122]. Ausschlaggebend für die Haftung des Hintermanns soll danach die Ausgestaltung des Rechtsverhältnisses zwischen dem Hintermann und dem jeweiligen Gesellschafter sein. § 9 a IV GmbHG könne dann nicht eingreifen, wenn dem Hintermann kein oder nur unwesentlicher Einfluß, insbesondere auf das Gründungsverfahren, zugebilligt werde. In diesem Falle sei es nicht gerechtfertigt, den Hintermann dem Entlastungsbeweis unter erschwerten Bedingungen - er müsse nämlich zum einen sein fehlendes eigenes Verschulden und zusätzlich das fehlende Verschulden seines Vordermanns nachweisen (§ 9 a IV 2 GmbHG) - zu unterwerfen[123].

---

120 Siehe dazu die Stellungnahme des BR zu dem Gesetzentwurf der BReg, 8/1347, S. 64, wo hervorgehoben wird, daß der GmbH anders als der AG, welche auf den ständigen Wechsel ihrer Mitglieder angelegt sei, eine geringe Mitgliederzahl ohne ständigen Mitgliederwechsel immanent sei, so daß die Mitglieder sich kennen und somit ein gewisses Vertrauen zueinander entwickeln könnten; so auch Lutter/Hommelhoff, § 24, Rn. 1.

121 Hachenburg/Müller, § 24, Rn. 2; Lutter/Hommelhoff, § 24, Rn. 1.

122 Roth/Thöni, S. 267; Baumbach/Hueck (Hueck/Fastrich), § 9 a, Rn. 3; K. Schmidt, NJW 1980, 1771; Scholz/Winter, § 9 a, Rn. 26; Hachenburg/Ulmer, § 9 a, Rn. 33; Henn, S. 71 ff.

123 Henn, S. 72.

Zudem handele es sich bei § 9 a GmbHG ohnehin um eine Ausnahmevorschrift, da grundsätzlich nur die juristische Person mit dem Gesellschaftsvermögen hafte; die Norm sei mithin eng auszulegen[124].

Dem wird entgegengesetzt, weder der Wortlaut noch Sinn und Zweck der Vorschrift ließen eine restriktive Auslegung sinnvoll erscheinen; diese brächte zudem erhebliche Abgrenzungsprobleme mit sich, denn unklar bleibe, wann ein maßgeblicher Einfluß des Hintermanns gegeben sei[125]. Ein harmloser Hintermann könne sich außerdem unproblematisch nach § 9 a III GmbHG exculpieren[126].

Der Wortlaut des § 9 a IV GmbHG läßt sowohl ein restriktives als auch ein weites Verständnis der Vorschrift zu: Mit dem Ausdruck „für deren Rechnung die Gesellschafter die Stammeinlagen übernommen haben" kann allein eine 100 %ige Übernahme für fremde Rechnung gemeint sein, aber auch eine Übernahme für auch-fremde Rechnung. Wann eine Übernahme von Stammeinlagen für fremde Rechnung im Sinne des § 9 a IV GmbHG vorliegt, ob sämtliche Fälle von reiner Treuhand und Unterbeteiligung von der Vorschrift erfaßt sein sollen oder nur bestimmte Ausgestaltungen mittelbarer Beteiligung, kann nur eine an Sinn und Zweck der Vorschrift orientierte Auslegung zeigen.

§ 9 a GmbHG knüpft an die Gründungsverantwortung an: Wer an der Gründung der Gesellschaft beteiligt ist, soll auch für Schäden einstehen müssen, die durch eine Mißachtung der bei der Gründung einzuhaltenden Vorschriften eintreten. Die Vorschrift dient sowohl dem Schutz der Gesellschaft selbst als auch - und vor allem - dem Schutz ihrer Gläubiger. Das Stammkapital, dessen vollständige Aufbringung § 9 a GmbHG sichern soll, stellt eine Mindesthaftsumme für die Gläubiger dar, auf welche diese wegen der fehlenden persönlichen Haftung der Gesellschafter für Verbindlichkeiten der Gesellschaft angewiesen sind. Zudem hält die ihnen drohende Haftung die Gesellschafter dazu an, auf einen ordnungsgemäßen Gründungsvorgang hinzuwirken.

Wäre es unter keinen Umständen möglich, einen mittelbar Beteiligten zur Haftung heranzuziehen, könnten die Gesellschafter ihrer Haftung unproblematisch entgehen, indem sie eine vermögenslose Person als Gesellschafter vorschieben, welche die Anteile für sie hält. Auf diese Weise würde der Schutzmechanismus des § 9 a GmbHG außer Kraft gesetzt; die Gläubiger müßten um eine ordnungsgemäße Aufbringung des Stammkapitals fürchten. Der Gefahr einer Umgehung der Haftung soll die Vorschrift des § 9 a IV GmbHG dadurch entgegenwirken, daß sie die Haftung des Hintermanns neben der des Gesellschafters

124 Henn, S. 71.
125 Rowedder/Rittner, § 9 a, Rn. 27; Lutter/Hommelhoff, § 9a, Rn. 10.
126 Rowedder/Rittner, § 9 a, Rn. 27.

anordnet[127]. Derjenige, der wie ein Gesellschafter Einfluß auf den Gründungsvorgang nehmen kann, soll auch wie ein Gesellschafter für Fehler bei der Gründung zur Verantwortung gezogen werden können.

Diesem Normzweck widerspräche es, unterschiedslos jede Form mittelbarer Beteiligung unter die Vorschrift zu fassen. Ausschlaggebend für die Einbeziehung des Hintermanns in die Haftung nach § 9 a IV GmbHG muß die Ausgestaltung der Rechtsbeziehung zwischen dem Hintermann und dem Gesellschafter im Einzelfall sein.

Liegt ein reines Treuhandverhältnis vor, hält der Treuhand-Gründer die Beteiligung ausschließlich für den Treugeber und hat dessen Weisungen Folge zu leisten (§ 665 BGB); er handelt allein für dessen Rechnung. Rechtliche und wirtschaftliche Gesellschafterstellung fallen damit auseinander, so daß der Treugeber als Inhaber des wirtschaftlichen Interesses an dem Anteil über § 9 a IV GmbHG neben dem Treuhänder zur Haftung nach § 9 a GmbHG heranzuziehen ist. Ob der Hintermann seinen Einfluß bei der Gründung tatsächlich geltend gemacht hat, ist unerheblich. Entscheidend ist allein, ob ihm die Möglichkeit der Einflußnahme auf den Gründungsvorgang offensteht. Diese Möglichkeit vermittelt ihm eine Herrschaftsmacht, die mit derjenigen eines Gesellschafters vergleichbar ist.

Sicherlich wird nicht jeder Treugeber mit der Vereinbarung eines Treuhandverhältnisses die Absicht verfolgen, seiner Haftung zu entgehen. In der Regel werden der Begründung einer Treuhand durchaus anerkennenswerte Ziele zugrunde liegen und der Treugeber bei seinen Weisungen an den Treuhänder bemüht sein, sich vom Wohle der Gesellschaft leiten zu lassen, so daß von einem „Vorschieben des Gesellschafters" nicht die Rede sein kann. Ihrem Wortlaut nach erfaßt die Vorschrift des § 9 a IV GmbHG den Hintermann jedoch unabhängig von dem der Rechtsbeziehung zwischen dem mittelbar Beteiligten und dem Gesellschafter zugrunde liegenden Motiv. Da zudem die Gesellschaft den Nachweis einer Umgehungsabsicht des Hintermanns kaum wird führen können, sollte der Treugeber im Falle eines reinen Treuhandverhältnisses ausnahmslos der Haftung aus § 9 a GmbHG unterworfen werden[128].

---

127 Roth/Thöni, S. 266/267; Baumbach/Hueck (Hueck/Fastrich), § 9 a Rn. 3; Scholz/Winter, § 9 a, Rn. 26; Hachenburg/Ulmer, § 9 a, Rn. 33; Henn, S. 71. Betont wird die Bedeutung des Gläubigerschutzes auch im Gesetzentwurf der BReg, BT-Drucks. 8/1347, S. 35. Aus dem Wortlaut der Vorschrift ergibt sich unzweideutig, daß Treuhänder und Hauptbeteiligter auch dann aus § 9 a GmbHG haften, wenn der Hintermann zur Haftung herangezogen werden kann: Lutter/Hommelhoff, § 9 a, Rn. 10; Baumbach/Hueck (Hueck/Fastrich), § 9 a, Rn. 3.

128 Für eine generelle Einbeziehung auch Armbrüster, Treuhänderische Beteiligung, S. 382/383.

Nach herrschender Meinung soll die Anwendbarkeit des § 9 a IV GmbHG allein auf reine Treuhandverhältnisse beschränkt sein und ausscheiden, wenn eine Unterbeteiligung vorliegt[129]. Für eine solche Beschränkung des Anwendungsbereichs der Vorschrift spricht, daß sie ein erhebliches Maß an Rechtssicherheit durch eine klare Abgrenzung mit sich bringt. Diese Vorteile müssen jedoch zugunsten der schutzwürdigen Interessen der Gesellschaft und ihrer Gläubiger zurücktreten, wenn auch im Falle der Unterbeteiligung die Gefahr besteht, daß der mittelbar an der Gesellschaft Beteiligte Einfluß auf den Gründungsvorgang über „seinen" Gesellschafter nehmen kann, diesen also nur vorschiebt, um der eigenen Haftung nach § 9 a GmbHG zu entgehen.

Der Unterbeteiligte trägt zweifellos dann keine Gründungsverantwortung, wenn er von der Geschäftsführung in der Unterbeteiligungsgesellschaft ausgeschlossen und lediglich auf Kontrollrechte gegenüber dem Hauptbeteiligten beschränkt ist. Eine Einflußnahme auf den Gründungsvorgang ist ihm in diesem Fall verwehrt. Allein der Hauptbeteiligte kann die Vorgänge in der Hauptgesellschaft steuern; er ist - anders als bei der reinen Treuhand - nicht der verlängerte Arm des mittelbar Beteiligten, sondern handelt eigenständig zur Wahrnehmung seiner eigenen Interessen. In Gestaltungen dieser Art haftet daher allein der Hauptbeteiligte nach § 9 a GmbHG, nicht aber der Unterbeteiligte.

Durch den Unterbeteiligungsvertrag kann dem Unterbeteiligten aber auch Einfluß auf die Geschäftsführung in der Unterbeteiligungsgesellschaft eingeräumt werden. Hierdurch wird der Unterbeteiligte in die Lage versetzt, mittelbar auf das Schicksal der Hauptgesellschaft einzuwirken. Das Gesetz sieht in § 709 I BGB vor, daß Entscheidungen grundsätzlich einstimmig zu treffen sind. Bestimmt der Gesellschaftsvertrag abweichend von diesem Grundsatz, daß die Mehrheit der Stimmen zu entscheiden hat, ist nach § 709 II BGB die Mehrheit im Zweifel nach der Zahl der Gesellschafter zu berechnen. Gleichgültig, ob das Einstimmigkeitsprinzip gilt oder vereinbart worden ist, daß die Abstimmung im Hinblick auf Fragen der Geschäftsführung nach Köpfen zu erfolgen hat, handeln Hauptbeteiligter und Unterbeteiligter in einem solchen Falle als gleichberechtigte Partner. Auch wenn der Unterbeteiligte - anders als der Unterbeteiligte, der lediglich auf Kontrollrechte gegenüber „seinem" Gesellschafter beschränkt ist - auf den Gründungsvorgang einwirken kann, bleiben dem Hauptbeteiligten dennoch seine Eigenständigkeit und sein eigenes Interesse an den in der Hauptgesellschaft getroffenen Entscheidungen erhalten.

Dieser Unterschied zu der Situation bei einem reinen Treuhandverhältnis schließt es aus, den Gesellschafter als durch den Hintermann bloß vorgeschoben

129 K. Schmidt, NJW 1980, 1771; Hachenburg/Ulmer, § 9a, Rn. 33; zurückhaltender Baumbach/Hueck (Hueck/Fastrich), § 9 a, Rn. 3.

zu betrachten. Der von § 9 a IV GmbHG verfolgte Zweck, eine Umgehung der Haftung durch den Hintermann zu verhindern, greift nicht ein. Lediglich in Ausnahmefällen, nämlich dann, wenn dem Unterbeteiligten im Unterbeteiligungsvertrag abweichend von der Zweifelsregelung in § 709 II BGB, beispielsweise entsprechend seiner Gewinnbeteiligung, der entscheidende Einfluß auf die Geschäftsführung in der Unterbeteiligungsgesellschaft eingeräumt worden ist und der Hauptbeteiligte keine Möglichkeit hat, sich ihm gegenüber in Fragen der Geschäftsführung durchzusetzen, besteht die Gefahr einer Umgehung der Haftung nach § 9 a GmbHG. Der Unterbeteiligte als derjenige, der tatsächlich auf den Gründungsvorgang steuernd einwirken kann, ist in einem solchen Falle als Hintermann im Sinne des § 9 a IV GmbHG zur Haftung heranzuziehen.

Die Frage der Haftung des mittelbar Beteiligten auf der Grundlage von § 9 a IV GmbHG entscheidet sich mithin nicht mit der Einordnung der Rechtsbeziehung zwischen dem Gesellschafter und dem Dritten als reine Treuhand oder als bloße Unterbeteiligung, sondern danach, ob der mittelbar Beteiligte durch die Möglichkeit, über „seinen" Gesellschafter auf den Gründungsvorgang Einfluß zu nehmen, wie ein Gesellschafter Gründungsverantwortung trägt und die Gefahr besteht, daß mit Hilfe der Konstruktion der mittelbaren Beteiligung die Haftungsvorschrift des § 9 a GmbHG umgangen werden soll. Allerdings bleibt festzuhalten, daß die Stellung des Unterbeteiligten nur in Ausnahmefällen Anlaß zu seiner Einbeziehung in die Haftung nach § 9 a GmbHG bietet.

Ganz parallel ist über die Haftung des Hintermanns nach § 46 V AktG zu entscheiden. Diese Vorschrift dient in gleicher Weise wie § 9 a IV GmbHG dem Zweck, eine Umgehung der Haftung zu vermeiden[130]. Auch hier haftet der Treugeber als Hintermann mit Gründungsverantwortung ausnahmslos, der Unterbeteiligte hingegen nur in den oben dargelegten Ausnahmefällen.

(bb) Haftung nach § 24 GmbHG

Nicht nur die Absicht, sich der Haftung aus § 9 a GmbHG zu entziehen, kann Motiv für die bloß mittelbare Beteiligung an einer GmbH sein, sondern auch der Wunsch, nicht nach § 24 GmbHG für den Ausfall von Einlagen einstehen zu müssen. Es liegt daher nicht fern, zum Schutz der Gesellschaft und ihrer Gläubiger auch den Anwendungsbereich dieser Vorschrift auf bestimmte bloß mittelbar an der Gesellschaft Beteiligte auszudehnen. Im Falle der Anwendbarkeit des § 24 GmbHG könnte der Hintermann nicht nur zur Deckung des auf die Stammeinlage „seines" Gesellschafters noch zu zahlenden Betrages herangezogen werden, son-

130 Kölner Kommentar/Kraft, § 46, Rn. 48; Hüffer, § 46, Rn18; Großkommentar AktG, 3.A. (Barz), § 46, Rn. 23.

dern er haftete auch dann, wenn die übrigen Gesellschafter ihre Stammeinlagen nicht oder zumindest nicht vollständig erbringen. Eine derartige Ausfallhaftung des mittelbar Beteiligten neben der des Gesellschafters wird in der Tat vielfach angenommen[131]. Andere hingegen lehnen eine Haftung des Hintermanns nach § 24 GmbHG ausnahmslos ab[132].

Adressat des § 24 GmbHG sind die „übrigen Gesellschafter". Da die Vorschrift eine § 9 a IV GmbHG entsprechende Regelung nicht enthält, kommt allenfalls eine analoge Anwendung der Norm auf den mittelbar an der Gesellschaft Beteiligten in Betracht.

Eine Vorschrift läßt sich nur dann analog auf einen von ihr nicht unmittelbar erfaßten Sachverhalt anwenden, wenn der zu beurteilende Sachverhalt mit dem gesetzlich geregelten Fall vergleichbar ist und insoweit eine planwidrige Unvollständigkeit des Gesetzes vorliegt[133]. Ob die mittelbare Beteiligung des Treugebers beziehungsweise des Unterbeteiligten an der GmbH so starke Parallelen zu einer unmittelbaren Beteiligung an der Gesellschaft aufweist, daß die Interessenlage eine Einbeziehung des mittelbar Beteiligten in die Haftung nach § 24 GmbHG erforderlich macht, bedarf unter zwei Aspekten näherer Untersuchung: Zum einen fragt sich, ob der Schutz der Gesellschaftsgläubiger die Haftung des Hintermanns ebenso verlangt wie diejenige der Gesellschafter. Des weiteren ist zu überlegen, ob die Stellung des Hintermanns der Position eines Gesellschafters so weit angenähert ist, daß sich seine Haftung nach § 24 GmbHG als einer Norm, welche die Haftung von Gesellschaftern regelt, rechtfertigen läßt. Da die Vorschrift an die Mitverantwortung für die Bonität der Mitgesellschafter anknüpft, stellt sich die Frage, ob und wann einen mittelbar an der Gesellschaft Beteiligten eine solche Verantwortung trifft.

An einer Schutzbedürftigkeit der Gesellschaftsgläubiger könnte es deshalb fehlen, weil bereits sämtliche Gesellschafter nach § 24 GmbHG für den Ausfall von Stammeinlagen einstehen müssen. Können die Gesellschafter zur Haftung herangezogen werden, erscheint - jedenfalls auf den ersten Blick - die zusätzliche Haftung des Hintermanns als übermäßige und ungerechtfertigte Begünstigung für die Gläubiger. Diese Überlegung gilt jedoch in gleicher Weise für die Haftung aus § 9 a GmbHG. Daß der Gesetzgeber dort dennoch die zusätzliche Haftung

---

131 BGHZ 31, 258, 267; BGH NJW 1992, 2023, 2024; OLG HH BB 1984, 1253; Lutter/Hommelhoff, § 24, Rn. 7; Rowedder/Rowedder, § 24, Rn. 5; Heidenhain, BGH LM H 11/1992, § 19 GmbHG Nr. 13, Bl.2176/2177; Scholz/Emmerich, § 2, Rn. 59a; Meyer-Landrut/Miller/Niehus (Miller), § 24, Rn. 6.

132 OLG Düsseldorf, DB 1992, 938/939; Ballerstedt, JZ 1960, 515/516; Ehlke, DB 1985, 798 ff.; Hachenburg/Müller, § 24, Rn. 33;Armbrüster, Treuhänderische Beteiligung, S. 402; Tebben, S. 398.

133 Palandt/Heinrichs, Einl. vor § 1 Rn. 40.

des Hintermanns für notwendig erachtet hat, sollte Anlaß genug sein, die der Vorschrift des § 9 a IV GmbHG zugrunde liegenden Erwägungen daraufhin zu untersuchen, ob sie sich auf die Ausfallhaftung nach § 24 GmbHG übertragen lassen.

Die Haftung nach § 9 a GmbHG ist deshalb mit Hilfe des § 9 a IV GmbHG auf den Hintermann ausgedehnt worden, weil man Gefahren vorbeugen wollte, die entstehen, wenn der Inhaber des wirtschaftlichen Interesses an dem Anteil einen vermögenslosen Strohmann vorschiebt, um der eigenen Haftung zu entgehen. Dieser neben der durch die Vermögenslosigkeit von auf eigene Rechnung handelnden Gesellschaftern drohenden zusätzlichen Gefahr durch den Mißbrauch der Figur der mittelbaren Beteiligung will man durch § 9 a IV GmbHG begegnen.

Da die unvollständige Aufbringung des Stammkapitals den Gläubigern nicht nur im Zusammenhang mit der Gründung droht, sondern auch durch die fehlende Leistung der Stammeinlagen durch die Gesellschafter, stellt die Haftung des Hintermanns auch im Rahmen des § 24 GmbHG einen Ausgleich für die von den Gläubigern im Hinblick auf die Zahlungsfähigkeit der Gesellschafter-Strohmänner zu tragenden besonderen Risiken dar.

Der Gläubigerschutz erfordert eine analoge Anwendung des § 24 GmbHG auf den Hintermann jedoch dann nicht, wenn die vollständige Aufbringung des Stammkapitals durch eine mittelbare Inanspruchnahme des Hintermanns über einen Zugriff der Gesellschaft auf den Befreiungsanspruch des Gesellschafters gegen seinen Hintermann in gleicher Weise gesichert ist, wie es bei einer unmittelbaren Inanspruchnahme des Hintermanns der Fall wäre.

Letzteres erscheint jedoch zweifelhaft. Ein Schuldner kann nämlich Einwendungen, welche ihm gegenüber seinem alten Gläubiger zustehen, auch einem neuen Gläubiger entgegenhalten[134]. Während die Gesellschaft ohne weiteres gegen den Hintermann vorgehen kann, wenn § 24 GmbHG auf diesen entsprechende Anwendung findet, ist die von ihr gepfändete oder an sie abgetretene Forderung des Gesellschafters gegen den mittelbar Beteiligten möglicherweise nicht durchsetzbar. Ehlke[135] vertritt die Ansicht, dieses der mittelbaren Inanspruchnahme des Hintermanns entgegenstehende Hindernis lasse sich beheben, indem man § 19 II GmbHG analog auf die Verpflichtung des mittelbar Beteiligten, den Gesellschafter von seiner Haftung freizustellen, anwendet. In seinem unmittelbaren Anwendungsbereich behandele § 19 II GmbHG die Pflicht des Gesellschafters zur Leistung seiner Einlage. Diese Verpflichtung dürfe ihm nach § 19 II GmbHG wegen der ansonsten drohenden Gefahr für die Aufbringung des Stammkapitals nicht erlassen werden. Halte der Gesellschafter den Anteil für

134 BGH NJW 1992, 2023, 2024; Ehlke, DB 1985, 801.
135 Ehlke, DB 1985, 801/802.

Rechnung eines Hintermanns, sei es - so Ehlke - nur konsequent, zum Schutze der Gesellschaftsgläubiger den Befreiungsanspruch des Gesellschafters gegen den Inhaber des wirtschaftlichen Interesses über eine analoge Anwendung des § 19 II GmbHG zu erhalten und nicht der uneingeschränkten Disposition des Gesellschafters und seines Vertragspartners zu überlassen. Auf diese Weise werde die vollständige Aufbringung des Stammkapitals gesichert und den Interessen der Gläubiger ausreichend Rechnung getragen.

Mag eine entsprechende Anwendung des § 19 II GmbHG auf den Freistellungsanspruch des Gesellschafters gegen den Hintermann dem Gläubigerschutz dienen, so bietet der Weg über eine Pfändung oder Abtretung dieses Anspruchs doch eine geringere Sicherheit für das Stammkapital und damit für die Gesellschaftsgläubiger als eine unmittelbare Inanspruchnahme des Hintermanns. Denn die Regelung schließt nur Erlaß und Aufrechnung aus. Das Erlöschen der Forderung durch Erfüllung und auch andere Einwendungen und Einreden kann der Hintermann der Gesellschaft trotz der Vorschrift des § 19 II GmbHG ebenso wie zuvor dem Gesellschafter nach § 404 BGB entgegenhalten, und zwar unabhängig davon, ob der Gesellschafter seine Forderung freiwillig abgetreten hat oder ob die Forderung der Gesellschaft im Zwangsvollstreckungsverfahren zur Einziehung überwiesen worden ist[136].

Hinzu kommt ein weiterer Nachteil, den die bloß mittelbare Inanspruchnahme des Hintermanns im Vergleich zu seiner unmittelbaren Haftung mit sich bringt: Zahlen der Gesellschafter und sein Hintermann nicht freiwillig, muß die Gesellschaft zunächst gegen den Gesellschafter klagen und die Zwangsvollstreckung betreiben und im Anschluß daran in der gleichen Weise gegen den Hintermann vorgehen. Unter Umständen droht der Gesellschaft mithin eine Verdopplung der von ihr zu führenden Prozesse[137]. Insgesamt wird den Interessen der Gesellschaft und ihrer Gläubiger daher durch eine entsprechende Anwendung des § 24 GmbHG besser Rechnung getragen als durch eine bloß mittelbare Haftung des Hintermanns.

Dennoch fehlt es an der für die Analogie erforderlichen Vergleichbarkeit der Sachverhalte, wenn sich die Stellung des bloß mittelbar Beteiligten von derjenigen eines Gesellschafters so erheblich unterscheidet, daß es sich nicht rechtfertigen ließe, den Hintermann wie einen Gesellschafter haften zu lassen. Mit dieser Problematik hat sich Ulmer[138] eingehend befaßt. Seiner Meinung nach darf nur

---

136 Müko/Smid, ZPO, § 835, Rn. 19; Zöller/Stöber, ZPO, § 836, Rn. 6; Baumbach/Lauterbach/Albers/Hartmann (Hartmann), ZPO, § 835, Rn. 16.

137 A.A Ehlke, DB 1985, 799, der davon ausgeht, daß der Gesellschafter seinen Anspruch gegen den Hintermann in der Regel freiwillig an die Gesellschaft abtreten wird und die Zwangsvollstreckung „im Dreieck" für praktisch selten hält.

138 Ulmer, ZHR 156 (1992), 388 ff.

derjenige einer Haftung nach § 24 GmbHG unterworfen werden, der in den Verband der Gesellschaft einbezogen und dem die Möglichkeit eingeräumt worden ist, für die Aufbringung und Erhaltung des Stammkapitals Sorge zu tragen. Diese Voraussetzungen fehlen nach Ansicht Ulmers regelmäßig bei einem mittelbar Beteiligten. Ulmer lehnt daher dessen Haftung nach § 24 GmbHG grundsätzlich ab. Anders soll es sich allein verhalten, wenn ein qualifiziertes, also mit Zustimmung der Mitgesellschafter eingegangenes reines Treuhandverhältnis vorliegt. In diesem Falle liege entsprechend § 18 II GmbHG eine Mitberechtigung mehrerer Personen an einem Anteil vor, so daß es konsequent erscheine, den Treugeber auch den Pflichten eines GmbH-Gesellschafters zu unterwerfen[139].

Gegen den Gedankengang Ulmers bestehen aus mehreren Erwägungen Bedenken. Zum einen läßt sich schwerlich nachvollziehen, warum bereits die Zustimmung der übrigen Gesellschafter die Ausfallhaftung für den Hintermann erträglich und damit hinnehmbar machen soll. Auch durch sie wird der Treugeber rechtlich nicht zum Gesellschafter, auch und erst recht nicht - und dies stellt einen weiteren Einwand gegen Ulmers Konstruktion dar - über § 18 II GmbHG. Denn für die reine Treuhand ist gerade kennzeichnend, daß rechtlich allein der Gesellschafter, wirtschaftlich jedoch ausschließlich der Treugeber Anteilsinhaber ist. Eine Mitinhaberschaft von Treugeber und Treuhänder an dem Anteil läßt sich mithin weder auf rechtlicher noch auf wirtschaftlicher Ebene konstruieren.

Die Haftung des GmbH-Gesellschafters nach § 24 GmbHG rührt aus seiner Verantwortung für die Bonität seiner Mitgesellschafter her. Ihre Rechtfertigung findet diese Verantwortung in der Möglichkeit des Gesellschafters, auf die Wahl der Mitgesellschafter Einfluß zu nehmen und ihre Bonität beim Erwerb der Gesellschafterstellung zu überprüfen. Die für eine analoge Anwendung des § 24 GmbHG auf Nichtgesellschafter erforderliche Vergleichbarkeit seiner Stellung mit derjenigen eines Gesellschafters setzt mithin voraus, daß dem Nichtgesellschafter die mangelnde Zahlungsfähigkeit der GmbH-Gesellschafter auf der Grundlage der auch für ihn begründeten Verantwortung für deren Bonität gleich einem Gesellschafter zugerechnet werden kann; sie verlangt, daß auch dem Nichtgesellschafter die Möglichkeit der Einflußnahme auf die Wahl der Gesellschafter offensteht.

Ebenso wenig wie die Haftung des mittelbar Beteiligten nach § 9 a GmbHG kann daher seine Haftung analog § 24 GmbHG an die Höhe seiner Beteiligung an dem auf den Anteil insgesamt entfallenden Gewinn anknüpfen. Entscheidende Voraussetzung auch für eine Haftung des mittelbar Beteiligten analog § 24 GmbHG ist vielmehr, daß er auf Vorgänge in der Gesellschaft einwirken kann. Diese Möglichkeit steht dem Treugeber bei einer reinen Treuhand ohne weiteres

139 Ulmer, ZHR 156 (1992), 389/390.

über die Person des Treuhänders zu. Für eine Einbeziehung des Unterbeteiligten in die Haftung nach § 24 GmbHG genügt, da die Haftung des mittelbar Beteiligten nur unter dem Gesichtspunkt der Gefahr einer Umgehung von Haftungsvorschriften durch das Vorschieben eines Gesellschafters gerechtfertigt ist, ebenso wie bei § 9 a GmbHG nicht eine hinsichtlich der Geschäftsführung in der Unterbeteiligungsgesellschaft gleichberechtigte Stellung des Unterbeteiligten. Die Gefahr einer Umgehung der Haftungsvorschriften durch die Konstruktion der Unterbeteiligung droht vielmehr nur dann, wenn dem Unterbeteiligten unter Abweichung von § 709 BGB ein den Hauptbeteiligten verdrängender Einfluß auf die Geschäftsführung eingeräumt worden ist.

Ob der Gesetzgeber die Haftung des Hintermanns im Rahmen des § 24 GmbHG bewußt nicht geregelt hat oder ob insoweit eine planwidrige Regelungslücke vorliegt, läßt sich der Gesetzesbegründung[140] nicht entnehmen. Auch der Umstand, daß § 9 a GmbHG anders als § 24 GmbHG eine Regelung über die Haftung des Hintermanns enthält, spricht weder eindeutig dafür noch dagegen, den bloß faktischen Gesellschafter in die Haftung gemäß § 24 GmbHG einzubeziehen[141]. Durch die Regelung in § 9 a IV GmbHG hat der Gesetzgeber zu erkennen gegeben, daß der Hintermann - obwohl rechtlich kein Gesellschafter - zumindest im Falle der Gründerhaftung wie ein Gesellschafter behandelt werden soll. Der Gesetzgeber steht mithin einer Einbeziehung von Nichtgesellschaftern in die Haftung für das Stammkapital nicht von vornherein ablehnend gegenüber. Auf der anderen Seite erscheint es denkbar, daß bei § 24 GmbHG absichtlich von einer § 9 a IV GmbHG entsprechenden Regelung abgesehen worden ist, damit der Hintermann durch die Ausfallhaftung nicht übermäßig belastet wird.

In diese Richtung geht die Argumentation der Gegner einer analogen Anwendung des § 24 GmbHG. Sie sind der Ansicht, der erhebliche Unterschied zwischen dem Haftungstatbestand des § 9 a GmbHG und demjenigen des § 24 GmbHG lasse den Schluß zu, daß der Gesetzgeber durch sein Schweigen den Hintermann bewußt aus der Ausfallhaftung habe heraushalten wollen[142]. In der Tat regelt § 9 a GmbHG eine Verschuldenshaftung, während der Gesellschafter nach § 24 GmbHG ohne Verschulden für den Ausfall von Stammeinlagen einstehen muß. Bedenkt man jedoch, daß aus § 9 a GmbHG bereits für vermutetes Verschulden gehaftet wird und die Exculpation für den Hintermann zudem erschwert ist, da ihm das Verschulden seines Vordermanns zugerechnet wird, § 9 a IV 2 GmbHG, erweist sich der Unterschied zwischen den beiden Haftungstatbeständen als weitaus geringer, als von Teilen der Literatur behauptet.

---

140 Gesetzentwurf der BReg BT-Drucks. 8/1347, S. 36.

141 Heidenhain, BGH LM 11/1992, § 19 GmbHG Nr. 13, Bl.2176.

142 Wolany, S. 47/48 zu § 39 AktG.

Hinzu kommt, daß die Vergleichbarkeit des in § 24 GmbHG geregelten Sachverhalts mit dem hier untersuchten eine Einbeziehung des mittelbar Beteiligten in die Haftung nahelegt. Daß der Gesetzgeber bewußt darauf verzichten wollte, den Hintermann zur Haftung heranzuziehen, könnte folglich nur dann angenommen werden, wenn ein dahingehender Wille eindeutig nach außen hervorgetreten wäre. Da sich der Gesetzgeber nicht zu der Frage einer Ausfallhaftung des Hintermanns geäußert hat, muß davon ausgegangen werden, daß er die Möglichkeit einer Haftung des mittelbar Beteiligten im Zeitpunkt der Regelung des Haftungstatbestands des § 24 GmbHG übersehen hat und sich erst zu einem späteren Zeitpunkt, nämlich im Zusammenhang mit der Einführung des § 9 a GmbHG, dieser Problematik bewußt geworden ist. Die Planwidrigkeit der Regelungslücke ist mithin gegeben. Daher liegen die Voraussetzungen für eine analoge Anwendung des § 24 GmbHG auf den Hintermann vor.

Der Treugeber im Falle eines reinen Treuhandverhältnisses und der Unterbeteiligte, welchem im Verhältnis zum Hauptbeteiligten entgegen § 709 BGB eine Entscheidungsmacht eingeräumt worden ist, welche den Hauptbeteiligten zu einem verlängerten Arm des Unterbeteiligten werden läßt, haften daher nicht nur über § 9 a IV GmbHG nach § 9 a GmbHG, sondern sie trifft entsprechend § 24 GmbHG auch die Haftung für den Ausfall von Stammeinlagen.

Im Aktienrecht existiert - wie bereits festgestellt - eine dem § 24 GmbHG entsprechende Regelung nicht. Die Vorschrift des § 46 IV AktG, die eine verschuldensabhängige Ausfallhaftung der Gründer regelt, ist jedoch über § 46 V AktG unproblematisch auf die Personen anwendbar, für deren Rechnung ein Gründer Aktien übernommen hat. Welche Hintermänner hiervon erfaßt sind, ergibt sich aus den oben im Zusammenhang mit § 9 a GmbHG und § 46 I-III, V AktG entwickelten Grundsätzen.

(2) Haftung für die Kapitalerhaltung

(a) Überblick über die Haftungsvorschriften

Die §§ 30, 31 und 32 a, b GmbHG und die §§ 57, 62 AktG regeln die Haftung der Gesellschafter für die Kapitalerhaltung. Sie bezwecken die Erhaltung und die Wiederherstellung des Stamm- beziehungsweise des Grundkapitals im Interesse der Gesellschaft, ihrer Gläubiger und auch der einzelnen Gesellschafter[143]. Dabei befaßt sich § 31 I GmbHG mit der Erstattungspflicht desjenigen, der eine gegen

143 Für die GmbH: Hachenburg (Goerdeler/Müller), § 31, Rn. 1; Altmeppen, FS Bruno Kropff, S. 643; für die AG: Hüffer, § 57, Rn. 1; Kölner Kommentar/Lutter, § 57, Rn. 2; Großkommentar AktG, 3.Aufl., (Barz), § 57, Rn. 3.

§ 30 GmbHG verstoßende Zahlung empfangen hat, während § 31 III GmbHG eine Ausfallhaftung der übrigen Gesellschafter für den Fall bestimmt, daß die Erstattung von dem Empfänger nicht zu erlangen ist.

Eine Parallelvorschrift zu § 31 I GmbHG findet sich in § 62 I AktG: Auch der Aktionär, der entgegen den Vorschriften des Aktiengesetzes Zuwendungen erhalten hat, muß diese erstatten, insbesondere Zahlungen, die als Einlagenrückgewähr unter § 57 I AktG fallen. Der durch die §§ 57 I, 62 I AktG gewährleistete Schutz ist allerdings anders als bei §§ 30 I, 31 I GmbHG nicht nur auf das zur Erhaltung des Mindestkapitals erforderliche Vermögen beschränkt, sondern umfaßt das gesamte Vermögen der Aktiengesellschaft. Für das Eingreifen der Vorschriften ist weder von Bedeutung, ob gerade die geleistete Einlage zurückgewährt wird, noch kommt es darauf an, ob bereits das zur Deckung des Grundkapitals erforderliche Vermögen angegriffen wird[144].

Ebenso wenig wie die Vorschriften über die Kapitalaufbringung im Aktienrecht eine § 24 GmbHG entsprechende Regelung enthalten, findet sich in den Vorschriften über die Kapitalerhaltung eine § 31 III GmbHG gleichkommende Anordnung einer verschuldensunabhängigen Ausfallhaftung der Mitgesellschafter für den Fall, daß der Rückerstattungsanspruch bei dem Empfänger der Zahlung erfolglos geltend gemacht wird. Die dieser Abweichung zugrunde liegenden Wertungen entsprechen denen im Bereich der Kapitalaufbringung.

Gefahren für das Stamm- und das Grundkapital entstehen auch dann, wenn ein Gesellschafter der Gesellschaft in der Krise statt des erforderlichen Eigenkapitals nur Kredite zuführt. Daß die Gesellschafter auf diesem Wege das Finanzierungsrisiko auf die Gläubiger der Gesellschaft abwälzen, sollen die §§ 32 a, b GmbHG verhindern, indem sie derartige Kredite wie Eigenkapital behandeln[145]. Die Vorschriften bewirken, daß der Rückforderungsanspruch des Gesellschafters aus dem Darlehensvertrag im Insolvenzverfahren nur als nachrangige Insolvenzforderung geltend gemacht werden kann. Solange ein Insolvenzverfahren nicht eröffnet worden ist, steht der Erfüllung der Darlehensforderung durch die Gesellschaft zwar nichts entgegen. Sie kann jedoch unter den Voraussetzungen des § 135 Nr.2 InsO beziehungsweise - außerhalb des Insolvenzverfahrens - des § 6 Nr.2 AnfG angefochten werden. Während § 32 a I GmbHG sich mit kapitalersetzenden Darlehen der Gesellschafter der GmbH befaßt, ordnet Absatz 3 der Vorschrift die Haftung bestimmter außenstehender Personen an, welche der Gesellschaft nahestehen. Demgegenüber bezieht sich § 32 a II GmbHG auf die Behandlung von Drittdarlehen, also Darlehen von Personen, welche nicht bereits

144 OLG HH, AG 1980, 275, 278; Münchener Hb. d. GesellR, Bd. 4 (Wiesner), § 16, Rn. 34; Hüffer, § 57, Rn. 3; Großkommentar AktG, 3.Aufl., (Barz), § 57, Rn. 3.

145 BGHZ 105, 168, 176; Henn, S. 81/82.

von § 32 a I, III GmbHG erfaßt sind[146]. Für die Fälle der § 32 a II, III GmbHG regelt § 32 b GmbHG den Erstattungsanspruch der Gesellschaft.

Vor Einführung der §§ 32 a, b GmbHG wurde die Rückzahlung kapitalersetzender Darlehen unter § 30 GmbHG gefaßt und eine Rückerstattungspflicht gegenüber der Gesellschaft über § 31 GmbHG begründet. Die ganz herrschende Meinung wendet die §§ 30, 31 GmbHG auch heute noch wegen der Lückenhaftigkeit der in den neu eingeführten §§ 32 a, b GmbHG getroffenen Regelung an[147]. Zudem besteht im wesentlichen Einigkeit darüber, daß die alten Rechtsprechungsgrundsätze im Aktienrecht, wo eine §§ 32 a, b GmbHG entsprechende Regelung fehlt, heute - wenn auch leicht modifiziert[148] - ebenfalls noch immer anzuwenden sind[149].

(b) Haftung des mittelbar Beteiligten

(aa) Haftung nach §§ 30 I, 31 I GmbHG und §§ 57, 62 AktG

Eine Haftung des mittelbar Beteiligten auf der Grundlage der §§ 30 I, 31 I GmbHG erscheint denkbar, wenn der Hintermann eine Zahlung, welche das zur

146 Baumbach/Hueck (Hueck/Fastrich), § 32a, Rn. 64.

147 Zu der alten Rechtslage: BGHZ 31, 258, 266; BGHZ 75, 334, 336/337; Pleyer, GmbHR 1963, 207; für die Anwendbarkeit der §§ 30, 31 GmbHG trotz Einführung der §§ 32 a, b GmbHG: BGH, BB 1984, 1068, 1069; Hachenburg/Ulmer, §§ 32 a, b, Rn. 14; Kollhosser, WM 1985, 931; Rümker, FS Stimpel, S. 674/675; v. Gerkan, GmbHR 1986, 219. Die Lückenhaftigkeit der neuen Regelung gegenüber den von der Rechtsprechung entwickelten Grundsätzen zu den kapitalersetzenden Darlehen wird damit begründet, daß die §§ 32 a, b GmbHG die Eröffnung des Insolvenzverfahrens voraussetzen und der Gesellschaft nur dann einen Erstattungsanspruch gewähren, wenn die Rückzahlung im letzten Jahr vor der Eröffnung des Insolvenzverfahrens erfolgt ist. Von der Gegenansicht (Kamprad, GmbHR 1984, 342) werden rechtsdogmatische Bedenken geäußert: Der Gesetzgeber habe die BGH-Rechtsprechung gekannt und eine Einschränkung des Rechtsschutzes bewußt in Kauf genommen. Von der Lückenhaftigkeit der §§ 32 a, b GmbHG könne deshalb nicht ausgegangen werden, vielmehr müßten die von der h.M. angenommenen Regelungslücken als Regelungsinhalt verstanden werden.

148 Nach BGHZ 90, 381, 390 f. kommt einem Aktionär nur dann die für eine Haftung erforderliche Finanzierungsverantwortung zu, wenn er mindestens 25 % des Grundkapitals hält. Bei einem geringeren Anteil soll es an dem unternehmerischen Interesse als Voraussetzung für die Übernahme von Finanzierungsverantwortung fehlen.

149 BGHZ 90, 381, 385 ff.; Rümker, FS Stimpel, S. 673; Kollhosser, WM 1985, 931; Kölner Kommentar/Lutter § 57, Rn. 84 ff.; Münch. Hb.d.GesellR, Bd.4, § 16, 36 (Wiesner), Hüffer, § 57, Rn. 16 ff.; Kamprad, GmbHR 1984, 342/343; Immenga, ZIP 1983, 1408; a.A wohl: OLG Düsseldorf, NJW 1983, 2887, 2888/2889; H. P. Westermann, ZIP 1983, 1281.

Erhaltung des Stammkapitals erforderliche Vermögen angreift, unmittelbar selbst von der Gesellschaft erhalten hat. Aber auch dann, wenn der Vordermann die Zuwendung entgegennimmt, läßt sich der Hintermann unter Umständen zur Erstattung heranziehen, wobei für seine Haftung möglicherweise von Bedeutung ist, ob der Gesellschafter das Erlangte an ihn weiterleitet oder ob er es absprachewidrig für sich behält.

Im Zusammenhang mit der Untersuchung der Frage, ob ein mittelbar Beteiligter in die Haftung nach §§ 30 I, 31 I GmbHG einzubeziehen ist, muß zweierlei auseinandergehalten werden, nämlich zum einen, ob und wann die Zahlung an den Hintermann eine verbotene Zuwendung nach § 30 I GmbHG darstellt, und zum anderen, wer in einem solchen Fall Schuldner des Erstattungsanspruchs nach § 31 I GmbHG ist. § 30 I GmbHG verbietet zum Schutz des Stammkapitals der GmbH unter bestimmten Voraussetzungen ausdrücklich nur Zuwendungen an Gesellschafter. Der Wortlaut des § 31 I GmbHG erscheint demgegenüber, was die Person des Erstattungsschuldners angeht, auf den ersten Blick offen. Die Norm ordnet lediglich an, daß Zahlungen, welche den Vorschriften des § 30 GmbHG zuwider geleistet worden sind, der Gesellschaft erstattet werden müssen.

Jedoch ergibt sich aus dem Verweis der Vorschrift auf nach § 30 GmbHG verbotene Zahlungen, daß nach dem Willen des Gesetzgebers Schuldner des Erstattungsanspruchs allein die Gesellschafter sein sollen[150]. Für eine dahingehende Auslegung des § 31 I GmbHG spricht auch der systematische Zusammenhang zu § 31 III GmbHG, wo von der Haftung der „übrigen Gesellschafter" die Rede ist[151]. Empfänger einer verbotenen Zahlung im Sinne des § 30 I GmbHG ist daher allein derjenige, der mit der Gesellschaft unmittelbar rechtlich verbunden ist, nicht aber derjenige, dessen Stellung nur tatsächlich mit der eines Gesellschafters vergleichbar ist[152]. Gleiches gilt für die Person des Erstattungspflichtigen nach § 31 I GmbHG. Das zwischen dem mittelbar Beteiligten und seinem Gesellschafter bestehende rechtliche Band kann daher eine unmittelbare Anwendung der Vorschriften auf den Treugeber und den Unterbeteiligten nicht begründen[153]. In Betracht kommt daher allenfalls eine analoge Anwendung der §§ 30 I, 31 I

---

150 Canaris, FS Fischer, S. 54; Scholz/H. P. Westermann, § 31, Rn. 11, der allerdings die Ansicht vertritt, dies stehe einer Erstattungspflicht bestimmter Nichtgesellschafter nicht entgegen; a.A.Hachenburg (Goerdeler/Müller), § 31, Rn. 16.

151 Canaris, FS Fischer, S. 54.

152 Canaris, FS Fischer, S. 54; a.A. Roth/Altmeppen (Altmeppen), § 30, Rn. 18; Rowedder/Rowedder, § 30, Rn. 16.

153 Hachenburg/Ulmer, § 2, Rn. 65; Canaris, FS Fischer, S. 54; a.A. Ehlke, DB 1985, 802/803; Scholz/H. P. Westermann, § 30, Rn. 30; Roth/Altmeppen (Altmeppen), § 30, Rn. 17/18; Meyer-Landrut/Miller/Niehus (Meyer-Landrut), § 31, Rn. 4; Baumbach/Hueck (Hueck/Fastrich), § 30, Rn. 17; § 31, Rn. 12; wohl auch Henn, S. 80.

GmbHG, und zwar dann, wenn der Zweck der Vorschriften ihre Anwendung auch auf Fälle mittelbarer Beteiligung gebietet.

§ 31 I GmbHG beabsichtigt den Ausgleich ungerechtfertigter Vermögensverschiebungen. Die durch § 31 I GmbHG begründete Pflicht zur Erstattung zu Unrecht erfolgter Zahlungen soll das Gesellschaftsvermögen in der geschützten Mindesthöhe wiederherstellen. Wie auch die anderen Regelungen zur Sicherung des Stammkapitals dienen die §§ 30 I, 31 I GmbHG damit in erster Linie dem Schutz der Gesellschaftsgläubiger[154]. Ist Empfänger der Zahlung ein Nichtgesellschafter, dem durch einen Treuhand- beziehungsweise Unterbeteiligungsvertrag faktisch die Stellung eines GmbH-Gesellschafters eingeräumt worden ist, liegt es nahe, zum Schutze der Gläubiger eine Umgehung der Haftung nach den §§ 30 I, 31 I GmbHG durch eine entsprechende Anwendung dieser Vorschriften auf den Hintermann zu verhindern.

Nimmt der Treuhänder beziehungsweise der Hauptbeteiligte als Gesellschafter die Zahlung entgegen, findet die Vermögensverschiebung zwischen ihm und der Gesellschaft statt. Der Gesellschafter ist Empfänger der Leistung im Sinne der § 30 I GmbHG und daher auch zur Erstattung der Zahlung verpflichtet, wenn sie zu Unrecht erfolgt ist. Hat er die Zahlung abredewidrig nicht an seinen Hintermann weitergeleitet, muß dessen Haftung nach §§ 30 I, 31 I GmbHG neben derjenigen des Gesellschafters von vornherein ausscheiden[155]. Denn der Treugeber beziehungsweise der Unterbeteiligte hat die Leistung in diesem Fall weder tatsächlich erhalten noch kann ihm der Empfang der Zahlung durch den Gesellschafter zugerechnet werden.

Ein Zurechnung läßt sich nicht etwa aus der rechtlichen Beziehung zwischen dem Gesellschafter und seinem Hintermann herleiten. Die Verpflichtung des Gesellschafters gegenüber seinem Vertragspartner, den Anteil (auch) in dessen Interesse zu halten und Zahlungen der Gesellschaft an ihn weiterzuleiten, macht den Gesellschafter nicht zu einem bloßen Vertreter seines Hintermanns. Vielmehr leistet die Gesellschaft unabhängig von der Ausgestaltung der Rechtsbeziehungen zwischen dem Gesellschafter und dem Treugeber beziehungsweise Unterbeteiligten allein an den Gesellschafter. Ließe man neben oder anstelle des Gesellschafters den Hintermann haften, welcher die Zahlung nicht erhalten hat, gelangte man zudem anstelle der mit den §§ 30, 31 I GmbHG bezweckten Rückabwick-

---

154 Baumbach/Hueck (Hueck/Fastrich), § 31, Rn. 1.

155 So auch Fleck, FS 100 Jahre GmbHG, S. 411; Ehlke, DB 1985, 803; Scholz/H. P. Westermann, § 31, Rn. 12; für eine Haftung des Hintermanns in dieser Konstellation: Roth/Altmeppen (Altmeppen), § 30, Rn. 18; Altmeppen, FS Kropff, S. 644; Canaris, FS Fischer, S. 41, 54/55; Henn, S. 80/81.

lung zu Unrecht erfolgter Vermögensverschiebungen in den Bereich einer von dem Gesetzgeber nicht gewollten verschuldensunabhängigen Ausfallhaftung[156].

Anders könnte es sich jedoch verhalten, wenn der Gesellschafter die empfangene Zahlung an den Treugeber beziehungsweise Unterbeteiligten weitergeleitet hat. Während von Teilen der Literatur die Haftung des Hintermanns mit dem Argument ablehnt wird, daß nur der unmittelbare Empfänger der Zahlung Verpflichteter nach §§ 30 I, 31 I GmbHG sein könne[157], nehmen andere wegen der tatsächlich erfolgten Vermögensverschiebung durch die Weiterleitung an den Hintermann dessen Erstattungspflicht an[158].

Gegen eine Haftung des Hintermanns in dieser Konstellation könnte der Charakter der §§ 30 I, 31 I GmbHG als Vorschriften, welche die Rückerstattung zu Unrecht erfolgter Leistungen durch den Empfänger anordnen, sprechen. Zwar ist die Erstattungspflicht nach §§ 30, 31 I GmbHG nicht bereicherungsrechtlicher, sondern gesellschaftsrechtlicher Natur, so daß die Regelungen der §§ 812 ff. BGB auf sie keine unmittelbare Anwendung finden können[159]. Dennoch ist die Nähe der §§ 30, 31 I GmbHG zum Bereicherungsrecht offenkundig; es handelt sich mangels einer Möglichkeit des Zahlungsempfängers, sich auf Entreicherung zu berufen, um eine Art verschärfter Bereicherungshaftung. Grundsätzlich hat daher die Rückabwicklung der Vermögensverschiebung in dem Verhältnis zwischen Gesellschaft und unmittelbarem Leistungsempfänger zu erfolgen.

Jedoch sieht auch das Bereicherungsrecht in § 822 BGB eine Ausnahme von diesem Grundsatz vor und erlaubt einen Durchgriff auf denjenigen, welcher das Erlangte von dem Empfänger der Leistung unentgeltlich erhalten hat. Dem Anspruch des Gläubigers auf Rückabwicklung wird gegenüber dem Interesse des unentgeltlichen Erwerbers, das Erlangte zu behalten, der Vorrang eingeräumt. Der Rechtsgedanke des § 822 BGB läßt sich auf den Fall einer Weitergabe der unter Verstoß gegen § 30 I GmbHG erfolgten und an den Hintermann weiterge-

---

156 Nach Ansicht Henns, S. 80/81, steht eine mögliche Annäherung der Erstattungspflicht an eine verschuldensunabhängige Ausfallhaftung, wie sie in § 24 GmbHG geregelt ist, der Haftung des Hintermanns nach §§ 30, 31 I GmbHG analog nicht entgegen. Henn sieht erhebliche Parallelen zwischen §§ 24 und §§ 30, 31 GmbHG und will daher hinsichtlich der Haftung des Hintermanns nach §§ 30, 31 GmbHG in gleicher Weise argumentieren wie bei § 24 GmbHG. Der Hinweis auf die Gemeinsamkeiten der Vorschriften darf jedoch nicht dazu führen, daß der unterschiedliche Charakter der Normen in den Hintergrund gedrängt wird: Allein bei § 24 GmbHG handelt es sich um eine Ausfallhaftung, die eine generelle Einstandspflicht der Gesellschafter begründet. Demgegenüber ist Haftender nach §§ 30, 31 I GmbHG derjenige, der Empfänger der betreffenden Zuwendung ist.

157 So Scholz/H. P. Westermann, § 30, Rn. 30; § 31, Rn. 12; Ehlke, DB 1985, 803.

158 Fleck, FS 100 Jahre GmbHG, S. 411; Kahlert, S. 193.

159 Ballerstedt, JZ 1960, 517; RGZ 168, 292, 301.

leiteten Zahlung übertragen. Das Schutzbedürfnis der Gesellschaft und damit auch ihrer Gläubiger im Hinblick darauf, daß die Haftung nach §§ 30 I, 31 I GmbHG nicht durch das Vorschieben eines Strohmanns, der die Zahlung bereits weitergeleitet hat und ansonsten vermögenslos ist, umgangen wird, überwiegt gegenüber dem Interesse des Hintermanns, die ohne Gegenleistung erworbene Leistung behalten zu dürfen. Neben ihm haftet der Gesellschafter als unmittelbarer Empfänger der Zahlung[160].

Eine Umgehung der Haftungsvorschriften droht allerdings nur dann, wenn die Stellung des Nichtgesellschafters aufgrund seiner Vereinbarung mit einem Gesellschafter so ausgestaltet ist, daß tatsächlich er die dem Gesellschafter zustehenden Entscheidungsbefugnisse wahrnimmt, während der Gesellschafter die intern von dem Nichtgesellschafter getroffenen Entscheidungen lediglich nach außen weitergibt. In einem solchen Fall ist faktisch allein der Dritte Gesellschafter, nicht aber sein Vertragspartner. Da im Falle der reinen Treuhand der Gesellschafter ausschließlich im Interesse des Treugebers handelt, kann dieser als faktischer Gesellschafter analog §§ 30 I, 31 I GmbHG ohne weiteres zur Erstattung herangezogen werden.

Demgegenüber nimmt der Unterbeteiligte im Hinblick auf den von dem Hauptbeteiligten gehaltenen Anteil regelmäßig allenfalls die Stellung eines gleichberechtigten Partners ein. Seine Haftung kommt daher nur in Ausnahmefällen, nämlich dann in Betracht, wenn er aufgrund einer besonderen Regelung einen den Hauptbeteiligten verdrängenden Einfluß auf die Geschäftsführung in der Unterbeteiligungsgesellschaft nehmen kann und der Anteil aufgrund der Ausgestaltung des Unterbeteiligungsvertrages in überwiegendem Maße in seinem Interesse gehalten wird.

Haftet analog §§ 30 I, 31 I GmbHG der Treugeber[161] beziehungsweise - in Ausnahmefällen - der Unterbeteiligten[162], wenn die an den Gesellschafter gelei-

---

160 Henn, S. 80; Fleck, FS 100 Jahre GmbHG, S. 409; Altmeppen, FS Kropff, S. 645; Canaris, FS Fischer, S. 41, 55/56; Kahlert, S. 136.

161 BGHZ 31, 258, 266/267; OLG HH, BB 1984, 1253; Scholz/H. P. Westermann, § 30, Rn. 30; Hachenburg/Müller, § 2, Rn. 65; Hachenburg (Goerdeler/Müller), § 30, Rn. 50; Baumbach/Hueck (Hueck/Fastrich), 31, Rn. 12; Rowedder/Rowedder, § 30, Rn. 16; Ulmer, FS Odersky, S. 891/892; Ulmer, ZHR 156 (1992), 385; Fleck, FS 100 Jahre GmbHG, S. 411; Henn, S. 79; Roth/Altmeppen (Altmeppen), § 30, Rn. 18; Altmeppen, FS Kropff, S. 643/644; Meyer-Landrut/Miller/Niehus (Meyer-Landrut), § 31, Rn. 4; Schlegelberger/K. Schmidt, Vorbem. § 230 n.F., Rn. 52; Ehlke, DB 1985, 802/803.

162 Die Behandlung des Unterbeteiligten ist umstritten. Während zum Teil eine Haftung auch in dieser Konstellation ausgeschlossen wird (so wohl Hachenburg (Goerdeler/Müller), § 30, Rn. 54), wird von anderer Seite die Erstattungspflicht des Unter-

stete Zahlung an ihn weitergeleitet wird, so ist er erst recht als unmittelbarer Empfänger der Zahlung zur Erstattung heranzuziehen, wenn diese direkt an ihn erfolgt ist[163]. Hinsichtlich der Haftung des Gesellschafters gehen die Ansichten in dieser Fallgruppe auseinander: Während ein Teil der Literatur die formale Gesellschafterstellung des Treuhänders beziehungsweise des Hauptbeteiligten betont und von diesem Ausgangspunkt seine Haftung jedenfalls dann befürwortet, wenn der Gesellschafter sich mit der Leistung an den Hintermann einverstanden erklärt hat[164], stehen andere einer Einbeziehung des für fremde Rechnung handelnden Gesellschafters in die Haftung zurückhaltend[165], wenn nicht gar ablehnend[166] gegenüber. Die an den Hintermann erbrachte Zahlung läßt sich in der Tat nicht als Leistung an den Gesellschafter einordnen. Denn der Hintermann nimmt die Zahlung für sich in Empfang; er handelt nicht für Rechnung des Gesellschafters. Dieser zieht aus der Zuwendung an den Treugeber beziehungsweise Unterbeteiligten keinerlei Vorteile; er hat daher zu keinem Zeitpunkt etwas erlangt, was erstattet werden könnte.

Die Erstattungspflicht des Empfängers der Zahlung ist nach § 31 II GmbHG eingeschränkt, wenn dieser in gutem Glauben war. Eine Erstattung kann in diesem Fall nur insoweit verlangt werden, als sie zur Befriedigung der Gläubiger erforderlich ist. Der gute Glaube im Sinne des § 31 II GmbHG muß sich auf die Unversehrtheit des Stammkapitals beziehen[167]; es fehlt an der Gutgläubigkeit, wenn der Empfänger die tatsächlichen Umstände, die dazu führen, daß die Leistung nach § 30 GmbHG unzulässig war, gekannt oder grob fahrlässig nicht gekannt hat[168]. Nach dem Wortlaut des § 31 II GmbHG kommt es auf den guten Glauben des Empfängers der Zahlung an. Der bösgläubige Treuhänder oder Hauptbeteiligte kann seiner Inanspruchnahme aus §§ 31 I, 30 I GmbHG nicht die Gutgläubigkeit seines Hintermanns entgegenhalten.

---

beteiligten von der Ausgestaltung des Unterbeteiligungsverhältnisses abhängig gemacht (so Henn, S. 80; so wohl auch Scholz/H. P. Westermann, § 31, Rn. 12).

163 A.A. für die reine Treuhand: Armbrüster, Treuhänderische Beteiligung, S. 393 ff., der die Zahlung an den Treugeber dem Treuhänder als Gesellschafter zurechnen will und eine zusätzliche Haftung des Treugebers nach §§ 30, 31 GmbHG neben derjenigen des Treuhänders für nicht gerechtfertigt hält, da der Treugeber bereits mittelbar über den Freistellungsanspruch des Treuhänders von den Gläubigern in Anspruch genommen werden könne.

164 Fleck, FS 100 Jahre GmbHG, S. 410; Altmeppen, FS Kropff, S. 645; Canaris, FS Fischer, S. 41, 55/56; Armbrüster, Treuhänderische Beteiligung, S. 396.

165 Kahlert, S. 137.

166 Baumbach/Hueck (Fastrich), § 31, Rn. 12; Tebben, S. 373.

167 Lutter/Hommelhoff, § 31, Rn. 17; Hachenburg (Goerdeler/Müller), § 31, Rn. 32.

168 Hachenburg (Goerdeler/Müller), § 31, Rn. 29.

Erfolgt die Zahlung an den mittelbar Beteiligten und ist er nach § 31 I GmbHG zur Erstattung heranzuziehen, steht seine Bösgläubigkeit einer Einschränkung der Erstattungspflicht entgegen. Fraglich ist, ob ihm daneben die Bösgläubigkeit „seines" Gesellschafters zuzurechnen ist. Im Recht der Stellvertretung befaßt sich die Vorschrift des § 166 BGB mit der Frage der Zurechnung des bösen Glaubens. Nach dessen Absatz 1 kommt es im Falle der Stellvertretung hinsichtlich der Bösgläubigkeit grundsätzlich auf die Person des Vertreters an. Handelt der Vertreter nach bestimmten Weisungen des Vollmachtgebers, kann sich dieser nach Absatz 2 der Norm, wenn er selbst bösgläubig war, nicht auf die Gutgläubigkeit des Vertreters berufen.

Der Gesellschafter ist zwar zweifellos nicht Vertreter des Hintermanns; jedoch läßt sich der hinter § 166 I BGB stehende Rechtsgedanke auf die hier zu untersuchenden Fälle übertragen: Die Vorschrift konkretisiert den allgemeinen Grundsatz, daß derjenige, der einen anderen mit der Erledigung bestimmter Angelegenheiten in eigener Verantwortung beauftragt, sich das in diesem Rahmen erlangte Wissen des anderen zurechnen lassen muß[169]. Diese Voraussetzungen liegen aber vor, wenn - wie hier der Fall - hinter dem rechtlichen Gesellschafter tatsächlich eine andere Person steht, in deren Interesse der Gesellschafter handelt. Entsprechend dem allgemeinen Rechtsgedanken muß der mittelbare Gesellschafter, dessen Angelegenheiten durch den Treuhänder beziehungsweise Hauptbeteiligten wahrgenommen werden, sich dessen Bösgläubigkeit im Rahmen der Haftung nach §§ 30 I, 31 I GmbHG zurechnen lassen.

Festzuhalten bleibt, daß eine Erstattungspflicht des Treugebers beziehungsweise - in Ausnahmefällen - des Unterbeteiligten nicht nur dann in Betracht kommt, wenn der Hintermann die Zahlung unmittelbar von der Gesellschaft selbst erhält, sondern auch dann, wenn die Zahlung von dem Gesellschafter an ihn weitergeleitet worden ist.

Im Aktiengesetz fehlt ebenfalls eine Regelung über die Erstattungspflicht von Nichtgesellschaftern für Zahlungen, welche sie von der Gesellschaft empfangen haben. Liegt ein reines Treuhandverhältnis vor, wird eine Pflicht des Treugebers zur Erstattung des Betrags neben der Rückerstattungspflicht des Aktionärs aber jedenfalls dann angenommen, wenn die Zahlung der Aktiengesellschaft direkt an den Treugeber erfolgt ist[170]. Verwiesen wird zur Begründung der Haftung zum einen auf § 46 V AktG. Diese Vorschrift enthalte einen allgemeinen Rechtsgedanken, der zur Vermeidung von Gesetzesumgehungen auch auf §§ 57, 62 AktG

---

169 Vgl. Palandt/Heinrichs, § 166, Rn. 9.

170 OLG HH, AG 1980, 275, 278; Canaris, FS Fischer, S. 40; Münch. Hb. d. GesellR., Bd.4, (Wiesner), § 16, Rn. 38; Kölner Kommentar/Lutter, § 62, Rn. 13; Geßler/Hefermehl (Hefermehl/Bungeroth), § 62, Rn. 20.

zu erstrecken sei[171]. Zum anderen wird auf die wirtschaftliche Anteilsinhaberschaft des Treugebers hingewiesen; er sei „faktischer Aktionär" und somit wie ein solcher zu behandeln[172]. Auch dann, wenn die Zahlung von dem Gesellschafter in Empfang genommen und an den mittelbar Beteiligten weitergeleitet worden ist und sogar für den Fall, daß der Aktionär den Betrag absprachewidrig für sich behält, finden sich Befürworter einer Rückerstattungspflicht des Treugebers beziehungsweise Unterbeteiligten[173].

Die Vorschriften der §§ 30 I, 31 I GmbHG auf der einen und die Regelungen der §§ 57, 62 AktG auf der anderen Seite weisen starke Parallelen auf. Insbesondere geht es auch im Aktienrecht um die Rückgängigmachung unerwünschter Vermögensverschiebungen. Im Hinblick auf die analoge Anwendung der Vorschriften auf den Hintermann kann daher auf die der Erstattungspflicht des Hintermanns analog §§ 30 I, 31 I GmbHG zugrunde liegenden Erwägungen verwiesen werden. Ein Rückgriff auf die Vorschrift des § 46 V AktG vermag demgegenüber im Zusammenhang mit der Erstattungspflicht des Hintermanns nach den §§ 57, 62 AktG wegen der unterschiedlichen Bezugspunkte der Haftung aus §§ 57, 62 AktG und § 46 AktG - erstere regelt eine verschuldensabhängige Gründerhaftung, letztere dient der Rückgängigmachung zu Unrecht erfolgter Schmälerungen des Vermögens der Aktiengesellschaft - nicht zu überzeugen.

Der an einer AG mittelbar Beteiligte und „sein" Gesellschafter haften mithin aus den gleichen Erwägungen und unter den gleichen Voraussetzungen wie der Treugeber oder der Unterbeteiligte an einem GmbH-Anteil. Entsprechendes gilt für die Frage, auf wessen Gutgläubigkeit es ankommt.

Unterschiede ergeben sich lediglich insoweit, als die Gutglaubensregelung in § 62 I 2 AktG die Erstattungspflicht des Empfängers weitergehender einschränkt als die in § 31 II GmbHG getroffene Regelung. Anders als § 31 II GmbHG, wonach auch bei Gutgläubigkeit des Empfängers eine Erstattungspflicht nicht ausgeschlossen ist, wenn die Befriedigung der Gesellschaftsgläubiger eine Rückzahlung erfordert, führt der gute Glaube des Empfängers nach § 62 I 2 AktG zu einem vollständigen Ausschluß der Haftung. Auf der anderen Seite werden nach dem Aktiengesetz strengere Anforderungen an die Gutgläubigkeit gestellt als nach dem GmbH-Gesetz: Gutgläubigkeit scheidet nach § 62 I 2 AktG bereits bei leichter Fahrlässigkeit aus, nicht erst bei grober Fahrlässigkeit.

171 OLG HH, AG 1980, 275, 278; Canaris, FS Fischer, S. 40; Kölner Kommentar/Lutter, § 57, Rn. 42; Geßler/Hefermehl (Hefermehl/Bungeroth), § 62, Rn. 20.
172 OLG HH, AG 1980, 275, 278; Kölner Kommentar/Lutter, § 57, Rn. 40, 42.
173 Canaris, FS Fischer, S. 41.

(bb) Haftung nach § 31 III GmbHG

Neben § 31 I GmbHG behandelt auch die Vorschrift des § 31 III GmbHG die Haftung der Gesellschafter für verbotene Kapitalauszahlungen. Sie regelt jedoch nicht die Erstattungspflicht des Zahlungsempfängers, sondern begründet eine verschuldensunabhängige Ausfallhaftung der Mitgesellschafter, wenn der Betrag von dem nach § 31 I GmbHG Erstattungspflichtigen nicht zu erlangen sein sollte.

Zu der Haftung des mittelbar Beteiligten werden auch im Hinblick auf diese Vorschrift unterschiedliche Ansichten vertreten. Zum Teil wird mit der Begründung, daß zu einer sinnvollen Verwirklichung der Kapitalerhaltungsvorschriften die der Haftung unterliegende Person nicht nach formalen, sondern nach funktionellen Kriterien zu bestimmen sei, neben der Haftung des Treuhänders auch eine solche des Treugebers befürwortet[174]. Andere lehnen eine Ausfallhaftung des Hintermanns ausnahmslos ab[175]. Anknüpfungspunkt für die Haftung nach § 31 III GmbHG sei die Verbandszugehörigkeit, die dem mittelbar Beteiligten fehle; im übrigen reiche seine mittelbare Inanspruchnahme über den Freistellungsanspruch des Gesellschafters zur Befriedigung der Interessen der Gläubiger aus. Ulmer[176] nimmt an, einen Zurechnungsgrund, der zur Anwendbarkeit der Vorschrift des § 31 III GmbHG auf den Treugeber führe, stelle allein die qualifizierte Treuhand dar. In diesem Fall bestünden keine Bedenken, § 18 II GmbHG anzuwenden und auch den Treugeber nach § 31 III GmbHG zur Haftung heranzuziehen.

§ 31 III GmbHG erfaßt - wie auch die anderen die Haftung für das Stammkapital regelnden Vorschriften - unmittelbar nur den rechtlichen Gesellschafter. Mittelbar Beteiligte können daher allenfalls über eine entsprechende Anwendung der Regelung zur Haftung herangezogen werden. Da die Parallelen zwischen § 31 III GmbHG und § 24 GmbHG offensichtlich sind - beide regeln eine verschuldensunabhängige Ausfallhaftung, § 24 GmbHG im Bereich der Kapitalaufbringung, § 31 III GmbHG für die Kapitalerhaltung -, entsprechen auch die Argumente für und gegen eine Einbeziehung des mittelbar Beteiligten in die Haftung nach § 31 III GmbHG denjenigen, welche im Zusammenhang mit § 24 GmbHG diskutiert werden. Das erhebliche Schutzbedürfnis der Gläubiger im Fall der Einschaltung eines Strohmanns und die Möglichkeit des Hintermanns, auf Vorgänge in der Gesellschaft und damit auch auf die Wahl der Mitgesellschafter Einfluß zu nehmen, rechtfertigen es, den Treugeber bei einem reinen Treuhandverhältnis und in Ausnahmefällen[177] den Unterbeteiligten neben „sei-

174 OLG HH, DB 1984, 1515, 1516; Lutter/Hommelhoff, § 31, Rn. 20; Hachenburg (Goerdeler/Müller), § 31, Rn. 47.
175 Tebben, S. 404/405; Armbrüster, Treuhänderische Beteiligung, S. 402.
176 Ulmer, FS Odersky, S. 894; Ulmer, ZHR 156 (1992), 390.
177 Siehe oben B II 1 a aa (1) (b).

nem" Gesellschafter[178] analog § 31 III GmbHG zur Erstattung des ausgezahlten Betrages heranzuziehen.

Im Aktienrecht fehlt eine Parallelvorschrift zu § 31 III GmbHG, so daß für den mittelbar an einer AG Beteiligten eine § 31 III GmbHG entsprechende Haftung von vornherein ausscheidet.

(cc) Kapitalersetzende Darlehen

Der Erhaltung des Stammkapitals dienen neben §§ 30, 31 GmbHG die §§ 32 a, b GmbHG. Da dem mittelbar Beteiligten rechtlich nicht die Stellung eines Gesellschafters zukommt, ist für seine Haftung von Bedeutung, ob er als Dritter im Sinne des § 32 a III eingeordnet werden kann.

Die herrschende Meinung zieht den Treugeber bei einem reinen Treuhandverhältnis als Dritten gemäß § 32 a III GmbHG zur Haftung heran[179]. Er sei wirtschaftlich gesehen der eigentliche Gesellschafter und trage damit die unternehmerische Verantwortung[180]. Andere wollen je nach Ausgestaltung des Treuhandverhältnisses differenzieren. Entscheidend soll sein, ob der Treugeber Einfluß auf die Geschäftsführung und die Finanzierungsentscheidungen ausübt[181]. Er soll nur dann mit einem Gesellschafter gleichgestellt werden können und nach § 32 a III GmbHG gleich einem solchen haften, wenn er wirtschaftlicher Anteilsinhaber ist und es dem Treuhänder obliegt, seinen Weisungen Folge zu leisten[182].

Die von letzterer Ansicht vorgenommene Differenzierung überrascht, denn es stellt gerade eine Besonderheit des reinen Treuhandverhältnisses dar, daß der Treuhänder den Anteil ausschließlich im fremden Interesse hält und sich dem Willen des Hintermanns insoweit unterordnet. Ob der Hintermann seinen Einfluß tatsächlich geltend macht oder ob er darauf verzichtet, ist im Hinblick auf seine Haftung ohne Bedeutung. Die Haftung nach §§ 32 a, b GmbHG knüpft an die Finanzierungsverantwortung an; diese wird bereits durch Möglichkeit der Einflußnahme begründet, unabhängig von der Ausübung des Einflusses.

---

178 So auch Hachenburg (Goerdeler/Müller), § 31, Rn. 47.

179 Roth/Altmeppen (Altmeppen), § 32 a, Rn. 57; Martens, EWiR, BGH § 30 GmbHG, 1/89, 369; Schaub, DStR 1996, 67; Ulmer, FS Odersky, S. 892/894 (beschränkt auf qualifizierte Treuhand); Scholz/K. Schmidt, §§ 32 a, b, Rn. 123; Hachenburg/Ulmer, §§ 32 a, b, Rn. 123; Rowedder/Koppensteiner, § 32 a, Rn. 33; Kollhosser, WM 1985, 934; Blaurock/Berninger, GmbHR 1990, 13; Altmeppen, FS Kropff, 655.

180 Hachenburg/Ulmer, §§ 32 a b, Rn. 123; Kollhosser, WM 1985, 934; Altmeppen, FS Kropff, S. 655.

181 Henn, S. 87/88.

182 Rowedder/Rowedder, § 32 a, Rn. 15; Kamprad, GmbHR 1984, 341.

Soweit im Bereich der kapitalersetzenden Darlehen neben den §§ 32 a, b GmbHG die §§ 30 I, 31 I GmbHG Anwendung finden, sind die oben[183] für reine Treuhand und Unterbeteiligung entwickelten Grundsätze anzuwenden. Nichts anderes gilt für die Erstattungspflicht nach § 32 b GmbHG: Der Treugeber und der Unterbeteiligte, dem abweichend von § 709 II BGB ein derart starker Einfluß auf die Geschäftsführung in der Unterbeteiligungsgesellschaft eingeräumt worden ist, daß der Hauptbeteiligte keine Möglichkeit hat, sich ihm gegenüber durchzusetzen, wären als Nichtgesellschafter mit Finanzierungsverantwortung wie Gesellschafter verpflichtet gewesen, der Gesellschaft anstelle der Darlehens Eigenkapital zuzuführen; sie haben daher - nicht anders als Gesellschafter in einer vergleichbaren Situation - die unmittelbar oder mittelbar über den Gesellschafter an sie zurückgezahlten Darlehenssummen erstatten.

Unter den gleichen Voraussetzungen sind der Treugeber bei einem reinen Treuhandverhältnis und in dem oben erwähnten Ausnahmefall einer starken Unterbeteiligung der Unterbeteiligte, wenn sie die Darlehenssumme von der Gesellschaft noch nicht zurückerhalten haben, wegen der ihnen obliegenden Finanzierungsverantwortung nach § 32 a GmbHG darauf beschränkt, ihren Darlehensanspruch nur als nachrangige Insolvenzgläubiger geltend zu machen.

Auch im Aktienrecht, wo die für die GmbH entwickelten Grundsätze über eigenkapitalersetzende Darlehen in modifizierter Form Anwendung finden, besteht kein Grund für eine abweichende Behandlung des Treugebers beziehungsweise des Unterbeteiligten. Hält der Treugeber beziehungsweise - in Ausnahmefällen - der Unterbeteiligte über „seinen" Gesellschafter mindestens 25 % des Grundkapitals, trägt er als Inhaber unternehmerischen Interesses die für die Haftung erforderliche Finanzierungsverantwortung. Er ist daher zur Erstattung zurückgezahlter Darlehenssummen entsprechend §§ 30 I, 31 I GmbHG verpflichtet.

bb. Haftung im Verhältnis zu den Gläubigern der Gesellschaft (Durchgriffshaftung)

Charakteristisches Merkmal der Kapitalgesellschaften ist die Beschränkung der Haftung auf das Gesellschaftsvermögen; die Gesellschafter selbst haften nicht persönlich, § 1 I 2 AktG und § 13 II GmbHG. Die Freistellung der Gesellschafter von der Haftung steht den Interessen der Gesellschaftsgläubiger nur deshalb nicht entgegen, weil diese durch die Vorschriften über die Aufbringung und Erhaltung des Stamm- beziehungsweise des Grundkapitals ausreichend geschützt werden. In besonderen Ausnahmefällen, in denen die Aufbringung oder Erhaltung des gesetzlich vorgesehenen Mindestkapitals gefährdet ist, läßt sich die Beschränkung

---

183 B II 1 a aa (2) (b).

der Haftung auf das Gesellschaftsvermögen nicht mehr rechtfertigen. Es kommt eine Durchbrechung der Trennung des Gesellschaftsvermögens auf der einen und des Vermögens der Gesellschafter auf der anderen Seite in Betracht, mithin eine persönliche Haftung der Gesellschafter von AG und GmbH gegenüber den Gesellschaftsgläubigern[184]. Können unter Umständen die Gesellschafter zur Haftung herangezogen werden, stellt sich zugleich die Frage nach einer Möglichkeit, auch den mittelbar an der Gesellschaft Beteiligten in diese Haftung mit einzubeziehen.

Ein allgemeines Rechtsinstitut der Durchgriffshaftung hat sich nicht herausgebildet. Einzelfragen sind umstritten, und zum Teil steht man der Möglichkeit eines Durchgriffs auf das Vermögen der Gesellschafter insgesamt sehr kritisch gegenüber[185]. Im wesentlichen werden jedoch fünf Fallgruppen diskutiert, wobei Uneinheitlichkeiten in der Terminologie bestehen.

(1) Vermögensvermischung

Von einer Vermögensvermischung wird dann gesprochen, wenn sich das Gesellschaftsvermögen und das Privatvermögen der Gesellschafter nicht ausreichend unterscheiden lassen, weil die Buchführung undurchsichtig oder die Vermögensabgrenzung sonst verschleiert ist, und auf diesem Wege die Kontrolle darüber verhindert wird, ob die Kapitalaufbringungs- und Kapitalerhaltungsvorschriften beachtet worden sind[186]. Wer die Vermögensmassen nicht ordnungsgemäß trennt und auf diese Weise Unklarheit darüber schafft, ob die den Gläubigern zur Verfügung zu stellende Mindesthaftsumme in der erforderlichen Höhe aufgebracht worden ist, verhält sich widersprüchlich, wenn er sich gegenüber einer persönlichen Inanspruchnahme durch die Gläubiger auf die Trennung von Gesellschafts- und Privatvermögen beruft. Allerdings liegt ein Verstoß gegen das Verbot des venire contra factum proprium nicht schon im Falle einzelner unzulässiger Entnahmen vor; für sie gelten vielmehr die §§ 30 I, 31 I GmbHG[187] beziehungsweise die §§ 57, 62 AktG. Da Minderheitsgesellschafter typischerweise nicht in der Lage sind, die Buchhaltung zu beeinflussen und Vermögenssphären zu vermischen, wird man eine persönliche Haftung zudem nur dann in Betracht ziehen können,

---

184 BGHZ 68, 312, 314/315; Henn, S. 93; Rowedder/Rowedder, § 13, Rn. 24; Lutter/Hommelhoff, § 13, Rn. 5.

185 Fleck, GmbHR 1993, 552; Scholz/Emmerich, § 13, Rn. 84a.

186 BGH ZIP 1994, 867/868; BGH NJW 1994, 1801; BGHZ 95, 330, 334; Lutter/Hommelhoff, § 13, Rn. 10; Baumbach/Hueck (Hueck/Fastrich), § 13, Rn. 15; Rowedder/Rowedder, § 13, Rn. 28; Roth/Altmeppen (Altmeppen), § 13, Rn. 19; Nirk, FS Stimpel, S. 453; Lutter, ZGR 1982, 251.

187 BGHZ 95, 330, 333/334; Scholz/Emmerich, § 13, Rn. 88; Baumbach/Hueck (Hueck/Fastrich), § 13, Rn. 15.

wenn die Beteiligung des betreffenden Gesellschafters über eine Minderheitsbeteiligung hinausgeht[188]. Unter diesen Voraussetzungen erscheint ein Durchgriff auf das Vermögen der Gesellschafter angemessen.

Einen Unterbeteiligten, dem seine mittelbare Beteiligung an der Gesellschaft lediglich als Kapitalanlage dient, wegen einer Vermischung von Gesellschafts- und Gesellschaftervermögen wie einen Gesellschafter persönlich zur Haftung heranzuziehen, erscheint im Hinblick seine fehlende Einflußmöglichkeit auf die Vorgänge in der Gesellschaft unangemessen.

Näher liegt eine Haftung des mittelbar Beteiligten, der wie ein Gesellschafter auf die Vorgänge in der Gesellschaft Einfluß nehmen kann. Haftet „sein" Gesellschafter, läßt sich daran denken, auch den Hintermann in die Haftung mit einzubeziehen. Dagegen könnte auf den ersten Blick sprechen, daß, anders als bei der Haftung für die Kapitalaufbringung und -erhaltung, gesetzliche Vorschriften, welche sich mit der Haftung des Hintermanns befassen, im Bereich der Haftung gegenüber den Gesellschaftsgläubigern vollständig fehlen. Dies ist jedoch durch das Fehlen einer gesetzlichen Regelung der Durchgriffshaftung überhaupt bedingt und läßt daher nicht den Schluß auf eine von vornherein ablehnende Haltung des Gesetzgebers gegenüber einer Einbeziehung des Hintermanns in die Durchgriffshaftung zu. Die Regelung in den §§ 9 a IV, 32 a III GmbHG, 46 V AktG läßt vielmehr erkennen, daß der Gesetzgeber eine Inanspruchnahme von Nichtgesellschaftern - jedenfalls in bestimmten Fällen - durchaus für sinnvoll und gerechtfertigt hält.

Ebenso wenig kann einer Einbeziehung des mittelbar Beteiligten in die Haftung aus Vermögensvermischung entgegengesetzt werden, die Gläubiger seien ausreichend durch die Haftung der Gesellschafter geschützt. Insoweit läßt sich auf die Argumentation im Zusammenhang mit der Haftung des Treugebers und des Unterbeteiligten für die Kapitalaufbringung und -erhaltung verweisen. Die mit der Einschaltung eines auf fremde Rechnung handelnden Gesellschafters verbundenen Gefahren können, wenn die Stellung des Hintermanns faktisch mit der eines Gesellschafters vergleichbar ist, nur durch die zusätzliche Haftung des Hintermanns kompensiert werden.

Zweifelhaft kann lediglich sein, wann die mittelbare Beteiligung an der Gesellschaft den für die Haftung erforderlichen Umfang erreicht. Anknüpfungspunkt für die Haftung wegen Vermögensvermischung ist die Organisationsverantwortung. Unter dem Gesichtspunkt der Verhinderung einer Umgehung der

---

188 BGH ZIP 1994, 868; Roth/Altmeppen (Altmeppen), § 13, Rn. 20; Baumbach/Hueck (Hueck/Fastrich), § 13, Rn. 15; noch enger: Hachenburg/Mertens, Anh. § 13, Rn. 49; Lutter/Hommelhoff, § 13, Rn. 10: Erforderlich soll sein, daß der Gesellschafter den entsprechenden Sachverhalt kannte oder daß er ihm zumindest evident war.

Haftung im Wege der bloß mittelbaren Beteiligung kann die Haftung daher nur denjenigen Nichtgesellschafter treffen, der auf die in der Gesellschaft zu treffenden Entscheidungen wie ein Gesellschafter, dessen Beteiligung über eine Minderheitsbeteiligung hinausgeht, Einfluß nehmen kann.

Keine Probleme ergeben sich insoweit für den Fall der reinen Treuhand: Da der Treuhänder ausschließlich für Rechnung des Treugebers handelt, kann unter den übrigen Voraussetzungen des Haftungstatbestands der Vermögensvermischung auf das Vermögen des Treugebers zugegriffen werden, wenn die Summe der für ihn gehaltenen Anteile eine Minderheitsbeteiligung übersteigt. Demgegenüber besteht bei der Unterbeteiligung nur in Ausnahmefällen, nämlich dann, wenn der Unterbeteiligte seine Interessen in der Unterbeteiligungsgesellschaft gegen den Willen des Hauptbeteiligten durchsetzen kann, die Gefahr einer Umgehung der Haftung wegen Vermögensvermischung.

(2) Sphärenvermischung

Entweder als Unterfall der Vermögensvermischung oder als eigenständige Fallgruppe[189] wird die Möglichkeit einer Durchbrechung der Trennung von Gesellschafts- und Gesellschaftervermögen diskutiert, wenn im Auftreten der Gesellschaft nach außen nicht deutlich zwischen der Gesellschaft und ihren Gesellschaftern oder verbundenen Unternehmen unterschieden wird[190]. Das Bedürfnis für eine gesellschaftsrechtliche Durchgriffshaftung in diesen Fällen erscheint allerdings mehr als zweifelhaft, denn den Gläubigern bieten wohl durchweg bürgerlich-rechtliche Rechtsinstitute wie eine Rechtsscheinshaftung oder cic ausreichenden Schutz[191].

Läßt man - entgegen der hier vertretenen Ansicht - einen Gesellschafter mit seinem persönlichen Vermögen wegen Sphärenvermischung haften, verlangen die schutzwürdigen Interessen der Gläubiger unter denselben Voraussetzungen wie im Falle der Vermögensvermischung eine unmittelbare Haftung des Nichtgesellschafters.

(3) Unterkapitalisierung

Besondere Bedeutung im Rahmen der Durchgriffshaftung kommt der Fallgruppe der Unterkapitalisierung zu. Von einer nominellen Unterkapitalisierung spricht

189 So Geißler, GmbHR 1993, 74/75; Hachenburg/Mertens, Anh. § 13, Rn. 49.

190 BGH WM 1958, 463/464; Lutter/Hommelhoff, § 13, Rn. 11; Baumbach/Hueck (Hueck/Fastrich), § 13, Rn. 15; Henn, S. 95; Nirk, FS Stimpel, S. 453.

191 Scholz/Emmerich, § 13, Rn. 88a; Hachenburg/Mertens, Anh. § 13, Rn. 49; K. Schmidt, GesellR, § 9 IV 2 b.

man, wenn die erforderlichen finanziellen Mittel nicht über die gebotene Eigenkapitalzufuhr, sondern durch die Hingabe von Darlehen aufgebracht werden[192]. Gegen diese Form der Unterkapitalisierung bieten den Gläubigern die Vorschriften der §§ 32 a, b GmbHG beziehungsweise - bei der Aktiengesellschaft - die von der Rechtsprechung entwickelten Grundsätze zur Behandlung kapitalersetzender Darlehen ausreichenden Schutz. Darüber, ob den Gläubigern nicht nur das Gesellschaftsvermögen, sondern im Wege der Durchgriffshaftung auch das Privatvermögen der Gesellschafter als Haftungsgrundlage zur Verfügung gestellt werden sollte, wird allein im Falle einer materiellen Unterkapitalisierung diskutiert. Sie liegt dann vor, wenn die Gesellschafter es unterlassen, die Gesellschaft mit dem für eine solide Unternehmensführung erforderlichen Kapital auszustatten, der Gesellschaft also nicht einmal Fremdkapital zuführen[193].

Im einzelnen ist hier vieles umstritten. Zum Teil steht man dem Haftungstatbestand der Unterkapitalisierung insgesamt sehr kritisch gegenüber[194]. Es bestehe zum einen keine über die Pflicht zur Ausstattung der Gesellschaft mit dem für die Gründung vorausgesetzten Mindestkapital hinausgehende Verpflichtung der Gesellschafter zur Kapitalzuführung[195], zum anderen herrsche Unklarheit darüber, wann eine Kapitalausstattung als angemessen anzusehen ist, so daß es an einer hinreichenden Präzisierung des Tatbestands der Unterkapitalisierung fehle[196]. Schließlich gebe es auch kein Bedürfnis für einen Haftungsdurchgriff, da den Gläubigerinteressen durch die gesetzliche Mindestkapitalausstattung und den insolvenzrelevanten Überschuldungstatbestand ausreichend Rechnung getragen werde[197].

Nach anderer Ansicht besteht eine uneingeschränkte Pflicht der Gesellschafter zur Ausstattung der Gesellschaft mit einem dem Geschäftszweck angepaßten Kapital. Jeder Verstoß gegen diese Pflicht soll zu ihrer unbeschränkten persönlichen Haftung führen[198]. Die herrschende Ansicht in der Literatur nimmt demgegenüber eine Durchgriffshaftung für den Fall einer qualifizierten Unterkapitalisierung an, das heißt dann, wenn die Gesellschaft einen Geschäftsumfang entfal-

---

192 Baumbach/Hueck (Hueck/Fastrich), § 5, Rn. 5; Geißler, GmbHR 1993, 76; Scholz/Emmerich, § 13, Rn. 82.

193 Baumbach/Hueck (Hueck/Fastrich), § 5, Rn. 5; Geißler, GmbHR 1993, 77; Scholz/Emmerich, § 13, Rn. 82; K. Schmidt, GesellR, § 9 IV 4 a.

194 BGHZ 68, 312, 319; siehe auch Fn. 185.

195 Ballerstedt, GmbHR 1967, 69; Schulze-Osterloh, ZGR 1983, 143 ff.

196 Baumbach/Hueck (Hueck/Fastrich), § 5, Rn. 6.

197 Roth/Altmeppen (Altmeppen), § 13, Rn. 23; Vonnemann, GmbHR 1992, 78 f.

198 Wiedemann, GesellR I, S. 224 ff.; Nirk, FS Stimpel, S. 454; Winkler, BB 1969, 1205 ff., der allerdings aus dem Pflichtverstoß keine unbeschränkte Haftung der Gesellschafter folgen läßt, sondern eine auf die Höhe angemessener Kapitalausstattung beschränkte Haftung der Gesellschafter.

tet, der in deutlichem Mißverhältnis zu ihrer Kapitalausstattung steht, so daß sich schon geringfügige Verluste zum Nachteil der Gläubiger auswirken müssen[199].

Die Rechtsprechung hingegen steht einem Haftungsdurchgriff wegen Unterkapitalisierung zurückhaltend gegenüber. Sie lehnt eine Pflicht der Gesellschafter zur angemessenen Kapitalausstattung ab und wählt als Ansatzpunkt für eine Haftung der Gesellschafter § 826 BGB[200].

Geht man davon aus, daß die Durchgriffshaftung wegen materieller Unterkapitalisierung zumindest in einigen Fällen ihre Bedeutung nicht verloren hat, muß auch der mittelbar Beteiligte damit rechnen, über diesen Haftungstatbestand persönlich zur Haftung herangezogen zu werden, wenn aufgrund seiner gesellschaftergleichen Einflußmöglichkeiten in der Gesellschaft eine Umgehung der Haftung droht.

(4) Instituts-/Rechtsformmißbrauch

Bei dem Instituts- beziehungsweise Rechtsformmißbrauchs handelt es sich um einen Auffangtatbestand, der eingreift, wenn nicht eine der drei anderen Fallgruppen einschlägig ist[201]. Die Voraussetzungen für einen Durchgriff liegen vor, wenn die Haftungsfreistellung der Gesellschafter bewußt zum Nachteil der Gläubiger eingesetzt wird, die Gesellschaft also alle Risiken trägt, jedoch nicht an den Gewinnchancen teilhat[202]. Der formal ordnungsgemäße Einsatz der Rechtsform der AG oder der GmbH führt hier zu Ergebnissen, die mit Treu und Glauben nicht zu vereinbaren sind. Wer sich auf seine formale Rechtsposition nur zu dem Zweck beruft, Dritte zu schädigen und das Recht zu umgehen, verdient keinen Schutz. Die Haftung muß daher in diesen Fällen die hinter der juristischen Person stehenden natürlichen Personen treffen.

Die Frage, inwieweit dem mittelbar Beteiligten ein Mißbrauch der Rechtsform der Kapitalgesellschaft durch die Gesellschafter mit der Folge zuzurechnen ist, daß er selbst wie ein Gesellschafter von den Gläubigern zur Haftung herangezogen werden kann, läßt sich nicht anders beantworten als in den bereits erörterten drei Fallgruppen.

---

199 Lutter/Hommelhoff, § 13, Rn. 6; Ulmer, GmbHR 1984, 261 f.; Geißler, GmbHR 1993, 76.

200 BGHZ 90, 381, 389/390; BGHZ 68, 312, 317 ff.; BGH WM 1979, 229, 230.

201 Henn, S. 97; Lutter, ZGR 1982, 252.

202 Lutter/Hommelhoff, § 13, Rn. 12; Baumbach/Hueck (Hueck/Fastrich), § 13, Rn. 15; Henn, S. 97; Nirk, FS Stimpel, S. 454. BGH ZIP 1992, 694 nimmt unter diesen Voraussetzungen einen Verstoß gegen die guten Sitten mit der Folge einer Haftung aus § 826 BGB an.

(5) Durchgriffshaftung wegen Beherrschung der Kapitalgesellschaft

Im Zusammenhang mit der gesetzlich nicht geregelten Durchgriffshaftung wird außerdem oftmals das Problem der Beherrschung einer GmbH oder AG durch ein anderes Unternehmen diskutiert. Wird eine Gesellschaft in eine Unternehmensverbindung eingegliedert und muß sie zugunsten der herrschenden Gesellschaft ihre gewinntragenden Geschäftschancen weitgehend preisgeben, entsteht für die Gläubiger der beherrschten Gesellschaft die Gefahr, daß ihre Ansprüche gegen die Gesellschaft von dieser nicht erfüllt werden können. Denkbar wäre es mithin, ihnen im Wege eines Haftungsdurchgriffs einen Anspruch unmittelbar gegen das herrschende Unternehmen zuzubilligen. Ließe sich der Treugeber oder der Unterbeteiligte als herrschendes Unternehmen ansehen, wären die Gläubiger der Gesellschaft damit in der Lage, ihn auf die Schuld der Kapitalgesellschaft in Anspruch zu nehmen.

Ist beherrschtes Unternehmen eine AG, wird jedoch eine Inanspruchnahme des herrschenden Unternehmens durch die Gläubiger der beherrschten Gesellschaft im Wege der gesetzlich nicht normierten Durchgriffshaftung zu Recht abgelehnt. Ein Rückgriff auf die nicht kodifizierten Konstruktionen, welche im Rahmen der Durchgriffshaftung bemüht werden, ist neben der detaillierten konzernrechtlichen Regelung in den §§ 15 ff., 291 ff. AktG nicht erforderlich[203]. Diskutiert wurde die Durchgriffshaftung hingegen lange Zeit, wenn abhängiges Unternehmen eine GmbH war, da das GmbHG eine dem AktG entsprechende Regelungen der Konzernhaftung nicht enthält[204]. Durch zahlreiche Urteile[205] hat der BGH jedoch nunmehr ein GmbH-Konzernrecht entwickelt, so daß auch für die GmbH das Institut des Haftungsdurchgriffs insoweit seine Bedeutung zur Gänze verloren hat[206]. Für die Problematik der Durchgriffshaftung ist somit die Frage, ob Treugeber und Unterbeteiligter überhaupt ein herrschendes Unternehmen darstellen können und wenn ja, unter welchen Voraussetzungen, unerheblich. Der gesetzlich nicht normierte Durchgriff auf ihr Vermögen kommt ohnehin nicht mehr in Betracht.

---

203 K. Schmidt, GesellR, § 9 IV 3 b; Hüffer, § 1. Rn. 21.

204 Stimpel, FS Gordeler, S. 609 ff.

205 BGHZ 95, 330, 334 ff.; BGH GmbHR 1991, 520 ff.; BGH GmbHR 1989, 196, 199 f.

206 Geißler, GmbHR 1993, 78; Baumbach/Hueck (Hueck/Fastrich), § 13, Rn. 15.

cc. Konzernhaftung

(1) Überblick über die Haftungsvorschriften

Ob und in welcher Weise ein Unternehmen nach Konzernrecht haftet, hängt entscheidend von der Ausgestaltung seiner rechtlichen Beziehungen zu anderen Unternehmen ab.

Ist eine AG von einem anderen Unternehmen abhängig, § 17 AktG, ohne daß ein Unternehmensvertrag im Sinne der §§ 291 ff. AktG abgeschlossen wurde, steht ihr ein Anspruch gegen das herrschende Unternehmen auf Ersatz des Schadens zu, welcher ihr dadurch entstanden ist, daß das herrschende Unternehmen einen von ihm verursachten Nachteil für die AG nicht gemäß § 311 AktG ausgeglichen hat, § 317 AktG. Neben der Gesellschaft selbst können auch die einzelnen Aktionäre (§§ 317 IV i.V.m. 309 IV 1, 2 AktG) und die Gläubiger der Aktiengesellschaft (§§ 317 IV i.V.m. 309 IV 3 AktG) diesen Anspruch geltend machen.

Anders verhält es sich, wenn ein Beherrschungs- oder Gewinnabführungsvertrag zwischen der AG und dem herrschenden Unternehmen besteht. Hier sind für die Haftung insbesondere die Vorschriften der §§ 302, 303 AktG von Bedeutung. § 302 AktG soll die durch § 291 III AktG angeordnete Lockerung der Vermögensbindung im Interesse der Gesellschafter und ihrer Gläubiger kompensieren[207]. Zu diesem Zweck begründet er eine Pflicht des herrschenden Unternehmens zum Ausgleich des Jahresfehlbetrags, welcher während der Vertragsdauer bei der abhängigen Gesellschaft entstanden ist. § 303 AktG ergänzt die Vorschrift des § 302 AktG, indem er den Gläubigern ein Recht auf Sicherheitsleistung gegenüber dem herrschenden Unternehmen zubilligt. Ist die insolvent gewordene AG formlos untergegangen, verwandelt sich dieses Recht, da eine Sicherheitsleistung den Gläubigern in diesem Fall keinen ausreichenden Schutz bietet, in einen direkten Zahlungsanspruch[208].

Von Bedeutung für die Haftung des herrschenden Unternehmens ist außerdem § 309 AktG. An sich begründet die Vorschrift zwar nur eine Schadensersatz-

---

207 Die herrschende Meinung billigt den Aktionären analog §§ 309 IV, 317 IV AktG ein eigenes Klagerecht zu: Lutter, AG 1968, 74; Kölner Kommentar/Koppensteiner, §302, Rn. 22; Emmerich/Sonnenschein, § 16 VI 5 a; a.A. Geßler/Hefermehl (Geßler), § 302, Rn. 47. Ein Klagerecht für die Gläubiger der AG wird demgegenüber überwiegend abgelehnt: Kölner Kommentar/Koppensteiner, § 302, Rn. 23; Emmerich/Sonnenschein, § 16 VI 5 a; Geßler/Hefermehl (Geßler), § 302, Rn. 46.

208 BGHZ 95, 330, 347 (für GmbH); Kölner Kommentar/Koppensteiner, § 303, Rn. 15; Emmerich/Sonnenschein, § 16 VII 5; Hüffer, § 303, Rn. 7: aber nicht verallgemeinerbar.

pflicht des gesetzlichen Vertreters des herrschenden Unternehmens gegenüber der beherrschten AG für einen Schaden, welcher dadurch entstanden ist, daß der gesetzliche Vertreter seine Pflicht zur Anwendung der Sorgfalt eines ordentlichen und gewissenhaften Geschäftsführers bei der Erteilung von Weisungen an die Aktiengesellschaft verletzt hat. Unstreitig haftet daneben jedoch das herrschende Unternehmen selbst auf Schadensersatz[209]. Der Schadensersatzanspruch der abhängigen Aktiengesellschaft kann auch von ihren Aktionären (§ 309 IV 1 AktG) und den Gläubigern der Aktiengesellschaft (§ 309 IV 3 AktG) geltend gemacht werden.

Hat sich die AG, ohne daß ein Unternehmensvertrag abgeschlossen worden ist, rein tatsächlich auf Dauer der Leitung eines anderen Unternehmens unterstellt, liegt mithin ein qualifizierter faktischer Konzern vor, finden die Regelungen über die Haftung im Vertragskonzern entsprechende Anwendung[210]. Denn der grundsätzlich bei Fehlen eines Beherrschungsvertrags durchzuführende Einzelausgleich nach den §§ 311, 317 AktG funktioniert nicht, wenn die Einflußnahme durch das herrschende Unternehmen so umfassend und tiefgreifend erfolgt wie bei einem qualifizierten faktischen Konzern.

Handelt es sich bei dem abhängigen Unternehmen nicht um eine AG, sondern um eine GmbH, finden unstreitig die Vorschriften des Aktiengesetzes über die Haftung im Konzern entsprechende Anwendung, wenn nicht GmbH-rechtliche Besonderheiten entgegenstehen. Die §§ 302, 303, 309 AktG werden sowohl auf den Vertragskonzern als auch auf den qualifiziert faktischen Konzern angewandt[211]. Nicht ohne weiteres auf die GmbH übertragbar sind die aktienrechtlichen Regelungen jedoch bei einer bloß einfachen faktischen Abhängigkeit. Da die gesellschaftsrechtliche Treuepflicht eine Schädigung der GmbH umfassend verbietet, läßt sich die von § 311 AktG zugelassene Schadenszufügung durch das herrschende Unternehmen bei gleichzeitigem Nachteilsausgleich mit dem Charakter der GmbH nicht vereinbaren. Zu recht sieht die herrschende Meinung daher in diesem Fall von einer entsprechenden Anwendung der §§ 311, 317 AktG

---

209 Geßler/Hefermehl (Geßler), § 309, Rn. 47; Kölner Kommentar/Koppensteiner, § 309, Rn. 25; Emmerich/Sonnenschein, § 18 VI 2 a; Hüffer, § 309, Rn. 26; Begr z RegE zu § 309 AktG, Kropff, AktG, S. 404 f. Lediglich über die Grundlage dieses Anspruchs bestehen Unklarheiten: pVV des Beherrschungsvertrages: Geßler/Hefermehl (Geßler), § 309, Rn. 47; Kölner Kommentar/Koppensteiner, § 309, Rn. 25; § 309 AktG i.V.m. § 31 BGB: Mertens, AcP 168 (1968), 228/229; Ulmer, FS Stimpel, 1985, S. 705, 712; § 31 BGB: Großkommentar AktG, 3. Aufl., (Würdinger), § 309, Rn. 6.

210 Hüffer, § 302, Rn. 6; Emmerich/Sonnenschein, § 20 a III 4.

211 BGHZ 116, 37, 39/40; Scholz/Emmerich, Anh. § 13, Rn. 33; Emmerich/Sonnenschein, §§ 24 a I 4, 25 III 2, 3; BGHZ 95, 330, 342 ff. (für qualifiziert faktischen Konzern); BGHZ 105, 168, 182/183 (für Vertragskonzern).

ab[212]. Das herrschende Unternehmen haftet statt dessen aus der Treuepflichtverletzung auf Schadensersatz[213]. Analog §§ 317 IV, 309 IV 3 AktG sollen die Gläubiger der GmbH den Anspruch gegen das herrschende Unternehmen selbst verfolgen können, wenn ihre Befriedigung durch die Gesellschaft nicht mehr möglich ist[214].

(2) Haftung des mittelbar Beteiligten

Ob bei einem reinen Treuhandverhältnis der Treugeber oder der Unterbeteiligte von der abhängigen Gesellschaft, ihren Gesellschaftern und Gläubigern in dieser Weise zur Haftung herangezogen werden kann, hängt entscheidend davon ab, ob er sich als Unternehmen im Sinne des Konzernrechts einordnen läßt. Im Rahmen der konzernrechtlichen Haftung wird unter einem Unternehmen jeder Gesellschafter verstanden, bei dem zu seiner Beteiligung an der Gesellschaft wirtschaftliche Interessenbindungen außerhalb der Gesellschaft hinzukommen, welche stark genug sind, die ernste Besorgnis zu begründen, der Gesellschafter könne um ihretwillen seinen Einfluß zum Nachteil der Gesellschaft geltend machen[215]. Die Rechtsform spielt hierbei keine Rolle. So kann Unternehmer sowohl eine Kapitalgesellschaft als auch eine Personenhandelsgesellschaft oder ein an der abhängigen Gesellschaft beteiligter Einzelkaufmann sein[216].

Streit herrscht allein für den Fall, daß es sich bei dem betreffenden Gesellschafter um eine natürliche Person handelt, welche nicht Einzelkaufmann ist, sondern neben ihrer Beteiligung an der abhängigen Kapitalgesellschaft lediglich Beteiligungen an anderen Gesellschaften hält. Vertritt man die Ansicht, Unternehmer im konzernrechtlichen Sinne könne nur sein, wer nach außen erkennbar am wirtschaftlichen Verkehr teilnimmt[217], läßt sich ein Gesellschafter, dessen anderweitige Interessenbindungen allein auf der Beteiligung an weiteren Gesellschaften beruhen, nicht als herrschendes Unternehmen zur Haftung heranziehen.

---

212 BGHZ 95, 330, 340; Scholz/Emmerich, Anh. KonzernR Rn. 183; a.A. Geißler, GmbHR 1993, 79.

213 Herrschende Meinung: BGHZ 65, 15, 18 ff.; BGHZ 95, 330, 340; Emmerich/Sonnenschein, § 24 IV 1; Lutter/Hommelhoff, Anh. §13, Rn. 19; Scholz/Emmerich, Anh. KonzernR Rn. 181 ff.; Henn, S. 99.

214 BGHZ 95, 330, 340; Emmerich/Sonnenschein, § 24 V 1.

215 BGHZ 69, 334, 337 f.; BGHZ 80, 69, 72; BGHZ 95, 330, 337; BGHZ 115, 187, 190; Henn, S. 100; Emmerich/Sonnenschein, § 2 III 1.

216 Großkommentar AktG, (Windbichler), § 15, Rn. 15 f.; Kölner Kommentar/Koppensteiner, § 15, Rn. 30; Emmerich/Sonnenschein, § 2 III 1.

217 So Großkommentar AktG (Würdinger), 3. Aufl., Vor §§ 15-19, Anm. 3 b; Henn, S. 101; wohl auch Bölsenkötter, DB 1967, 1099/1101; Janberg/Schlaus, AG 1967, 37/38.

Entscheidend für die Reichweite des Unternehmerbegriffs muß der hinter den konzernrechtlichen Haftungsvorschriften stehende Zweck sein. Die Regelungen sollen Nachteile abwenden und ausgleichen, welche einer Gesellschaft drohen, wenn ein Gesellschafter mit beherrschendem Einfluß sich bei seinem Verhalten gegenüber dem Unternehmen von gesellschaftsfremden Interessen leiten läßt, weil er außerhalb dieses Unternehmens einer wirtschaftlichen Betätigung nachgeht. Die Gefahr, daß der betreffende Gesellschafter zur Verfolgung anderweitiger wirtschaftlicher Interessen seinen Einfluß auf die Gesellschaft zu deren Nachteil ausübt, besteht unabhängig davon, ob die weitere wirtschaftliche Betätigung nach außen erkennbar ist oder nicht. Ihrem Zweck nach setzt die konzernrechtliche Haftung eines Gesellschafters mithin sein Auftreten am Markt nicht voraus; vielmehr genügt das Vorhandensein von Interessenbindungen außerhalb der Gesellschaft, welche so stark sind, daß ein der Gesellschaft durch sie drohender Schaden naheliegt. Solche die Gesellschaft gefährdenden Interessen eines Gesellschafters liegen jedenfalls dann vor, wenn dieser an der oder den anderen Gesellschaft(en) die Mehrheit der Anteile innehat[218]. Man sollte aber in bestimmten Fällen auch eine Minderheitsbeteiligung ausreichen lassen, wenn sie die Möglichkeit eröffnet, die Leitungsorgane in der Gesellschaft zu besetzen, beispielsweise aufgrund von Stimmbindungsverträgen oder im Falle einer üblicherweise niedrigen Präsenz der Mitglieder in der Hauptversammlung.

Ob ein Unternehmen - welcher Rechtsform auch immer - herrschend im Sinne des Konzernrechts ist, läßt sich mit Hilfe des § 17 II AktG feststellen. Ein beherrschender Einfluß im Sinne dieser Vorschrift liegt immer dann vor, wenn er seiner Art nach der mit einer Mehrheitsbeteiligung verbundenen Einwirkungsmacht auf Vorgänge in der Gesellschaft entspricht. Entscheidend ist damit, ob der Gesellschafter in der Lage ist, die Besetzung der Organe zu beeinflussen und auf diese Weise die Entscheidungen in wenigstens einem zentralen Bereich zu steuern[219].

Bei einem reinen Treuhandverhältnis hält der Treuhänder-Gesellschafter den Anteil ausschließlich im Interesse des Treugebers. Dieser ist der wirtschaftlich an dem Anteil allein Interessierte. Er nimmt, wenn auch über die Person des Treuhänders, Einfluß auf die Vorgänge in der Gesellschaft, so daß er faktisch - wenn auch rechtlich zweifellos kein Gesellschafter - die Stellung des Anteilsinhabers innehat.

---

218 Emmerich/Sonnenschein, § 2 III 2 a; Kort, DB 1986, 1909, 1911 f.; Großkommentar AktG (Windbichler), § 15, Rn. 34; Schlegelberger/Martens, Anh. § 105, Rn. 5; a.A.: Hefermehl, FS Geßler, S. 213 ff.: Einfluß muß tatsächlich ausgeübt werden. Kritisch zu dem Ganzen und nur eine Analogie für möglich haltend: Zöllner, ZGR 1976, 21.

219 Hüffer, § 17, Rn. 5; Geßler/Hefermehl (Geßler), § 17, Rn. 25, 30; Kölner Kommentar/Koppensteiner, § 17, Rn. 19; Emmerich/Sonnenschein, § 3 II 1.

Ob die konzernrechtliche Haftung den Treugeber erfaßt, muß aus dem Schutzzweck der entsprechenden Vorschriften ermittelt werden. Die Haftungsregelungen des Konzernrechts sollen die Gesellschaften vor Schäden schützen, die entstehen können, wenn eine Person, welche die Vorgänge in der Gesellschaft entscheidend beeinflussen kann, ihre Macht zulasten der Gesellschaft einsetzt, um sich auf diesem Wege Vorteile auf anderem wirtschaftlichem Gebiet zu verschaffen. Ob die Einwirkungsmöglichkeiten auf die abhängige Gesellschaft in einer Gesellschafterstellung begründet sind oder ob sie einem Außenstehenden über einen Gesellschafter vermittelt werden, ist ohne Auswirkungen auf die Intensität der Bedrohung für die Gesellschaft. Die dem abhängigen Unternehmen drohende Gefahr wird nicht durch die rechtliche Konstruktion, sondern vielmehr durch tatsächlich bestehende Interessen und Einflußmöglichkeiten begründet. Der durch das Konzernrecht gebotene Schutz wäre mithin unvollkommen, stellte man allein auf rechtliche Gesellschafterstellung ab.

Der Anwendungsbereich der konzernrechtlichen Haftungsvorschriften würde allerdings ins Uferlose ausgedehnt, ließe man jeden Unternehmer, der tatsächlich beherrschenden Einfluß auf die Gesellschaft ausüben kann, nach Konzernrecht haften. Man nimmt daher ein Abhängigkeitsverhältnis zwischen Unternehmen im Sinne des Konzernrechts nur dann an, wenn der jeweilige Einfluß gesellschaftsrechtlich vermittelt ist[220]. Bloße Lieferungs- und Kreditverträge, welche zweifellos zu Abhängigkeitsverhältnissen führen können, die das beherrschte Unternehmen nachteilig beeinflussen, begründen daher eine konzernrechtliche Haftung nicht. Wie ein Verkäufer oder ein Darlehensgeber steht auch der Treugeber bei einem reinen Treuhandverhältnis zu der Gesellschaft selbst in keinerlei gesellschaftsrechtlicher Beziehung. Ebenso wenig ist seine Verbindung zu dem Treuhänder gesellschaftsrechtlicher Art; der reinen Treuhand liegt vielmehr in der Regel ein Auftrag beziehungsweise Geschäftsbesorgungsvertrag zugrunde.

Anders als bei bloßen Lieferungs- oder Kreditverträgen bewirkt der Treuhandvertrag jedoch nicht nur eine irgendwie geartete Abhängigkeit des Unternehmens, sondern führt dazu, daß dem Treugeber die von dem Treuhänder gehaltene Mehrheitsbeteiligung wirtschaftlich in vollem Umfang zuzurechnen ist. Er ist mithin wirtschaftlicher Anteilsinhaber und nimmt damit eine Position ein, die dem Kreditgeber oder dem Lieferanten zweifellos nicht zukommt. Die Abhängigkeit des Unternehmens von dem Treugeber ist mithin durch die diesem zuzurechnende unmittelbare Beteiligung des Treuhänders in ausreichender Weise gesellschaftsrechtlich fundiert. Weder der Umstand, daß der beherrschende Einfluß auf das abhängige Unternehmen über einen Treuhand-Gesellschafter ver-

220 BGHZ 90, 381, 395 ff.; BGHZ 121, 137, 145; Hüffer, § 17, Rn. 8; Emmerich/Sonnenschein, § 3 II 2.

mittelt wird, noch die Tatsache, daß den anderweitigen wirtschaftlichen Interessen des Gesellschafters, welche das abhängige Unternehmen zu beeinträchtigen drohen, ein Treuhandverhältnis zugrunde liegt, steht mithin einer konzernrechtlichen Haftung entgegen[221].

Ist damit eine Haftung des Treugebers aus konzernrechtlichen Vorschriften im Bereich der Aktiengesellschaft ohne weiteres möglich, ergeben sich bei Vorliegen einer GmbH zusätzliche Probleme dadurch, daß sich die konzernrechtliche Haftung eines GmbH-Gesellschafters im Falle bloß faktischer Abhängigkeit nach herrschender Meinung aus der Verletzung der gesellschaftsrechtlichen Treuepflicht ableitet. Da der Treugeber mit der GmbH jedenfalls im Normalfall nicht unmittelbar rechtlich verbunden ist, stellt sich die Frage, ob ihm trotz Fehlens einer unmittelbaren rechtlichen Verbundenheit zu der Gesellschaft Treuepflichten obliegen, mit deren Verletzung sich seine konzernrechtliche Haftung begründen läßt.

Das Argument, die Treuepflicht des Nichtgesellschafters sei notwendige Folge seiner Einflußnahmemöglichkeit auf Vorgänge in der Gesellschaft[222], kann für sich allein nicht überzeugen. Die bloße Einflußnahmemöglichkeit kann eine an sich zur Begründung von gesellschaftsrechtlichen Treuepflichten erforderliche vertragliche Vereinbarung nicht ersetzen. Aber auch über einen Vertrag mit Schutzwirkung zugunsten Dritter lassen sich Treuepflichten des Treugebers gegenüber der Gesellschaft nicht konstruieren[223]. Zwar wird die erforderliche Leistungsnähe, also das bestimmungsgemäße In-Berührung-Kommen der Gesellschaft mit der Leistung aus dem Vertragsverhältnis zwischen dem Gesellschafter und dem mittelbar Beteiligten, durch die Einwirkungsmöglichkeit des Treugebers auf die Gesellschaft bewirkt. Denn es ist gerade Ziel des Treuhandvertrages, daß der Treugeber durch Weisungen und sonstige Handlungen auf die Gesellschaft Einfluß ausüben kann[224]. Ebenso hat der Treuhänder aus seiner eigenen Treuepflicht gegenüber der Gesellschaft, die ihn zur Wahrung der Interessen der Gesellschaft verpflichtet, ein Interesse an der Einbeziehung der Gesellschaft in den Treuhandvertrag. Das Erfordernis der Einbeziehung der Gesellschaft in den Vertrag ist, da sich sowohl die Leistungsnähe als auch das Interesse des Gesellschafters an einer Einbeziehung aus der Natur des Treuhandvertrages ergeben,

221 So auch Großkommentar AktG (Windbichler), § 15, Rn. 45; Kölner Kommentar/Koppensteiner, § 15, Rn. 37.

222 Fleck, FS Fischer, S. 119; ähnlich Roth/Thöni, S. 282: Je stärker die Stellung des mittelbar Beteiligten derjenigen eines Gesellschafters angenähert sei, desto mehr solle er auch den Bindungen unterliegen, welche den Gesellschafter als Ausprägung der Treuepflicht träfen.

223 So auch Tebben, S. 416; a.A. Fleck, FS Fischer, S. 119.

224 So auch Tebben, S. 416.

für den Treugeber als Person, welche tatsächlich die Position eines Gesellschafters innehat, auch ohne weiteres erkennbar[225]. Der Treugeber ist jedoch über den Treuhandvertrag mit Wissen und Wollen des Gesellschafters in dessen gegenüber der Gesellschaft bestehende Pflichten eingeschaltet und damit als dessen Erfüllungsgehilfe tätig. Dem Treuhänder ist daher das Fehlverhalten des Treugebers gegenüber der Gesellschaft nach § 278 BGB zuzurechnen. Da der Gesellschaft mithin im Falle eines gesellschaftsschädigenden Verhaltens des Treugebers ein inhaltsgleicher Anspruch gegen den Treuhänder zusteht, fehlt es an ihrer Schutzbedürftigkeit[226].

Im Falle einer bloßen faktischen Abhängigkeit einer GmbH ist eine konzernrechtliche Haftung des Treugebers mangels eigener Treuepflicht gegenüber der Gesellschaft damit ausgeschlossen.

Durch die für den Fall der reinen Treuhand aufgezeigte Lösung ist der Weg für die Behandlung des Unterbeteiligten bereits vorgegeben. Dann, wenn die Stellung des Unterbeteiligten durch den ihm eingeräumten Einfluß auf die Gesellschaft tatsächlich derjenigen eines Gesellschafters entspricht, welcher der konzernrechtlichen Haftung unterläge, droht auch von ihm ein gesellschaftsschädigendes Verhalten; der Unterbeteiligte muß daher in dieser Konstellation nach Konzernrecht haften. Eine Ausnahme gilt auch hier, da der Unterbeteiligte regelmäßig nicht unmittelbar rechtlich mit der Gesellschaft verbunden ist und daher keine gesellschaftsrechtlichen Treuepflichten bestehen, im Falle der faktischen Abhängigkeit einer GmbH.

Die Anwendung konzernrechtlicher Regeln auf den Unterbeteiligten scheidet von vornherein aus, wenn der Unterbeteiligte keinen Einfluß auf Vorgänge in der Gesellschaft hat. Seine Stellung kommt in diesem Fall derjenigen eines Gesellschafters wirtschaftlich nicht einmal nahe. Auch wenn auf den Hauptbeteiligten Konzernrecht Anwendung findet, haftet der Unterbeteiligte daher nicht, selbst dann nicht, wenn er an einer anderen Gesellschaft unmittelbar maßgeblich beteiligt ist.

b. Haftung in der OHG und KG

aa. Haftung des mittelbar Beteiligten für Gesellschaftsschulden

Bei den Personenhandelsgesellschaften unterscheidet sich die Haftung der Gesellschafter insofern ganz erheblich von derjenigen der GmbH-Gesellschafter und der Aktionäre, als die Gesellschafter gegenüber den Gesellschaftsgläubigern für

---

225 Vgl. hierzu auch Tebben, S. 416.
226 Tebben, S. 416.

Verbindlichkeiten der Gesellschaft persönlich haften, wobei die Haftung der OHG-Gesellschafter und der Komplementäre unbeschränkt ist (§§ 128, 161 II HGB), während die Kommanditisten beschränkt auf ihre Einlage haften (§ 171 HGB). Wegen dieser persönlichen Haftung der Gesellschafter bedarf es eines von den Gesellschaftern aufzubringenden Mindestkapitals nicht, so daß sich insoweit die Frage einer Einbeziehung des mittelbar Beteiligten in die Haftung gar nicht erst stellt.

Besteht ein reines Treuhandverhältnis beziehungsweise eine Unterbeteiligung, ist für die Gesellschaftsgläubiger von Interesse, inwieweit ihnen auch das Vermögen des Hintermanns als Haftungsmasse zur Verfügung steht.

Unstreitig ist eine mittelbare Inanspruchnahme des Hintermanns möglich. Bei einem reinen Treuhandverhältnis steht dem Treuhänder in der Regel ein Vergütungsanspruch oder zumindest ein Anspruch auf Befreiung von den aus der Beteiligung entstehenden Verbindlichkeiten gegen den Treugeber zu. Derartige Ansprüche können zwar ausgeschlossen werden, so daß eine Inanspruchnahme des Hintermanns ausscheidet; ein solcher Anspruchsausschluß wird aber die Ausnahme sein. Selbst wenn die Parteien eine dahingehende Vereinbarung getroffen haben, muß im Interesse der Gläubiger und auch zum Schutz des Treuhänders vor Selbstknebelung ein Rückgriff auf den Hintermann zugelassen werden, wenn eine völlig mittellose Person als Gesellschafter vorgeschoben wird und ihre Ansprüche gegen den Treugeber mit dem Ziel ausgeschlossen worden sind, die Gläubiger zu benachteiligen. Der Ausschluß des Rückgriffs verstößt in diesem Fall gegen die guten Sitten, § 138 BGB[227]. Ansprüche gegen den Treugeber können die Gläubiger des persönlich haftenden Gesellschafter-Treuhänders pfänden und sich überweisen lassen[228]. Befreiungsansprüche sind zwar grundsätzlich nicht pfändbar, § 399 BGB i.V.m. § 851 ZPO, weil mit ihrer Zession eine Inhaltsänderung verbunden wäre. Anderes verhält es sich jedoch, wenn die Pfändung durch den Gläubiger der Schuld erfolgt; in diesem Fall wandelt sich der Befreiungsanspruch in einen Zahlungsanspruch um[229].

Für den Fall der Unterbeteiligung gilt nichts anderes: Auch hier wird den Gläubigern in der Regel ein Rückgriff auf Ansprüche des Hauptbeteiligten gegen den Unterbeteiligten möglich sein[230]. Allerdings bleiben dem mittelbar Beteilig-

---

227 OLG Celle, JW 1938, 1591, 1592; Eden, S. 62; Kümmerlein, S. 156/157; Beuthien, ZGR 1974, 49.

228 Maulbetsch, S. 169; Beuthien, ZGR 1974, 48; Kümmerlein, S. 153; Blaurock, S. 217.

229 Schlegelberger/K. Schmidt, Vorbem. § 230 n.F., Rn. 53; Eden, S. 61; Palandt/Heinrichs, § 399, Rn. 4.

230 Ulbrich, S. 143; Blaurock, S. 217.

ten in jedem Fall seine Einwendungen gegenüber dem Treuhänder beziehungsweise Hauptbeteiligten erhalten, § 404 BGB.

Größeren Schutz könnte den Gläubigern ein direkter Zugriff auf den Treugeber beziehungsweise den Unterbeteiligten bieten. In diesem Fall bestünde nicht die Gefahr, daß seine Inanspruchnahme an Einwendungen, die dem mittelbar Beteiligten gegenüber dem Gesellschafter zustehen, scheitert. Unstreitig kann eine unmittelbare Haftung des mittelbar Beteiligten unter Rechtsscheingesichtspunkten in Betracht kommen[231]. Allerdings werden Treugeber und Unterbeteiligter regelmäßig nicht als Scheingesellschafter nach außen in Erscheinung treten[232]; eine Rechtsscheinshaftung ist daher nur in Ausnahmefällen denkbar. Des weiteren ist eine unmittelbare Inanspruchnahme des Treugebers beziehungsweise des Unterbeteiligten ausnahmsweise möglich, wenn die Voraussetzungen des § 826 BGB erfüllt sind. Bedient sich der mittelbar Beteiligte eines vermögenslosen Gesellschafters, um auf diese Weise die Gläubiger der Gesellschaft zu benachteiligen, liegt ein vorsätzlicher Verstoß gegen das Anstandsgefühl aller billig und gerecht Denkenden vor. In diesem Fall macht sich der mittelbar Beteiligte mithin nach Deliktsrecht den Gläubigern gegenüber schadensersatzpflichtig[233].

Eine gesetzliche Regelung, welche den mittelbar Beteiligten ausdrücklich in die Haftung der Gesellschafter gegenüber den Gläubigern der Gesellschaft nach §§ 128, 161 II HGB einbezieht, findet sich dagegen nicht. Die ganz herrschende Ansicht geht davon aus, daß die Inanspruchnahme des mittelbar Beteiligten entsprechend diesen Vorschriften neben den Gesellschaftern nicht möglich ist[234]. Zum Schutz der Gläubiger reiche es aus, wenn der Hintermann mittelbar zur Haftung herangezogen werden könne. Mit einer unmittelbaren Haftung des mittelbar Beteiligten unabhängig von den Voraussetzungen der Rechtsscheinshaftung und des § 826 BGB falle den Gläubigern eine zusätzliche Sicherheit zu, mit der sie, da ihnen der Treugeber oder der Unterbeteiligte in der Regel unbekannt bleibe, nicht einmal rechneten[235].

Ruft man sich die von Vertretern der herrschenden Meinung angeführten Begründungen für die Einbeziehung des Hintermanns in die Haftung für die Kapitalaufbringung und Kapitalerhaltung bei Kapitalgesellschaften ins Gedächtnis,

---

231 Ulbrich, S. 145; Blaurock, S. 216.

232 Kümmerlein, S. 155; Beuthien, ZGR 1974, 48.

233 Für Treuhand: Eden, S. 61; Beuthien, ZGR 1974, 48; Markwardt, S. 77; Schlegelberger/K. Schmidt, Vorbem. § 230, Rn. 52; Blaurock, S. 216; für Unterbeteiligung: Ulbrich, S. 145; Blaurock, S. 216.

234 Für Unterbeteiligung: Ulbrich, S. 143, Friehe, S. 6; G.Meyer, S. 126/127; Blaurock, S. 213/214; für Treuhand: Markwardt, S. 75; Eden, S. 61; Maulbetsch, S. 168; K. Schmidt, GesellR, § 61 III 3 b; Beuthien, ZGR 1974, 48; Blaurock, S. 213/214.

235 Blaurock, S. 214.

scheint die Argumentation der herrschenden Meinung jedenfalls auf den ersten Blick widersprüchlich: Daß ein vermögensloser Strohmann zur Umgehung der Haftung vorgeschoben wird, liegt bei einer Personengesellschaft ebenso nahe wie bei einer Kapitalgesellschaft. Auch die Nachteile, welche eine bloß mittelbare Inanspruchnahme des Hintermanns in sich birgt, bestehen bei der Personengesellschaft nicht anders als bei einer Kapitalgesellschaft; gleiches gilt für die Schwierigkeiten, das Vorliegen der Tatbestandsvoraussetzungen des § 826 BGB zu beweisen. Dennoch soll im Bereich der Personenhandelsgesellschaften die Haftung des mittelbar Beteiligten zu einer unverdienten und übermäßigen Sicherheit für die Gläubiger führen, obwohl man der Ansicht ist, der Gläubigerschutz verlange wegen der mit der Einschaltung von Strohmännern verbundenen besonderen Gefahren die Haftung des mittelbar Beteiligten für das Stamm- oder Grundkapital.

Ein Umstand läßt trotz dieser bei Kapital- und Personenhandelsgesellschaften aufgezeigten Parallelen die Haftung des Hintermanns aus Gründen des Gläubigerschutzes bei der OHG und der KG als weniger dringlich erscheinen. Anders als die GmbH-Gesellschafter und Aktionäre sind die Gesellschafter von Personenhandelsgesellschaften namentlich im Handelsregister aufgeführt. Die Gläubiger der Gesellschaft haben mithin die Möglichkeit, sich über die Zahlungsfähigkeit der Gesellschafter zu informieren, bevor sie in rechtsgeschäftliche Beziehungen zu der Gesellschaft treten, und sind daher in der Lage, mögliche Risiken, welche mit der Aufnahme geschäftlicher Verbindungen zu der Gesellschaft drohen, rechtzeitig einzuschätzen. Halten sie wegen der Zahlungsunfähigkeit eines oder mehrerer Gesellschafter die Aufnahme geschäftlicher Beziehungen für zu riskant, steht es ihnen frei, sich einen anderen Vertragspartner zu wählen. Wer aus Bequemlichkeit oder Zeitgründen auf die Einsichtnahme in das Handelsregister verzichtet oder zumindest Nachforschungen über ihm unbekannte Gesellschafter unterläßt, ist nicht schutzwürdig[236]. Die finanzielle Sicherung der Gläubiger erfordert daher anders als bei den Kapitalgesellschaften eine Haftung des Hintermanns für Verbindlichkeiten der Gesellschaft nicht.

Besteht allerdings nach der gesetzlichen Regelung ein zwingender Zusammenhang zwischen Herrschaft und Haftung, könnte daraus das Erfordernis einer unmittelbaren Haftung des faktischen Gesellschafters für Verbindlichkeiten der Gesellschaft abzuleiten sein.

Der Gesetzgeber geht offensichtlich grundsätzlich davon aus, daß eine Person, die auf Vorgänge in der Gesellschaft entscheidend Einfluß nehmen kann, auch von deren Gläubigern unmittelbar und unbeschränkt zur Haftung herangezogen werden kann. So haften OHG-Gesellschafter und Komplementäre als stimmberechtigte Gesellschafter uneingeschränkt, während § 171 und § 232 II

236 Blaurock, S. 214.

HGB die Haftung des beschränkt stimmberechtigten Kommanditisten und des stimmrechtslosen stillen Gesellschafters einschränken beziehungsweise ausschließen. Der leitende Unternehmer soll voll für die Folgen seiner Betätigung im Wirtschaftsverkehr einstehen müssen und durch die ihm drohende Haftung zu verantwortungsvollen Entscheidungen veranlaßt werden. Zum Teil wird angenommen, die Verbindung von Herrschaft und Haftung sei Ausfluß eines zwingenden wirtschafts-verfassungsrechtlichen Prinzips[237]. Ohne Zweifel ist Zweck der persönlichen Haftung der Gesellschafter neben der finanziellen Absicherung der Gläubiger die Steigerung des Verantwortungsbewußtseins der handelnden Gesellschafter. Nur wenn derjenige, dem die Entscheidungsmacht in der Gesellschaft zukommt, für die Folgen seines Handelns haftungsmäßig zur Verantwortung gezogen werden kann, wird sichergestellt, daß die von ihm getroffenen Maßnahmen auch dem Wohle der Gesellschaft, der Gesellschafter und ihrer Gläubiger auf Dauer dienen.

Zweifelhaft ist allerdings bereits, ob dieser Grundsatz ein zwingendes Prinzip darstellt. Denn gemäß § 163 HGB darf der Gesellschaftsvertrag beispielsweise die Teilhabe von Kommanditisten an der Geschäftsführung entgegen § 164 HGB bestimmen. Man wird in einem solchen Fall, um die Einheit von Herrschaft und Haftung zu wahren, die gesetzliche Haftungsbeschränkung nach § 171 HGB kaum übergehen können[238]. Aber selbst wenn man trotz dieser Bedenken die Einheit von Herrschaft und Haftung ausnahmslos fordert, folgt daraus nicht zwingend das Erfordernis einer unmittelbaren Haftung des faktischen Gesellschafters. Es darf nämlich nicht außer acht gelassen werden, daß der Hintermann den Gesellschafter im Innenverhältnis von dessen Haftung gegenüber den Gesellschaftsgläubigern freizustellen hat. Der mittelbaren Beteiligung an der Gesellschaft entspricht mithin eine mittelbare Haftung gegenüber den Gesellschaftsgläubigern. Bereits diese Haftung wird ihn dazu veranlassen, bei seiner Einflußnahme auf die Gesellschaft deren Interessen ausreichend Rechnung zu tragen und von gesellschaftsschädigendem Verhalten Abstand zu nehmen. Dem Grundsatz der Einheit von Herrschaft und Haftung wird daher auch ohne einen unmittelbaren Zugriff auf das Vermögen des Hintermanns genügt.

Für Treuhand und Unterbeteiligung ergibt sich aus den vorangegangenen Erwägungen, daß auch derjenige mittelbar Beteiligte, der wie ein Gesellschafter auf die Gesellschaftspolitik Einfluß nehmen kann und insoweit „seinen" Gesellschafter verdrängt, nur mittelbar dem Haftungszugriff der Gläubiger unterliegt[239].

---

237 Haupt/Reinhardt, S. 79; Müller-Erzbach, FS Heymann, S. 738; Paulick, Hb. d. stillen Gesellschaft, S. 127.

238 So aber Haupt/Reinhardt, S. 79.

239 Für eine unmittelbare Haftung des Treugebers im Falle der Sicherungstreuhand demgegenüber W.Müller, S. 117.

Auf diesem Wege wird in ausreichender Weise gewährleistet, daß die im Unternehmen getroffenen Entscheidungen den Gesellschaftszweck auf Dauer fördern; auch der Schutz der Gesellschaftsgläubiger verlangt keine unmittelbare Haftung des faktischen Gesellschafters.

bb. Konzernhaftung

Auch bei den Personenhandelsgesellschaften läßt sich in bestimmten Konstellationen eine Haftung des mittelbar Beteiligten nach Konzernrecht erwägen.

Über die Ausgestaltung der konzernrechtlichen Haftung bei den Personenhandelsgesellschaften herrschen mangels einer besonderen gesetzlichen Regelung Unklarheiten. Die Ausgangslage ist hier wegen der unbeschränkten persönlichen Haftung der Gesellschafter und der Bedeutung der gemeinsamen Zweckverfolgung eine andere als bei den Kapitalgesellschaften.

Einigkeit besteht insofern, als die Begründung einer einfachen Abhängigkeit der Personenhandelsgesellschaft von einem herrschenden Unternehmen zulässig ist und ein aus der Treuepflicht fließendes umfassendes Schädigungsverbot des herrschenden Unternehmens zur Folge hat[240]. Der Verstoß gegen dieses Verbot führt zu der Verpflichtung des herrschenden Unternehmens zum Schadensersatz. Einen dahingehenden Anspruch der Personenhandelsgesellschaft kann auch der einzelne Gesellschafter geltend machen. Die §§ 311 ff AktG finden demgegenüber keine Anwendung[241]. Zusätzliche Vorkehrungen zum Schutz der Gläubiger sollen grundsätzlich wegen der regelmäßig bestehenden persönlichen Haftung einzelner Gesellschafter entbehrlich sein[242].

Da dem mittelbar Beteiligten gegenüber der Gesellschaft regelmäßig keine Treuepflichten obliegen[243], kommt seine Haftung im Falle einer bloß einfachen Abhängigkeit der Personenhandelsgesellschaft von vornherein nicht in Betracht.

Nimmt der Einfluß des herrschenden Unternehmens auf die Personenhandelsgesellschaft einen solchen Umfang an, daß ein Konzern entsteht, gehen die Ansichten über die rechtliche Zulässigkeit einer solchen Verbindung und ihre Behandlung in haftungsrechtlicher Hinsicht auseinander. Oftmals wird zwischen

---

240 Umstritten ist lediglich, ob die Begründung der Abhängigkeit zwingend die Zustimmung aller Gesellschafter voraussetzt. Dafür Baumbach/Hopt, § 105, Rn. 102; K. Schmidt, GesellR, § 43 III 3 a; weniger streng Schlegelberger/Martens, Anh. § 105, Rn. 24; Emmerich/Sonnenschein § 27 I.

241 Emmerich/Sonnenschein, § 27 I 1; Baumbach/Hopt, § 105, Rn. 103; K. Schmidt, GesellR, § 43 III 3 b; Schlegelberger/Martens, Anh. § 105, Rn. 27; Reuter, AG 1986, 135.

242 Emmerich/Sonnenschein, § 27 I 3.

243 Siehe oben B II 1 a cc (2).

einfachem Abhängigkeitsverhältnis und faktischem Konzern nicht differenziert[244]. Für die Zulässigkeit der Konzernierung und die daraus folgende Haftung gilt danach das bereits oben Gesagte. Andere unterscheiden demgegenüber im Zusammenhang mit den Personenhandelsgesellschaften nicht zwischen faktischem und qualifiziert faktischem Konzern und wenden auf solche Konstruktionen wie auch auf Vertragskonzerne die §§ 302, 303 AktG analog an[245] beziehungsweise greifen dafür auf ungeschriebene Rechtsgrundsätze zurück[246]. Wieder andere halten die Bildung faktischer Konzerne ohnehin für einen Ausnahmefall. Sei eine einheitliche Leitung vorhanden, werde in der Regel zumindest konkludent auch ein Beherrschungsvertrag geschlossen. Für Schädigungen hafte die herrschende Gesellschaft dann nach pVV; ein Anspruch auf Haftungsfreistellung stehe den Gesellschaftern entsprechend § 670 BGB zu[247].

Geht man von der Zulässigkeit konzernrechtlicher Verbindungen bei Personenhandelsgesellschaften aus, kommt es somit in jedem Fall zu einer Haftung des herrschenden Unternehmens, gleichgültig, auf welcher Grundlage sie erfolgt. Insoweit kann daher auch der Treugeber beziehungsweise der Unterbeteiligte, wenn er herrschendes Unternehmen ist, zur Haftung herangezogen werden. Anders verhält es sich lediglich, wenn man mit einem Teil der Literatur nicht zwischen einfacher Abhängigkeit und faktischem Konzern differenziert[248]. Von diesem rechtlichen Ausgangspunkt muß eine Haftung des mittelbar Beteiligten mangels Treuepflicht im Bereich der Personenhandelsgesellschaften insgesamt ausscheiden.

c. *Ergebnis*

Wer die Vorteile einer Gesellschafterstellung in Anspruch nehmen, gleichzeitig aber vermeiden will, daß er wie ein Gesellschafter zur Haftung herangezogen werden kann, wird sein Ziel mit Hilfe der Rechtsinstitute der reinen Treuhand und der Unterbeteiligung ebenso wenig erreichen können wie durch eine unmittelbare Beteiligung an der Gesellschaft. Der Schutz der Gesellschaft und ihrer Gläubiger vor einer Umgehung der Haftungsvorschriften verlangt es, daß im Falle der reinen Treuhand an einem Kapitalgesellschaftsanteil der Treugeber in gleicher Weise der Haftung unterliegt wie ein Gesellschafter. In gleicher Weise haftet der Unterbeteiligte, wenn seine Position ausnahmsweise so stark ausgestaltet ist, daß ihm der entscheidende Einfluß auf die Unterbeteiligungsgesell-

---

244 Baumbach/Hopt, § 105, Rn. 102/103; K. Schmidt, GesellR, § 43 III 2 a.
245 Emmerich/Sonnenschein, § 27 II 1 b, c.
246 Schlegelberger/Martens, Anh. § 105, Rn. 41.
247 Reuter, AG 1986, 138.
248 Siehe oben Fn. 244.

schaft zukommt und er daher faktisch als Gesellschafter des jeweiligen Anteils zu betrachten ist. Anderenfalls unterliegt er zwar nicht der Gesellschafterhaftung, kann den Anteil aber auch nicht wie ein Gesellschafter nutzen.

Unter diesen Voraussetzungen finden die Vorschriften über die Gründerhaftung und die Regelungen über kapitalersetzende Darlehen nach § 9 a IV, 32 a III GmbHG, 46 V AktG auf den mittelbar Beteiligten unmittelbare Anwendung, während die Ausfallhaftung für Stammeinlagen und die Pflicht zur Erstattung verbotener Auszahlungen über eine analoge Anwendung der §§ 24, 30 I, 31 I, 31 III GmbHG, §§ 57, 62 AktG begründet werden kann. Ebenso läßt sich der ausnahmsweise in Betracht kommende Haftungsdurchgriff auf die Gesellschafter einer GmbH oder AG in allen Fallgruppen der Durchgriffshaftung auf den mittelbar Beteiligten erstrecken.

Erfüllt der mittelbar Beteiligte die Voraussetzungen eines herrschenden Unternehmens, kommt zudem seine Haftung nach den Vorschriften des Konzernrechts in Betracht, und zwar sowohl dann, wenn er über einen Gesellschafter an einer Kapitalgesellschaft beteiligt ist, als auch für die mittelbare Beteiligung an Personenhandelsgesellschaften.

Anders verhält es sich allein bei der persönlichen Haftung gegenüber den Gläubigern der OHG und der KG. Die Möglichkeit der Gläubiger, sich über die finanziellen Verhältnisse der Gesellschafter zu informieren, läßt eine unmittelbare Haftung des Treugebers und des Unterbeteiligten unverhältnismäßig erscheinen. Hier wird den Interessen der Gläubiger bereits durch eine mittelbare Inanspruchnahme des mittelbar Beteiligten über eine Pfändung von Ansprüchen des Gesellschafters gegen den Treugeber beziehungsweise Unterbeteiligten ausreichend Rechnung getragen.

2. *Stimmrecht*

Das Stimmrecht ermöglicht es dem Gesellschafter, unmittelbar an der Willensbildung in der Gesellschaft teilzunehmen und damit Einfluß auf die Vorgänge in der Gesellschaft auszuüben. Es ist daher für ihn von erheblicher Bedeutung. Der Aktionär übt sein Stimmrecht in der Hauptversammlung aus (§§ 118, 119 AktG). Dieses Recht als entscheidendes Mitverwaltungsrecht in der Gesellschaft kann ihm nicht entzogen werden, wenn er seine Einlage geleistet hat (§§ 12, 134 AktG)[249]. Auch in der GmbH kann grundsätzlich jeder Gesellschafter durch seine Stimme an der Beschlußfassung über Gesellschaftsangelegenheiten mitwirken (§ 48 I GmbHG). Der Gesellschafter erwirbt sein Stimmrecht in der Gesell-

---

249 K. Schmidt, GesellR., § 28 IV 4 b aa; Hüffer, § 12, Rn. 2; § 134, Rn. 2.

schafterversammlung als dem obersten Willensbildungsorgan in der GmbH mit der Mitgliedschaft[250].

Wie die Aktionäre und die GmbH-Gesellschafter treffen auch die Gesellschafter von Personenhandelsgesellschaften ihre Entscheidungen darüber, wie die Angelegenheiten der Gesellschaft zu regeln sind, im Wege der Abstimmung[251]. Während das Stimmrecht den OHG-Gesellschaftern und den Komplementären einer Kommanditgesellschaft in vollem Umfang zusteht, sind die Kommanditisten grundsätzlich von der Geschäftsführung ausgeschlossen, § 164 HGB. Trotzdem ist auch für sie das Recht zur Teilnahme an den Abstimmungen insofern von Bedeutung, als bei Geschäften, die über den gewöhnlichen Betrieb der Gesellschaft hinausgehen, ein Beschluß sämtlicher, also auch der von der Geschäftsführung ausgeschlossenen Gesellschafter erforderlich ist[252].

Die Einflußnahme Außenstehender auf die Abstimmung ist in unterschiedlicher Weise denkbar. Unter Umständen kann dem Dritten ein eigenes Stimmrecht eingeräumt werden, das entweder zusätzlich neben dem Stimmrecht der Gesellschafter begründet oder von der Mitgliedschaft eines unmittelbaren Gesellschafters abgespalten und dem Nichtgesellschafter übertragen wird. Des weiteren kommen eine Bevollmächtigung des Dritten durch einen Gesellschafter zur Wahrnehmung seines Stimmrechts bei der Beschlußfassung (Stimmrechtsvollmacht) oder aber eine Ermächtigung des Gesellschaftsfremden zur Teilnahme an der Willensbildung im eigenen Namen ohne Übertragung des Stimmrechts (Legitimationszession) in Betracht. Schließlich läßt sich an den Abschluß eines Stimmbindungsvertrages denken, welcher den Gesellschafter dazu verpflichtet, nach den Weisungen des Dritten abzustimmen.

a. Eigenes Stimmrecht des mittelbar Beteiligten

Die Stellung des mittelbar Beteiligten kommt derjenigen eines Gesellschafters am nächsten, wenn er selbst Inhaber eines Stimmrechts ist. Ob dem Nichtgesellschafter ein eigenes Stimmrecht eingeräumt werden kann, ist umstritten. Die ganz herrschende Meinung erachtet eine Abtretung von Mitverwaltungsrechten an Dritte jedenfalls grundsätzlich für unzulässig[253]. Zum Teil hält man es aber für

---

250 K. Schmidt, GesellR., § 35 I 3 a; Kraft/Kreutz, S. 381; Baumbach/Hueck (Zöllner), § 47, Rn. 24.

251 Baumbach/Hopt, § 119, Rn. 1; K. Schmidt, GesellR, § 47 V 2.

252 Baumbach/Hopt, § 164, Rn. 2.

253 BGH LM 1954, § 105 HGB Nr. 6; Westermann, Hb.d. PG, Rn. I 494; Markwardt, S. 104; Beuthien, ZGR 1974, 55: Personengesellschaft; Scholz/Winter, § 15, Rn. 7; Hachenburg/Raiser, § 14, Rn. 32; Hachenburg/Hüffer, § 47, Rn. 40; Baumbach/Hueck (Zöllner), § 47, Rn. 28; Roth/Thöni, S. 278: GmbH.

möglich, daß dem Dritten von der Gesellschaft ein zusätzliches Stimmrecht eingeräumt wird[254].

aa. Die Bedeutung des Abspaltungsverbots für die Einräumung eines Stimmrechts an Nichtgesellschafter

Von ausschlaggebender Bedeutung für die Frage, ob und inwieweit einem Außenstehenden ein eigenes Stimmrecht, sei es durch Abtretung, sei es als zusätzliches Stimmrecht, eingeräumt werden kann, sind Charakter und Reichweite des sogenannten Abspaltungsverbots im Gesellschaftsrecht. Das Abspaltungsverbot dient dazu, die Mitgliedschaft in einer Gesellschaft und die aus ihr fließenden Verwaltungsrechte als Einheit zu erhalten[255]. Es wird aus den Vorschriften der § 717, S.1 BGB, §§ 105 III, 161 II HGB hergeleitet[256]. Obwohl § 717, S.1 BGB über §§ 105 III, 161 II HGB nur bei der OHG und der KG für anwendbar erklärt wird, soll er seinem Grundgedanken nach auch auf die Kapitalgesellschaften Anwendung finden[257]. Dies bedarf insofern näherer Untersuchung, als sich Kapital- und Personenhandelsgesellschaften erheblich voneinander unterscheiden.

Während die Personenhandelsgesellschaft von ihrer gesetzlichen Grundkonzeption her auf dem wechselseitigen Vertrauen in die persönliche Zuverlässigkeit und Leistungsfähigkeit der Gesellschafter aufbaut, ist das persönliche Vertrauensverhältnis der Gesellschafter bei der GmbH bereits um einiges gelockert. Für die AG sind sogar die Anonymität der Gesellschafter und die freie Übertragbarkeit der Anteile charakteristisch[258]. Läßt sich das Abspaltungsverbot allein durch die enge Bindung der Gesellschafter an ihre Gesellschaft rechtfertigen, kann es mithin jedenfalls für die AG keine Geltung beanspruchen.

Im Geltungsbereich des Abspaltungsverbots hängt die Frage der Zulässigkeit einer Stimmrechtseinräumung an Nichtgesellschafter davon ab, ob das Verbot ausnahmslos und zwingend gilt oder ob es abbedungen werden kann[259]. Eine

---

254 BGH NJW 1960, 963, 964; Markwardt, S. 104; Vogel, S. 52; kritisch: Staudinger/Keßler, § 709, Rn. 10: Entziehbarkeit des Stimmrechts muß zumindest aus wichtigem Grund möglich sein; noch enger Müko/Roth, § 717, Rn. 10: Die bloß abgeleiteten Befugnisse für Dritte seien jederzeit entziehbar; Sonderrechte könnten Nichtgesellschaftern vertraglich nicht eingeräumt werden; siehe dazu auch Beuthien, ZGR 1974, 55 ff.

255 Jaeniche, S. 146.

256 Müko/Roth, § 717, Rn. 7; Staudinger/Keßler, § 717. Rn. 5; Jaeniche, S. 210.

257 Für die GmbH: Fleck, FS Fischer, S. 111; für die AG: Hüffer, § 12, Rn. 3.

258 Vgl. hierzu Wiedemann, Übertragung und Vererbung, S. 351.

259 Für die ausnahmslose Geltung Müko/Roth, § 717, Rn. 7; für die lediglich grundsätzliche Unabdingbarkeit Staudinger/Keßler, § 717, Rn. 23; Erman/H. P. Westermann, § 717, Rn. 3 f.

Einschränkung des Grundsatzes der Privatautonomie durch das Verbot der Stimmrechtsabspaltung läßt sich nur vertreten, wenn besondere Gründe die untrennbare Verknüpfung von Mitgliedschaft und Stimmrecht verlangen. Solche Gründe könnten die Interessen der Gesellschafter selbst, der Gesellschaft, ihrer Gläubiger und des Rechtsverkehrs sein.

Betrachtet man zunächst die Abtretung des Stimmrechts durch einen Gesellschafter, erscheint es denkbar, das Verbot, Stimmrecht und Mitgliedschaft voneinander zu trennen, - unabhängig von der jeweiligen Rechtsform der Gesellschaft - als eine Art Selbstschutz für den betreffenden Gesellschafter anzusehen. Ohne Zweifel dient das zwingende Abspaltungsverbot der Wahrung der Mitgliedschaftsrechte des einzelnen Gesellschafters. Es schützt den Gesellschafter, indem es ihm die ungeschmälerte Möglichkeit erhält, seinen Interessen in der Gesellschaft Ausdruck zu verleihen[260]. Ohne eigenes Stimmrecht kann der Gesellschafter seine Vorstellungen in der Gesellschaft nicht verwirklichen, an der Steuerung der Gesellschaft mithin nicht mitwirken[261]. Er muß die Folgen des Abstimmungsergebnisses mittragen, ohne selbst an der Abstimmung beteiligt gewesen zu sein. Daß einem Gesellschafter seine Verwaltungsrechte in der Gesellschaft nicht zwangsweise entzogen werden dürfen, läßt sich folglich ohne weiteres mit dem überwiegenden Interesse des betroffenen Gesellschafters begründen.

Nicht nachzuvollziehen ist jedoch, warum der Gesellschafter seine Mitgliedschaftsrechte nicht freiwillig auf einen Dritten soll übertragen können. Die Gefahr einer sittenwidrigen Knebelung des Gesellschafters besteht bereits dann nicht, wenn ihm ein Kernbereich unentziehbarer Rechte erhalten bleibt, so beispielsweise das Recht zur ordentlichen Kündigung, Minderheits- und Zustimmungsrechte und das Einverständnis zu ungleichmäßiger Behandlung. § 138 I BGB als Schranke der Privatautonomie verlangt daher einen vollständigen Ausschluß der Stimmrechtsabtretung nicht[262]. Warum jedoch der Gesellschafter im Hinblick auf die Übertragung seines Stimmrechts durch das Abspaltungsverbot zu seinem Schutze in seiner Privatautonomie noch weitergehenden Schranken als denen des § 138 I BGB unterliegen soll, läßt sich nicht begründen. Aus der Schwierigkeit, im Einzelfall den Kernbereich an Mitverwaltungsrechten zu bestimmen, der dem Gesellschafter verbleiben muß, damit kein Verstoß gegen § 138 I BGB vorliegt, kann nicht unter Berufung auf die Rechtssicherheit auf eine Unzulässigkeit der Stimmrechtsübertragung überhaupt geschlossen werden[263]. Unbestimmte Rechtsbegriffe, wie § 138 I BGB sie enthält, bringen regelmäßig

---

260 Jaeniche, S. 148; Wiedemann, Übertragung und Vererbung, S. 282.
261 Jaeniche, S. 209.
262 Ähnlich Wiedemann, Übertragung und Vererbung, S. 282; Fleck, FS Fischer, S. 121.
263 So aber Beuthien, ZGR 1974, 54/55.

Abgrenzungsprobleme mit sich. Dies muß jedoch im Interesse einer sachgemäßen Einzelfallösung in Kauf genommen werden. In der Regel werden die Parteien über den Umfang der Abtretung ohnehin klare Vereinbarungen treffen.

Als von vornherein unproblematisch im Hinblick auf die Gefahr einer Knebelung der Gesellschafter stellt sich die Einräumung eines zusätzlichen Stimmrechts für den Außenstehenden dar. Denn in diesem Fall bleibt allen Gesellschaftern ihr Stimmrecht erhalten, es verliert lediglich an Gewicht.

Allerdings läßt sich daran denken, den Schutz der Mitgesellschafter beziehungsweise der Gesellschaft als Rechtfertigung für das zwingende Verbot der Stimmrechtsabtretung heranzuziehen. Zwar stehen die Mitverwaltungsrechte dem Abstimmungsberechtigten zur Wahrung seiner Interessen in der Gesellschaft zu, jedoch handelt der an der Abstimmung Beteiligte immer auch als Teil der Gesellschaft. Seine Stimmrechtsausübung wirkt auf die Gesellschaft zurück und bestimmt ihr Schicksal mit. Die Gesellschafter haben daher ein Interesse daran, daß diejenigen, welche an der Beschlußfassung über Gesellschaftsangelegenheiten teilnehmen, ihr Stimmrecht nicht zum Nachteil des Ganzen ausüben.

Steht das Stimmrecht allein den Gesellschaftern zu, wird der Schutz der Interessen der Gesellschaft zum einen durch die gesellschaftsrechtliche Treuepflicht gewährleistet. Auch wenn zu der Frage, woraus diese Treuepflicht im einzelnen herzuleiten ist, unterschiedliche Ansichten vertreten werden[264], besteht Einigkeit darüber, daß die Gesellschafter einer Personenhandelsgesellschaft[265] und diejenigen einer GmbH[266] wegen ihrer persönlichen Verbundenheit mit den Mitgesellschaftern und der Gesellschaft selbst einer gesellschaftsrechtlichen Treuepflicht unterliegen, die ihnen gebietet, die Interessen der Gesellschaft wahrzunehmen und alles zu unterlassen, was deren Belange schädigt. Demgegenüber kommt es den Aktionären oftmals nur auf eine reine Kapitalanlage und weniger auf eine unternehmerische Tätigkeit in der Gesellschaft an. In der AG spielt mithin die Persönlichkeit des einzelnen Gesellschafters eine weniger bedeutende Rolle als

---

264 Staudinger/Keßler, §§ 705 ff., Vorbem., Rn. 42; Müko/Roth, § 242, Rn. 120: Ausprägung des Grundsatzes von Treu und Glauben; Lutter, AcP 180 (1980), 84, 102/103; Paulick, ZGR 1974, 276; A.Müller, S. 12/13: Ausdruck einer rechtsformübergreifenden Zweckförderungspflicht, die in § 705 BGB verankert ist; Hüffer, § 53 a, Rn. 15: selbstverständlicher Inhalt der Satzung; offen: BGHZ 98, 276, 279; BGH ZIP 1992, 1464, 1470 f.

265 Vogel, S. 89; K. Schmidt, GesellR., § 20, IV 2 a; A.Müller, S. 6.

266 BGHZ 98, 276, 279; Vogel, S. 89; K. Schmidt, GesellR., § 20 IV 2 b; A.Müller, S. 6; Beuthien, ZGR 1974, 79; Ehlke, DB 1985, 800; Hueck, FS Nipperdey I, 407/408.

bei den anderen Gesellschaftsformen. Dennoch ist anerkannt, daß auch die Aktionäre gegenüber ihrer Gesellschaft zur Treue verpflichtet sind[267].

Von noch größerer Bedeutung für den Schutz der Interessen der Gesellschaft und ihrer Gesellschafter ist allerdings ein anderer Umstand: Sind die Gesellschafter selbst Träger des Stimmrechts, muß eine Stimmabgabe, welche dem Wohle der Gesellschaft zuwiderläuft, in der Regel nicht befürchtet werden, ohne daß es einer besonderen Verpflichtung der Abstimmenden zur Wahrung der Interessen der Gesellschaft bedürfte. Denn anders als Außenstehende müssen die Gesellschafter die Folgen ihres Abstimmungsverhaltens selbst tragen. Sie sind entweder durch ihre Einlage vermögensmäßig an der Gesellschaft beteiligt und müssen um deren Bestand fürchten, wenn die Gesellschaft in finanzielle Schwierigkeiten gerät, oder sie haften den Gläubigern der Gesellschaft sogar persönlich für die Gesellschaftsschulden. Ein Gleichlauf der Interessen der Gesellschaft und der an der Abstimmung Beteiligten ist daher regelmäßig von selbst gewährleistet[268]. Diese „Interessenparallelität" garantiert den Schutz der Gesellschaft und der Gesellschafter vor gesellschaftsschädigendem Abstimmungsverhalten in wirkungsvoller Weise.

Anders verhält es sich, wenn ein Dritter Inhaber des Stimmrechts ist. Da ein Außenstehender grundsätzlich nicht wie ein Gesellschafter die Auswirkungen der von den Stimmberechtigten gefaßten Beschlüsse tragen muß, wird er sich in der Abstimmung allein von seinen persönlichen Interessen leiten lassen und dabei nicht zögern, der Gesellschaft langfristig Schaden zuzufügen, wenn dies die Verfolgung seiner eigenen Ziele erleichtert. Es fehlt daher an dem Gleichklang der Interessen des Außenstehenden mit denen der Gesellschaft beziehungsweise der Gesellschafter. Hinzu kommt, daß er - jedenfalls dann, wenn keine unmittelbaren Rechtsbeziehungen zu der Gesellschaft bestehen - nicht der gesellschaftsrechtlichen Treuepflicht unterliegt. Die isolierte Übertragung des Stimmrechts an einen Nichtgesellschafter kann folglich zu erheblichen Gefahren für die Gesellschaft führen.

Es stellt sich jedoch die Frage, ob ein Schutzbedürfnis für die Gesellschaft beziehungsweise die Gesellschafter besteht, wenn sich letztere mit der Übertragung des jeweiligen Rechts einverstanden erklärt haben. In diesem Fall ist wiederum zu überlegen, wie weit die Einschränkung der Privatautonomie zum Schutze der freiwillig Handelnden gehen darf. Von einer Seite wird vertreten, die Gesellschaft dürfe sich nicht ihrer durch die Mitgliedschaftsrechte der Gesellschafter gewährleisteten Selbstbestimmung begeben; über die Gesellschaft solle

---

267 BGHZ 103, 184, 194/195; Hüffer, § 53 a, Rn. 14; Dreher, ZHR 157 (1993), 152/153; Hennrichs, AcP 195 (1995), 221,240 ff.; Henze BB 1996, 491.

268 K. Schmidt, GesellR, § 19 III 4 a; Fleck, FS Fischer, S. 118; Jaeniche, S. 211/212.

nur bestimmen dürfen, wer auch die Gesellschafterpflichten auf sich genommen habe und die mit dem Betrieb der Gesellschaft verbundenen Risiken trage[269]. Warum die Gesellschaft zu ihrem eigenen Schutz derart eingeschränkt werden muß, läßt sich jedoch nicht nachvollziehen. Da eine besondere, die zwingende Geltung des Abspaltungsverbots rechtfertigende Schutzbedürftigkeit einer Gesellschaft, deren Gesellschafter der Stimmrechtsabtretung zugestimmt haben, nicht ersichtlich ist, trägt auch hier die Grenze des § 138 I BGB dem Schutzbedürfnis der betroffenen Gesellschaft ausreichend Rechnung. Diese Grenze zur Sittenwidrigkeit dürfte erst dann überschritten sein, wenn der Einfluß von Nichtgesellschaftern auf die Steuerung der Gesellschaft so groß geworden ist, daß sie und nicht die Gesellschafter den entscheidenden Einfluß auf die Gesellschaft ausüben.

Gleiches muß für den Fall der Einräumung eines zusätzlichen Stimmrechts gelten. Auch hier genügt als Schutz der Gesellschaft gegen eine von ihr selbst zugelassene Fremdsteuerung die Grenze des § 138 I BGB.

Denkbar wäre ein grundsätzliches Verbot der Stimmrechtsabtretung allerdings mit Rücksicht auf den Verkehrsschutz, und zwar unter zwei Gesichtspunkten:

Zum einen wird auf Gefahren hingewiesen, welche den Gläubigern des Gesellschafters in der Zwangsvollstreckung drohen, wenn das Stimmrecht von der Mitgliedschaft abgespalten worden ist. Im Mittelpunkt der Diskussion steht die Vorschrift des § 137 BGB. Solle die Regelung verhindern, daß der Schuldner mit dinglicher Wirkung auf seine Verfügungsbefugnis verzichtet und damit die Vollstreckung in das jeweilige Recht unmöglich macht, könne sie, auch was das Abzweigen inhaltlicher Befugnisse von dem Recht angehe, nicht außer acht gelassen werden, da die Verwertung des Anteils erschwert werde, wenn der Gesellschafter Rechte aus der Mitgliedschaft von diesem abgespalten habe[270]. Mag der Gläubigerschutz möglicherweise eine entscheidende Rolle für die Frage der zwingenden Geltung des Abspaltungsverbots spielen, so stellt doch § 137 BGB einen wenig überzeugenden Anknüpfungspunkt dar. Denn zweifellos wird durch die Stimmrechtsübertragung die Rechtsmacht des Gesellschafters, über seinen Anteil zu verfügen, in keiner Weise beeinträchtigt. Allein auf diese Rechtsmacht bezieht sich jedoch § 137 BGB[271]. Wie die Gläubiger innerhalb der Grenzen des § 826

---

269 K. Schmidt, GesellR., § 19 III 4 a; Wiedemann, WM 1992, Sonderbeil. Nr. 7, S. 26; Theißen DB 1993, 469.

270 Wiedemann, Übertragung und Vererbung, S. 283 ff.; Wiedemann, WM 1992, Sonderbeil. Nr. 7, S. 26; ähnlich Fleck, FS Fischer, S. 112: Die Aushöhlung des Anteilsrechts durch die ständige Abtrennung des Stimmrechts laufe dem Grundgedanken des § 137 BGB zuwider.

271 So auch Teichmann, S. 224; Flume, PG, S. 236, Fn.86.

BGB hinnehmen müssen, daß ihr Schuldner Rechte an Dritte überträgt, können sie auch der Abtretung des Stimmrechts nichts entgegensetzen.

Von größerer Bedeutung für eine Rechtfertigung des Verbots der Stimmrechtsabtretung sind die Interessen der Gläubiger der Gesellschaft, und zwar im Hinblick darauf, daß es gar nicht erst zu einer Zahlungsunfähigkeit der Gesellschaft kommt. Grundsätzlich können sich die Gläubiger darauf verlassen, daß die von den Gesellschaftern für die Gesellschaft getroffenen Entscheidungen den Gesamtinteressen der Gesellschaft dienen, da die Abstimmenden nachteilige Folgen ihres Abstimmungsverhalten selbst tragen müssen und daher versuchen werden, diese zu vermeiden. Bestimmen Außenstehende über das Schicksal der Gesellschaft, entfällt mangels eigener Verantwortlichkeit solcher Personen diese Sicherung der Interessen der Gesellschaft. Nachteilige Auswirkungen des Stimmverhaltens der Nichtgesellschafter auf die Gesellschaft lassen sich nicht ausschließen, so daß auch für die Gesellschaftsgläubiger eine größere Gefahr von Verlusten besteht[272]. Da die Gläubiger anders als die Gesellschafter keine Möglichkeit haben, Einfluß darauf zu nehmen, wer die Verwaltungsrechte ausübt, ist ihre Schutzbedürftigkeit im Vergleich zu derjenigen der Gesellschafter und der Gesellschaft von besonderer Bedeutung.

In gleicher Weise bedürfen die Gesellschaftsgläubiger im Falle der Einräumung eines zusätzlichen Stimmrechts für den Gesellschaftsfremden des Schutzes vor gesellschaftsschädigenden Entscheidungen. Unabhängig von der Rechtsform der Gesellschaft stehen der Einräumung eines Stimmrechts an Nichtgesellschafter mithin grundsätzlich zwingend die schutzwürdigen Interessen der Gesellschaftsgläubiger entgegen.

bb. Stimmrechtseinräumung an den Treugeber und den Unterbeteiligten trotz grundsätzlich zwingender Geltung des Abspaltungsverbots?

Möglicherweise gibt es jedoch Fälle, in denen der Gläubigerschutz die Bindung des Stimmrechts an die Mitgliedschaft ausnahmsweise nicht verlangt. Stehen im Einzelfall die Interessen der Gesellschaftsgläubiger einer Stimmrechtsabspaltung nicht entgegen, läßt sich ein Festhalten an der zwingenden Geltung des Abspaltungsverbots nicht rechtfertigen.

Dagegen, die Abtretung des Stimmrechts dann zuzulassen, wenn der Außenstehende es nur streng weisungsgebunden ausüben darf[273], werden allerdings zu

272 Reuter, ZGR 1978, 640/641.

273 Für Zulässigkeit der Stimmrechtsabspaltung in diesem Fall Fleck, FS Fischer, S. 119/120.

recht Bedenken geäußert[274]. Denn bei der Ausübung seines Stimmrechts ist ein Gesellschafter lediglich an die je nach Gesellschaftsform mehr oder weniger stark ausgeprägte Treuepflicht gebunden, kann ansonsten aber im Rahmen der Rechtsordnung nach seinen Interessen frei abstimmen. Die Übertragung des Stimmrechts an einen Dritten als weisungsgebundenes Recht könnte mithin nur unter einer inhaltlichen Veränderung des Gesellschafterstimmrechts erfolgen. Solch einer Stimmrechtsabtretung steht aber § 399, 1.Fall BGB entgegen. Ein weisungsgebundenes Stimmrecht kann dem Nichtgesellschafter daher allein im Wege der Begründung eines zusätzlichen Stimmrechts eingeräumt werden. Dieses Stimmrecht ist allerdings mit demjenigen eines Gesellschafters nicht identisch.

Eine Übertragung des Stimmrechts ohne Inhaltsänderung bei gleichzeitiger Wahrung der zum Schutze der Beteiligten erforderlichen „Interessenparallelität" erscheint allerdings möglich, wenn der Außenstehende selbst faktisch die Stellung eines Gesellschafters einnimmt. Denn ist der Nichtgesellschafter der an dem Anteil eigentlich Interessierte und kann er für die getroffenen Entscheidungen wie ein Gesellschafter zur Verantwortung gezogen werden, ist der Schutz der Gesellschaft und ihrer Gläubiger vor einem ihre Interessen verletzenden Abstimmungsverhalten durch den Nichtgesellschafter in gleicher Weise gewährleistet wie bei der Stimmrechtsausübung durch einen Gesellschafter[275].

Betrachtet man von den hier zu untersuchenden Fällen der Treuhand und der Unterbeteiligung zunächst das reine Treuhandverhältnis, also den Fall, in dem der Treuhänder ausschließlich für fremde Rechnung tätig wird, so läßt sich feststellen, daß das wirtschaftliche Interesse an dem Anteil allein bei dem Treugeber liegt. Er steht der Gesellschaft tatsächlich um vieles näher als irgendein sonstiger Außenstehender, sogar näher als der Treuhandgesellschafter selbst. Somit ist er für die Gesellschaft kein Außenstehender im eigentlichen Sinne. Da er selbst die Folgen seines Handelns zu tragen hat, gefährdet sein Recht zur Teilnahme an den Abstimmungen in der Gesellschafterversammlung die Gesellschaft nicht in höherem Maße als das entsprechende Recht eines Gesellschafters[276]. Ihm durch die Einräumung eines eigenen Stimmrechts Einfluß auf die Entscheidungen in der Gesellschaft zu verschaffen, widerspricht mithin keinem der genannten Interessen, sondern stellt eine für die Gesellschaft sogar wünschenswerte Korrektur der formalen Kompetenzordnung im Hinblick auf die materiellen Verhältnisse dar[277].

Ob der Einflußnahme des mittelbar Beteiligten schutzwürdige Interessen entgegenstehen, wenn der Gesellschafter den Anteil nicht ausschließlich im fremden

274 So Beuthien, ZGR 1974, 55.
275 Reuter, ZGR 1978, 642; Fleck, FS Fischer, S. 119/120.
276 Fleck, FS Fischer, S. 127; Reuter, ZGR 1978, 642; Tebben, S. 271; Armbrüster, Treuhänderische Beteiligung, S. 236.
277 Reuter, ZGR 1978, 642; Flume, Jur.Person, S. 207.

Interesse hält, sondern dem Dritten eine Unterbeteiligung an seinem Anteil eingeräumt hat, bedarf näherer Untersuchung.

Die Stellung des Unterbeteiligten kann sich je nach Ausgestaltung des Unterbeteiligungsverhältnisses der Position eines reinen Treugebers und damit auch derjenigen eines Gesellschafters in unterschiedlichem Maße annähern. An einer entsprechenden Vergleichbarkeit der Positionen von Unterbeteiligtem und Gesellschafter und damit an der erforderlichen Interessenparallelität fehlt es bei einer Beteiligung in Höhe von weniger als 50% an dem auf den Anteil entfallenden Gewinn. Die wirtschaftliche und die rechtliche Anteilsinhaberschaft fallen in dieser Konstellation bei dem Hauptbeteiligten zusammen. Demgegenüber stellt die Beteiligung für den Unterbeteiligten lediglich eine Kapitalanlage dar; ihm kommt es darauf an, während der Zeit seiner Beteiligung möglichst hohe Erträge auf sein eingesetztes Kapital zu erzielen. Stünde der Stimmrechtseinräumung an den Unterbeteiligten in diesem Fall nicht das Abspaltungsverbot entgegen, würden die Interessen der Gesellschaft und ihrer Gläubiger durch die unter Umständen auf bloß kurzfristige Gewinnmaximierung gerichtete Stimmrechtsausübung des mittelbar Beteiligten beeinträchtigt. Dem Unterbeteiligten kann daher hier nur ein jederzeit widerruflicher und streng weisungsgebundener Einfluß auf die Stimmrechtsausübung eingeräumt werden, so daß eine Stimmrechtsabtretung von vornherein wegen der entgegenstehenden Vorschrift des § 399, 1. Fall BGB nicht in Betracht kommt. Lediglich als zusätzliches Recht neben dem Stimmrecht der Gesellschafter kann dem Unterbeteiligten ein mit dem Gesellschafterstimmrecht nicht identisches Recht auf Mitwirkung eingeräumt werden.

Anders verhält es sich, wenn der Unterbeteiligte mit zumindest 50% an dem auf den Anteil entfallenden Gewinn beteiligt ist und ihm als atypisch Unterbeteiligtem schuldrechtlich jedenfalls die Hälfte des Substanzwerts des Anteils zusteht. Zwar hält der Hauptbeteiligte auch in diesem Fall den Anteil im Verhältnis zu der Gesellschaft allein; im Verhältnis zum Hauptbeteiligten - und allein dies ist entscheidend für die Frage der faktischen Anteilsinhaberschaft - ist der Unterbeteiligte jedoch zumindest ein gleichberechtigte Partner. Er verfolgt, anders als der typisch Unterbeteiligte, im Hinblick auf seine mittelbare Beteiligung an der Gesellschaft nicht die Interessen eines bloßen Kapitalanlegers; vielmehr ist durch seine mit Hilfe des Unterbeteiligungsvertrages gegenüber dem Hauptbeteiligten begründete gesellschaftergleiche Stellung gewährleistet, daß sein Abstimmungsverhalten nicht an einer für die Gesellschafter und ihre Gläubiger gefährlichen kurzfristigen Gewinnmaximierung orientiert sein, sondern den Interessen der Gesellschaft auch langfristig entsprechen wird, so daß die erforderliche „Interessenparallelität“ ebenso gewahrt ist wie bei einer Stimmabgabe durch einen Gesellschafter.

Die schutzwürdigen Interessen der Gesellschaft und ihrer Gläubiger scheinen mithin bei der reinen Treuhand und dem oben dargestellten Fall einer atypischen Unterbeteiligung der Einflußnahme des Dritten nicht entgegenzustehen. Zum Teil wird daher angenommen, die Abtretung des Stimmrechts sei in diesen Fällen ohne weiteres zulässig[278].

Folgende Überlegung spricht jedoch dagegen, die Stimmrechtsabtretung bei der reinen Treuhand und der Unterbeteiligung zuzulassen: Das Abstimmungsverhalten des Treugebers und des Unterbeteiligten als faktischen Gesellschaftern wird zwar, solange das Treuhand- beziehungsweise Unterbeteiligungsverhältnis besteht, den Interessen der Gesellschaft ebenso entsprechen wie dasjenige der Gesellschafter. Wird jedoch das der mittelbaren Beteiligung zugrunde liegende Verhältnis aufgehoben, geht diese „Interessenparallelität" verloren. Das Stimmrecht bliebe dem Nichtgesellschafter erhalten, obwohl er von den Folgen der Beschlußfassung nicht mehr wie ein Gesellschafter betroffen ist[279]. Er wäre nicht einmal aufgrund einer gegenüber der Gesellschaft bestehenden Treuepflicht dazu verpflichtet, bei seinem Handeln die Interessen der Gesellschaft zu wahren.

Zweifellos ist es möglich, die Stimmrechtsabtretung durch die Aufhebung des zugrunde liegenden Verhältnisses auflösend bedingt vorzunehmen. Aber auch hierdurch kann ein ausreichender Schutz vor dem Verlust der „Interessenparallelität" nicht erlangt werden. Denn der automatische Rückfall des Stimmrechts an den ehemaligen Treuhänder mit Ende des Treuhand- beziehungsweise Unterbeteiligungsverhältnisses garantiert den erforderlichen Gleichklang der Interessen nicht, wenn der Treuhänder während des Bestehens des Treuhandverhältnisses den Anteil ohne Stimmrecht absprachewidrig auf einen Dritten übertragen hat. Die Gefahr einer fortdauernden Einwirkungsmöglichkeit durch den ehemaligen Treugeber bestünde in diesem Fall zwar nicht, jedoch würden Stimmrecht und Anteil auf Dauer zwischen dem ehemaligen Treuhänder und dem Anteilserwerber aufgeteilt[280].

---

278 Fleck, FS Fischer, S. 127; Armbrüster, Treuhänderische Beteiligung, S. 281 ff.

279 Reuter, ZGR 1978, 642.

280 Selbst wenn nicht die Stimmrechtsabtretung an den Treugeber oder Unterbeteiligten auflösend bedingt erfolgt ist, sondern der zukünftige Treugeber dem Treuhänder den Anteil im Zuge der Begründung des Treuhandverhältnisses unter einer auflösenden Bedingung übertragen hat, bzw. - in den Fällen der Unterbeteiligung und der Vereinbarungs- oder Erwerbstreuhand - im Zusammenhang mit der Einräumung der mittelbaren Beteiligung der Anteil bereits aufschiebend durch das Ende der Beteiligung auf den mittelbar Beteiligten übertragen worden ist, kann über § 161 BGB kein genügender Schutz erreicht werden. Denn erwirbt der Dritte den Anteil von dem Treuhänder bzw Hauptbeteiligten gutgläubig (§ 161 III BGB) - bspw. wenn es sich um Inhaberaktien oder Namensaktien (§ 68 I 2 AktG i.V.m. Art. 16 II WG) handelt - läßt sich ein Auseinanderfallen von Stimmrecht und Anteil nach Ende des Beteili-

Festzuhalten bleibt, daß auch dann, wenn während des Bestehens der mittelbaren Beteiligung Gefahren für die Gesellschafts- und die Gläubigerinteressen nicht entstehen, sich in keinem Fall mit Sicherheit ausschließen läßt, daß nach dem Ende des der Beteiligung zugrunde liegenden Rechtsverhältnisses Stimmrecht und Anteil ohne die vorher durch das wirtschaftliche Interesse des Stimmrechtsinhabers gewährleistete Interessenparallelität auf Dauer auseinanderfallen. Die dadurch entstehenden Gefahren für die Gesellschaft und ihre Gläubiger stehen der Stimmrechtsabtretung in jedem Fall zwingend entgegen.

b. Stimmrechtsvollmacht

Eine Möglichkeit, dem Treugeber beziehungsweise dem Unterbeteiligten in zulässiger Weise Einfluß auf die Willensbildung in der Gesellschaft zu verschaffen, könnte die Einräumung einer Stimmrechtsvollmacht darstellen. Für die AG und die GmbH ergibt sich die allgemeine Zulässigkeit der Vertretung bei der Stimmabgabe durch Nichtgesellschafter aus dem Gesetz (§ 47 III GmbHG, § 134 III AktG). Während der anonyme Charakter der Aktiengesellschaft es verbietet, den Gesellschaftern das Recht zur Erteilung einer Stimmrechtsvollmacht durch eine entsprechende Regelung in der Satzung zu nehmen[281], ist die Regelung des § 47 III GmbHG wegen des mehr oder weniger personalistischen Charakters der GmbH dispositiv ausgestaltet. Die Möglichkeit der Stimmabgabe durch einen Bevollmächtigten kann hier ausgeschlossen oder eingeschränkt werden[282].

Eine gesetzliche Regelung fehlt bei den Personenhandelsgesellschaften. Bedenken im Hinblick auf die Zulässigkeit von Stimmrechtsvollmachten für gesellschaftsfremde Personen bestehen bei der OHG und der KG deshalb, weil Personenhandelsgesellschaften typischerweise auf dem wechselseitigen Vertrauen in die persönliche Leistungsfähigkeit der Gesellschafter beruhen. Erfahrung und Entschlußfreudigkeit des jeweiligen Gesellschafters, nicht aber die seines Vertreters sollen die Unternehmensführung prägen. Zu recht verlangt daher die herrschende Meinung[283] eine persönliche Teilnahme der Gesellschafter an den Abstimmungen und hält damit eine Bevollmächtigung von Außenstehenden regelmäßig für unzulässig. Zweifellos kann die Gesamtheit der Gesellschafter aller-

---

gungsverhältnisses nicht verhindern. In gleicher Weise besteht die Gefahr eines Auseinanderfallens von Stimmrecht und Anteil, wenn der Treugeber oder Unterbeteiligte als der durch die Bedingung Begünstigte auf die Bedingung verzichtet (dazu BGH BB 1989, 372, 373; Hachenburg/Zutt, § 15, Rn. 85).

281 Wiedemann, Übertragung und Vererbung, S. 351; Vogel, S. 58.

282 Vogel, S. 57; Lehmann, GmbHR 1953, 143; Wolany, S. 210.

283 BGHZ 3, 354, 357; Beuthien, ZGR 1974, 53; Markwardt, S. 87; Vogel, S. 55; Wiedemann, Übertragung und Vererbung, S. 350.

dings auf die höchstpersönliche Stimmabgabe durch einen Gesellschafter verzichten. Wird den Gesellschaftern die geplante Stellvertretung offengelegt und billigen sie diese, wissen sie, worauf sie sich einlassen und bedürfen keines Schutzes. In diesem Fall steht der Bevollmächtigung eines Nichtgesellschafters zur Stimmabgabe mithin auch bei den Personenhandelsgesellschaften nichts entgegen[284].

Folgt aus dem personalistischen Charakter von OHG und KG die Zustimmungsbedürftigkeit der Vollmachtserteilung, muß konsequenterweise bei einer GmbH ein Genehmigungserfordernis, welches gemäß § 15 V GmbHG in der Satzung für die Übertragung von Gesellschaftsanteilen vorgesehen sein kann, ebenso für die Einräumung einer Stimmrechtsvollmacht gelten. Denn die Schaffung vinkulierter Gesellschaftsanteile bringt den Wunsch der Gesellschafter zum Ausdruck, das Eindringen fremder Einflüsse zu verhindern und verleiht der GmbH einen personalistischen Charakter. Die Achtung der Interessen der GmbH gebietet - ähnlich wie die Rücksichtnahme auf die Interessen von OHG und KG, an die sich die GmbH durch die Vinkulierungsklausel annähert - auch den Schutz vor Fremdeinflüssen durch den Bevollmächtigten[285].

Festzuhalten ist mithin, daß der Treugeber im Rahmen eines reinen Treuhandverhältnisses und der Unterbeteiligte als Bevollmächtigte an der Abstimmung teilnehmen können, unter Umständen allerdings nur mit Zustimmung der Gesellschafter.

aa. Die unwiderrufliche „verdrängende" Stimmrechtsvollmacht

Probleme wirft sowohl im Bereich der Personenhandelsgesellschaften als auch für die AG und die GmbH die Figur der unwiderruflichen Bevollmächtigung von Nichtgesellschaftern bei gleichzeitigem Stimmverzicht des jeweiligen Gesellschafters auf. Kritisiert wird an dieser Form der Stimmrechtsvollmacht, daß sie einer isolierten Übertragung des Stimmrechts nahekomme und damit gegen das Abspaltungsverbot verstoße[286]. Durch die Einräumung einer unwiderruflichen verdrängenden Vollmacht werde die Mitgliedschaft als abgestimmte Einheit von Rechten, Pflichten und Verantwortung und damit das gesamte gesellschaftsrecht-

---

284 BGHZ 3, 354, 357; Beuthien, ZGR 1974, 53; Vogel, S. 56; Wiedemann, Übertragung und Vererbung, S. 350; Markwardt, S. 88.

285 So auch Lutter/Grunewald, AG 1989, 113.

286 BGHZ 3, 354, 359; BGHZ 20, 363, 364; BGH GmbHR 1977, 244, 245/246; Beuthien, ZGR 1974, 82; Hachenburg/Hüffer, § 47, Rn. 93; Meyer-Landrut/Miller/Niehus (Meyer-Landrut), § 47, Rn. 26; Teichmann, S. 225/226; Schaub, DStR 1995, 1638; Fischer, GmbHR 1952, 115; Vogel, S. 52, 56; Flume, Jur.Person, S. 207; Wolany, S. 210; Kümmerlein, S. 126.

liche Gefüge gestört[287]. Es entstehe die Gefahr einer Fremdsteuerung der Gesellschaft[288]; im Bereich der Personenhandelsgesellschaften drohe eine Haftung des vertretenen Gesellschafters für Verbindlichkeiten, deren Begründung er nicht habe beeinflussen können[289].

Im Zusammenhang mit der Untersuchung der Frage, inwieweit das Abspaltungsverbot dieser Form der Vollmacht entgegensteht, erscheint es sinnvoll, zunächst zu klären, was überhaupt unter einer unwiderruflichen „verdrängenden" Vollmacht zu verstehen ist. Zivilrechtlich ist die Vereinbarung einer unwiderruflichen Vollmacht grundsätzlich zulässig[290]. Allerdings kann auch eine unwiderrufliche Vollmacht immer aus wichtigem Grund widerrufen werden[291]. Sie endet zudem mit dem ihr zugrunde liegenden Rechtsverhältnis[292]. Eine Vollmacht, welche den Gesellschafter aus seinem Stimmrecht verdrängt, ist demgegenüber bereits aus rein zivilrechtlichen Gründen nicht möglich; ein Stimmverzicht des Gesellschafters kann nur schuldrechtlich wirken[293]. Es bleibt dem Gesellschafter immer unbenommen, selbst nach außen wirksam an der Beschlußfassung mitzuwirken, solange sein Vertreter das Stimmrecht noch nicht für ihn ausgeübt hat. Die Einräumung einer echten verdrängenden Vollmacht ist also zivilrechtlich ausgeschlossen.

Die unwiderrufliche Stimmrechtsvollmacht bei gleichzeitigem schuldrechtlichen Stimmverzicht des Gesellschafters kann nur dann gegen das Abspaltungsverbot verstoßen, wenn sie - mit einer Stimmrechtsabtretung vergleichbar - zu gesellschaftsschädigenden Fremdeinflüssen führt und damit das Wohl der Gesellschaft und ihre Gläubiger gefährdet. Bereits die allgemein als zulässig anerkannte widerrufliche Stimmrechtsvollmacht ermöglicht es dem Außenstehenden, auf Vorgänge in der Gesellschaft einzuwirken, denn sie legitimiert den Bevollmächtigten, sich mit einer eigenen Willenserklärung an der Abstimmung zu beteiligen. Die jederzeitige Widerruflichkeit der Vollmacht und die Möglichkeit des Gesellschafters, das Stimmrecht ohne Verletzung schuldrechtlicher Pflichten gegenüber

287 BGH GmbHR 1977, 244, 246.

288 Teichmann, S. 225.

289 BGH GmbHR 1977, 244.

290 Brox, BGB AT, Rn. 510; Palandt/Heinrichs, § 168, Rn. 6.

291 Palandt/Heinrichs, § 168, Rn. 6; speziell zur Stimmrechtsvollmacht: Scholz/K. Schmidt, § 47, Rn. 83; Rowedder/Koppensteiner, § 47, Rn. 44; Vogel, S. 57; Baumbach/Hueck (Zöllner), § 47, Rn. 36; Lehmann, GmbHR 1953, 143.

292 Rowedder/Koppensteiner, § 47, Rn. 44; Scholz/K. Schmidt, § 47, Rn. 83; Palandt/Heinrichs, § 168, Rn. 6.

293 BGHZ 20, 363, 365; Rowedder/Koppensteiner, § 47, Rn. 44; Baumbach/Hueck (Zöllner), § 47, Rn. 36; Theißen, DB 1993, 470; Palandt/Heinrichs, § 168, Rn. 6; Fischer, GmbHR 1952, 115.

dem Vertreter jederzeit selbst ausüben zu können, garantieren jedoch einen ausreichenden Einfluß des Gesellschafters auf die Abstimmungen.

Anders verhält es sich im Falle einer unwiderruflichen „verdrängenden“ Stimmrechtsvollmacht. Obwohl der Gesellschafter nach außen wirksam handeln kann, ist er im Innenverhältnis zu dem Bevollmächtigten verpflichtet, sich der Ausübung seines Stimmrechts bis zu einer Kündigung aus wichtigem Grund oder einer Aufhebung des zugrunde liegenden Rechtsverhältnisses zu enthalten. Nimmt er diese Verpflichtung ernst, beschränkt sich sein Einfluß auf die Abstimmung darauf, dem Bevollmächtigten Weisungen zu erteilen, von deren Berücksichtigung die Wirksamkeit der Stimmabgabe durch den Vertreter nicht einmal abhängt. Wie die Stimmrechtsabtretung verschafft auch die Einräumung dieser Form von Vollmacht dem Außenstehenden mithin eine Eigenposition. Er kann nach seinem eigenen Willen und entgegen dem Wunsch des Vollmachtgebers für diesen rechtsgeschäftliche Regelungen treffen, welche, da es an der erforderlichen „Interessenparallelität“ fehlt, möglicherweise die Belange der Gesellschaft und damit auch ihrer Gläubiger schädigen. Faktisch verliert der Gesellschafter auf diese Weise ähnlich einem Gesellschafter, der sein Stimmrecht abgetreten hat, die entscheidenden Möglichkeiten der Einflußnahme auf Vorgänge in der Gesellschaft. Die für die Gesellschaft und ihre Gläubiger gefährliche Fremdsteuerung der Gesellschaft geht daher im Falle einer unwiderruflichen „verdrängenden“ Vollmacht regelmäßig über das erlaubte Maß hinaus.

Es stellt sich allerdings die Frage, ob die Einflußnahmemöglichkeit des Dritten ausnahmslos die Grenze des Zulässigen überschreitet. Für die hier interessierenden Fälle der reinen Treuhand und der Unterbeteiligung wird zum Teil vertreten, die Distanz des mittelbar Beteiligten zu der Gesellschaft müsse erhalten bleiben. Treugeber und Unterbeteiligter dürften nicht in vollem Umfang die Rechte eines Gesellschafters wahrnehmen, ohne tatsächlich Gesellschafter zu sein. Für den mittelbar Beteiligten gelte daher nichts anderes als für jeden anderen Stimmrechtsbevollmächtigten[294].

Ob dem uneingeschränkt gefolgt werden kann, erscheint zweifelhaft. Mag auch wegen der vergleichbaren Wirkungen von Stimmrechtsübertragung und unwiderruflicher „verdrängender“ Stimmrechtsvollmacht auf den ersten Blick eine Gleichbehandlung beider Fälle naheliegen, darf jedoch ein entscheidender Unterschied zwischen Abtretung und bloßer Bevollmächtigung nicht außer acht gelassen werden: Die Stimmrechtsabtretung verschafft dem Treugeber beziehungsweise dem Unterbeteiligten eine Position, welche ihm unabhängig von dem Fortbestand des der mittelbaren Beteiligung zugrunde liegenden Rechtsverhältnisses verbleibt. Sie zieht die Gefahr nach sich, daß dem Außenstehenden seine Einwir-

294 BGHZ 3, 354, 359/360; Henn, S. 52.

kungsmöglichkeit auf Vorgänge in der Gesellschaft erhalten bleibt, obwohl seine Position faktisch derjenigen eines Gesellschafters nicht mehr entspricht und er daher auch nicht die Interessen verfolgt, welche mit denen eines rechtlichen Gesellschafters übereinstimmen.

Demgegenüber erlischt die unwiderrufliche Vollmacht mit dem Ende des Treuhand- oder Unterbeteiligungsvertrages. Der Verlust der während des bestehenden Vertragsverhältnisses zwischen dem mittelbar Beteiligten und „seinem" Gesellschafter gesicherten „Interessenparallelität" droht damit bei Beendigung des Treuhand- beziehungsweise Unterbeteiligungsverhältnisses nicht. Der Schluß von der Unzulässigkeit der Stimmrechtsabtretung auf die Unzulässigkeit der Stimmrechtsvollmacht greift mithin zu kurz. Im Falle eines reinen Treuhandverhältnisses und bei Unterbeteiligungen, welche zu einer faktischen Gesellschafterstellung des Unterbeteiligten führen, ist die Stimmrechtsvollmacht, auch wenn sie als unwiderrufliche und „verdrängende" eingeräumt worden ist, mithin ohne weiteres als zulässig anzusehen[295].

bb. Problematik der gespaltenen Stimmabgabe

Unproblematisch zulässig ist die unwiderrufliche „verdrängende" Bevollmächtigung des Treugebers mithin bei einem reinen Treuhandverhältnis, wenn der Treuhänder seine(n) Anteil(e) ausschließlich für einen Treugeber hält. Denkbar ist jedoch, daß der Treuhänder neben den für fremde Rechnung gehaltenen Gesellschaftsanteilen Anteile auch im eigenen Interesse innehat. Dann wird er die Vollmacht des Treugebers auf die für dessen Rechnung gehaltenen Anteile beschränken und im übrigen selbst an der Abstimmung teilnehmen wollen, um seine eigenen Interessen mit seinem Abstimmungsverhalten zum Ausdruck bringen zu können. Nicht anders verhält es sich, wenn der Treuhänder einen oder mehrere Anteile für verschiedene Treugeber hält. Diese werden nicht ohne weiteres damit einverstanden sein, daß sich die Vollmacht für einen Treugeber auf sämtliche beziehungsweise den gesamten von dem Treuhänder gehaltene(n) Anteil(e) erstreckt, mithin nur dieser Treugeber unmittelbaren Einfluß auf die Vorgänge in der Gesellschaft nimmt.

Ähnlich schwierig erscheint die Situation bei der Unterbeteiligung. Auch hier stellt sich die Frage, wie der Hauptbeteiligte seinen eigenen Interessen oder denen verschiedener Unterbeteiligter an dem Anteil Rechnung tragen kann. Am besten würde man den Interessen aller Beteiligten gerecht, wenn der Gesellschafter, vorausgesetzt, daß ihm mehrere Anteile oder zumindest mehrere Stimmen auf-

295 So im Ergebnis auch Flume, Jur.Person, S. 207; Hachenburg/Hüffer, § 47, Rn. 93 (auf Treuhand beschränkt).

grund eines Anteils zustehen, von ihm erteilte Vollmachten auf den Umfang des wirtschaftlichen Interesses des jeweiligen mittelbar Beteiligten an dem Anteil beziehungsweise an den Anteilen beschränken könnte. Er wäre dann in der Lage, jedem mittelbar Beteiligten eine eigene Stimmrechtsvollmacht zu erteilen, beziehungsweise das Stimmrecht in dem Maße, in dem er den Anteil im eigenen Interesse hält, selbst auszuüben.

Diskutiert wird diese Problematik unter dem Stichwort „gespaltene Stimmabgabe" in der Regel im Zusammenhang mit Stimmbindungsverträgen, welche den Gesellschafter für einen Teil seiner Stimmen zu einem bestimmten Abstimmungsverhalten in der Gesellschafterversammlung verpflichten. Da sich die Frage der Zulässigkeit einer uneinheitlichen Ausübung des einem Gesellschafter zustehenden Stimmrechts aber nicht nur dann stellt, wenn dieser höchstpersönlich an der Abstimmung teilnimmt, sondern auch dann, wenn er sich vertreten läßt, erscheint es sinnvoll, das Problem der uneinheitlichen Stimmabgabe bereits an dieser Stelle zu erörtern.

In den ersten Stellungnahmen zu dieser Fragestellung wurde die uneinheitliche Stimmabgabe eher als theoretisches Problem betrachtet, wenn nicht sogar als „juristische Scherzfrage" abgetan. Man nahm an, das Stimmrecht eines Gesellschafters könne vernünftigerweise nicht derart ausgeübt werden, daß mit einem Teil der Stimmen für, mit dem anderen aber gegen eine bestimmte Maßnahme gestimmt werde. Hierfür bestehe zudem überhaupt kein Bedürfnis[296]. Mittlerweile ist man zu der Einsicht gelangt, daß durchaus beachtliche Interessen eine uneinheitliche Stimmabgabe verlangen können[297].

Die Rechtsprechung läßt im Hinblick auf die Zulässigkeit der uneinheitlichen Stimmabgabe eine klare Linie nicht erkennen. Während zunächst die gespaltene Stimmabgabe für unzulässig gehalten wurde, gleichgültig ob der betreffende Gesellschafter einen oder mehrere Anteile innehatte[298], wurde Jahre später genau das Gegenteil vertreten[299]. Zu seiner ursprünglichen Ansicht kehrte das Reichsgericht in RGZ 157, 52, 57 zurück. Der BGH hat sich dahingehend geäußert, daß der Gesellschafter, der nur einen Anteil innehabe, auch nur einheitlich abstimmen dürfe[300].

Auch die Entwicklung in der Literatur ist durch einen ständigen Wechsel der Ansichten geprägt. Nachdem man zunächst von einer Unzulässigkeit der unein-

---

296 RGZ 118, 67, 69.

297 Z.B. Priester, Beiträge zum Gesellschafts- und Notarrecht, S. 101; v.Boehmer, NJW 1949, 565; Hachenburg/Hüffer, § 47, Rn. 61.

298 RGZ 118, 67, 69.

299 RGZ 137, 305, 311 ff.

300 BGH BB 1964, 1272; BGHZ 104, 66, 74.

heitlichen Abstimmung ausging[301] und in späterer Zeit die gespaltene Abstimmung für zulässig erachtete[302], wird nach heute herrschender Auffassung die Abstimmung aus einem Anteil nur einheitlich zugelassen[303], während mehrere Anteile eine gespaltene Stimmrechtsausübung ermöglichen sollen. Das Stimmrecht gehöre zum Anteil und, da jeder Anteil einem anderen rechtlichen Schicksal unterliegen könne, müsse insoweit auch eine gespaltene Stimmabgabe möglich sein[304]. Ob das Verbot einer uneinheitlichen Stimmrechtsausübung zwingend ist oder Regelungen im Gesellschaftsvertrag ein ansonsten nicht erlaubtes Stimmverhalten zulassen können, ist umstritten[305].

Gelegentlich wird vertreten, ein Gesellschafter verhalte sich - jedenfalls solange er nur einen Anteil innehabe - widersprüchlich, wenn er die ihm zustehenden Stimmen in unterschiedlicher Weise ausübe. Bereits aus diesem Grunde sei eine uneinheitliche Stimmrechtsausübung abzulehnen. Bringe die Stimmabgabe zugleich eine ablehnende und eine zustimmende Haltung gegenüber dem zur Abstimmung stehenden Gegenstand zum Ausdruck, sei sie rechtlich unbeachtlich, denn sie lasse in diesem Fall nicht erkennen, welchen rechtlichen Erfolg der Gesellschafter mit seinem Abstimmungsverhalten herbeizuführen wünsche[306].

Es läßt sich nicht bestreiten, daß die gespaltene Stimmabgabe durch einen Gesellschafter, sei es durch seine persönliche Teilnahme an der Beschlußfassung, sei es durch die Bevollmächtigung verschiedener Vertreter, welche in unter-

---

301 Brodmann, GmbHG 2. Auflage, 1930, § 47 Anm. 1 d; Liebmann/Sanger, GmbHG 6. Auflage, § 47, Anm. 10.

302 Flechtheim, BankArchiv, 1928/29, S. 421; v.Boehmer, NJW 1949, 564 ff.

303 Baumbach/Hueck (Zöllner), § 47, Rn. 11; Hachenburg/Hüffer, § 47, Rn. 59; Lutter/Hommelhoff, § 47, Rn. 4; Rowedder/Koppensteiner, § 47, Rn. 35; für AG: Flume, Jur.Person, § 7 VII 2; Scholz/K. Schmidt, § 47, Rn. 69, 72; Hüffer, § 133, Rn. 21; für PG: Schlegelberger/K. Schmidt, § 230 n.F., Rn. 55: Besonderheiten sollen aber für Publikums-Gesellschaften gelten. Jedenfalls gesellschaftsvertraglich müsse eine gespaltene Stimmabgabe in solchen Fällen zugelassen werden können.

304 Blaurock, S. 188/189; Henn, S. 56; Meyer-Landrut/Miller/Niehus (Meyer-Landrut), § 47, Rn. 23; Rowedder/Koppensteiner, § 47, Rn. 36; Scholz/K. Schmidt, § 47, Rn. 72; für AG: Vogel, S. 74; Flume, Jur.Person, § 7 VII 2; Heckelmann, AcP 170, 329/330; Hüffer, § 133, Rn. 21; Großkommentar AktG (Brändel), § 12, Rn. 18 (4.A.). A.A.: Baumbach/Hueck (Zöllner), § 47, Rn. 11; Hachenburg/Hüffer, § 47, Rn. 61.

305 Dafür: Hachenburg/Hüffer, § 47, Rn. 64; Rowedder/Koppensteiner, § 47, Rn. 37; Scholz/K. Schmidt, § 47, Rn. 73; Flume, Jur.Person, § 7 VII 2; dagegen: Hachenburg/W.Schmidt § 47, Rn. 6 a (6.A.); Baumbach/Hueck (Zöllner), § 47, Rn. 11; Heckelmann, AcP 170, 341 f.; Winter, GmbHR 1965, 29.

306 Ruth, AcP 131, 240/241; Winter, GmbHR 1965, 28: Verstoß gegen das Verbot des venire contra factum proprium; in diese Richtung auch Heckelmann, AcP 170, 170, 326 ff.

schiedlicher Weise abstimmen, dazu führen kann, daß sich die abgegebenen Stimmen zum Teil gegenseitig aufheben. Aus diesem Umstand kann jedoch nicht der Schluß gezogen werden, daß aus dem Abstimmungsverhalten des betroffenen Gesellschafters dessen Wille nicht erkennbar sei. Im Falle einer uneinheitlichen Stimmabgabe läßt sich vielmehr ohne weiteres feststellen, was der Gesellschafter erreichen will: Mit der einen Stimme soll für den Antrag, mit der anderen dagegen gestimmt werden. Da hinter der uneinheitlichen Stimmabgabe berechtigte Interessen stehen können, kann ein derartiges Abstimmungsverhalten weder als perplex noch als eine Form des venire contra factum proprium eingestuft werden. Dies gilt umso mehr, als vielfach eine teilweise Stimmenthaltung ohne weiters für zulässig gehalten wird[307]. Warum die Enthaltung mit einem der Teil der Stimmen weniger widersprüchlich sein soll als eine uneinheitliche Stimmabgabe, wird von den Gegnern der uneinheitlichen Stimmrechtsausübung nicht überzeugend dargelegt. Die Unzulässigkeit einer gespaltenen Stimmabgabe läßt sich daher mit einer inneren Widersprüchlichkeit des Abstimmungsverhaltens nicht begründen.

Die Gegner einer gespaltenen Stimmabgabe weisen jedoch nicht nur auf die Unwirksamkeit des Abstimmungsverhaltens wegen innerer Widersprüchlichkeit der Stimmabgabe hin; sie stützen ihre Ansicht zudem auf den Grundsatz der Einheitlichkeit der Mitgliedschaft. Dieser Grundsatz werde gestört, wenn das Stimmrecht eines Gesellschafters im Hinblick auf dieselbe Frage uneinheitlich ausgeübt werden dürfe[308].

Der Gedanke der Einheitlichkeit der Mitgliedschaft behandelt zwei Fragen, zum einen das Problem der Zulässigkeit von Mehrfachmitgliedschaften in Personengesellschaften (Grundsatz der einen Mitgliedschaft), zum anderen das Problem, ob die aus einer Mitgliedschaft fließenden Rechte einheitlich auszuüben und auszugestalten sind (Grundsatz der einheitlichen Mitgliedschaft im engere Sinne)[309]. Für die Problematik der uneinheitlichen Stimmabgabe ist vorrangig der Grundsatz der Einheitlichkeit der Mitgliedschaft im engeren Sinne von Bedeutung. Auf welcher Grundlage dieses Prinzip beruht und worin es seine Berechtigung findet, wird selten diskutiert. Eine Einschränkung der an sich gegebenen Abstimmungsfreiheit der Gesellschafter auf der Grundlage des Gedankens der Einheitlichkeit der Mitgliedschaft vermag aber nur dann zu überzeugen, wenn sich dieser Grundsatz aus den Wertungen des Gesetzes herleiten läßt.

Vielfach stützen sowohl die Befürworter als auch die Gegner des Prinzips der Einheitlichkeit der Mitgliedschaft ihre Ansicht - zumindest, was die Stimm-

---

307 Winter, GmbHR 1965, 27/28; Hachenburg/W.Schmidt, § 47, Rn. 6 a (6.A.). A.A. Scholz/K. Schmidt, § 47, Rn. 69: teilweise Enthaltung unzulässig.

308 Priester, Beiträge zum Gesellschafts- und Notarrecht, S. 106 /107; Winter, GmbHR 1965, 28.

309 Zu dieser Differenzierung siehe Steinbeck, DB 1995, 762.

rechtsausübung bei der GmbH angeht - auf Vorschriften des GmbH-Gesetzes. Diskutiert werden dabei insbesondere die §§ 5 II, 17 II, 15 II und 18 I GmbHG. Darüber daß § 47 II GmbHG weder die eine noch die andere Ansicht zu untermauern vermag, besteht Einigkeit, denn nach einhelliger Ansicht betrifft die Norm nur die Stimmkraft, auch wenn nach dem insoweit irreführenden Wortlaut der Vorschrift dem Inhaber eines Anteils mehrere Stimmen zustehen können[310].

Aber auch aus der Vorschrift des § 15 II GmbHG lassen sich weder für noch gegen die Möglichkeit eines Gesellschafters, sein Stimmrecht aufzuspalten, überzeugende Argumente ableiten. Insbesondere ist wenig nachvollziehbar, warum vielfach zur Begründung der Zulässigkeit einer gespaltenen Stimmabgabe bei mehreren Anteilen auf § 15 II GmbHG verwiesen wird[311]. Die Selbständigkeit des von einem Gesellschafter hinzuerworbenen Gesellschaftsanteils soll allein dazu dienen, bei nicht voll eingezahlter Stammeinlage den Rückgriff auf Vormänner zu ermöglichen (§§ 22, 24 GmbHG)[312]. Die Annahme, die in § 15 II GmbHG festgeschriebene rechtliche Selbständigkeit der Anteile lasse die Schlußfolgerung zu, daß die Stimmbefugnis aus jedem Anteil wegen eben dieser Unabhängigkeit der einzelnen Anteile unterschiedlich ausgeübt werden könne, findet demgegenüber weder im Wortlaut noch im Zweck des Gesetzes eine Stütze. Ebenso wenig stützt § 15 II GmbHG jedoch die Gegenansicht[313]. Denn allein der Umstand, daß der Gesetzgeber die Eigenständigkeit der von einem Gesellschafter hinzuerworbenen Anteile besonders regelt, läßt nicht den Schluß darauf zu, daß der Gesetzgeber grundsätzlich von einer nur einheitlichen Mitgliedschaft ausgegangen ist[314].

Oftmals wird darauf hingewiesen, aus §§ 5 II, 17 GmbHG ergebe sich, daß das Gesetz von einer einheitlichen Rechtsausübung durch jeden Gesellschafter ausgehe[315]. Die Vorschriften befassen sich zwar nicht unmittelbar mit der Stimmrechtsausübung. Sie sollen vielmehr eine Ansammlung von Anteilen in der Hand eines Gesellschafters einschränken und zwar sowohl im Zeitpunkt der Errichtung der Gesellschaft (§ 5 II GmbHG) als auch später durch Teilung des Anteils (§ 17 VI GmbHG). Hinter dem Verbot der Teilung von Anteilen außer im Falle der

---

310 Meyer-Landrut/Miller/Niehus (Meyer-Landrut), § 47, Rn. 22; Blaurock, S. 188; Scholz/K. Schmidt, § 47, Rn. 69; Rowedder/Koppensteiner, § 47, Rn. 35; Heckelmann, AcP 170, 340.

311 So aber Meyer-Landrut/Miller/Niehus (Meyer-Landrut), § 47, Rn. 23; Rowedder/Koppensteiner, § 47, Rn. 36; Henn, S. 56.

312 Baumbach/Hueck (Hueck/Fastrich), § 15, Rn. 18; Lutter/Hommelhoff, § 15, Rn. 7; Hachenburg/Zutt, § 15, Rn. 140; Scholz/Winter, § 15, Rn. 103.

313 Steinbeck, DB 1995, 763: § 15 II GmbHG als Ausnahmevorschrift.

314 So auch Esch, BB 1996, 1623, Peters, S. 136.

315 So Henn, S. 54; Heckelmann, AcP 170, 340.

Veräußerung und der Vererbung steht die Absicht, einem spekulativen Handel mit Anteilen entgegenzuwirken[316]. Die mit dem ständigen Gesellschafterwechsel verbundene Veränderung des Kreises derjenigen Personen, welche auf Vorgänge in der Gesellschaft Einfluß nehmen können, soll zugunsten einer kontinuierlichen, den Interessen der Gesellschaft entsprechenden Geschäftsführung begrenzt werden. Allerdings kann nicht nur ein häufiger Gesellschafterwechsel zu negativen Auswirkungen auf die in der Gesellschaft zu treffenden Entscheidungen führen. Ähnliche Gefahren birgt die den Gesellschaftern eingeräumte Möglichkeit in sich, ihr Stimmrecht zugunsten von Nichtgesellschaftern beliebig aufzuspalten. Auch hierdurch droht, wenn auch der Anteil in vollem Umfang bei dem Gesellschafter verbleibt, der Einfluß eines häufig wechselnden Personenkreises auf die Angelegenheiten der Gesellschaft. Man kann daher den Grundsatz der einheitlichen Ausübung von Mitgliedschaftsrechten durchaus auf den §§ 5 II, 17 VI GmbHG zugrunde liegenden Gedanken stützen[317].

Die entscheidende Grundlage des Grundsatzes der einheitlichen Mitgliedschaft bildet jedoch die Vorschrift des § 18 I GmbHG. Diese Norm bestimmt, daß mehrere Mitberechtigte an einem Anteil das Stimmrecht nur gemeinschaftlich ausüben können. Mit Hilfe des § 18 I GmbHG soll erreicht werden, daß der Rechtsverkehr zwischen der Gesellschaft und ihren Gesellschaftern nicht dadurch erschwert wird, daß ein Anteil mehreren Beteiligten zusteht, die sich möglicherweise über die Ausübung ihrer Verwaltungsrechte in der Gesellschaft nicht einig werden können[318]. Die Vielfalt unterschiedlicher Ansichten soll auf die Zahl der bestehenden Anteile begrenzt sein, nicht aber durch die Aufspaltung der aus einem Anteil folgenden Rechte erhöht werden. Die Gefahr einer Schwerfälligkeit der Beschlußfassung in der Gesellschafterversammlung besteht nicht nur dann, wenn mehreren Personen ein Anteil gemeinsam zusteht, sondern auch und erst recht, wenn ein Gesellschafter sein Stimmrecht selbst uneinheitlich ausübt oder durch mehrere Vertreter uneinheitlich ausüben läßt, weil hinter diesem Anteil die Interessen verschiedener Personen stehen[319]. Auch wenn § 18 I GmbHG ausdrücklich nur die Mitberechtigung mehrerer an einem Anteil regelt, muß die Vorschrift mithin nach ihrem Schutzzweck analog auch auf die uneinheitliche Stimmabgabe aus dem Anteil eines einzigen Gesellschafters angewendet werden. Das Verbot der gespaltenen Stimmabgabe aus einem GmbH-Anteil läßt sich da-

316 Rowedder/Rowedder, § 17, Rn. 1; Scholz/Winter, § 17, Rn. 1; Hachenburg/Zutt, § 17, Rn. 1; Lutter/Hommelhoff, § 17, Rn. 1.

317 So auch Heckelmann, AcP 170, 340.

318 Baumbach/Hueck (Hueck/Fastrich), § 18, Rn. 1; Lutter/Hommelhoff, § 18, Rn. 1; Scholz/Winter, § 18, Rn. 1; Hachenburg/Zutt, § 18, Rn. 1.

319 So auch Priester, Beiträge zum Gesellschafts- und Notarrecht, S. 105/106; Scholz/K. Schmidt,§ 47, Rn. 69; Hachenburg/Hüffer, § 47, Rn. 59; Henn, S. 54.

her in der Tat aus § 18 I GmbHG herleiten. Da die Vorschrift allein dem Schutz der Gesellschaft selbst dient, spricht allerdings nichts dagegen, Regelungen im Gesellschaftsvertrag zuzulassen, welche die uneinheitliche Stimmrechtsausübung aus einem Anteil ermöglichen.

Aus der Norm lassen sich keine Schlußfolgerungen im Hinblick auf die uneinheitliche Stimmabgabe aus einer Vielzahl von Anteilen desselben Gesellschafters ziehen. Bedenkt man, daß mehrere Anteile verschiedenen Gesellschaftern zustehen können, welche zweifellos ihre Stimmen in unterschiedlicher Weise abgeben dürfen, das Stimmrecht nach der Konzeption des GmbH-Gesetzes mithin an den Anteil geknüpft ist, erscheint es allein konsequent, eine gespaltene Stimmabgabe dann zuzulassen, wenn mehrere Anteile einem Gesellschafter zustehen, ohne daß es einer Regelung im Gesellschaftsvertrag der GmbH oder auch nur der Darlegung eines besonderen Interesses des jeweiligen Gesellschafters an der uneinheitlichen Stimmrechtsausübung bedürfte[320].

Die für die GmbH gewonnenen Ergebnisse können auf die AG übertragen werden. Von Bedeutung ist insoweit die Vorschrift des § 69 I AktG. Sie entspricht ihrem Wortlaut nach § 18 I GmbHG. Ihr liegt auch der gleiche Schutzzweck zugrunde wie der Parallelvorschrift im GmbH-Recht: Die AG soll vor Nachteilen geschützt werden, welche ihr aus der uneinheitlichen Ausübung der aus einem Anteil fließenden Rechte drohen[321]. Der Rechtsgedanke der Norm läßt sich daher aus den gleichen Erwägungen wie bei der GmbH auf den gesetzlich nicht ausdrücklich geregelten Fall einer gespaltenen Stimmabgabe aus dem Anteil eines einzigen Gesellschafters erstrecken, welcher entweder persönlich oder über Vertreter im Hinblick auf dieselbe Frage das Stimmrecht in unterschiedlicher Weise ausübt. Die uneinheitliche Abstimmung aus einem Anteil ist mithin nur dann möglich, wenn die Satzung der AG dies zuläßt. Der Aufspaltung des aus verschiedenen Aktien fließenden Stimmrechts steht demgegenüber nichts entgegen.

Auch wenn die gesetzlichen Regelungen für die Personenhandelsgesellschaften keine § 18 I GmbHG oder § 69 I AktG entsprechenden Regelungen enthalten, wird man den diesen Vorschriften zugrunde liegenden Rechtsgedanken auch auf die OHG und KG übertragen können. Personenhandelsgesellschaften bedürfen wegen der engen persönlichen Verbundenheit der Gesellschafter sogar in beson-

320 So auch RGZ 137, 305, 314; v.Boehmer, NJW 1949, 564/565; Rowedder/Koppensteiner, § 47, Rn. 36 mit dem Hinweis auf eine erhebliche Rechtsunsicherheit, welche drohte, wenn man den Nachweis eines berechtigten Interesses des Gesellschafters an der gespaltenen Stimmabgabe verlangte.

321 Kölner Kommentar/Lutter, § 69, Rn. 2; Großkommentar AktG (Barz), § 69, Rn. 1 (3.A.); Geßler/Hefermehl (Hefermehl/Bungeroth), § 69, Rn. 2; Hüffer, § 69, Rn. 1.

derem Maße eines Schutzes vor den durch gespaltene Stimmrechtsausübungen drohenden Gefahren.

Besonderheiten ergeben sich für die OHG und die KG gegenüber den Kapitalgesellschaften allerdings insofern, als nach herrschender Meinung der Grundsatz der Einheitlichkeit der Mitgliedschaft einer mehrfachen Beteiligung desselben Gesellschafters in der OHG und der KG entgegensteht[322]. Da die Mitgliedschaft den Inbegriff aller Rechte und Pflichten des Gesellschafters aus der Beteiligung bilde, sei sie notwendigerweise eine einheitliche[323]. Zudem bleibe - anders als bei den Kapitalgesellschaften, wo der Gesellschaftsvertrag sich zu einer Verfassung verselbständige, unter die sich jeder neu eintretende Gesellschafter zu unterwerfen habe - bei den Personenhandelsgesellschaften der Gesellschaftsvertrag als schuldrechtliches Band zwischen den Gesellschaftern unverändert erhalten. Eine Mehrfachbeteiligung sei daher bereits logisch ausgeschlossen, weil kein Rechtssubjekt mit sich selbst in schuldrechtlichen Beziehungen stehen könne[324].

Konsequenz der herrschenden Ansicht wäre ein grundsätzlicher Ausschluß der uneinheitlichen Stimmabgabe bei den Personenhandelsgesellschaften. Allerdings vermag der Versuch, das Verbot einer Mehrfachbeteiligung an Personenhandelsgesellschaften mit dem Hinweis auf das Wesen der Mitgliedschaft als Quelle aller Rechte und Pflichten des Gesellschafters zu begründen, nicht zu überzeugen. Denn auch bei den Kapitalgesellschaften verkörpert der Anteil die Mitgliedschaft. Dennoch können die Gesellschafter einer GmbH oder einer Aktiengesellschaft zweifellos mehrere selbständige Anteile an der Gesellschaft halten[325]. Ebenso wenig läßt der unterschiedliche Charakter der den verschiedenen Gesellschaftsformen zugrunde liegenden Verträge zwingend auf ein Verbot der Mehrfachbeteiligung bei OHG und KG schließen. Sicherlich besteht zwischen den Gesellschaftern einer Personenhandelsgesellschaft eine besonders enge Verbindung. Trotzdem ist heute einhellige Ansicht, daß die Mitgliedschaft in einer Personenhandelsgesellschaft nicht anders als ein Anteil an einer GmbH oder an einer AG durch einen Vertrag zwischen dem Veräußerer und dem Erwerber übertragen werden kann. Zwar bedarf die Anteilsabtretung der Zustimmung der Mitgesellschafter; nicht anders verhält es sich jedoch bei einer GmbH mit vinkulierten Gesellschaftsanteilen. Der Erwerber der Mitgliedschaft in einer OHG oder KG unterwirft sich mithin ähnlich einem Aktionär oder GmbH-Gesellschafter den im Gesellschaftsvertrag aufgestellten Regeln. Da heute weitgehend Einigkeit

---

322 Staub Großkomm. HGB (Ulmer), § 105, Rn. 71; Schlegelberger/K. Schmidt, § 105, Rn. 47.

323 Staub Großkomm. HGB (Ulmer), § 105, Rn. 71; ähnlich Joussen, DB 1992, 1174.

324 Sieveking, FS Schippel, S. 511/512; in diese Richtung auch Joussen, DB 1992, 1174.

325 Priester, DB 1998, 56; Lüttge, NJW 1994, 10 mit Hinweis auf § 15 II GmbHG.

darüber besteht, daß § 719 I BGB den Gesellschaftsanteil als solchen nicht betrifft[326], kann auch diese Vorschrift das Verbot einer mehrfachen Beteiligung nicht begründen.

Es sprechen daher keine überzeugenden Gründe gegen die Möglichkeit einer mehrfachen Beteiligung an Personenhandelsgesellschaften. Dennoch jedem Mitglied einer Personenhandelsgesellschaft grundsätzlich bloß einen Anteil zuzubilligen, weil man annehmen könne, daß der Gesetzgeber von einer einheitlichen Beteiligung ausgegangen sei[327], oder weil die Selbständigkeit der Anteile im Regelfall ohne Funktion sei[328], überzeugt nicht: Ergeben sich keine Anhaltspunkte für das Verbot der Mehrfachmitgliedschaft, kann man auch nicht annehmen, daß der Gesetzgeber dieses seiner Regelung des Personengesellschaftsrechts zugrunde gelegt habe. Genauso wenig kann der Umstand, daß eine rechtliche Gestaltung oftmals keine unmittelbaren Rechtswirkungen nach sich zieht, ihre grundsätzliche rechtliche Unzulässigkeit begründen.

Ein OHG- oder KG-Gesellschafter kann daher mehrere Anteile innehaben und ebenso wie der Gesellschafter einer Kapitalgesellschaft die Stimmen aus seinen Anteilen entweder selbst uneinheitlich ausüben oder durch Vertreter ausüben lassen. Dem steht auch das besondere Vertrauensverhältnis zwischen den Gesellschaftern nicht entgegen, denn, mögen die Gesellschafter auch insofern schutzwürdig sein, als sie über die Person eines neuen Mitgesellschafters mitentscheiden können, so haben sie doch kein schutzwürdiges Interesse an einem bestimmten Abstimmungsverhalten ihrer Mitgesellschafter[329]. Verletzt der Gesellschafter durch die gespaltene Stimmabgabe nicht seine gesellschaftliche Treuepflicht, steht der Wirksamkeit seines Abstimmungsverhaltens mithin auch im Bereich von OHG und KG nichts entgegen, wenn die den Beschlüssen von OHG und KG grundsätzlich zugrunde liegende Einstimmigkeitsregel, §§ 119 I, 161 II HGB, durch den Gesellschaftsvertrag abbedungen worden ist, § 119 II HGB[330].

---

326 Priester, DB 1998, 57; Flume, PG, § 17 II, S. 351/352; Huber, S. 369; Palandt/Sprau, § 719, Rn. 6.

327 So Priester, DB 1998, 57.

328 So Lüttge, NJW 1994, 10.

329 A.A. Vogel, S. 71.

330 Siehe dazu Heckelmann, AcP 170, 326/327; Schlegelberger/K. Schmidt, Vor § 230 n.F., Rn. 55.

c. Legitimationszession

Anders als bei der Stellvertretung wird bei der Legitimationszession das Stimmrecht von einer anderen Person als dem betreffenden Gesellschafter nicht im fremden, sondern im eigenen Namen ausgeübt[331].

Das Aktiengesetz setzt die Zulässigkeit der Legitimationszession in § 129 III AktG voraus[332]. Für GmbH, OHG und KG sind entsprechende gesetzliche Regelungen nicht vorhanden, so daß sich hier die Frage stellt, ob das Fehlen von Vorschriften, welche sich mit der Stimmrechtsstandschaft befassen, die Unzulässigkeit dieser Form der Einflußnahme Außenstehender auf die Willensbildung in der Gesellschaft impliziert[333] oder ob der Gesetzgeber ganz selbstverständlich davon ausgegangen ist, daß die Stimmrechtsausübung durch einen Nichtgesellschafter in eigenem Namen ebenso zulässig ist wie die Bevollmächtigung zu einem Handeln im fremden Namen.

Die viel diskutierten Probleme, welche Rolle § 129 III AktG für die GmbH und die Personenhandelsgesellschaften spielt und inwieweit die Legitimationszession mit dem Abspaltungsverbot kollidiert, stellen sich gar nicht erst, wenn bereits unabhängig von diesen Fragen eine isolierte Übertragung der Legitimation zur Ausübung des Stimmrechts bei GmbH, KG und OHG überhaupt nicht durchführbar ist. Die Legitimationszession beruht auf zwei Vorgängen, zum einen auf einer Ermächtigung durch den Gesellschafter zur Ausübung des Rechts im eigenen Namen und zum anderen auf der Verschaffung einer Legitimation nach außen, die es dem Ermächtigten erst ermöglicht, das fremde Recht gegenüber der Gesellschaft im eigenen Namen wahrzunehmen[334].

Unproblematisch kann der Aktionär gegenüber der AG den Rechtsschein der Anteilsübertragung an einen Dritten erzeugen, indem er dem von ihm Ermächtigten den Besitz an der Aktie überträgt[335] oder den Rechtsschein einer fortbestehenden eigenen Anteilsinhaberschaft hervorruft, indem er im Besitz der Aktie bleibt, obwohl er den Anteil auf einen Dritten übertragen hat, welcher ihn seinerseits zur Stimmrechtsausübung im eigenen Namen ermächtigt.

Problematischer erscheint die Übertragung des Rechtsscheins ohne gleichzeitigen Übergang des Anteils bei der GmbH. Veräußert der Gesellschafter seinen Anteil nur zum Schein, bleibt er zwar selbst Anteilsinhaber, (§ 117 BGB). Die

---

331 Großkommentar AktG (Werner), § 129, Rn. 31; Geßler/Hefermehl (Eckardt), § 129, Rn. 31; Nodoushani, S. 119; Henn, S. 48; Eden, S. 25; Armbrüster, Treuhänderische Beteiligung, S. 274.

332 Großkommentar AktG (Werner), § 129, Rn. 31; Hüffer, § 129, Rn. 12.

333 So Scholz/K. Schmidt, § 47, Rn. 21.

334 Wiedemann, Übertragung und Vererbung, S. 365; Eden, S. 25.

335 Eden, S. 25.

bewußt unrichtige Anmeldung des Ermächtigten als Gesellschafter verstößt jedoch gegen die gesellschaftsrechtliche Treuepflicht und ist damit nichtig[336]. Gangbar erscheint im Recht der GmbH nur der Weg einer - auch tatsächlich gewollten - Anteilsübertragung an einen Dritten, wobei die Anmeldung gegenüber der Gesellschaft nach § 16 GmbHG unterbleibt, so daß der ursprüngliche Anteilsinhaber gegenüber der GmbH weiterhin als Gesellschafter in Erscheinung tritt, obgleich er tatsächlich nur noch zur Ausübung des Stimmrechts im eigenen Namen ermächtigt ist. Da die Anmeldung nach § 16 GmbHG keine Wirksamkeitsvoraussetzung für den Anteilsübergang darstellt[337] und sich auch aus der Treuepflicht des Gesellschafters keine Verpflichtung zur Korrektur des Rechtsscheins ergibt[338], lassen sich auf diese Weise Rechtsschein und rechtliche Zuordnung des Stimmrechts trennen[339].

Was die Personenhandelsgesellschaften angeht, wird die Mitgliedschaft zwar nicht mehr als unübertragbares Recht angesehen[340], doch erfordert der Schutz der Mitglieder einer Personenhandelsgesellschaft vor der Aufdrängung unliebsamer Mitgesellschafter, daß die Wirksamkeit der Anteilsübertragung von ihrer Zulassung im Gesellschaftsvertrag oder der Zustimmung aller Gesellschafter im konkreten Fall abhängig gemacht wird[341]. Eine Anteilsübertragung ohne Mitwirkung der übrigen Gesellschafter kommt mithin nicht in Betracht[342]. Die Scheinübertragung des Anteils muß ebenfalls ausscheiden, da hier, ähnlich wie bei der GmbH die Anmeldung der Anteilsübertragung, der Antrag auf Zustimmung zu der Abtretung gegen die gesellschaftsrechtliche Treuepflicht verstößt.

Die gleiche Situation wie bei den Personenhandelsgesellschaften tritt auch bei der GmbH ein, wenn eine Vinkulierungsklausel in die Satzung aufgenommen worden ist. In diesem Fall kann der Anteilsübergang den Mitgesellschaftern nicht verheimlicht werden. Die Abstimmung eines Nichtgesellschafters im eigenen Namen ist daher nicht möglich.[343].

Der Frage, ob zulässigerweise im eigenen Namen aus einem fremden Recht abgestimmt werden kann oder ob dies einen Verstoß gegen das Abspaltungsverbot bedeutet, stellt sich somit bei der GmbH im Regelfall der formlos möglichen Übertragung des Gesellschaftsanteils und bei der Personenhandelsgesellschaft

---

336 Wiedemann, Übertragung und Vererbung, S. 367.
337 Baumbach/Hueck (Hueck/Fastrich), § 16, Rn. 1.
338 Wiedemann, Übertragung und Vererbung, S. 368.
339 So auch Armbrüster, Treuhänderische Beteiligung S. 275.
340 K. Schmidt, GesellR, § 19 IV 2 a.
341 K. Schmidt, GesellR, § 19 IV 2 a.
342 Eden, S. 25/26.
343 Wiedemann, Übertragung und Vererbung, S. 368.

nur in dem Ausnahmefall einer generellen Zulassung der Übertragung der Mitgliedschaft im Gesellschaftsvertrag.

Besondere Bedeutung im Rahmen der Diskussion über die Zulässigkeit der Stimmrechtsstandschaft kommt dem Umstand zu, daß in § 129 III AktG eindeutig von der Zulässigkeit dieses Instituts ausgegangen wird. Regelt § 129 III AktG lediglich aktienrechtliche Besonderheiten im Zusammenhang mit der Stimmrechtsstandschaft, spricht das Fehlen entsprechender Vorschriften im Recht der GmbH und der Personenhandelsgesellschaften nicht gegen die Möglichkeit, auch bei diesen Gesellschaftsformen einen Nichtgesellschafter zur Ausübung des Stimmrechts im eigenen Namen zu ermächtigen.

Anders verhält es sich, wenn die Legitimationszession deshalb allein im Aktiengesetz geregelt ist, weil diese Art der Einflußnahme auf die Beschlußfassung in der Gesellschaft sich nur mit der Gesellschaftsform der AG vereinbaren läßt. Die AG ist im Vergleich zu GmbH, OHG und KG die am anonymsten strukturierte Gesellschaftsform. Die Person des Aktionärs tritt gegenüber der Höhe seiner Kapitalbeteiligung in den Hintergrund[344]. OHG und KG sind demgegenüber personalistisch strukturiert; es kommt entscheidend auf die Person des Gesellschafters, auf seine Erfahrungen und Fähigkeiten und weniger auf den Kapitaleinsatz an. Die GmbH kann sich in ihrer Ausgestaltung der einen oder anderen Form annähern[345]. In jedem Fall ist die personenbezogene Verbundenheit der Gesellschafter hier stärker als bei der AG. Sind die Gesellschaftsanteile vinkuliert, ist die Nähe zur Personenhandelsgesellschaft noch größer.

Die wohl herrschende Ansicht[346] hält die Legitimationszession mit dem personalistischen Charakter der GmbH und der Personenhandelsgesellschaften für nicht vereinbar. Die Gesellschafter hätten ein berechtigtes Interesse daran, zu erfahren, wer Inhaber der in der Gesellschafterversammlung ausgeübten Stimmrechte sei. Der Umstand, daß allein das Aktiengesetz sich mit der Stimmrechtsstandschaft befaßt, impliziert nach herrschender Ansicht folglich, daß die Ermächtigung zur Stimmrechtsausübung im eigenen Namen bei den übrigen Gesellschaftsformen nicht zulässig ist[347].

Die Unterschiede in der Struktur der AG auf der einen und der übrigen Gesellschaftsformen auf der anderen Seite könnten in der Tat dafür sprechen, die Legitimationszession ausschließlich bei der AG zuzulassen: Spielt die Persön-

---

344 Henn, S. 50.

345 Vogel, S. 53; Lehmann, GmbHR 1953, 143.

346 Für die GmbH: Baumbach/Hueck (Zöllner), § 47, Rn. 29; Mühl in Hadding/Schneider, S. 149; Scholz/K. Schmidt, § 47, Rn. 21; Henn, S. 50; Vogel, S. 53; Rowedder/Koppensteiner, § 47, Rn. 24; Flume, Jur. Person, S. 206; offen: Schaub, DStR 1995, S. 1638.

347 Für die herrschenden Ansicht Henn, S. 50; Flume, Jur. Person, S. 206.

lichkeit des einzelnen Gesellschafters bei GmbH, KG und OHG anders als bei der AG eine ganz entscheidende Rolle, bedürfen die Gesellschafter dieser Gesellschaftsformen eines besonderen Schutzes gegen Einwirkungen von außen. Dem schutzwürdigen Interesse der Gesellschafter einer GmbH, darüber entscheiden zu können, wer unmittelbaren Einfluß auf Vorgänge in der Gesellschaft gewinnt, wird Rechnung getragen, indem den GmbH-Gesellschaftern die Möglichkeit zugebilligt wird, in die Satzung eine entsprechende Regelung im Sinne des § 15 V GmbHG aufzunehmen. Die Gesellschafter einer OHG oder KG sind in der Lage, die generelle Zustimmung zu der Übertragung der Mitgliedschaft zu verweigern - Vorkehrungen, welche auch einer Legitimationszession entgegenstehen[348]. Erklären sich die Gesellschafter allerdings mit der Abtretung von Anteilen unabhängig von der Person des Erwerbers im Einzelfall einverstanden, bringen sie damit ihr mangelndes Interesse zum Ausdruck, auf die Zusammensetzung der an der Willensbildung der Gesellschaft Beteiligten Einfluß zu nehmen. In diesem Fall verwischt der von der herrschenden Ansicht in den Vordergrund gestellte Unterschied zwischen der Bedeutung der Persönlichkeit des einzelnen Gesellschafters bei der AG auf der einen und derjenigen bei der GmbH und den Personenhandelsgesellschaften auf der anderen Seite. Es erfolgt insoweit vielmehr eine Annäherung der Gesellschaftsformen, welche der von der herrschenden Ansicht dargelegten Begründung für die Unzulässigkeit der Legitimationszession bei den Personenhandelsgesellschaften und der GmbH ihre Überzeugungskraft nimmt.

Hinzu kommt, daß auch der GmbH, der OHG und der KG die Stimmrechtsausübung durch Dritte nicht vollständig fremd ist. Die Bevollmächtigung eines Dritten zur Stimmrechtsausübung ist in § 47 III GmbHG sogar ausdrücklich zugelassen und bei den anderen Gesellschaftsformen ebenfalls anerkannt[349]. Ein Ausschluß der Stimmrechtsstandschaft ließe sich daher nur dann begründen, wenn sie besondere, mit der Stimmrechtsvollmacht nicht verbundene Gefahren für die Gesellschafter und die Gesellschaft und damit letztlich auch für deren Gläubiger nach sich zieht, die nicht hingenommen werden können.

Von der herrschenden Meinung wird geltend gemacht, da der Dritte im eigenen Namen handele, komme die Legitimationszession, auch wenn ihm das Stimmrecht nicht zu eigenem Recht zustehe, anders als eine Stimmrechtsvollmacht im Ergebnis der Stimmrechtsabspaltung gleich[350]. Wäre dies tatsächlich der Fall, ließe sich nicht nachvollziehen, warum § 129 III AktG von der Zulässigkeit der Legitimationszession im Bereich der AG ausgeht. Zweifellos gilt

---

348 Siehe oben B II 2 c.

349 Siehe oben B II 2 b.

350 Vogel, S. 53; Scholz/K. Schmidt, § 47, Rn. 21; Henn, S. 48; Rowedder/Koppensteiner, § 47, Rn. 24, der allerdings in Ausnahmefällen die Zulässigkeit der Stimmrechtsabspaltung und damit auch der Legitimationszession annimmt.

nämlich das Abspaltungsverbot auch im Recht der Aktiengesellschaften[351]. Zudem unterscheiden sich Stimmrechtsabspaltung und Stimmrechtsstandschaft wesentlich dadurch voneinander, daß bei der Legitimationszession das Stimmrecht gerade nicht übertragen wird, sondern bei dem Gesellschafter verbleibt und lediglich von einem Dritten ausgeübt wird.

Die Nähe der Stimmrechtsstandschaft zur Stimmrechtsvollmacht ist damit viel offensichtlicher als ihre Nähe zur Stimmrechtsübertragung. Der einzige Unterschied zwischen Vollmacht und Legitimationszession besteht darin, daß der Dritte das Stimmrecht im ersten Fall im fremden Namen ausübt, während er im zweiten Fall im eigenen Namen handelt. Unterschiedliche Folgen im Hinblick auf die Zulässigkeit der Stimmrechtsausübung durch Dritte dürfte die Art seines Auftretens bei den Abstimmungen jedoch nicht nach sich ziehen. Denn zum einen ist die verdeckte Stellvertretung zivilrechtlich allgemein anerkannt. Die Möglichkeit, im eigenen Namen über ein Recht zu verfügen, findet ihre Grundlage in § 185 BGB, einer Vorschrift, welche auch der Legitimationszession zugrunde liegt[352]. Daß gesellschaftsrechtliche Besonderheiten der Ermächtigung zur Abstimmung im fremden Namen nicht entgegenstehen, ist bereits erörtert worden: Das Argument, der personalistische Charakter der GmbH erfordere es, daß die übrigen Gesellschafter wüßten, mit wem sie es zu tun haben[353], überzeugt nicht, da die Kenntnis der Person des abstimmenden Gesellschafters das Abstimmungsverhalten der übrigen Gesellschafter nicht beeinflussen sollte. Zudem bekunden die Gesellschafter, indem sie die Anteilsübertragung im Gesellschaftsvertrag zulassen, ihr mangelndes Interesse an der Person des auf die Gesellschaft Einfluß Nehmenden.

Weder der besondere Charakter der GmbH noch derjenige der Personenhandelsgesellschaften spricht mithin dagegen, die Legitimationszession zuzulassen. Entgegen der herrschenden Ansicht läßt sich der Regelung des § 129 III AktG daher nicht entnehmen, daß die Stimmrechtsstandschaft allein mit der Gesellschaftsform der AG vereinbar ist. Die Vorschrift ist vielmehr deshalb erforderlich, weil allein bei der AG in der Gesellschafterversammlung ein Verzeichnis der Teilnehmer erstellt werden muß und sich daher die Frage stellt, ob im Falle der Legitimationszession der Ermächtigte oder der Gesellschafter in dieses Verzeichnis aufzunehmen ist. Die Norm beruht folglich ausschließlich auf aktienrechtlichen Besonderheiten und ermöglicht es dem Aktionär, trotz Aufnahme seiner Aktien in das Teilnehmerverzeichnis anonym zu bleiben[354]. Eine entspre-

---

351 Siehe oben B II 2 a aa.

352 Hüffer, § 129, Rn. 12; Geßler/Hefermehl (Eckardt), § 134, Rn. 59; Hachenburg/Hüffer, § 47, Rn. 55; Armbrüster, Treuhänderische Beteiligung, S. 273.

353 Flume, Jur.Person, S. 206; Henn, S. 50.

354 Geßler/Hefermehl (Eckardt), § 129, Rn. 30.

chende Regelung für GmbH und Personenhandelsgesellschaften erübrigt sich demgegenüber deshalb, weil die gesetzliche Regelung hier nicht verlangt, daß die Teilnehmer an der Versammlung in einem besonderen Verzeichnis festgehalten werden[355]. Wird allerdings ein solches Verzeichnis aufgestellt, bietet sich für die Frage der Behandlung der Legitimationszession ein Rückgriff auf die Regelung in § 129 III AktG an.

Spricht mithin nichts gegen die grundsätzliche Zulassung einer Stimmrechtsstandschaft auch bei GmbH, OHG und KG, stellt sich die Frage, wo dem Einfluß eines Gesellschaftsfremden auf die Gesellschaft aus Gründen des Gesellschafts- und Gläubigerschutzes Grenzen zu ziehen sind. Wegen der Nähe der Legitimationszession zur Vollmacht können die für die Stimmrechtsvollmacht gewonnenen Ergebnisse, soweit sie die Begrenzung des Einflusses Außenstehender betreffen, auf die Stimmrechtsstandschaft übertragen werden. Eine Legitimationszession, welche auf eine bestimmte Abstimmung begrenzt ist, muß mithin grundsätzlich ebenso zulässig sein wie die Erteilung einer widerruflichen Vollmacht, wobei zu bedenken bleibt, daß eine Legitimationszession bei Personenhandelsgesellschaften nur im Falle einer generellen Zustimmung der Gesellschaft zur Stimmrechtsausübung durch Dritte beziehungsweise zur Abtretung des Anteils möglich, ansonsten bei OHG und KG ebenso wie bei einer GmbH mit vinkulierten Anteilen ausgeschlossen ist.

Ist jedoch die Ermächtigung zur Ausübung des fremden Stimmrechts im eigenen Namen unwiderruflich erteilt worden, kommt sie einer unwiderruflichen Vollmacht gleich und ist wie diese grundsätzlich als unzulässig anzusehen. Dies muß auch für die von einem Aktionär erteilte Legitimationszession gelten, denn es ist kein Grund ersichtlich, die Stimmrechtsstandschaft bei der AG in weiterem Umfang zuzulassen als eine Bevollmächtigung.

Besonderheiten gelten auch hier für reine Treuhand und Unterbeteiligung. Sogar von den Kritikern der Legitimationszession wird vertreten, daß die Stimmrechtsstandschaft ausnahmsweise zulässig sein müsse, wenn der Ermächtigung ein Rechtsverhältnis zugrunde liege, das den vorübergehenden Charakter der Stimmrechtsstandschaft sicherstelle und erwarten lasse, daß der Stimmrechtszessionar seine Befugnisse im Einklang mit den Gesellschafterinteressen ausübe[356]. Diese Voraussetzungen liegen bei der reinen Treuhand und der starken Unterbeteiligung vor[357]. Für die hier zu betrachtenden Fälle mittelbarer Beteiligung kommen mithin Teile der herrschenden Ansicht und die hier vertretene Meinung

355 Für die GmbH: Meyer-Landrut/Miller/Niehus (Meyer-Landrut), § 48, Rn. 15; für die PG: Schlegelberger/Martens, § 119, Rn. 6.
356 Rowedder/Koppensteiner, § 47, Rn. 22, 24.
357 Siehe oben B II 2 a bb, B II 2 b bb.

im wesentlichen zu gleichen Ergebnissen, nämlich zu der Zulässigkeit der Legitimationszession, wobei Ausnahmen für Personenhandelsgesellschaften ohne generelle Zustimmung zur Übertragung der Mitgliedschaft im Gesellschaftsvertrag und für die GmbH mit vinkulierten Anteilen gelten.

Im Hinblick auf die Frage der gespaltenen Stimmabgabe gilt für die Legitimationszession nichts anderes als für die Stimmrechtsvollmacht. Wer als Gesellschafter mehrere Anteile innehat, kann die hinter diesen Anteilen stehenden Personen mithin ermächtigen, das Stimmrecht im eigenen Namen auch uneinheitlich auszuüben. Ebenso kann er lediglich für einen Teil seiner Anteile eine Legitimationszession erteilen, im übrigen aber selbst an der Abstimmung teilnehmen.

d. Stimmbindungsvertrag

Auch wenn der mittelbar Beteiligte nicht selbst an der Abstimmung teilnimmt, kann er unter Umständen im Wege eines Stimmbindungsvertrages, durch den sich ein Gesellschafter ihm gegenüber zu einer Stimmabgabe nach seinen Weisungen verpflichtet, Einfluß auf die Abstimmung ausüben.

Stimmbindungsverträge der Gesellschafter untereinander sind allgemein sowohl im Bereich von AG und GmbH als auch bei den Personenhandelsgesellschaften als zulässig anerkannt[358]. Für die AG wird dabei auf § 136 II AktG verwiesen. Daraus, daß ein Vertrag, in dem sich ein Aktionär verpflichtet, nach Weisung der Gesellschaft, des Aufsichtsrats oder des Vorstands abzustimmen, nach dieser Vorschrift nichtig ist, sei nicht die allgemeine Nichtigkeit von Stimmbindungsverträgen zu entnehmen. Vielmehr lasse sich aus der Spezialvorschrift des § 136 II AktG der Umkehrschluß ziehen, daß die in dieser Norm nicht genannten Fälle von Stimmbindungsverträgen grundsätzlich nicht zu beanstanden seien[359]. Für die Zulässigkeit des Stimmbindungsvertrages spreche zudem, daß Abstimmungsfreiheit auch Freiheit zur Selbstbindung bedeute. Der Gesellschafter müsse also selbst entscheiden dürfen, welchen Einflüssen auf sein Stimmrecht er Raum gebe[360]. Da die Stimmbindung außerdem nur schuldrechtlich wirke, folglich auch ein Abstimmungsverhalten, welches der Vereinbarung widerspre-

---

358 Für AG/GmbH: Hachenburg/Hüffer, § 47, Rn. 74; Rowedder/Koppensteiner, § 47, Rn. 25; Scholz/K. Schmidt, § 47, Rn. 40; Baumbach/Hueck (Zöllner), § 47, Rn. 77; Lutter/Hommelhoff, § 47, Rn. 5; Meyer-Landrut/Miller/Niehus (Meyer-Landrut), § 47, Rn. 19; Theißen, DB 1993, 470; Mühl, in: Hadding/Schneider, S. 149; Flume, Jur.Person, S. 242; Blaurock, S. 190; Vogel, S. 66 ff. Für OHG/KG: Teichmann, S. 226/227; Vogel, S. 65/66; Westermann, Hb d PG, Rn. I 502; Blaurock, S. 190.

359 Hueck, FS Nipperdey, S. 403; Lutter/Grunewald, AG 1989, 111.

360 Fischer, GmbHR 1953, 65; Teichmann, S. 226/227; Behrens, FS 100 Jahre GmbH-Gesetz, S. 551/552.

che, gültig sei[361], und zudem die Verpflichtung zu einem Verhalten, welches der Gesellschaft schadet, wegen Verstoßes gegen die gesellschaftsrechtliche Treuepflicht nicht wirksam begründet werden könne[362], bleibe das Risiko einer den Gesellschaftsinteresssen widersprechenden Abstimmung gering.

Für die GmbH fehlt zwar eine § 136 II AktG entsprechende Vorschrift. Trotzdem darf nach allgemeiner Ansicht für diese Gesellschaftsform aus den oben genannten Gründen nichts anderes gelten[363]. Auch im Bereich der Personenhandelsgesellschaften geht man unproblematisch von der Zulässigkeit der Stimmbindung unter Gesellschaftern aus, und zwar wiederum unter Hinweis auf die Privatautonomie der Gesellschafter[364].

Allerdings werden Stimmbindungsverträge verschiedenen Einschränkungen unterworfen. Zum einen dürfen sie nicht zu einer Umgehung der § 47 IV GmbHG, § 136 I AktG führen, indem vom Stimmrecht ausgeschlossene Gesellschafter durch Weisungen an andere Gesellschafter in die Lage versetzt werden, auf dem Umweg über einen Stimmbindungsvertrag doch noch auf die Willensbildung in der Gesellschaft Einfluß zu nehmen[365]. Zum anderen sind sie nicht zulässig, wenn sie gesetzlichen Spezialvorschriften zuwiderlaufen, wie zum Beispiel den Vorschriften über das Verbot des Stimmkaufs in § 405 III Nr.5, 6 AktG. Den Schutz des Gesellschafters vor Knebelung soll die allgemeine Vorschrift des § 138 I BGB bieten: Die Stimmbindung dürfe nicht Entscheidungen im Kernbereich der Mitgliedschaft erfassen[366].

Uneins ist man sich demgegenüber im Hinblick auf die Zulässigkeit von Stimmbindungsverträgen, in denen sich Gesellschafter den Weisungen gesellschaftsfremder Personen unterwerfen. Während einige eine Stimmbindung auch in diesen Fällen für grundsätzlich zulässig erachten[367], werden von anderer Seite wegen der hier fehlenden Eingebundenheit des die Weisungen Erteilenden in die Gesellschaft erhebliche Zweifel gegenüber der Möglichkeit, Stimmbindungsverträge mit Dritten abzuschließen, geltend gemacht. Der Stimmbindungsvertrag mit einem Nichtgesellschafter berge insoweit Gefahren in sich, als er das Schicksal

361 Schaub, DStR 1995, 1638; Roth/Thöni, S. 280; Vogel, S. 69.

362 Rowedder/Koppensteiner, § 47, Rn. 28; Theißen, DB 1993, 470; Fischer, GmbHR 1953, 65; Henn, S. 57.

363 Vgl.: Hueck, FS Nipperdey, S. 407; Lutter/Grunewald, AG 1989, 111.

364 Teichmann, S. 226/227; Hueck, FS Nipperdey, S. 408 ff.

365 Schaub, DStR 1995, 1639; Hachenburg/Hüffer, § 47, Rn. 77; Meyer-Landrut/Miller/Niehus (Meyer-Landrut), § 47, Rn. 19; Hueck, FS Nipperdey, S. 404/405, 407.

366 Westermann, Hb d PG, Rn. I 502; Baumbach/Hueck (Zöllner), § 47, Rn. 77.

367 Rowedder/Koppensteiner, § 47, Rn. 26; Baumbach/Hueck (Zöllner), § 47, Rn. 77; Hueck, FS Nipperdey, S. 416 ff.; Schaub, DStR 1995, 1638; Fischer, GmbHR 1953, 65.

der Gesellschaft von Personen abhängig mache, denen keine Pflichten in der Gesellschaft obliegen und die keinerlei Verantwortung in der Gesellschaft tragen[368].

Die Diskussion um die Zulässigkeit von Stimmbindungsverträgen wird wie auch die Frage der Stimmrechtseinräumung für Dritte, der Stimmrechtsvollmacht und der Legitimationszession durch Bedenken geprägt, welche sich aus der grundsätzlichen Anbindung des Stimmrechts an die Mitgliedschaft, dem Bedürfnis der Gesellschaft und ihrer Gläubiger nach Schutz vor zu starkem Einfluß auf die Willensbildung durch Gesellschaftsfremde und der Gefahr einer zu weitgehenden Einengung des betroffenen Gesellschafters durch seine Vereinbarung mit dem Dritten ergeben. Zu überlegen ist, ob überhaupt und - sollte dies der Fall sein - wann durch einen Stimmbindungsvertrag die Grenzen der zulässigen Einmischung Fremder in Gesellschaftsangelegenheiten überschritten werden.

Von der Stimmrechtsvollmacht unterscheidet sich der Stimmbindungsvertrag dadurch, daß der Gesellschafter selbst an der Abstimmung teilnimmt, der Vertragspartner also nur im Hintergrund Weisungen erteilt, nicht aber wie bei der Vollmacht nach außen hin auftritt. Die Stimmabgabe des Gebundenen ist auch dann wirksam, wenn sie der Vereinbarung widerspricht. Eine Bindung des Gesellschafters und damit eine Schadensersatzpflicht wegen vertragswidrigen Verhaltens tritt erst gar nicht ein, wenn mit der weisungsgemäßen Abstimmung eine Verletzung der gesellschaftsrechtlichen Treuepflicht verbunden wäre. Die Nichtigkeit einer Verpflichtung zu einem treuwidrigen Abstimmungsverhalten ergibt sich aus § 306 BGB. Denn da eine treuwidrige Stimmabgabe unwirksam ist[369], ist die Erfüllung der Verpflichtung zur Abgabe einer solchen von Anfang an objektiv unmöglich.

Der Umstand, daß der durch einen Stimmbindungsvertrag verpflichtete Gesellschafter selbst Herr über die Stimmabgabe ist und durch Weisungen, welche der gesellschaftsrechtlichen Treuepflicht zuwiderlaufen, erst gar nicht gebunden wird, scheint dafür zu sprechen, die Stimmbindung gegenüber der Stimmrechtsvollmacht, unter erleichterten Voraussetzungen zuzulassen. Allerdings ist mittlerweile anerkannt, daß einem Nichtgesellschafter, welcher auf die Abstimmungen in der Gesellschaft über einen wirksamen Stimmbindungsvertrag Einfluß nimmt, auch die Möglichkeit zuzubilligen ist, seinen Anspruch auf ein bestimmtes Abstimmungsverhalten seines Vertragspartners einzuklagen und die Voll-

368 Priester, FS Werner, S. 665/666; Hachenburg/Hüffer, § 47, Rn. 75; Meyer-Landrut/Miller/Niehus (Meyer-Landrut), § 47, Rn. 19; Scholz/K. Schmidt, § 47, Rn. 42; Flume, Jur.Person, S. 242.

369 Für die Unwirksamkeit einer gegen die Treuepflicht verstoßenden Stimmabgabe: Vogel, S. 66; Baumbach/Hueck (Zöllner), § 47, Rn. 74a.

streckung zu betreiben[370]. Die gerichtliche Durchsetzung der Stimmbindungsvereinbarung kann zwar nicht in der Weise erfolgen, daß eine bereits erfolgte Beschlußfassung nachträglich aufzuheben wäre, wenn ein Gesellschafter seine Pflicht aus dem Vertrag verletzt hat; in diesen Fällen kann der Dritte lediglich Schadensersatz verlangen[371]. Jedoch kann der Hintermann, bevor die Abstimmung in der Gesellschaft erfolgt, im Wege der Leistungsklage vorgehen. Die Vollstreckung erfolgt nach herrschender Ansicht gemäß § 894 ZPO[372].

Die Einklagbarkeit und Vollstreckbarkeit der dem Gesellschafter aus dem Stimmbindungsvertrag obliegenden Verpflichtungen begründen einen erheblichen Druck für den Gesellschafter, im Sinne des Hintermanns abzustimmen, und ändern damit den Charakter der Stimmrechtsbindung entscheidend[373]. Sie führen dazu, daß sich die Stimmbindung in ihren Auswirkungen der Stimmrechtsvollmacht annähert. Daß der Gesellschafter bei der Stimmrechtsbindung anders als im Falle einer Bevollmächtigung des außenstehenden Dritten selbst an der Beschlußfassung teilnimmt, spricht daher nur vordergründig für eine erleichterte Zulässigkeit der Stimmbindung gegenüber der Vollmacht[374].

Da die Intensität des Einflusses eines Außenstehenden auf die Beschlußfassung in der Gesellschaft bei der Stimmrechtsvollmacht und im Falle eines Stimmbindungsvertrages vergleichbar sind, kann bei dem Versuch, den Einfluß eines Nichtgesellschafters auf die Gesellschaft durch Stimmbindungsvertrag sinnvoll zu begrenzen, auf die Argumentation bei der Stimmrechtsvollmacht zurückgegriffen werden. Wie die widerrufliche Stimmrechtsvollmacht im GmbH- und Aktienrecht als grundsätzlich zulässig angesehen wird, muß mithin auch der von vornherein auf bestimmte Abstimmungen begrenzte Stimmbindungsvertrag als von der Privatautonomie des Gesellschafters gedeckt anzusehen sein[375]. Ist der Stimmbindungsvertrag Bestandteil eines reinen Treuhandvertrages oder eines Unterbeteiligungsvertrages, der den Unterbeteiligten mit wenigstens 50% an dem auf den Anteil entfallenden Gewinn und der dem Anteil entsprechenden Substanz der Gesellschaft beteiligt, ist wegen der wirtschaftlichen Gesellschafterstellung des mittelbar Beteiligten und der daraus folgenden Übereinstimmung der Interes-

---

370 Scholz/K. Schmidt, § 47, Rn. 55; Rowedder/Koppensteiner, § 47, Rn. 30/31; Lutter/Hommelhoff, § 47, Rn. 5; Meyer-Landrut/Miller/Niehus (Meyer-Landrut), § 47, Rn. 21; Mühl, in: Hadding/Schneider, S. 149; Henn, S. 61/62; Westermann, Hb d PG, Rn. I 506; Theißen DB 1993, 470; Markwardt, S. 63 ff. A.A.: Henssler, AcP 196 (1996), 79/80.

371 Markwardt, S. 67.

372 BGHZ 48, 163, 173; Beuthien, ZGR 1974, 43; Markwardt, S. 67; Theißen, DB 1993, 471; H. P. Westermann, Hb d PG, Rn. I 506.

373 Priester, FS Werner, S. 668; Hachenburg/Hüffer, § 47, Rn. 75.

374 So aber Hueck, FS Nipperdey, S. 409.

375 Rowedder/Koppensteiner, § 47, Rn. 26.

sen des Unterbeteiligten beziehungsweise Treugebers mit denen der Gesellschafter auch ein Stimmbindungsvertrag, welcher nicht auf eine bestimmte Abstimmung beschränkt ist, als zulässig zu erachten[376].

Man wird allerdings die Stimmbindungsverträge von der Zustimmung der übrigen Gesellschafter abhängig machen müssen, wenn der gebundene Gesellschafter einer Personengesellschaft angehört oder es sich bei dem betroffenen Anteil um einen vinkulierten Gesellschaftsanteil einer GmbH handelt[377]. Denn in diesen Fällen dokumentiert sich ein besonders starkes Interesse der Gesellschaft an der Person des auf die Willensbildung Einfluß Nehmenden und am Ausschluß unerwünschter Personen von der Abstimmung.

Für die Frage der uneinheitlichen Stimmabgabe durch einen Gesellschafter, welcher sich verschiedenen Hintermännern gegenüber zu einer Stimmabgabe nach deren Weisungen verpflichtet hat, kann auf die im Zusammenhang mit der Stimmrechtsvollmacht dargelegten Argumente[378] verwiesen werden. Ein Stimmbindungsvertrag, welcher zu einem uneinheitlichen Abstimmungsverhalten des Gesellschafters führen kann, ist grundsätzlich zulässig, wenn der Gesellschafter mehrere Anteile innehat und mit diesen jeweils einheitlich abstimmt. Voraussetzung für eine gespaltene Stimmabgabe bei Personenhandelsgesellschaften ist allerdings, daß das Einstimmigkeitsprinzip abbedungen wurde.

e. Ergebnis

Bei der Betrachtung, inwieweit der mittelbar an einer Gesellschaft Beteiligte auf Vorgänge in der Gesellschaft Einfluß nehmen kann, zeigen sich insofern Parallelen zu der zuvor untersuchten Problematik der Haftung, als bei der Stimmrechtsausübung ebenso wenig wie bei der Haftung die Einordnung des Nichtgesellschafters als Treugeber oder Unterbeteiligter den Ausschlag für seine rechtliche Behandlung gibt. Der Unterbeteiligte kann wie ein Gesellschafter und wie der Treugeber - in Ausnahmefällen - zur Haftung herangezogen werden. Er kann auch unter bestimmten Voraussetzungen seine Vorstellungen gleich einem Gesellschafter und nicht anders als der Treugeber in der Gesellschafterversammlung zum Ausdruck bringen, zwar nicht durch Ausübung eines eigenen Stimmrechts,

376 Ähnlich: Rowedder/Koppensteiner, § 47, Rn. 26; Scholz/K. Schmidt, § 47, Rn. 42. Für PG: H. P. Westermann, Hb d PG, Rn I 503: unbedenklich bei offener Treuhand und Unterbeteiligung; für GmbH: Henn, S. 60: unbedenklich bei Treuhand und Unterbeteiligung ab 50% Teilhabe des Unterbeteiligten am Gewinn; für GmbH und AG: Flume, Jur. Person, S. 243/244: unbedenklich bei Treuhand, nicht bei Unterbeteiligung.

377 So auch: Schaub, DStR 1995, 1639; Fischer, GmbHR 1953, 67; Henn, S. 60.

378 Siehe oben B II 2 b bb.

wohl aber im Wege der Stimmrechtsvollmacht, der Legitimationszession oder eines Stimmbindungsvertrages.

Allerdings ist der Kreis der mittelbar Beteiligten, welche Einfluß auf die Abstimmungen nehmen können, weiter als der Kreis derjenigen mittelbar Beteiligten, welche wie Gesellschafter den Haftungsvorschriften unterliegen. Grund hierfür ist, daß der Einbindung des mittelbar Beteiligten in die Haftung und seiner Möglichkeit auf die Abstimmungen in der Gesellschaft Einfluß zu nehmen, unterschiedliche Erwägungen zugrunde liegen.

Die Haftung des mittelbar Beteiligte neben „seinem" Gesellschafter soll eine Umgehung der Haftungsvorschriften durch Treuhand und Unterbeteiligung verhindern; sie ist daher nur dann notwendig, wenn im wesentlichen der Hintermann die mit dem Anteil verbundenen Einflußmöglichkeiten wahrnehmen kann. Daher trifft sie den Unterbeteiligten nur in Ausnahmefällen. Demgegenüber birgt die Stimmrechtsausübung durch den mittelbar Beteiligten bereits dann keine Gefahren für die Gesellschaft und ihre Gläubiger, wenn der Treugeber oder Unterbeteiligte gleich einem Gesellschafter am Risiko des Unternehmens beteiligt ist. Erforderlich für eine Einflußnahme auf die Abstimmungen ist daher nicht, daß die Stellung des Gesellschafters im Verhältnis zu seinem Hintermann zurücktritt; es genügt vielmehr, daß beide als gleichberechtigte Partner am Wagnis der Gesellschaft teilhaben.

Teil C: Steuerrecht

I. Einführung zum steuerrechtlichen Teil

Die Betrachtung von reiner Treuhand und Unterbeteiligung im Steuerrecht im Anschluß an die Untersuchung gesellschaftsrechtlicher Aspekte dieser Formen mittelbarer Beteiligung an Gesellschaften verfolgt den Zweck, mögliche Parallelen und Unterschiede in der Behandlung der beiden Beteiligungsformen auf den Gebieten des Zivil- und des Steuerrechts aufzuzeigen. Insbesondere soll Gegenstand der Betrachtung sein, ob und inwieweit sich die für den Bereich des Zivilrechts befürwortete weitgehende rechtliche Gleichbehandlung der Treugeber und bestimmter Unterbeteiligter mit den Gesellschaftern von Personen- und Kapitalgesellschaften auf das Steuerrecht übertragen läßt. Zu diesem Zweck werden Fragen, die bereits auf der Ebene des Zivilrechts diskutiert worden sind, auf ihre steuerrechtliche Bedeutung hin untersucht. So sollen beispielsweise die steuerrechtlichen Auswirkungen der haftungsmäßigen Inanspruchnahme des mittelbar Beteiligten behandelt werden. Neben dem Einkommensteuerrecht als Schwerpunkt des steuerrechtlichen Abschnitts werden gewerbe- und körperschaftsteuerrechtliche Probleme betrachtet.

Nicht anders als in dem zivilrechtlichen Teil der Arbeit soll auch in dem Kapitel über die steuerrechtliche Behandlung von reiner Treuhand und Unterbeteiligung die Stellung des Treugebers und des Unterbeteiligten nicht bis in den letzten Winkel hinein beleuchtet werden. Die Arbeit ist vielmehr auf Bereiche beschränkt, welche im Zusammenhang mit der mittelbaren Beteiligung an Gesellschaften Probleme aufwerfen und daher im Rahmen dieser Untersuchung von besonderem Interesse sind.

II. Einkommensteuerrecht

1. Einleitung

Ausgangspunkt für die Untersuchung, ob und inwieweit eine Person der Steuerpflicht unterliegt, ist die Vorschrift des § 3 I AO. Danach können Steuern allein von Personen erhoben werden, „bei denen der Tatbestand zutrifft, an den das Gesetz die Leistungspflicht knüpft“. Zur Einkommensteuer kann mithin herangezogen werden, wer die gesetzlich normierten Voraussetzungen für die Einkommensteuerpflicht erfüllt. Diese Voraussetzungen sind den §§ 2 I, 13 ff. EStG zu entnehmen. Im Regelfall läßt sich die Frage, wer einkommensteuerpflichtige Einkünfte im Sinne des § 2 I EStG erzielt, wem also realisierte Reinvermögenszugänge zuzurechnen sind, die auf einer entgeltlichen Verwertung von Gütern oder Dienstleistungen beruhen[379], unproblematisch beantworten. Im Falle einer mittelbaren Beteiligung an Gesellschaftsanteilen kommen jedoch zwei Personen in Betracht, denen die Erträge aus dem Anteil als Einkünfte aus Gewerbebetrieb zugerechnet werden könnten, nämlich auf der einen Seite der unmittelbar Beteiligte als zivilrechtlicher Gesellschafter und auf der anderen Seite der mittelbar Beteiligte als der an dem Anteil wirtschaftlich allein oder doch zumindest anteilig Interessierte. Es stellt sich daher die Frage, ob dem rechtlichen oder dem bloß faktischen Gesellschafter die betreffenden Einkünfte einkommensteuerrechtlich zuzurechnen sind.

Bei der Zurechnung von Einkünften lassen sich die persönliche Zurechnung, also die Bestimmung der Person des Steuerpflichtigen, und die sachliche Qualifikation der Einkünfte, und damit die Zuordnung der Vermögenszugänge zu einer der in § 2 I EStG abschließend aufgeführten Einkunftsarten, unterscheiden. Da die Zurechnung der Einkünfte zu einer bestimmten Person davon abhängt, ob sie selbst den Tatbestand der jeweiligen Einkunftsart erfüllt, kann die Frage der persönlichen Zurechnung der Einkünfte nicht losgelöst von ihrer sachlichen Qualifikation beantwortet werden[380].

2. *Einkünftezurechnung zu Treugeber und Unterbeteiligtem*

Gewinne aus Gesellschaftsanteilen unterliegen der Einkommensteuer in erster Linie als Einkünfte aus Gewerbebetrieb im Sinne der §§ 2 I Nr. 2, 15 I Nr. 2 EStG (bei Personenhandelsgesellschaften) oder als Einkünfte aus Kapitalvermögen gemäß §§ 2 I Nr. 5, 20 EStG (bei Personenhandelsgesellschaften und Kapitalgesellschaften). Im folgenden wird zunächst der Frage nachgegangen, inwieweit die Erträge aus Gesellschaftsanteilen dem Treugeber bei einem reinen Treuhandverhältnis gemäß §§ 15 I Nr. 2 oder § 20 EStG zugerechnet werden können. Im Anschluß daran soll untersucht werden, ob sich die für die reine Treuhand gewonnenen Ergebnisse auf die Unterbeteiligung übertragen lassen.

---

379 Zur Definiton der einkommensteuerpflichtigen Einkünfte: Biergans/Stockinger, FR 1982, 31; Blümich/Stuhrmann, § 2, Rn. 13.

380 Vgl. Heidner, S. 80/81; in diese Richtung auch: BFH BStBl 1983 II, 272; Plückebaum/Wendt/Niemeier/Schlierenkämper, ESt, S. 75.

a. Einkünftezurechnung zum Treugeber bei einem reinen Treuhandverhältnis

aa. Einkünfte aus Gewerbebetrieb, §§ 2 I Nr. 2, 15 I Nr. 2 EStG

(1) Der auf den Anteil entfallende Gewinn

Gemäß § 15 I Nr.2, S.1, HS 1 EStG zählen zu den Einkünften aus Gewerbebetrieb „die Gewinnanteile der Gesellschafter einer Offenen Handelsgesellschaft, einer Kommanditgesellschaft oder einer anderen Gesellschaft, bei der der Gesellschafter als Unternehmer (Mitunternehmer) des Betriebs anzusehen ist“. Der Wortlaut der Vorschrift legt den Gedanken nahe, daß Einkünfte aus Gewerbebetrieb nach Nr.2 der Vorschrift nur eine Person erzielen kann, die nach Zivilrecht die Stellung eines Gesellschafters einnimmt. Der Treugeber steht zwar wirtschaftlich hinter dem Anteil; zivilrechtlich ist jedoch allein der Treuhänder Gesellschafter, so daß jedenfalls auf den ersten Blick der lediglich mittelbar an der Gesellschaft Beteiligte mit seinem aus dem Anteil erzielten Gewinn als Steuerpflichtiger nach § 15 I Nr.2 EStG nicht in Betracht zu kommen scheint. Dennoch soll der Treugeber nach allgemeiner Ansicht auf der Grundlage dieser Vorschrift zur Einkommensteuerpflicht herangezogen werden können[381]. Da der Treuhänder ausschließlich auf Rechnung des Treugebers handele und dessen Weisungen zu befolgen habe, sei der Treugeber nach der im Steuerrecht zu beachtenden wirtschaftlichen Betrachtungsweise als Gesellschafter unter § 15 I Nr.2 EStG zu fassen[382].

Einkommensteuerpflichtige Einkünfte des Treugebers aus Gewerbebetrieb ließen sich auch ohne Rückgriff auf die in ihrer Reichweite durchaus nicht unumstrittene allgemeine Geltung der wirtschaftlichen Betrachtungsweise im Steuerrecht[383] annehmen, wenn dem Hintermann der auf den Anteil entfallende Gewinn über § 39 II Nr.1, S.2 AO zuzurechnen wäre[384]. Die Vorschrift bestimmt, daß

---

381 BFH BStBl 1993 II, 574, 576; BFH BStBl 1977 II, 737, 739/740; BFH BStBl 1984 II, 751, 768/769; BFH BStBl 1989 II, 722, 724; BFH BStBl 1991 II 691, 700; BFH BStBl 1992 II 512, 517; L.Schmidt, StuW 1988, 248 Text und Fn.29; Schulze zur Wiesche, FR 1999, 284; Wolff-Diepenbrock, FS Döllerer, 763/764; A.Schmidt, S. 100/101; Schmidt (Schmidt), § 15, Rn. 296; Tipke/Lang (Lang), § 9 Rn. 508; Tiedtke, S. 239; Plückebaum/Wendt/Niemeier/Schlierenkämper, S. 76; Blaurock, S. 302; Eden, S. 126; Littmann/Bitz/Pust (Bitz), § 15, Rn. noch 30; Blümich/ Stuhrmann, § 15, Rn. 361; Kirsten/Matheja, Rn. 146; Rödder, DB 1988, 200.

382 BFH BStBl 1984 II 751, 769; Schulze zur Wiesche, FR 1999, 284; A.Schmidt, S. 100; Tiedtke, S. 239; Blaurock, S. 327.

383 Näher dazu siehe unten C II 2 b aa (1).

384 Für eine unmittelbare Anwendung des § 39 II Nr. 1, S. 2 AO auf den Treugeber: BFH BStBl 1992 II, 512, 517; BFH BStBl 1993 II, 574, 576; Littmann/Bitz/Pust

Wirtschaftsgüter im Falle eines Treuhandverhältnisses dem Treugeber zuzurechnen sind. Sie ist Ausdruck der wirtschaftlichen Betrachtungsweise im Steuerrecht. Die Norm befaßt sich allerdings ausschließlich mit der Zurechnung von Wirtschaftsgütern, also von Sachen oder Rechten im Sinne des bürgerlichen Rechts oder sonstigen wirtschaftlichen Vorteilen, welche durch eindeutig und klar abgegrenzte Aufwendungen erlangt werden, dem Betrieb einen über das Wirtschaftsjahr hinausgehenden Nutzen zu erbringen versprechen und nach der Verkehrsauffassung selbständig bewertungsfähig sind[385]. Die Zurechnung von Einkünften regelt sie demgegenüber nicht[386].

Dennoch könnte § 39 II Nr.1 S.2 AO von Bedeutung für die einkommensteuerrechtliche Behandlung von Einkünften aus Gewerbebetrieb sein, nämlich dann, wenn sich die Beteiligung an einer Personenhandelsgesellschaft unter den Begriff des Wirtschaftsguts fassen ließe. Der Anteil ließe sich dann dem Treugeber unter Umständen mit Hilfe dieser Vorschrift zurechnen. Seiner Stellung als Gesellschafter im Sinne des § 15 I Nr.2 EStG stünde die fehlende zivilrechtliche Gesellschaftereigenschaft nicht entgegen.

Was unter einem Wirtschaftsgut zu verstehen ist, wird zwar im Einkommensteuerrecht nicht definiert. Da die handelsrechtlichen Grundsätze ordnungsgemäßer Buchführung entscheidend für die Frage sind, welche Gegenstände als Wirtschaftsgüter Eingang in die Steuerbilanz finden, §§ 4 ff. EStG, besteht jedoch Einigkeit darüber, daß der Begriff des Wirtschaftsguts im Steuerrecht demjenigen des handelsrechtlichen Vermögensgegenstandes entspricht[387]. Da die Handelsbilanz als Vermögensausweis des Kaufmanns dient, mithin zum Schutze der Gläubiger sein Vermögen offenlegen soll[388], werden als Vermögensgegenstände im Sinne des Handelsrechts diejenigen Bestandteile des Vermögens eines Kauf-

---

(Bitz), § 15, Rn. noch 30; Knobbe-Keuk, S. 411/412, auch Fn. 251; Meßmer, FS Döllerer, S. 442; für eine analoge Anwendung der Vorschrift: BFH BStBl 1977, II, 737, 740.

385 Heidner, DStR 1989, 305; Heidner, DB 1996, 1203; Tipke/Kruse (Kruse), § 39, Rn. 17: auch tatsächliche Zustände, konkrete Möglichkeiten und Nutzungsrechte erfaßt.

386 Eden, S. 112; Tipke/Kruse (Kruse), § 39 AO, Rn. 18; Hübschmann/Hepp/Spitaler (Fischer), § 39, Rn. 9.

387 BFH BStBl 1988 II, 348, 352; BFH BStBl 1979 II, 262, 263; BFH BStBl 1976 II, 13, 14; Nieskens, Wpg 1988, 493, Fn.10; Koch/Scholtz (Hoffmann), § 39, Rn. 4; Mathiak, StuW 1985, 277; Wrede, FR 1990, 294; Reiß, StuW 1986, 252 f.; Söffing, JbFSt 1978/1979, 212, der allerdings den Anteil an einer Personengesellschaft weder als Vermögensgegenstand im Sinne des Handelsrechts noch steuerrechtlich als Wirtschaftsgut ansieht.

388 Reiß, StuW 1986, 252.

manns in die Handelsbilanz aufgenommen, die dem Zugriff seiner Gläubiger unterliegen.

Anders als die zum Gesellschaftsvermögen gehörenden Gegenstände, über die der einzelne Gesellschafter wegen der gesamthänderischen Bindung keine Verfügungsmacht hat[389], steht den Gläubigern der Gesellschaftsanteil des Kaufmanns insgesamt als Haftungsmasse zur Verfügung. Zu recht hält man es daher allgemein für erforderlich, daß der Anteil an einer Personengesellschaft, wenn er zum Betriebsvermögen eines Kaufmanns gehört, als Vermögensgegenstand in der Handelsbilanz des Kaufmanns ausgewiesen wird[390]. Er müßte sich daher ohne weiteres als Wirtschaftsgut unter § 39 II Nr.2, S.1 AO fassen lassen. Dem widersprechen jedoch der Bundesfinanzhof[391] und Teile der Literatur[392]: Dem Posten der „Beteiligung an einer Personenhandelsgesellschaft" komme für die steuerliche Gewinnermittlung bei den Gesellschaftern keine eigenständige Bedeutung zu, da ihre Einkünfte in der Weise ermittelt würden, daß der Gewinn der Personenhandelsgesellschaft errechnet und dann die entsprechenden Gewinnanteile den jeweiligen Gesellschaftern zugerechnet würden. Aus diesem Grund sei die Beteiligung selbst nicht in die Steuerbilanz aufzunehmen. Ausdrücklich zieht der Bundesfinanzhof daraus die Schlußfolgerung: „Die Gesellschaftsbeteiligung bildet kein selbständiges Wirtschaftsgut"[393].

Zwar kommt dem Anteil ohne Zweifel insofern keine selbständige Bedeutung zu, als die Ermittlung des Totalgewinns beziehungsweise -verlusts, wie er sich aus §§ 15, 16 EStG ergibt, betroffen ist. Anders verhält es sich jedoch beispielsweise bei Einbringungsvorgängen oder, wenn es um die Ermittlung des verwendbaren Eigenkapitals oder die Folgen von Umwandlungen in Kapitalgesellschaften geht. Hier kann die Aufnahme des Gesellschaftsanteils in die Steuerbilanz sehr wohl erforderlich sein[394]. Zudem erschiene es, selbst wenn dem Posten der Beteiligung an einer Personenhandelsgesellschaft in der Steuerbilanz für die steuerliche Gewinnermittlung keine eigenständige Bedeutung zukäme, nicht nachvollziehbar, warum die Beteiligung an einer Personengesellschaft allein aus diesem Grund ihre Eigenschaft als Wirtschaftsgut verlieren sollte, denn die Bewertungs-

---

389 Nieskens, Wpg 1988, 494; Mathiak, StuW 1985, 277; Reiß, StuW 1986, 252.

390 Reiß, StuW 1986, 252; Mathiak, StuW 1985, 277; Schellenberger, DStR 1985, 166; Mellwig, BB 1990, 1170; Nieskens, Wpg 1988, 493/494; Döllerer, Wpg 1977, 82; a.A. Söffing, JbFSt 1978/1979, 227: nach dessen Ansicht die Beteiligung an einer Personengesellschaft kein einheitlicher Vermögensgegenstand sein soll.

391 BFH BStBl 1981 II 730, 731; BFH BStBl 1995 II, 831.

392 Schmidt/Heinicke, § 4, Rn. 251; Kirchhof/Söhn (Plückebaum), § 4, Rn. B 48.

393 BFH BStBl 1981 II, 730, 731.

394 Siehe dazu auch Gschwendtner, DStR 1993, 822, 823; Groh, StuW 1995, 385; Döllerer, Wpg 1977, 88; Knobbe-Keuk, S. 436; Schön, FR 1994, 662; Wrede, FR 1990, 294; Reiß, StuW 1986, 253.

fähigkeit des Anteils wird nicht dadurch aufgehoben, daß eine Bewertung nicht erforderlich ist[395]. Insgesamt kann der Umstand, daß der Gewinn oder Verlust des Gesellschafters sich im wesentlichen aus demjenigen der Gesellschaft ergibt, einer Einordnung des Anteils als Wirtschaftsgut im Sinne des § 39 AO mithin nicht entgegenstehen.

Unstreitig erstreckt sich der Geltungsbereich des § 39 AO grundsätzlich auf das gesamte Steuerrecht[396]. Allerdings bedarf im Einzelfall der Prüfung, ob der in § 39 II AO angeordneten wirtschaftlichen Betrachtungsweise ein Vorrang der zivilrechtlichen Gestaltung der Verhältnisse entgegensteht. Im Bereich des Einkommensteuerrechts spielt die tatsächliche wirtschaftliche Leistungsfähigkeit die entscheidende Rolle für die Besteuerung von Einkünften; für die Besteuerung sind mithin wirtschaftliche Gesichtspunkte von Bedeutung[397]. Der Anwendung des § 39 II Nr.1, S.2 AO steht daher nichts entgegen. Da Treugeber im Sinne des § 39 II Nr.1, S.2 AO unstreitig jedenfalls derjenige ist, in dessen alleinigem Interesse ein Gesellschafter den Anteil hält[398], kann der Gesellschaftsanteil dem mittelbar Beteiligten im Falle eines reinen Treuhandverhältnisses mit Hilfe dieser Vorschrift zugerechnet werden. Der Treugeber ist daher Gesellschafter im Sinne des § 15 I Nr.2 EStG, obwohl rechtlich allein dem Treuhänder diese Position zukommt. Zur Annahme einer Gesellschafterstellung des Treugebers im Sinne des § 15 I Nr.2 EStG bedarf es daher weder einer analogen Anwendung des § 39 II Nr.1, S.2 AO noch eines Rückgriffs auf das allgemeine Kriterium der wirtschaftlichen Betrachtungsweise im Steuerrecht, da letzteres in § 39 II AO seinen konkreten Ausdruck gefunden hat[399].

Handelt es sich bei dem Treugeber um einen OHG- oder KG-Gesellschafter im Sinne des § 15 I Nr.2 EStG, steht damit nicht ohne weiteres fest, daß er die Erträge aus seinem Anteil als Einkünfte aus Gewerbebetrieb versteuern muß. Verlangt die Vorschrift neben der Gesellschaftereigenschaft des Steuerpflichtigen, daß dieser die Position eines Mitunternehmers des Betriebs der OHG oder KG einnimmt, bedarf näherer Untersuchung, ob und wann der Treugeber diese zusätzliche Voraussetzung erfüllt.

---

395 Ähnlich Knobbe-Keuk, S. 436.

396 Schwarz (Schwarz), § 39 AO, Rn. 1; Tipke/Kruse (Kruse), § 39, Rn. 5.

397 Klein/Orlopp (Brockmeyer), § 39, Rn. 5.

398 BFH BStBl 1992 II, 512, 517; Tipke/Kruse (Kruse), § 39, Rn. 31; Koch/Scholtz (Hoffmann), § 39, Rn. 10; Schwarz (Schwarz), § 39, Rn. 4; Klein/Orlopp (Brockmeyer), § 39, Rn. 34. Siehe zu der umstrittenen Einordnung von Rechtsverhältnissen, welche den Gesellschafter dazu verpflichten, neben seinen eigenen Interessen auch diejenigen des bloß mittelbar an der Gesellschaft Beteiligten zu beachten, C II 2 b.

399 Klein/Orlopp (Brockmeyer), § 39, Rn. 1; Heidner, DB 1996, 1203; Hübschmann/Hepp/Spitaler (Fischer), § 39, Rn. 3.

Die grammatikalische Auslegung des § 15 I Nr.2 EStG legt die Annahme nahe, daß allein die „andere Gesellschaft" den Bezugspunkt des das Erfordernis der Mitunternehmerschaft aufstellenden Relativsatzes bilden soll[400], mithin die Erträge der Gesellschafter einer OHG oder KG aus ihren Anteilen ohne weiteres als Einkünfte aus Gewerbebetrieb im Sinne des § 15 I Nr.2 EStG der Einkommensteuer unterliegen. Etwas anderes könnte sich allerdings aus Sinn und Zweck der Vorschrift ergeben. § 15 I Nr.2 EStG bestimmt, wann von mehreren Personen gemeinsam erzielte Erträge als gewerbliche Einkünfte zu versteuern sind. Der Vorschrift liegt das Ziel zugrunde, Mitglieder von Personenmehrheiten einkommensteuerrechtlich einem Einzelunternehmer gleichzustellen[401].

Anders als bei dem Einzelunternehmer, welcher das Risiko der von ihm vorgenommenen Geschäfte nicht mit anderen teilt und das Unternehmen allein steuert, sind Risiko und Entscheidungsmacht des einzelnen Gesellschafters in einer Personengesellschaft, gleichgültig, ob es sich um eine OHG, KG oder eine „andere Gesellschaft" handelt, notwendigerweise mehr oder weniger begrenzt. Aufgabe des Merkmals der Mitunternehmerschaft ist, ein Mindestmaß an Einfluß und Risikoübernahme des Gesellschafters einer Personengesellschaft festzulegen, ohne welches eine Vergleichbarkeit des Gesellschafters mit dem Einzelunternehmer nicht vorhanden und damit auch eine steuerrechtliche Gleichbehandlung nicht gerechtfertigt wäre.

Seinem Zweck nach muß der das Merkmal der Mitunternehmerschaft behandelnde Relativsatz mithin auf sämtliche in § 15 I Nr.2 EStG aufgeführte Gesellschaftsformen Anwendung finden. Da eine solche an Sinn und Zweck orientierte Auslegung auch mit dem Wortlaut der Norm nicht als völlig unvereinbar erscheint, ist sie der streng grammatikalischen Auslegung vorzuziehen. Dies gilt umso mehr, als auch § 16 I Nr.2 EStG die Mitunternehmerstellung der Gesellschafter unabhängig von der Rechtsform der Gesellschaft verlangt[402]. Auch die Gesetzessystematik stützt damit das hier vertretene Verständnis der Regelung. Der Gesellschafter einer OHG oder KG kann mithin Einkünfte aus Gewerbebetrieb im Sinne des §15 I Nr.2 EStG nur erzielen, wenn er sich als Mitunternehmer des Betriebs der Gesellschaft einordnen läßt.

Damit stellt sich die Frage, wann ein Treugeber als Mitunternehmer des Betriebs der OHG oder KG, an welcher er mittelbar beteiligt ist, angesehen werden kann. Der Begriff des Mitunternehmers ist gesetzlich nicht definiert; es handelt sich um einen offenen Typusbegriff, in dessen Rahmen die Verkehrsauffassung

---

400 BFH BStBl 1984 II, 751, 769; BFH BStBl 1974 II, 404, 406; BFH BStBl 1979 II, 405, 407; Meßmer, FS Döllerer, S. 441; Crezelius, § 6, Rn. 7.

401 BFH BStBl 1974 II, 404, 406; Blaurock, S. 298.

402 BFH BStBl 1984 II, 751, 769; BFH BStBl 1979 II, 405, 407/408; BFH BStBl 1974 II, 404, 406.

und das Gesamtbild der Verhältnisse besondere Berücksichtigung finden müssen[403]. Im wesentlichen ist anerkannt, daß der Begriff des Mitunternehmers Mitunternehmerrisiko und Mitunternehmerinitiative voraussetzt, wobei zwar die beiden Merkmale unterschiedlich stark ausgeprägt sein können, aber auf keines der beiden vollständig verzichtet werden kann[404].

Unter Mitunternehmerinitiative wird insbesondere die Teilhabe an unternehmerischen Entscheidungen verstanden. Der Gesellschafter muß zumindest in der Lage sein, in der Gesellschaft Rechte auszuüben, welche in etwa den im HGB normierten Stimm-, Kontroll- und Widerspruchsrechten des Kommanditisten entsprechen[405]. An dem Unternehmerrisiko hat der Gesellschafter in ausreichendem Maße teil, wenn er gesellschaftsrechtlich an dem Erfolg beziehungsweise Mißerfolg seiner Gesellschaft, mithin an deren Wagnis, beteiligt ist. In der Regel wird diese Teilhabe durch eine Beteiligung am Gewinn und Verlust des Unternehmens und an den stillen Reserven des Anlagevermögens einschließlich des Geschäftswerts vermittelt[406]. Auch die Haftung für Gesellschaftsschulden stellt ein Indiz

---

403 Littmann/Bitz/Pust (Bitz), § 15, Rn. 23; Blümich/Stuhrmann, § 15, Rn. 345/346.

404 BFH BStBl 1994 II 282, 285; BFH BStBl 1989 II, 722, 724; BFH BStBl 1984 II, 751, 769; Schmidt (Schmidt), § 15, Rn. 262; Blümich/Stuhrmann, § 15, Rn. 347; Blaurock, S. 301; a.A. Knobbe-Keuk, S. 382/383, Fn.144: Merkmal der Mitunternehmerinitiative verzichtbar; krit. Paus, DStZ 1989, 163, der die Herleitung der beiden Merkmale aus Wortlaut und Zielsetzung der Vorschrift in Frage stellt; ähnlich Schwichtenberg, DB 1987, 1964, für den es entscheidend darauf ankommt, daß der Betrieb als (auch) eigener der Gesellschafter angesehen werden kann.

405 BFH BStBl 1994 II, 282, 285; BFH BStBl 1984 II, 751, 769; Blümich/Stuhrmann, § 15, Rn. 351; Schmidt (Schmidt), § 15, Rn. 263; Tipke/Lang (Lang), § 9, Rn 507; Schulze zur Wiesche, DB 1982, 920; krit. Paus, DStZ 1989, 163, der die Umschreibung der Mitunternehmerinitiative durch die Möglichkeit, Rechte auszuüben, welche den Stimm-, Kontroll- und Widerspruchsrechten eines Kommanditisten angenähert sind, für einen Widerspruch in sich hält. Ähnlich Knobbe-Keuk, S. 382, im Hinblick auf Widerspruchs- und Kontrollrechte. Dem ist entgegenzuhalten, daß Stimm- und Widerspruchsrechte die Entfaltung eigener Initiative sehr wohl zulassen; zuzustimmen wäre Paus und Knobbe-Keuk nur, wenn dem Betroffenen lediglich Kontrollrechte eingeräumt wären. So auch Schulze zur Wiesche, DB 1982, 920.

406 BFH BStBl 1996 II 269, 270; BFH BStBl 1994 II, 282, 285; BFH BStBl 1984 II, 751, 769; Blümich/ Stuhrmann, § 15, Rn. 350; Schulze zur Wiesche, DB 1982, 921; Knobbe-Keuk, S. 382; Tipke/Lang (Lang), § 9 Rn. 507; krit.: Paus, DStZ 1989, 163, der den Begriff des Mitunternehmerrisikos für unbrauchbar hält, weil auch andere Personen wie Bürgen, Lieferanten und Darlehensgeber Risiken auf sich nähmen, ohne als Mitunterehmer betrachtet werden zu können. Der wesentliche Unterschied zwischen einem Mitunternehmer und den von Paus genannten Personen liegt aber darin, daß das Risiko ersterer gesellschaftsrechtlicher Natur sein muß.

für das Vorhandensein eines Mitunternehmerrisikos dar[407]. Grundsätzlich haben OHG- und KG-Gesellschafter mithin - anders als die Gesellschafter „anderer Gesellschaften“ - ohne weiteres die Stellung von Mitunternehmern inne. Anders kann es sich nur dann verhalten, wenn das Gesellschaftsverhältnis atypisch ausgestaltet worden ist.

Unter welchen Voraussetzungen im Falle eines bestehenden, tatsächlich durchgeführten und nachgewiesenen reinen Treuhandverhältnisses eine Mitunternehmerschaft des Treugebers in der Gesellschaft anzunehmen ist, scheint jedenfalls auf den ersten Blick umstritten.

Zum Teil wird die Ansicht vertreten, für die Mitunternehmerstellung des Treugebers reiche es aus, wenn der Treuhänder sich, läge das Treuhandverhältnis nicht vor, als Mitunternehmer einordnen ließe, ihm also, wenn er für eigene Rechnung handelte, die Initiative und das Risiko eines Mitunternehmers zukämen[408]. Danach ist der Treugeber an einem OHG- oder KG-Anteil im Regelfall Mitunternehmer des Betriebs der Personenhandelsgesellschaft. Lediglich dann, wenn die Rechte des Treuhänders in der Gesellschaft so eingeschränkt sind, daß ihm weniger Einflußmöglichkeiten zustehen als einem Kommanditisten, oder seine Teilhabe am Unternehmensrisiko ausgeschlossen ist, muß die Mitunternehmereigenschaft des Treugebers und damit auch seine Steuerpflicht nach § 15 I Nr.2 EStG ausscheiden. Andere wollen eine Mitunternehmerstellung des Treugebers nur dann annehmen, wenn dieser selbst Mitunternehmerinitiative entfalten kann und am Risiko des Unternehmens beteiligt ist[409]. Wieder andere verlangen, daß sowohl der Treugeber als auch der Treuhänder Mitunternehmer des Betriebs der jeweiligen OHG oder KG sind[410].

In den letzten beiden Fällen stellt sich die Frage nach den Anforderungen an die Merkmale, welche die Mitunternehmerschaft des Treugebers begründen. Denn daß der Treugeber als wirtschaftlicher Gesellschafter in einem anderen Verhältnis zu der Gesellschaft steht als ein rechtlicher Gesellschafter, liegt auf der Hand. Ausreichend für Mitunternehmerinitiative und Mitunternehmerrisiko des Treugebers muß sein, daß dieser infolge seines Weisungsrechts gegenüber dem Treuhänder an der Willensbildung in der Gesellschaft mitwirken kann und über den Treuhänder an dem Risiko des Unternehmers beteiligt ist[411]. Weisungs-

---

407 Tipke/Lang (Lang), § 9, Rn. 507; Kussmann/Martin/Niedenführ/Rick (Kussmann), S. 1323; Blümich/Stuhrmann, § 15, Rn. 350.

408 BFH BStBl 1977 II, 737, 740; L.Schmidt, StuW 1988, 248 Text und Fn.29.

409 BFH BStBl 1984 II, 751, 768/769; Schulze zur Wiesche, FR 1999, 284; Plückebaum/Wendt/Niemeier/Schlierenkämper, S. 76.

410 BFH BStBl 1989 II, 722, 724; Wolff-Diepenbrock, FS Döllerer, S. 764; A.Schmidt, S. 100/101; Eden, S. 126.

411 Eden S. 126.

recht und Übernahme des von dem Treuhänder eingegangen Risikos durch den Treugeber im Innenverhältnis sind reinen Treuhandverhältnissen immanent, so daß nach diesen Ansichten eine Mitunternehmerschaft des Treugebers immer, aber auch nur dann angenommen werden kann, wenn der Treuhänder - gäbe es nicht das Treuhandverhältnis - als Mitunternehmer des Betriebs der OHG oder KG anzusehen wäre.

Tatsächlich unterscheiden sich die drei Ansichten mithin nur begrifflich. Inhaltlich werden an die Mitunternehmerstellung des Treugebers dieselben Anforderungen gestellt, nämlich ein ausreichendes Maß an Mitunternehmerinitiative und Mitunternehmerrisiko des Treuhänders im Betrieb der Gesellschaft und die Teilhabe des Treugebers an diesem Unternehmensrisiko und an den Unternehmensentscheidungen über die zwischen ihm und dem Treuhänder getroffene Treuhandvereinbarung.

Lediglich dann, wenn ein Treuhänder den Anteil für mehrere Treugeber hält, welche in der Form einer BGB-Gesellschaft zusammengeschlossen sind, könnte man Bedenken haben, eine Mitunternehmerinitiative und damit eine Mitunternehmerschaft des einzelnen Treugebers in der Gesellschaft anzunehmen. Denn in diesem Fall handelt der Treuhänder nicht nach Weisung eines jeden Treugebers, sondern auf der Grundlage des von sämtlichen Mitgliedern der Gesellschaft bürgerlichen Rechts gefaßten Mehrheitsbeschlusses. Zweifellos werden die Einflußmöglichkeiten des einzelnen Treugebers durch die Rechte der anderen Treugeber beschränkt.

Nicht anders verhält es sich jedoch, wenn für die Beschlußfassung in der Gesellschafterversammlung einer Personenhandelsgesellschaft das Mehrheitsprinzip gilt[412]. Auch hier kann der einzelne überstimmt werden und muß unter Umständen einen Beschluß, den er nicht billigt, mittragen. Dennoch wird in dieser Konstellation niemand an der Mitunternehmerinitiative des einzelnen Gesellschafters zweifeln. Hinzu kommt, daß insbesondere bei der Treuhand an Anteilen einer Publikums-Personengesellschaft, das Weisungsrecht einzelner Treugeber die Funktionsfähigkeit der Gesellschaft bedrohte[413]. Es bestünde die Gefahr, daß der Treuhänder bei einer Abstimmung an unterschiedliche Weisungen gebunden wäre, obwohl er sein Stimmrecht nur einheitlich ausüben kann[414]. Der Einfluß der mittelbar Beteiligten, welche sich in einer BGB-Gesellschaft zusammengeschlossen haben, genügt daher den Anforderungen, welche an die Mitunternehmerinitiative gestellt werden[415].

---

412 Auf diese Parallele weist auch der BFH im BStBl 1989 II, 722, 725 hin.

413 BFH BStBl 1989 II, 722, 725; Heidner, S. 101.

414 Siehe zu dem Problem der uneinheitlichen Stimmabgabe B II 2 b bb.

415 BFH BStBl 1989 II, 722, 724/725; Heidner, S. 100/101; Schulze zur Wiesche, FR 1999, 184.

Sind die auf den Anteil entfallenden Erträge dem Treugeber mithin regelmäßig als Einkünfte aus Gewerbebetrieb zuzurechnen, stellt sich die Frage nach der steuerrechtlichen Behandlung des Treuhänders. Vielfach wird angenommen, der Treuhänder könne neben dem Treugeber die Stellung eines Mitunternehmers einnehmen[416]. Der Umstand, daß der Treugeber Mitunternehmer sei, schließe eine Mitunternehmerschaft des Treuhänders nicht aus; die Treuhandvereinbarung führe nicht zu einem Verlust seiner Mitunternehmerstellung. Der Mitunternehmerinitiative des Treuhänders, welcher in der Lage sei, auf gesellschaftsrechtliche Entscheidungen Einfluß nehmen, stehe seine Bindung im Innenverhältnis zu dem Treugeber nicht entgegen. Den Anforderungen, welche an das Mitunternehmerrisiko gestellt werden, soll bereits eine persönliche Haftung des Treuhänders für Verbindlichkeiten der Gesellschaft genügen[417].

Ob der Treuhänder an der Mitunternehmerinitiative teilhat und ob er neben den anderen Gesellschaftern das Risiko des Unternehmens trägt, kann dahinstehen, denn jedenfalls ist der Treuhänder nicht einmal Gesellschafter im Sinne des § 15 I Nr. 2 EStG. Zwar handelt es sich bei ihm zivilrechtlich zweifellos um einen Gesellschafter der OHG oder KG. Für das Einkommensteuerrecht bringt § 39 II Nr.1 S.2 AO jedoch zum Ausdruck, daß für die Zurechnung von Wirtschaftsgütern nicht die rechtliche Gestaltung, sondern die wirtschaftliche Zuordnung entscheidend ist. Der Anteil läßt sich daher allein dem Treugeber, nicht aber dem Treuhänder zurechnen, so daß auch nur ersterer Gesellschafter im Sinne des § 15 I Nr.2 EStG ist. Die auf den Anteil entfallenden Erträge stellen mithin nicht einmal „auf erster Stufe“ [418] Einkünfte des Treuhänders aus Gewerbebetrieb dar[419].

(2) Sondervergütungen

Zu den Einkünften des Treugebers aus Gewerbebetrieb gehört zweifellos der auf den Anteil entfallende Gewinn der Gesellschaft (§ 15 I Nr. 2 S.1, HS.1 EStG).

---

416 BFH BB 1988, 750, 751; FG Saarland, GmbHR 1999, 48, 50; Schulze zur Wiesche, FR 1999, 284; L Schmidt, StuW 1988, 248/249; Wolff-Diepenbrock, FS Döllerer, S. 763/764; diff. A.Schmidt: Entscheidend soll sein, ob der Treugeber berechtigt ist, Einzelweisungen zu erteilen, - dann keine Mitunternehmerstellung des Treuhänders - oder ob nur eine allgemeine Pflichtgebundenheit des Treuhänders aus dem Treuhandverhältnis besteht. Diff. auch Schmidt (Schmidt), § 15, Rn. 298, der die persönliche Außenhaftung des Treuhänders für erforderlich hält, damit eine Mitunternehmerstellung in Betracht kommen kann.

417 BFH BB 1988, 750, 751; zu dem Parallelfall des sog. angestellten Komplementärs siehe BFH BStBl 1987 II, 60; BFH BStBl 1987 II, 33, 34.

418 So BFH BB 1988, 750, 751; Schulze zur Wiesche, FR 1999, 284.

419 Heidner, S. 98, 104; Blaurock, S. 302; in diese Richtung auch BFH BStBl 1989 II, 722, 725.

Andere Zahlungen unterliegen dann als gewerbliche Einkünfte der Einkommensteuer, wenn es sich um Vergütungen im Sinne des § 15 I Nr. 2 S.1, HS.2 EStG handelt. § 15 I Nr. 2, S.1, HS.2 EStG dient dem mit § 15 I Nr.2 EStG verfolgten Zweck der einkommensteuerrechtlichen Gleichbehandlung von Personengesellschaften und Einzelunternehmen. Da ein Einzelunternehmer keine Verträge mit sich selbst abschließen kann, besteht für ihn von vornherein nicht die Möglichkeit, Vergütungen als Betriebsausgaben abzusetzen. Entsprechend soll auch die Personengesellschaft Zahlungen an ihre Gesellschafter nicht von ihrem gewerbesteuerpflichtigen Gewinn abziehen können[420].

Der Wortlaut der Vorschrift erscheint eindeutig: Jede Vergütung, welche der Gesellschafter von der Mitunternehmerschaft für eigene Leistungen erhalten hat, wird seinen Einkünften aus Gewerbebetrieb hinzugezählt[421]. Zur Zeit der Geltung der Bilanzbündeltheorie wurden daher auch entsprechend dem Wortlaut der Vorschrift sämtliche Vergütungen für den Gesellschafter § 15 I Nr.2, S.1, 2.HS. EStG zugeordnet[422]. Die neuere Rechtsprechung schränkt den Anwendungsbereich der Regelung auf gesellschaftsrechtlich bedingte Beiträge zur Förderung des Gesellschaftszwecks ein. Während der 1.Senat des BFH als Sondervergütungen im Sinne des § 15 I Nr.2, S.1, 2.HS EStG solche Zahlungen ansieht, die durch das Gesellschaftsverhältnis veranlaßt sind[423], soll nach Ansicht des 4.Senats die Regelung über Sondervergütungen nur dann nicht eingreifen, wenn jeglicher wirtschaftlicher Zusammenhang zwischen der durch die Vergütung abgegoltenen Leistung und der Gesellschafterstellung ausgeschlossen ist[424]. In der praktischen Anwendung ergeben sich durch diese unterschiedlichen Formulierungen keine Unterschiede. Letztlich werden nur wenige Ausnahmen von der Zurechnung solcher Beträge zu den gewerblichen Sondervergütungen zugelassen[425].

---

420 BFH BStBl 1991 II, 691, 698; Schmidt (Schmidt), § 15, Rn. 561; a.A.: Kirchhof/Söhn (Reiß), § 15, Rn. E 338, der den Zweck des § 15 I Nr. 2, 2.HS EStG allein darin sieht, daß die Gesellschafter einer Personengesellschaft untereinander gleichgestellt werden. Es soll einkommensteuerrechtlich gleichgültig sein, ob der Gesellschafter sich die Leistungen durch Gewinnvorab im Rahmen der gesellschaftsrechtlichen Gewinnverteilung oder gesondert aufgrund einer schuldrechtlichen causa vergüten läßt.

421 Kirchhof/Söhn (Reiß), § 15, Rn. E 339; Blaurock, S. 335.

422 BFH BStBl 1970 II, 43.

423 BFH BStBl II 1979, 757, 762.

424 BFH BStBl 1980 II, 271, 274.

425 Littmann/Bitz/Pust (Bitz), § 15, Rn. 83; Kirchhof/Söhn (Reiß), § 15, Rn. E 339; aus diesem Grunde fordert Reiß in Kirchhof/Söhn, § 15, Rn. E 339, die Rechtsprechung auf, darauf zu verzichten, falsche Hoffnungen zu wecken. Ähnlich wie die Rechtsprechung z.B. Crezelius, § 6, Rn. 12; Schmidt (Schmidt), § 15, Rn. 562; Littmann/Bitz/Pust (Bitz), § 15, Rn. 83 ff.

Daß der Treugeber, wenn er für die Gesellschaft tätig wird, ihr Darlehen gewährt oder Wirtschaftsgüter überläßt, zivilrechtlich nicht als ihr Gesellschafter handelt, steht einer Zurechnung der ihm gewährten Vergütung zu seinen Einkünften aus Gewerbebetrieb ebenso wenig entgegen wie der Zurechnung des regulären Anteils am Gewinn. Insoweit kann auf die vorangegangenen Erörterungen[426] verwiesen werden.

Besonderheiten ergeben sich allerdings bei der geheim gehaltenen Treuhand. Der Treugeber tritt der Gesellschaft, auch wenn er steuerrechtlich als Gesellschafter und Mitunternehmer einzuordnen ist, als Dritter gegenüber, wenn dieser dessen wirtschaftliche Gesellschafterstellung nicht bekannt ist. Es fehlt damit an einer Veranlassung der Zahlung durch das Gesellschaftsverhältnis und folglich auch an jeglichem wirtschaftlichen Zusammenhang zwischen der durch die Vergütung abgegoltenen Leistung und der Gesellschafterstellung.

Die von der Gesellschaft an den Treugeber gezahlten Vergütungen lassen sich daher in diesem Fall nicht als Einkünfte aus Gewerbebetrieb qualifizieren und erhöhen mithin nicht den der Gewerbesteuer unterliegenden Gewinn der Gesellschaft im Sinne von § 7 GewStG. Logische Konsequenz der Geheimhaltung des Treuhandverhältnisses ist auf der anderen Seite, daß Vergütungen, welche dem Treuhänder gewährt werden, sehr wohl als Sondervergütungen zu behandeln sind, wenn der erforderliche Zusammenhang mit der zivilrechtlichen Gesellschafterstellung des Treuhänders vorhanden ist und der Treuhänder auf Weisung des Treugebers gehandelt hat. Diese Zahlungen führen dann nicht etwa zu Einkünften des Treuhänders aus Gewerbebetrieb - dieser ist wie bereits festgestellt trotz seiner zivilrechtlichen Gesellschafterstellung weder Gesellschafter noch Mitunternehmer im Sinne des § 15 I Nr.2 EStG -, sondern werden wie auch der regelmäßig anfallende Anteil am Gewinn dem Treugeber zugerechnet.

Auch im Falle einer geheim gehaltenen Treuhand können mithin Sondervergütungen im Sinne des § 15 I Nr.2 S.1, HS.2 EStG beim Treugeber anfallen, allerdings nur über die Person des Treuhänders. Dieses Ergebnis erscheint auch gerechtfertigt. Bedenkt man, daß die Einordnung als Sondervergütung zu einer Erhöhung der von der Personengesellschaft zu entrichtenden Gewerbesteuer führt, erscheint es allein nachvollziehbar, unmittelbare Zahlungen an den Treugeber nur dann als Sondervergütungen zu qualifizieren, wenn der Gesellschaft dessen wirtschaftliche Gesellschafterstellung bekannt ist; nur in diesen Fällen gilt es, eine Besserstellung der Gesellschaft gegenüber dem Einzelunternehmer zu vermeiden. Führten demgegenüber Zahlungen der Gesellschaft an den Treugeber auch bei Geheimhaltung des Treuhandverhältnisses zu gewerbesteuerpflichtigen Sonder-

426 Siehe oben C II 2 a aa.

vergütungen, würde die Gesellschaft gegenüber einem Einzelunternehmer grundlos benachteiligt.

Ist das Treuhandverhältnis offengelegt worden, verhält es sich genau umgekehrt. Da nur der Treugeber Mitunternehmer der Gesellschaft ist, können allein ihm gegenüber erfolgte Leistungen Sondervergütungen darstellen. Zahlungen an den Treuhänder führen nur dann zu Einkünften - des Treugebers - aus Gewerbebetrieb, wenn der Treuhänder sie lediglich für den Treugeber in Empfang nimmt. Ist allerdings der Treuhänder für eigene Rechnung mit der Gesellschaft in Rechtsbeziehungen getreten, sind in diesem Zusammenhang erfolgte Vergütungen dem Treuhänder zuzurechnen, und zwar als Einkünfte aus Kapitalvermögen, aus (nicht-)selbständiger Arbeit oder aus Vermietung und Verpachtung.

bb. Einkünfte aus Kapitalvermögen, § 20 I Nr.1 EStG

Da § 15 I Nr.2 EStG voraussetzt, daß es sich bei dem Zurechnungssubjekt der Einkünfte um den Gesellschafter einer Personengesellschaft handelt, kommt eine Zurechnung der auf den Anteil entfallenden Erträge auf der Grundlage dieser Vorschrift nicht in Betracht, wenn Gegenstand des Treuhandverhältnisses Anteile an einer Kapitalgesellschaft sind. Denkbar erscheint es jedoch, die Erträge als Einkünfte aus Kapitalvermögen im Sinne von § 20 EStG zu qualifizieren. Von besonderer Bedeutung ist die genaue Zuordnung der Einkünfte zu einer der Fallgruppen des § 20 I EStG, denn nur bei einem Teil der unter die Vorschrift zu fassenden Erträge wird die Einkommensteuer durch Abzug vom Kapitalertrag erhoben.

Im allgemeinen werden Einkünfte aus Kapitalvermögen dann als erzielt angesehen, wenn eine Person den Besteuerungstatbestand des § 20 EStG erfüllt, indem sie auf der Grundlage ihrer rechtlichen oder tatsächlichen Macht das Kapitalvermögen entgeltlich auf Zeit zur Nutzung überläßt[427]. Nicht entscheidend ist demgegenüber, wer zivilrechtlich Gläubiger der aus der Kapitalüberlassung resultierenden Forderung ist[428]. Handelt es sich bei den Einkünften - wie in den hier zu untersuchenden Fällen - um Erträge aus Anteilen an einer GmbH oder einer AG, kommt eine Zuordnung unter § 20 I Nr.1 EStG in Betracht. Voraussetzung hierfür ist, daß der Steuerpflichtige die Position eines Gesellschafters in der Kapitalgesellschaft einnimmt[429]; er muß Anteilsinhaber sein, § 20 II a S.1 EStG.

427 Heidner, S. 110; Littmann/Bitz/Pust (Conradi), § 20, Rn. 15; Blümich/Stuhrmann, § 20, Rn. 27; Wolff-Diepenbrock, FS Döllerer, S. 768.
428 Zenthöfer/Schulze zur Wiesche (Schulze zur Wiesche/Zenthöfer), S. 748.
429 Zenthöfer/Schulze zur Wiesche (Schulze zur Wiesche/Zenthöfer), S. 748.

Zivilrechtlich ist allein der Treuhänder, nicht aber der Treugeber als Gesellschafter der GmbH oder AG anzusehen. Im Bereich von Treuhandverhältnissen stellt sich mithin ein ähnliches Problem, wie es bereits im Zusammenhang mit der Einkünftezurechnung gemäß § 15 I Nr. 2 EStG bei der reinen Treuhand an Personengesellschaftsanteilen erörtert worden ist. Anders als im Bereich des § 15 I Nr. 2 EStG erleichtert das Gesetz jedoch in § 20 II a EStG die Einkünftequalifikation nach § 20 EStG. Satz 2 der Vorschrift bestimmt nämlich, daß einkommensteuerpflichtiger Anteilsinhaber derjenige ist, dem im Zeitpunkt des Gewinnverteilungsbeschlusses die Anteile an dem Kapitalvermögen nach § 39 AO zuzurechnen sind. Dem Treugeber können daher die Einkünfte aus dem von dem Treuhänder gehaltenen Anteil ohne weiteres über § 39 II Nr.1 S.2 AO zugerechnet werden[430]. Wer über einen Treuhänder Anteile an einer Kapitalgesellschaft hält, erzielt mithin Einkünfte aus Kapitalvermögen. Wie auch im Rahmen des § 15 I Nr.2 EStG erfolgt bei § 20 I Nr.1 EStG die Zurechnung der Einkünfte somit nicht entsprechend der zivilrechtlichen Berechtigung im Außenverhältnis, sondern kraft der durch die Ausgestaltung des Innenverhältnisses eingeräumten faktischen Gesellschafterstellung[431].

Anders als für den Gesellschafter einer Personengesellschaft existiert für den Aktionär oder GmbH-Gesellschafter keine Norm, welche Vergütungen, die er von der Gesellschaft neben dem ihm zuzurechnenden Gewinnanteil erhält, der für diesen Gewinnanteil einschlägigen Einkunftsart zuordnet. Darlehenszinsen oder Vergütungen für Tätigkeiten des Treugebers oder für die Gewährung von Wirtschaftsgütern, sind mithin als Einkünfte aus (nicht-) selbständiger Arbeit, Vermietung oder Verpachtung oder aus Kapitalvermögen zu versteuern, gehören aber nicht zu den Gewinnanteilen aus Aktien oder Anteilen an einer GmbH im Sinne des § 20 I Nr.1 EStG.

b. Einkünftezurechnung zum Unterbeteiligten

Besteht bei der reinen Treuhand im wesentlichen Einigkeit darüber, daß allein dem Treugeber die Einkünfte aus dem Gesellschaftsanteil zuzurechnen sind, herrscht erhebliche Unklarheit im Bereich der Unterbeteiligungsverhältnisse. Die wohl herrschende Meinung legt der Unterscheidung zwischen typischer und atypischer Unterbeteiligung entscheidende Bedeutung bei. Während an den typisch Unterbeteiligten ausgezahlte Erträge als Einkünfte aus Kapitalvermögen gemäß

430 Kirchhof/Söhn (Wassermeyer), § 20, Rn. B 37 a; Schmidt/Heinicke, § 20, Rn. 12, 14; Zenthöfer/Schulze zur Wiesche (Schulze zur Wiesche/Zenthöfer), S. 714; Herrmann/Heuer/Raupach (Harenberg), § 20, Rn. 1215; Wolff-Diepenbrock, FS Döllerer, S. 769.

431 Lang/Seer, FR 1992, 641/642.

§ 20 I Nr.4 EStG zu qualifizieren sein sollen, will man den atypisch Unterbeteiligten wie den Treugeber bei einem reinen Treuhandverhältnis als Mitunternehmer der Personenhandelsgesellschaft im Sinne des § 15 I Nr.2 EStG beziehungsweise gemäß § 20 II a EStG als Inhaber des Anteils an einer AG oder GmbH einordnen.

aa. Einkünfte aus Gewerbebetrieb, §§ 2 I Nr.2, 15 I Nr.2 EStG

(1) Der auf den Anteil entfallende Gewinn

Die Besteuerung der auf den Unterbeteiligten entfallenden Erträge aus dem Anteil nach § 15 I Nr.2, S.1 EStG setzt voraus, daß der Unterbeteiligte als Gesellschafter einer Personengesellschaft und als Mitunternehmer des Betriebes der Gesellschaft angesehen werden kann.

Anders als der Treugeber bei einem reinen Treuhandverhältnis ist der Unterbeteiligte nicht nur - mittelbar - an der Hauptgesellschaft beteiligt; er ist daneben auch Gesellschafter der Unterbeteiligungsgesellschaft. Diesem Umstand kommt in der Diskussion um die steuerrechtliche Einordnung des Gewinnanteils des Unterbeteiligten erhebliche Bedeutung zu. Die herrschende Meinung[432] begründet die Anwendbarkeit des § 15 I Nr.2 EStG auf Einkünfte des atypisch Unterbeteiligten regelmäßig nicht wie bei der reinen Treuhand mit einer faktischen Gesellschafter- und Mitunternehmerstellung des mittelbar Beteiligten in der Hauptgesellschaft, sondern mit seiner Position in der Unterbeteiligungsgesellschaft. Bei der Unterbeteiligungsgesellschaft als Innengesellschaft bürgerlichen Rechts handele es sich um eine „andere Gesellschaft" im Sinne des § 15 I Nr.2 EStG, als deren Mitunternehmer der Unterbeteiligte zu betrachten sei, wenn er durch seine Beteiligung an Gewinn, Verlust und stillen Reserven das Unternehmensrisiko mittrage und durch Rechte, die zumindest denen eines Kommanditisten entsprechen, an der Unternehmerinitiative teilhabe[433]. Daß die „andere Gesellschaft" einen Gewerbebetrieb im Sinne des § 15 II EStG unterhalten muß, sich folglich an

432 BFH BStBl 1996 II, 269, 270; BFH BStBl 1992 II, 512, 516/517; BFH BStBl 1994 II, 635, 637; BFH BStBl 1962 III, 337, 338; BFH BStBl 1979 II, 6515, 517; Roemer, INF 1993, 256; Knobbe-Keuk, S. 411; Blümich/Stuhrmann, § 15, Rn. 332; Brandenburg, JbFSt 1995/1996, 337; Costede, ZGR 1976, 193; Esch, NJW 1964, 2045; Schulze zur Wiesche, NJW 1983, 2364; Schulze zur Wiesche, DB 1987, 551; Zenthöfer/Schulze zur Wiesche (Schulze zur Wiesche), S. 464; Plückebaum/ Wendt/Niemeier/Schlierenkämper, S. 615; Fella, BB 1976, 785; Stache, RWP 5.2, S. 467; Ritzrow, StBp 1999, S. 181.

433 BFH BStBl 1979 II 515, 517; Blümich/Stuhrmann, § 15, Rn. 332; Schulze zur Wiesche, NJW 1983, 2364; Kirchhof/Söhn (Dötsch), § 20, Rn. F 295.

dem allgemeinen wirtschaftlichen Verkehr in der Weise beteiligen muß, daß sie der Allgemeinheit Leistungen gegen Entgelt darbietet[434], soll einer Qualifizierung von Innengesellschaften als Gesellschaften im Sinne des § 15 I Nr.2 EStG nicht entgegenstehen.

Ausgangspunkt für die Argumentation der herrschenden Meinung ist insoweit regelmäßig die rechtliche Lage bei der stillen Gesellschaft. Zwar wird eingeräumt, daß die stille Gesellschaft als nach außen nicht in Erscheinung tretende Gesellschaftsform als solche kein Unternehmen betreibe. Dies sei aber auch nicht erforderlich. Es reiche vielmehr aus, daß der Inhaber des Unternehmens, welcher dem Stillen die Beteiligung eingeräumt habe, Gewerbetreibender sei und das Unternehmen für Rechnung der stillen Gesellschaft betreibe. Er trete im Rahmen des § 15 I Nr.2 EStG an die Stelle der Gesellschaft[435]. Im Zusammenhang mit der Erörterung der steuerrechtlichen Behandlung von Unterbeteiligten wird lediglich auf die starken Parallelen zwischen stiller Gesellschaft und Unterbeteiligung verwiesen.

Die Argumentation der herrschenden Meinung begegnet erheblichen Bedenken. Selbst wenn man die stille Gesellschaft mit dem Argument als „andere Gesellschaft“ im Sinne des § 15 I Nr.2 EStG einordnet, daß immerhin derjenige, der dem Stillen die Beteiligung eingeräumt hat, am wirtschaftlichen Verkehr teilnimmt und daher ein Gewerbe betreibt, folgt daraus nicht automatisch eine Übertragbarkeit dieses Ergebnisses auf die Unterbeteiligung. Zwar weisen stille Gesellschaft und Unterbeteiligung erhebliche Parallelen auf. Der Gedanke, die Beteiligung des Geschäftsinhabers am Markt habe eine gewerbliche Tätigkeit der gesamten Gesellschaft zur Folge, läßt sich jedoch auf die Unterbeteiligung gerade nicht übertragen, denn die Tätigkeit des Hauptbeteiligten erschöpft sich - im Gegensatz zu derjenigen des Inhabers eines Unternehmens, welcher einem anderen eine stille Beteiligung eingeräumt hat - in dem Halten des Gesellschaftsanteils. Sie stellt im Gegensatz zu dessen Tätigkeit keine Beteiligung am allgemeinen wirtschaftlichen Verkehr dar. Daher fehlt es an einem Gewerbebetrieb, den der Hauptbeteiligte für die Unterbeteiligungsgesellschaft betreiben könnte. Allein die Hauptgesellschaft als Personenhandelsgesellschaft führt einen Betrieb im Sinne des § 15 I Nr.2, S.1, II EStG[436].

Dies scheint wiederum auch die herrschende Meinung anzuerkennen. Sie verstrickt sich in Widersprüche, indem sie auf der einen Seite eine Gewerbesteuerpflicht der Unterbeteiligungsgesellschaft ablehnt, auf der anderen Seite aber von der Möglichkeit einer Mitunternehmerschaft zwischen Haupt- und Unterbeteilig-

434 BFH BStBl 1973 II, 260, 261; Tipke/Lang (Lang), § 9, Rn. 123, 488.
435 BFH BStBl 1986 II 311, 313/314; A.Schmidt, S. 135/136.
436 Schmidt, StuW 1988, 249; A.Schmidt, S. 169; Biergans, DStR 1988, 658.

tem ausgeht[437]. Die Annahme Costedes[438], es fehle der Unterbeteiligungsgesellschaft an dem von dem Gewerbesteuergesetz vorausgesetzten Gewerbebetrieb, der Unterbeteiligte sei über den Hauptbeteiligten lediglich an dem Gewerbebetrieb der Hauptgesellschaft beteiligt; trotzdem bestehe eine Mitunternehmerschaft des Unterbeteiligten allein im Rahmen Unterbeteiligungsgesellschaft, führt zu vollständiger Verwirrung. Eine Mitunternehmerschaft zwischen Haupt- und Unterbeteiligtem anzunehmen, hierfür aber auf Merkmale der Hauptgesellschaft zurückzugreifen, erscheint wenig überzeugend[439]. Nimmt man den Wortlaut des § 15 I Nr.2 EStG ernst, lassen sich Einkünfte des Unterbeteiligten aus Gewerbebetrieb auf der Grundlage einer Stellung als Mitunternehmer in der Unterbeteiligungsgesellschaft nicht begründen[440].

Damit muß eine Einordnung der auf den Unterbeteiligten entfallenden Anteile am Gewinn als Einkünfte des Unterbeteiligten aus Gewerbebetrieb jedoch nicht von vornherein ausscheiden. Möglicherweise nimmt nämlich der Unterbeteiligte die Stellung eines Mitunternehmers in dem Gewerbebetrieb der Hauptgesellschaft ein. Problematisch erscheint insofern zweierlei: Zum einen ist der Unterbeteiligte zweifellos - jedenfalls zivilrechtlich - nicht Gesellschafter der Hauptgesellschaft; diese Position hat vielmehr allein der Hauptbeteiligte inne. Zum anderen bestehen - folgend aus der fehlenden Gesellschafterstellung des Unterbeteiligten - Zweifel an der Teilhabe des Unterbeteiligten an der Unternehmerinitiative in der Hauptgesellschaft und an dem Risiko des Unternehmens der Hauptgesellschaft.

Die Diskussion um die Zurechnung von Einkünften zum Unterbeteiligten nach § 15 I Nr. 2 EStG läßt eine Trennung zwischen dem Problem der fehlenden Gesellschafterstellung des mittelbar Beteiligten in der Hauptgesellschaft und der Frage seiner Mitunternehmerschaft vermissen. Beide Problemkreise werden vielmehr vermischt unter der Fragestellung, ob beziehungsweise wann eine Mitunternehmerstellung des Unterbeteiligten in der Hauptgesellschaft angenommen werden kann.

Zum Teil wird eine Mitunternehmerschaft des Unterbeteiligten in der Hauptgesellschaft ausnahmslos als ausgeschlossen betrachtet[441]. Auch bei ausdehnendster wirtschaftlicher Betrachtungsweise sei der Unterbeteiligte nicht an den Einkünften der Hauptgesellschaft beteiligt. Eine Mitunternehmerschaft des Unterbe-

---

437 Für die h.M.: Knobbe-Keuk, S. 411 Text und Fn.248; Costede, ZGR 1976, 197.

438 ZGR 1976, 197.

439 Ähnlich Schwichtenberg, DB 1987, 1963.

440 A.Schmidt, S. 169; Stadie, S. 151; Biergans, ESt, S. 124/125; Schmidt, StuW 1988, 249; Biergans, DStR 1988, 658; Blaurock, S. 303 ff.; Gorski, DStZ 1993, 619; Schwichtenberg, DB 1987, 1964; Littmann/Bitz/Pust (Bitz), § 15, Rn. noch 53.

441 Crezelius, § 6, Rn. 48; Esch, NJW 1964, 2045/2046; Gorski, DStZ 1993, 619.

teiligten in der Hauptgesellschaft anzunehmen, sei daher weder handelsrechtlich vertretbar noch steuerrechtlich zu rechtfertigen[442]. Die herrschende Meinung rechnet hingegen dem Unterbeteiligten in Ausnahmefällen den auf ihn entfallenden Gewinnanteil auf der Grundlage seiner Beziehung zu der Hauptgesellschaft als gewerbliche Einkünfte nach § 15 I Nr.2 EStG zu. Über die Voraussetzungen, unter denen der Unterbeteiligte ausnahmsweise als Mitunternehmer in der Hauptgesellschaft einzuordnen ist, besteht innerhalb der herrschenden Meinung keine vollständige Einigkeit; die Anforderungen an die Stellung des Unterbeteiligten in der Hauptgesellschaft werden zudem unterschiedlich konkret formuliert. So soll - so eine pauschale Formulierung - eine Mitunternehmerschaft des Unterbeteiligten in der Hauptgesellschaft dann in Frage kommen, wenn die Stellung des Unterbeteiligten so stark ausgestaltet ist, daß dieser bei wirtschaftlicher Betrachtungsweise als Mitunternehmer anzusehen ist[443]. Konkreter gefaßt ist der Ansatz, es komme entscheidend darauf an, ob der Unterbeteiligte in unmittelbaren Rechtsbeziehungen zu der Personenhandelsgesellschaft stehe[444]; das könne zum Beispiel der Fall sein, wenn ihm die Rechte eines Kommanditisten in der Hauptgesellschaft eingeräumt seien[445] oder wenn er die Position eines leitenden Angestellten in der Hauptgesellschaft mit eigenen Dispositionsmöglichkeiten und erheblichem Einfluß auf die Geschäftspolitik innehabe[446].

Seit der Einführung des § 15 I Nr. 2 S. 2 EStG im Jahre 1991 ist ein Streit darüber entbrannt, inwieweit mit Hilfe dieser neuen Regelung eine Mitunternehmerschaft des Unterbeteiligten in der Hauptgesellschaft fingiert werden kann. Nach § 15 I Nr.2 S.2 EStG steht der mittelbar über eine oder mehrere Personengesellschaften beteiligte Gesellschafter einem unmittelbar beteiligten Gesellschafter gleich; er ist danach als Mitunternehmer des Betriebs der Gesellschaft anzusehen, wenn er und die Personengesellschaften, welche seine Beteiligung vermitteln, jeweils als Mitunternehmer des Betriebs der Personengesellschaft anzusehen sind, an welcher sie unmittelbar beteiligt sind.

Ob sich der Anwendungsbereich der Vorschrift auf Fälle der Unterbeteiligung erstreckt, erscheint zweifelhaft. Bereits im Hinblick auf die Frage, ob der Unter-

---

442 Esch, NJW 1964, 2045/2046.

443 BFH BStBl 1962 III 337, 338; Blümich/Stuhrmann, § 15, Rn. 333; Stache, RWP, 5.2, S. 468.

444 Zenthöfer/Schulze zur Wiesche (Schulze zur Wiesche), S. 464.

445 Stadie, S. 151/152: allerdings kein Vertreter der h.M., da er Mitunternehmerschaft des Unterbeteiligten im Verhältnis zum Hauptbeteiligten ablehnt.

446 Blaurock, S. 305/306 (kein Vertreter der h.M., da er Mitunternehmerstellung des Unterbeteiligten im Verhältnis zum Hauptbeteiligten ablehnt); Fella, BB 1976, 786; Blümich/Stuhrmann, § 15, Rn. 333; Märkle, DStZ 1985, 475; Schulze zur Wiesche, NJW 1983, 2363.

beteiligte über eine Personengesellschaft an der Hauptgesellschaft beteiligt ist, bestehen erhebliche Bedenken. Der Unterbeteiligte ist zwar mit seiner Beteiligung an der Unterbeteiligungsgesellschaft unmittelbar an einer Personengesellschaft, nämlich an einer Innengesellschaft bürgerlichen Rechts, beteiligt. Eine mittelbare Beteiligung des Unterbeteiligten an der Hauptgesellschaft über diese Personengesellschaft wäre aber bei enger Wortlautauslegung des § 15 I Nr. 2 S. 2 EStG nur dann möglich, wenn die Unterbeteiligungsgesellschaft wiederum an der Hauptgesellschaft beteiligt wäre. Die Unterbeteiligungsgesellschaft wird zweifellos gebildet, um den Unterbeteiligten - mittelbar - an der Hauptgesellschaft teilhaben zu lassen. Als Innengesellschaft kann sie jedoch kein Gesamthandsvermögen bilden; die Unterbeteiligungsgesellschaft ist daher nicht in der Lage, sich an einer anderen Personengesellschaft zu beteiligen. Den Anteil an der Hauptgesellschaft hält allein der Hauptbeteiligte. Zum Teil wird bereits aus diesem Grunde die Ansicht vertreten, § 15 I Nr.2 S.2 EStG lasse sich auf Unterbeteiligungsverhältnisse nicht anwenden[447].

Andere halten den Schluß von der fehlenden Beteiligung der Unterbeteiligungsgesellschaft an der Hauptgesellschaft auf die Unanwendbarkeit der Vorschrift des § 15 I Nr. 2, S. 2 EStG auf Fälle der Unterbeteiligung nicht für zwingend. Da der nach außen auftretende Gesellschafter die Beteiligung für die Innengesellschaft halte und der atypisch Unterbeteiligte schuldrechtlich so gestellt werde, als ob er wie ein Gesellschafter auch an der Vermögenssubstanz der Hauptgesellschaft beteiligt wäre, lasse sich bei weiter, die wirtschaftliche Vergleichbarkeit der Sachverhalte berücksichtigender Auslegung die Stellung des Unterbeteiligten als mittelbare Beteiligung an der Hauptgesellschaft über eine Personengesellschaft verstehen, zumal diese Auslegung die Möglichkeit eröffne, Außen- und Innengesellschaften steuerrechtlich gleich zu behandeln[448].

Die Umstände, unter denen die Regelung des § 15 I Nr.2 S.2 EStG eingeführt worden ist, stehen jedoch einer Ausdehnung des § 15 I Nr.2 S.2 EStG auf Unterbeteiligungsverhältnisse entgegen. Die Vorschrift ist als Reaktion auf ein Urteil des Bundesfinanzhofs[449] eingeführt worden. Gegenstand der Entscheidung des BFH war die Frage, ob bei einer doppelstöckigen Personengesellschaft auch die Gesellschafter der Obergesellschaft Mitunternehmer in der Untergesellschaft sind und § 15 I Nr.2 EStG daher auf sie Anwendung finden kann. Im Hinblick darauf,

---

447 FG München, EFG 1997, 104/105; Knobbe-Keuk, S. 469; Seer, StuW 1992, 44; Felix, StVj 1991, 393.

448 Mit dieser Begründung für die Anwendung des § 15 I Nr. 2 S. 2 EStG auf die Unterbeteiligung: BFH BStBl 1998 II 137, 138; Brandenburg, JbFSt 1995/1996, 340; Bordewin, NWB Fach 3, 10434. Für eine Anwendbarkeit des § 15 I Nr. 2, S. 2 EStG auch Ritzrow, StBp 1999, S. 182.

449 BFH BStBl (GrS) 1991 II, 691 ff.

daß die Obergesellschaft selbst Gesellschafterin und Mitunternehmerin des Betriebs der Untergesellschaft ist, wurde eine „Abschirmung" gegenüber den Gesellschaftern der Obergesellschaft angenommen, mit der Folge, daß man eine Anwendung des § 15 I Nr.2 EStG als ausgeschlossen betrachtete[450]. Mit der Figur der Unterbeteiligung hat sich das Urteil dagegen nicht befaßt. Es liegt daher nahe, daß auch die Regelung des § 15 I Nr.2 S.2 EStG als Reaktion auf das Urteil die Figur der Unterbeteiligung nicht zum Gegenstand hat; von einem Redaktionsversehen des Gesetzgebers kann mithin nicht ausgegangen werden[451].

Unabhängig von dieser aus der Entstehungsgeschichte erwachsenden Argumentation gegen eine Einbeziehung des Unterbeteiligten in die Regelung des § 15 I Nr. 2 EStG stellt sich - zumindest nach der hier vertretenen Auffassung - ein weiteres erhebliches Problem im Zusammenhang mit der Anwendung des § 15 I Nr.2 S.2 EStG auf den Unterbeteiligten. Die Regelung setzt nämlich neben der Beteiligung des Gesellschafters an der Untergesellschaft über die Obergesellschaft zum einen voraus, daß die Personengesellschaft, an welcher der betroffene Gesellschafter unmittelbar beteiligt ist, also die Obergesellschaft, Mitunternehmerin des Betriebs der Untergesellschaft, bei der Unterbeteiligung also der Hauptgesellschaft, ist; zum anderen muß der Gesellschafter Mitunternehmer in der Obergesellschaft sein.

Da allein der Hauptgesellschafter, nicht jedoch die Unterbeteiligungsgesellschaft Gesellschafter der Hauptgesellschaft ist, kommt es im Zusammenhang mit der Frage der Anwendbarkeit des § 15 I Nr.2 S.2 EStG auf die Unterbeteiligung nur darauf an, ob der Hauptbeteiligte die Stellung eines Mitunternehmers in der Hauptgesellschaft innehat. Dies wird bei OHG- und KG-Gesellschaftern in der Regel der Fall sein. Schwierigkeiten ergeben sich jedoch im Hinblick auf die Mitunternehmerstellung des Unterbeteiligten. Eine Mitunternehmerschaft des Unterbeteiligten in der Unterbeteiligungsgesellschaft scheidet aus, da es - wie bereits festgestellt - an einem Gewerbebetrieb der Unterbeteiligungsgesellschaft fehlt. Man könnte zwar daran denken, die Person des Hauptbeteiligten an die Stelle der vom Gesetz geforderten Personengesellschaft zu setzen, weil allein sein Anteil das Bindeglied zwischen der Hauptgesellschaft und dem Unterbeteiligten darstellt. Da sich aber das Halten eines Anteils an einer Personengesellschaft ebenso wenig als Betrieb eines Handelsgewerbes einordnen läßt[452], kann eine Anwendbarkeit des § 15 I Nr.2 S.2 EStG auch auf diesem Wege nicht begründet werden. Aus § 15 I Nr.2 S.2 EStG lassen sich mithin keine Folgerungen

450 BFH BStBl (GrS) 1991 II, 691, 697.
451 FG München, EFG 1997, 104/105; Knobbe-Keuk, S. 469; Felix, StVj 1991, 393.
452 Siehe oben C II 2 b aa (1).

für die Zurechnung von Einkünften aus Gewerbebetrieb für den Unterbeteiligten ziehen.

Damit stellt sich die Frage, ob überhaupt und, sollte dies der Fall sein, unter welchen Voraussetzungen ein Unterbeteiligter wegen seiner mittelbaren Beteiligung an dem Gewerbebetrieb der Hauptgesellschaft Einkünfte aus Gewerbebetrieb erzielen kann.

Betrachtet man die Argumente, die für oder gegen die Erfassung von Einkünften des Unterbeteiligten über § 15 I Nr.2 EStG vorgebracht werden, läßt sich die Bedeutung, welche der Unterbeteiligungsgesellschaft als möglicher „anderer Gesellschaft" in diesem Zusammenhang beigelegt wird, nicht übersehen. Einkünfte des Unterbeteiligten aus Gewerbebetrieb werden allein dann für möglich gehalten, wenn eine Mitunternehmerschaft des Unterbeteiligten im Betrieb der Unterbeteiligungsgesellschaft gegeben ist, während eine Mitunternehmerstellung im Betrieb der Hauptgesellschaft entweder überhaupt nicht in Betracht gezogen, ohne weitere Begründung abgelehnt oder nur in bestimmten Ausnahmefällen zugelassen wird.

Dadurch daß allein die Frage, ob die Unterbeteiligungsgesellschaft eine „andere Gesellschaft" darstellen kann, in den Vordergrund der Betrachtung gerückt wird und - wenig überzeugende - Versuche unternommen werden, die Unterbeteiligungsgesellschaft in das System des § 15 I Nr.2 EStG einzuordnen, wird ein entscheidender Umstand völlig außer acht gelassen: Selbst wenn man die Unterbeteiligung nicht - wie hier vertreten - als Unterfall der Treuhand einordnet, lassen sich zumindest erhebliche Parallelen zwischen beiden Rechtsinstituten nicht leugnen. Im wesentlichen besteht Einigkeit darüber, daß bei einem reinen Treuhandverhältnis über einen Personengesellschaftsanteil die auf den Anteil entfallenden Gewinne dem Treugeber als dem wirtschaftlichen Anteilsinhaber gemäß § 15 I Nr.2 EStG als Einkünfte aus Gewerbebetrieb zuzurechnen sind. Die Rechtsnatur des Innenverhältnisses zwischen dem Treuhänder und dem Treugeber bleibt dabei völlig unbeachtet. Daß zwischen den Parteien nicht einmal eine Innengesellschaft, sondern ein bloßes Auftrags- oder Geschäftsbesorgungsverhältnis besteht, spielt nach allgemeiner Ansicht für die Zurechnung und Qualifikation der Einkünfte keine Rolle. Trotz des Fehlens jeglicher zivilrechtlicher Gesellschafterstellung des Treugebers in der Personengesellschaft wird allein wegen seiner wirtschaftlichen Gesellschafterstellung ohne weiteres eine Mitunternehmerschaft des Treugebers in deren Betrieb angenommen.

Setzt man bei der Untersuchung, ob die dem Unterbeteiligten zufließenden Erträge als Einkünfte aus Gewerbebetrieb zu qualifizieren sind, in gleicher Weise an wie bei reinen Treuhandverhältnissen, ist zunächst zu überlegen, ob die fehlende zivilrechtliche Gesellschafterstellung des Unterbeteiligten in der Hauptgesellschaft überwunden werden kann. In Betracht kommt auch hier eine Anwendung des § 39 II Nr.1, S.2 AO. Daß die Beteiligung an einer Personengesellschaft ein Wirtschaftsgut darstellt, ist bereits festgestellt worden[453].

Problematisch erscheint jedoch, ob die Unterbeteiligung als Treuhandverhältnis im Sinne von § 39 II Nr.1, S.2 AO angesehen werden kann. Darüber, was unter einem Treuhandverhältnis im Sinne dieser Vorschrift zu verstehen ist, scheinen gewisse Unklarheiten zu bestehen. Während von einer Seite erklärt wird, Treuhänder sei nur, wer als Gesellschafter ausschließlich für Rechnung des Treugebers tätig sei, der Unterbeteiligte somit in keinem Fall unter den Begriff des Treugebers gefaßt wird[454], soll nach anderer Meinung ein Treuhandverhältnis immer dann vorliegen, wenn der Gesellschafter den Anteil nicht ausschließlich im eigenen Interesse hält[455]. Nach letzterer Ansicht steht es mithin der Annahme einer Treuhand nicht entgegen, wenn der Anteilsinhaber auch eigene Interessen verfolgt. Eine Einordnung des Unterbeteiligten als Treugeber erscheint danach nicht als von vornherein ausgeschlossen.

Geht man bei der Auslegung ins Steuerrecht übernommener zivilrechtlicher Begriffe davon aus, daß sich die betreffenden Merkmale auf beiden Rechtsgebieten inhaltlich entsprechen, ließe sich zur Auslegung des Begriffs des Treuhandverhältnisses in § 39 II Nr.1, S.2 AO auf die zu Beginn dieser Arbeit vorgenommene Gegenüberstellung von Treuhand und Unterbeteiligung[456] zurückgreifen. Jedes Unterbeteiligungsverhältnis wäre mithin als Sonderform der Treuhand von der Vorschrift des § 39 II Nr.1, S.2 AO erfaßt. Möglicherweise gebietet jedoch die „wirtschaftliche Betrachtungsweise" im Steuerrecht im Rahmen des § 39 II Nr.1, S.2 AO eine engere Auslegung des Begriffs des Treuhandverhältnisses.

Bevor die Auswirkungen der wirtschaftlichen Betrachtungsweise auf die Reichweite des § 39 II Nr.1, S.2 AO betrachtet werden können, muß zunächst Klarheit darüber geschaffen werden, was sich überhaupt hinter diesem Schlagwort verbirgt. Einigkeit besteht insofern, als es sich bei der wirtschaftlichen Betrachtungsweise um eine Form der teleologischen Auslegung handelt. Da Steuergesetze häufig auf die wirtschaftlichen Verhältnisse abstellen, muß bei der Bestimmung des Inhalts von Begriffen aus Steuernormen der hinter der jeweiligen Regelung stehende wirtschaftliche Zweck besondere Beachtung finden[457].

---

453 Siehe oben C II 2 a aa (1).

454 BFH BStBl 1992 II, 512, 517; Ax/Große/Melchior, AO und FGO, Rn. 303; Klein/Orlopp (Brockmeyer), § 39, Rn. 32, 34.

455 Tipke/Kruse (Kruse), § 39, Rn. 31; Koch/Scholtz (Hoffmann), § 39, Rn. 10; Schwarz (Schwarz), § 39, Rn. 4.

456 Siehe oben B I 2.

457 Tipke/Lang (Lang), § 5, Rn. 65; Klein/Orlopp (Gersch), § 4, Rn. 24; Blümich/Stuhrmann, § 2, Rn. 70; Woerner, FR 1992, 228; Koch/Scholtz (Scholtz), § 4,

Lange Zeit ist der Grundsatz der wirtschaftlichen Betrachtungsweise für das Steuerrecht gesetzlich normiert gewesen; eine erste Regelung findet sich in § 4 AO von 1919, welcher später als § 9 in die AO von 1931 übernommen wurde. Ab 1934 war der Grundsatz der wirtschaftlichen Betrachtungsweise in § 1 StAnpG niedergelegt; die Vorschrift wurde 1939 um einen Abs.3 erweitert. Die AO von 1974 hat erstmals auf eine gesetzliche Fixierung verzichtet, allerdings ohne daß man damit eine Abkehr von der wirtschaftlichen Betrachtungsweise bezweckt hätte. Ganz im Gegenteil war man der Ansicht, daß der Grundsatz der wirtschaftlichen Betrachtungsweise mittlerweile eine allgemein anerkannte Auslegungsregel darstelle, welche im Steuerrecht ebenso wenig der Kodifizierung bedürfe wie im übrigen Recht[458]. Die wirtschaftliche Betrachtungsweise ist mithin keine Besonderheit des Steuerrechts, sondern gilt in gleicher Weise in anderen Rechtsgebieten, sofern einer Norm wirtschaftliche Erwägungen zugrunde liegen[459].

Welches Gewicht der wirtschaftlichen Zwecksetzung steuerrechtlicher Regeln bei der Auslegung zukommt, ist seit jeher umstritten, insbesondere im Hinblick auf die Auslegung von aus dem Zivilrecht übernommenen Begriffen. In der Zeit nach dem ersten Weltkrieg betrachtete man die Verwendung zivilrechtlicher Begriffe im Steuerrecht nur als Notbehelf. Die im steuerrechtlichen Tatbestand verwendeten Begriffe sollten unabhängig von dem zivilrechtlichen Verständnis zu werten sein[460]. Man war der Ansicht, das hinter den Steuergesetzen stehende Ziel der Besteuerung nach der wirtschaftlichen Leistungsfähigkeit führe zu einem vom Zivilrecht abweichenden Inhalt der Tatbestandsmerkmale, die zivilrechtliche Interpretation von Begriffen könne daher nicht einmal als Ausgangspunkt für ihre Auslegung im Steuerrecht dienen. Nach dem zweiten Weltkrieg setzte sich für einige Zeit als Gegenbewegung die Idee vom „Primat des Zivilrechts vor dem Steuerrecht“ durch. Aus dem Grundsatz der Einheit der Rechtsordnung zog man den Schluß, daß sich das steuerrechtliche Verständnis mit dem zivilrechtlichen zu decken habe, wenn nicht das Gesetz erkennbar etwas anderes bestimme[461].

Heute werden im Hinblick auf die Reichweite der wirtschaftlichen Betrachtungsweise unterschiedliche Ansichten vertreten. Das Bundesverfassungsgericht

---

Rn. 15; Schwarz (Schwarz), § 4, Rn. 17; Hübschmann/ Hepp/Spitaler (Fischer), § 39, Rn. 3.

458 BT-Drucks, 7/4292, S. 15 f.

459 Tipke/Lang (Lang), § 5, Rn. 65; Koch/Scholtz (Scholtz), § 4, Rn. 15; Schwarz (Schwarz), § 4, Rn. 18.

460 Becker, StuW 1939, 747.

461 BFH BStBl 1957 III, 306; BFH BStBl 1961 III, 188, 190; Eckhardt, StbJb 1961/1962, 131/132.

hat in einem neueren Urteil[462] die eigenständige Bedeutung des Steuerrechts betont. Bei dem Steuer- und dem Zivilrecht handele es sich um zwei gleichrangige Rechtsgebiete, welche Sachverhalte aus unterschiedlichen Perspektiven und Wertungsgesichtspunkten beurteilten. Es bestehe daher keine Vermutung dafür, daß dem Zivilrecht entlehnte Tatbestandsmerkmale von Steuerrechtsnormen im Sinne des zivilrechtlichen Vorverständnisses zu interpretieren seien[463].

Zu einem anderen Ergebnis kommt Clemm[464]. Er räumt zwar ein, daß oberster Grundsatz im Steuerrecht die Besteuerung nach der Leistungsfähigkeit sei, so daß alle Konstruktionen fragwürdig erscheinen müßten, mit denen eine tatsächlich vorhandene Leistungsfähigkeit „formal" dadurch vermindert werde, daß die Kriterien für die Bemessung der Leistungsfähigkeit durch die Wahl bestimmter rechtlicher Konstruktionen beeinflußt würden. Grundlage der Auslegung müsse daher an sich die wirtschaftliche Betrachtungsweise sein. Nicht außer acht zu lassen sei aber, daß die formale Betrachtungsweise klare Abgrenzungskriterien mit sich bringe und damit zu einer Rechtssicherheit führe, welche bei der Anwendung der wirtschaftlichen Betrachtungsweise mangels entsprechend eindeutiger Kriterien nicht zu erreichen sei[465]. Clemm hält es daher für überlegenswert, sich so lange an der für das Zivilrecht gewonnenen Auslegung aus dem bürgerlichen Recht übernommener Begriffe zu orientieren, wie dies nicht zu krassen Verstößen gegen den Sinn und Zweck des jeweiligen Steuergesetzes führt.

Auch von anderer Seite wird erhebliche Kritik an der neuen Rechtsprechung des Bundesverfassungsgerichts geübt: Wer die zivilrechtliche Vorprägung von Begriffen außer acht lasse, übergehe den ersten Schritt der Auslegung, nämlich die Anknüpfung an den Wortlaut der Norm. Gerade im Steuerrecht sei wegen der freiheitsverbürgenden Funktion des Tatbestands von Normen das Vertrauen der Bürger darauf, daß der Wortlaut vom Gesetzesanwender respektiert werde, besonders groß. Dies habe nichts mit einem Vorrang des Zivilrechts zu tun; es handele sich schlicht um eine Vorherigkeit des Zivilrechts[466]. Die Vertreter dieser Ansicht ziehen jedoch aus ihrer Kritik weniger weitreichende Schlußfolgerungen als Clemm. Von der zivilrechtlichen Vorprägung soll nicht erst dann abgewichen werden können, wenn dies zu krassen Verstößen gegen den Gesetzeszweck führt, sondern es soll lediglich von der zivilrechtlichen Bedeutung des im Steuerrecht verwandten Begriffs ausgegangen werden, eine Abweichung aus sachlichem

462 BVerfG, StuW 1992, 186 ff.
463 BVerfG StuW 1992, 186, 187; so auch Tipke/Kruse (Kruse), § 4, Rn. 107, nach dessen Ansicht auch die Einheit der Rechtsordnung nicht verlangt, daß gleichlautende Begriffe in verschiedenen Gesetzen denselben Inhalt haben müssen.
464 FS Klein, 1994, 715 ff.
465 Clemm, FS Klein, 732/733.
466 Meincke, StuW 1992, 189/190; Hübschmann/Hepp/Spitaler (Fischer), § 39, Rn. 15.

Grund aber möglich sein. Zum Teil spricht man von einer widerleglichen Vermutung dafür, daß die zivilrechtliche Bedeutung für das Steuerrecht maßgebend sei[467].

Weist der Begriff der „wirtschaftlichen Betrachtungsweise" lediglich darauf hin, daß bei der Auslegung steuerrechtlicher Tatbestände die spezifisch steuerrechtlichen Ziele besondere Beachtung finden müssen, kann im Steuerrecht an die Auslegung grundsätzlich nicht anders heranzugehen sein als in anderen Rechtsgebieten. Ausgangspunkt und Grenze der Auslegung hat mithin der Wortlaut der Vorschrift zu sein. Bei der Wortlautauslegung des Begriffs der reinen Treuhand treten die mit dem vom Bundesverfassungsgericht vertretenen Ansatz verbundenen Schwierigkeiten offen zutage. Wählt man nämlich nicht die zivilrechtliche Vorprägung dieses Begriffs als Ausgangspunkt für die Gesetzesinterpretation, bleibt unklar, was an deren Stelle treten soll. Ein Rückgriff auf ein natürliches, von der allgemeinen Verkehrsanschauung geprägtes Verständnis des Begriffsinhalts erscheint gerade bei Tatbestandsmerkmalen wie demjenigen des Treuhandverhältnisses problematisch, da es sich bei der Treuhand um ein ausschließlich rechtliches Gebilde handelt, das seinen Inhalt nicht in sich trägt, sondern dem seine Bedeutung vom Gesetzgeber oder Gesetzesanwender beigelegt worden ist. Da sich auch eine allgemein anerkannte spezifisch steuerrechtliche Definition des Treuhandbegriffs nicht herausgebildet hat, kann allein der zivilrechtliche Inhalt des Treuhandverhältnisses bei der Auslegung als erste Orientierungshilfe dienen.

Die Wahl des zivilrechtlichen Verständnisses als Ausgangspunkt bedeutet natürlich nicht zwingend, daß die Auslegung derselben Begriffe in Zivil- und Steuerrecht immer zu denselben Ergebnissen führen müßte. Steuer- und Zivilgesetzgebung verfolgen grundsätzlich verschiedene Zwecke: Während das Zivilrecht die Rechtsbeziehungen der einzelnen Rechtssubjekte untereinander regeln, es also unterschiedliche Rechtspositionen voneinander abgrenzen soll, steht hinter den Regelungen des Steuerrechts der Gedanke einer gleichmäßige Besteuerung der Steuersubjekte auf der Grundlage ihrer wirtschaftlichen Leistungsfähigkeit[468]. Legte man aus dem Zivilrecht übernommenen Begriffen im Steuerrecht ohne weiteres die Bedeutung bei, welche ihnen im Zivilrecht zukommt, bestünde die Gefahr, daß dem hinter der jeweiligen Vorschrift des Steuerrechts stehenden Zweck nicht ausreichend Rechnung getragen wird. Festzuhalten bleibt, daß die „wirtschaftliche Betrachtungsweise" einem Rückgriff auf zivilrechtliche Vorprä-

---

467 Tipke/Lang (Lang), § 5, Rn. 68; Blümich/Stuhrmann, § 2, Rn. 70; Koch/Scholtz (Scholtz), § 4, Rn. 16.

468 So schon Becker, StuW 1939, 748; aus der neuen Literatur: Klein/Orlopp (Gersch), § 4, Rn. 24; Koch/Scholtz (Scholtz), § 4, Rn. 15; Schulze zur Wiesche, DB 1982, 919.

gungen als Orientierungshilfe nicht entgegensteht. Die hinter der jeweiligen steuerrechtlichen Norm stehende Absicht des Gesetzgebers kann jedoch zu einem vom Zivilrecht abweichenden steuerrechtlichen Begriffsverständnis führen.

Ob es dem Ziel des § 39 II Nr.1, S.2 AO entspricht, ausnahmslos allen Treugebern im Sinne des hier vertretenen weiten zivilrechtlichen Treuhandverständnisses und damit auch sämtlichen Unterbeteiligten unabhängig von der Ausgestaltung des Unterbeteiligungsvertrages den Gesellschaftsanteil steuerrechtlich zuzurechnen, erscheint zweifelhaft.

Der zivilrechtlichen Ausgestaltung der einer reinen Treuhand und einer Unterbeteiligung zugrunde liegenden Rechtsverhältnisse als Geschäftsbesorgungsvertrag auf der einen und als Gesellschaftsverhältnis auf der anderen Seite kommt entgegen der Ansicht des BFH[469] in diesem Zusammenhang keine Bedeutung zu. Die wirtschaftliche Betrachtungsweise im Steuerrecht soll es im Gegenteil gerade ermöglichen, im Hinblick auf die Ergebnisse wirtschaftlich relevanten Handels von der formalen rechtlichen Ausgestaltung der zwischen den Parteien bestehenden Beziehungen zu abstrahieren, soweit sich dies mit dem Wortlaut der Norm vereinbaren läßt. Eine rein formale Argumentation entspricht daher gerade nicht dem Zweck der Regelung.

Von größerer Bedeutung für die Untersuchung, ob der Unterbeteiligte als Treugeber in die Regelung des § 39 II Nr.1 S.2 AO einzubeziehen ist, ist der Umstand, daß der Hauptbeteiligte im Gegensatz zum Treuhänder bei einem reinen Treuhandverhältnis nicht strikt weisungsgebunden handelt, sondern neben den fremden Interessen auch seine eigenen Ziele in der Gesellschaft verfolgen darf. Seine Rechtsposition kann daher - anders als die des Treuhänders - nicht als „wirtschaftlich entleert" betrachtet werden[470]. Diese Tatsache muß jedoch nicht von vornherein zwingend dagegen sprechen, den Unterbeteiligten als wirtschaftlichen Inhaber des Anteils und damit als Treugeber im Sinne des § 39 II Nr. 1, S.2 AO einzuordnen. Entscheidende Bedeutung für die Frage, ob überhaupt und wann die Stellung des Unterbeteiligten wirtschaftlich mit derjenigen eines Treugebers bei einer reinen Treuhand vergleichbar ist, kommt vielmehr der näheren Ausgestaltung des Unterbeteiligungsverhältnisses zu.

Die Vorschrift des § 39 II Nr.1 S.2 AO bezweckt die steuerrechtliche Gleichbehandlung wirtschaftlich vergleichbarer Sachverhalte. Dem Rechtsinhaber soll das Wirtschaftsgut nicht allein aufgrund seiner formalen Rechtsstellung zugerechnet werden, sondern für das Steuerrecht soll entscheidend sein, wer wirtschaftlich Inhaber des Anteils ist. Dies ist im Falle der reinen Treuhand der Treugeber. Er ist am Unternehmerrisiko wie ein rechtlicher Gesellschafter beteiligt,

469 BFH BStBl 1992 II, 512, 517.
470 So BFH BStBl 1992 II, 512, 517.

denn er zieht über die Person des Treuhänders den Gewinn aus dem Anteil und trägt zugleich einen etwaigen Verlust; der auf den Anteilsinhaber entfallende Abfindungs- oder Auseinandersetzungsanspruch bei Ausscheiden aus der Gesellschaft beziehungsweise deren Auflösung steht wirtschaftlich allein ihm zu.

Ist der Unterbeteiligte über den Hauptbeteiligten lediglich an dem auf den Anteil entfallenden Gewinn beteiligt, fehlt es an seiner Beteiligung am Unternehmerrisiko. Denn wer nur Gewinne abschöpft, hat in keiner Weise an dem Wagnis der Gesellschaft teil. Ist die Stellung des Unterbeteiligten in dieser Weise ausgestaltet, kommt daher eine Zurechnung des Anteils über § 39 AO nicht in Betracht.

Anders verhält es sich, wenn der Unterbeteiligte schuldrechtlich auch an der Substanz, also an den Wertveränderungen des Anteils beteiligt ist und dementsprechend bei Beendigung der Unterbeteiligungsgesellschaft einen quotenmäßigen Anspruch auf die in der Hauptbeteiligung anteilig enthaltenen offenen und stillen Reserven hat. Hier wird ihm zwar nicht unmittelbar im Verhältnis zu der Hauptgesellschaft, aber dennoch mittelbar über den Unterbeteiligungsvertrag eine Position eingeräumt, die mit derjenigen eines Gesellschafters wirtschaftlich vergleichbar ist. Ein Wertverlust des Anteils berührt den Unterbeteiligten in dieser Konstellation in gleicher Weise wie einen unmittelbaren Gesellschafter; er wird zudem wie ein Gesellschafter (mittelbar) für Schulden der Gesellschaft haften. Daß der Hauptgesellschafter neben ihm an dem Risiko der Gesellschaft teilhat, verhindert zwar eine umfassende Treugeberstellung des Unterbeteiligten an dem gesamten Anteil. Diese Einschränkung steht jedoch einer Zurechnung des Anteils zum Unterbeteiligten über § 39 II Nr.1 S.2 AO, soweit seine Treugeberstellung reicht, nicht entgegen.

Der Zweck des § 39 II Nr.1 S.2 AO läßt es mithin zwar nicht zu, sämtliche Fälle der zivilrechtlichen Treuhand als Treuhandverhältnis unter die Norm zu subsumieren, wohl aber sind neben der reinen Treuhand auch Formen der Unterbeteiligung von der Vorschrift erfaßt, die zu einer faktischen Gesellschafterstellung des Unterbeteiligten in der Hauptgesellschaft führen.

Sind die Kriterien für die Feststellung, wann es sich bei dem Unterbeteiligten um einen Gesellschafter im Sinne des § 15 I Nr.2 EStG handelt, in dieser Weise festgelegt, bereitet auch die Untersuchung, in welchen Fällen der Unterbeteiligte als Mitunternehmer des Betriebs der Hauptgesellschaft anzusehen ist, keine Probleme mehr. Läßt sich der Anteil dem Unterbeteiligten nach § 39 II Nr.1 S.2 AO zurechnen, ist auch das erforderliche Mitunternehmerrisiko ohne weiteres gegeben. Im Hinblick auf die Mitunternehmerinitiative als weiteren Bestandteil der Mitunternehmerstellung läßt sich auf die zu diesem Punkt im Zusammenhang mit der reinen Treuhand erfolgten Darlegungen verweisen: Kommt die Entscheidungsmacht des Unterbeteiligten im Innenverhältnis derjenigen des Hauptbeteiligten wenigstens gleich, wird seine Mitunternehmerschaft in der Hauptgesellschaft durch die Rechte und Pflichten des Hauptbeteiligten im Außenverhältnis vermittelt, wenn letzterer als Mitunternehmer der Hauptgesellschaft einzuordnen ist. Da dies, wenn es sich bei der Hauptgesellschaft um eine OHG oder um eine KG handelt, regelmäßig der Fall sein wird, ist der Unterbeteiligte, der im Innenverhältnis zu dem Hauptbeteiligten zumindest gleichberechtigt auf die Vorgänge in der Gesellschaft Einfluß nehmen kann, grundsätzlich gemäß § 15 I Nr.2, S.1 EStG als Mitunternehmer im Betrieb der Hauptgesellschaft zu behandeln.

Die Differenzierung zwischen reiner Treuhand und Unterbeteiligung mit faktischer Gesellschafterstellung des Unterbeteiligten ist trotz der oben aufgezeigten Parallelen in der steuerrechtlichen Behandlung des mittelbar Beteiligten nicht ohne Bedeutung. Das dem Hauptbeteiligten verbleibende Eigeninteresse an dem Anteil steht zwar einer Gesellschafter- und Mitunternehmerstellung des Unterbeteiligten nicht entgegen; es hat jedoch steuerrechtliche Auswirkungen für den Hauptbeteiligten. Anders als der Treuhänder, dessen formale Gesellschafterstellung vollständig ausgehöhlt ist, bleibt der Hauptbeteiligte trotz seiner Rechtsbeziehung zu dem Unterbeteiligten Gesellschafter sowohl im formalen als auch im wirtschaftlichen Sinne. Denn sein Handeln für fremde Rechnung beschränkt sich je nach Höhe der Beteiligung seines Vertragspartners im Innenverhältnis auf einen Teil des Gesamtanteils. Nur in diesem Umfang besteht ein Treuhandverhältnis im Sinne des § 39 II Nr.1 S.2 AO, so daß auch nur insoweit eine Zurechnung des Anteils und damit auch der Einkünfte zu dem Unterbeteiligten als Treugeber in Betracht kommt.

Der Anteil muß daher den an dem Unterbeteiligungsverhältnis Beteiligten anteilig zugerechnet werden, dem Hauptbeteiligten als dem formalen und wirtschaftlichen Anteilsinhaber in dem Umfang, in welchem er für eigene Rechnung handelt, dem Unterbeteiligten über § 39 II Nr. 1 S.2 AO je nach Reichweite seiner Treugeberstellung an dem Anteil. Da der Gesellschafter einer OHG oder KG in der Regel auch die Stellung eines Mitunternehmers in dem Betrieb der Gesellschaft innehat, sind die ihm anteilig zuzurechnenden Erträge aus der Gesellschaftsbeteiligung von ihm als Einkünfte aus Gewerbebetrieb auf der Grundlage des § 15 I Nr. 2 EStG zu versteuern.

(2) Sondervergütungen

Wie bei der reinen Treuhand stellt sich auch bei einem Unterbeteiligungsverhältnis, welches zu Einkünften des Unterbeteiligten aus Gewerbebetrieb führt, die Frage, inwieweit Vergütungen, die der Unterbeteiligte neben den auf ihn entfallenden Gewinnanteilen für Tätigkeiten für die Gesellschaft, die Gewährung von Darlehen oder für die Überlassung von Wirtschaftsgütern erhält, als Sondervergütungen zu den Einkünften aus Gewerbebetrieb zu rechnen sind. Zu unterscheiden sind in diesem Zusammenhang Zuwendungen, welche der Hauptbeteiligte an den Unterbeteiligten leistet, und Zahlungen der Hauptgesellschaft an den Unterbeteiligten.

Die herrschende Ansicht ordnet, da sie im Falle einer atypischen Unterbeteiligung grundsätzlich eine Mitunternehmerschaft allein im Verhältnis zwischen dem Unterbeteiligten und dem Hauptbeteiligten für möglich hält, Zahlungen des Hauptbeteiligten an den Unterbeteiligten folgerichtig als Sondervergütungen und damit als Einkünfte aus Gewerbebetrieb ein[471], während sie Vergütungen, welche der Unterbeteiligte von der Hauptgesellschaft erhält, in der Regel nicht umqualifizieren will, sondern nach den Umständen des Einzelfalls als Einkünfte aus Vermietung und Verpachtung, aus (nicht-) selbständiger Arbeit oder aus Kapitalvermögen der Einkommensteuer unterwirft. Für die Hauptgesellschaft sollen diese Zuwendungen dementsprechend als Betriebsausgaben absetzbar sein[472]. Allein Schulze zur Wiesche[473] betrachtet, obwohl auch er in der Regel lediglich von einer Mitunternehmerschaft zwischen dem Hauptbeteiligten und dem Unterbeteiligten ausgeht, die Vergütungen, welche der Unterbeteiligte von der Hauptgesellschaft erhält, als gewerbliche Einkünfte im Sinne des § 15 I Nr.2 EStG. Die Tätigkeit des Unterbeteiligten in der Hauptgesellschaft müsse im Zusammenhang mit der Unterbeteiligungsgesellschaft gesehen werden; sie stehe mit dieser in unmittelbarer Verbindung und fördere daher den Gesellschaftszweck. Auch nach Ansicht Schulze zur Wiesches soll die Hauptgesellschaft die Zuwendungen an den Unterbeteiligten als Betriebsausgaben absetzen können. Letzteres ist konsequent, wenn man mit Schulze zur Wiesche die von der Hauptgesellschaft an den Unterbeteiligten gezahlten Vergütungen allein wegen ihres Bezugs zur Unterbeteiligungsgesellschaft als gewerblich qualifiziert.

Mag auch die Tätigkeit des Unterbeteiligten für die Hauptgesellschaft der Unterbeteiligungsgesellschaft zugute kommen, so ändert dieser Umstand doch nichts daran, daß es, wenn dem Unterbeteiligten Zahlungen von der Hauptgesellschaft zufließen, an „Vergütungen, die der Gesellschafter von der Gesellschaft“ - in diesem Falle von der Unterbeteiligungsgesellschaft - „erhält“, fehlt. Denn daß die Unterbeteiligungsgesellschaft von den Rechtsbeziehungen des Unterbeteiligten zu der Hauptgesellschaft profitiert, vermag es nicht zu rechtfertigen, die Zuwendungen der Hauptgesellschaft als solche der Unterbeteiligungsgesellschaft zu

471 Felix, KÖSDI 1987, 6923/6924; Märkle DStZ 1985, 514.

472 Grürmann, BB 1978, 1205; Krüger, S. 242; Felix, KÖSDI 1985, 5795/5796; Fella, BB 1976, 786; Märkle, DStZ 1985, 514.

473 Schulze zur Wiesche, NJW 1983, 2364/2365.

betrachten. Das von Schulze zur Wiesche entwickelte Modell vermag daher nicht zu überzeugen.

Jedoch läßt sich auch der Gedankengang der herrschenden Meinung - folgt man ihr entgegen der hier vertretenen Ansicht im Ausgangspunkt, indem man im Falle einer atypischen Unterbeteiligung eine Mitunternehmerschaft zwischen Haupt- und Unterbeteiligtem annimmt - jedenfalls seit der Einführung des § 15 I Nr.2, S.2 EStG in Zweifel ziehen. Nach herrschender Meinung handelt es sich bei dem Unterbeteiligten um einen Mitunternehmer in einer Personengesellschaft, nämlich der Unterbeteiligungsgesellschaft. Der Hauptbeteiligte nimmt die Stellung eines Mitunternehmers in der Hauptgesellschaft ein. Die von Satz 2 des § 15 I Nr.2 EStG geforderte Mitunternehmerkette liegt mithin vor, wenn man es wegen der Besonderheiten der Unterbeteiligung ausreichen läßt, daß nicht die Personengesellschaft, an welcher der Unterbeteiligte beteiligt ist, Mitunternehmer in der Hauptgesellschaft ist, sondern lediglich der Hauptbeteiligte. Die Vertreter der herrschenden Meinung müßten daher Zahlungen, welche der Unterbeteiligte als mittelbarer Mitunternehmer der Hauptgesellschaft von dieser empfängt, als Sondervergütungen einordnen, und zwar ohne eine Möglichkeit für die Hauptgesellschaft, diese als Betriebsausgaben von ihren der Gewerbesteuer unterliegenden Einkünften abzuziehen.

Anders verhält es sich nach der hier vertretenen Auffassung: Lehnt man eine Mitunternehmerschaft zwischen dem Unterbeteiligten und dem Hauptbeteiligten in jedem Falle ab, könnten Vergütungen, welche der Unterbeteiligte von dem Hauptbeteiligten erhält, nur dann bei dem Unterbeteiligten zu Einkünften aus Gewerbebetrieb führen, wenn sie der Hauptgesellschaft, deren Mitunternehmer der Unterbeteiligte ist, als eigene Zahlungen an den Unterbeteiligten zuzurechnen wären. Gewährt der Unterbeteiligte dem Hauptbeteiligten beispielsweise ein Darlehen, damit dieser seinen finanziellen Pflichten gegenüber der Hauptgesellschaft nachkommen kann, beruht die Zahlung der Zinsen durch den Hauptbeteiligten allein auf dem zwischen ihm und dem Unterbeteiligten geschlossenen Vertrag; die Hauptgesellschaft hat damit nichts zu tun. Eine Umqualifizierung der Vergütung, welche der Unterbeteiligte von dem Hauptbeteiligten erhält, erscheint mithin nicht vertretbar.

Demgegenüber können Zahlungen der Hauptgesellschaft an den Unterbeteiligten Sondervergütungen darstellen[474]. Wegen der Parallelen zum reinen Treuhandverhältnis lassen sich für derartige Zuwendungen die für die reine Treuhand

474 Biergans, DStR 1988, 658; so auch die herrschende Meinung, welche eine „faktische Mitunternehmerschaft des Unterbeteiligten in der Hauptgesellschaft allerdings nur in seltenen Ausnahmefällen annimmt; für alle Felix, KÖSDI 1985, 5795; Fella, BB 1976, 786; Krüger, S. 242; Märkle, DStZ 1985, 514; Grürmann, BB 1978, 1205.

gewonnenen Ergebnisse entsprechend heranziehen[475]. Ist die Unterbeteiligung der Gesellschaft nicht bekannt, kann - wie auch im Falle der reinen Treuhand - eine Zahlung der Hauptgesellschaft an den Unterbeteiligten nicht als Sondervergütung eingeordnet werden und führt daher auch nicht zur Erhöhung des Gewerbeertrags der Hauptgesellschaft. Der Unterbeteiligte hat insoweit Einkünfte aus Vermietung und Verpachtung, aus (nicht-) selbständiger Arbeit oder aus Kapitalvermögen. Zahlungen an den Hauptbeteiligten können hingegen bei dem Unterbeteiligten - wegen der eigenen Gesellschafter- und Mitunternehmerstellung des Hauptbeteiligten allerdings nur anteilig - zu Sondervergütungen führen. Ist das Unterbeteiligungsverhältnis der Hauptgesellschaft bekannt, können sowohl Zahlungen an den Unterbeteiligten als auch Zuwendungen, welche der Hauptbeteiligte von der Hauptgesellschaft erhält, Sondervergütungen für den Unterbeteiligten im Sinne des § 15 I Nr. 2 S.1 HS 2 EStG darstellen. Besonderheiten gegenüber der reinen Treuhand ergeben sich bei der Unterbeteiligung aus der Gesellschafter- und Mitunternehmerstellung des Hauptbeteiligten. Zahlungen der Hauptgesellschaft stellen, soweit sie ihm zuzurechnen sind, Sondervergütungen für den Hauptbeteiligten dar und führen mithin in seiner Person zu Einkünften aus Gewerbebetrieb nach § 15 I Nr.2 EStG.

bb. Einkünfte aus Kapitalvermögen, § 20 EStG

(1) Einkünfte aus § 20 I Nr.1 EStG

Da wie bereits festgestellt § 15 I Nr.2 EStG die Beteiligung an einer Personengesellschaft voraussetzt, scheidet eine Zurechnung von Einkünften des Unterbeteiligten nach dieser Vorschrift aus, wenn es sich bei der Hauptgesellschaft um eine Kapitalgesellschaft handelt. Diesbezüglich besteht Einigkeit, was insofern verwundert, als bei einer Unterbeteiligung an einem Personengesellschaftsanteil nach herrschender Meinung die Unterbeteiligungsgesellschaft als „andere Gesellschaft" im Sinne des § 15 I Nr.2 S.1 EStG zu betrachten und im Falle einer atypischen Unterbeteiligung eine Mitunternehmerstellung des Unterbeteiligten im Verhältnis zum Hauptbeteiligten anzunehmen ist. Aus Sicht der Vertreter der herrschenden Ansicht dürfte die Rechtsform der Hauptgesellschaft für die Qualifizierung der Einkünfte des Unterbeteiligten an sich keine Rolle spielen; der Weg zu einer Einkünftezurechnung über § 15 I Nr.2 EStG müßte vielmehr auch dann eröffnet sein, wenn die Hauptgesellschaft als Kapitalgesellschaft organisiert ist. Daß die herrschende Meinung demgegenüber in dieser Fallgestaltung nicht einmal auf die Möglichkeit einer Einkünftezurechnung über § 15 I Nr.2 EStG ein-

475 Siehe oben C II 2 a aa (2).

geht, bedeutet einen weiteren Widerspruch in dem von ihr vertretenen System der Einkünftezurechnung in Fällen der mittelbaren Beteiligung an Gesellschaften und verdeutlicht ein weiteres Mal die Notwendigkeit, für die Einkünftezurechnung im Bereich der Unterbeteiligung einen anderen Weg zu beschreiten.

Ist der Unterbeteiligte über den Hauptbeteiligten an einer GmbH oder AG beteiligt, liegt es nach der hier vertretenen Ansicht wegen der Parallelen zwischen reiner Treuhand und Unterbeteiligung nahe, § 20 I Nr.1 EStG auch auf den dem Unterbeteiligten zufallenden Gewinnanteil anzuwenden. Der Unterbeteiligte ist zwar ebenso wenig wie der Treugeber zivilrechtlich Gesellschafter der Kapitalgesellschaft. Dennoch ist er Anteilseigner im Sinne des § 20 II a EStG, wenn ihm der von dem Hauptbeteiligten an der AG oder GmbH gehaltene Anteil über § 39 II Nr.1 S.2 AO zugerechnet werden kann. Das bei dem Hauptbeteiligten verbleibende mehr oder weniger starke Eigeninteresse an dem Anteil läßt es zwar unmöglich erscheinen, dem Unterbeteiligten den Anteil wie bei der reinen Treuhand dem Treugeber in vollem Umfang zuzurechnen. Jedoch steht einer anteiligen Zurechnung des Anteils nichts entgegen, wenn der Unterbeteiligte gleich einem Gesellschafter nicht nur an dem auf den Anteil entfallenden laufenden Gewinn, sondern schuldrechtlich auch an den Wertveränderungen der Hauptbeteiligung beteiligt ist.

Auf der Grundlage des § 39 II Nr. 1, S.2 AO lassen sich die Gewinne aus dem Anteil unter diesen Voraussetzungen mithin, soweit sie auf den Unterbeteiligten entfallen, diesem als Anteilsinhaber gemäß § 20 I Nr.1 EStG zuordnen. Die Einräumung einer faktischen Gesellschafterstellung für den Unterbeteiligten führt folglich zu einem Splitting der Einkunftsquelle; der Unterbeteiligte erzielt ebenso wie der Hauptbeteiligte Einkünfte aus Kapitalvermögen gemäß § 20 I Nr.1 EStG, es sei denn, er hält die Unterbeteiligung im Betriebsvermögen (§ 20 III EStG)[476].

Wie schon im Zusammenhang mit der reinen Treuhand an Kapitalgesellschaftsanteilen angesprochen, stellt sich mangels einer § 15 I Nr.2 S.1, 2. HS EStG entsprechenden Vorschrift bei der AG oder GmbH nicht die Frage einer Umqualifizierung von Vergütungen, welche der Beteiligte von der Gesellschaft neben dem ihm zufließenden Gewinnanteil erhält. Es bleibt damit bei der Zuordnung der Zahlungen zu Einkünften aus (nicht-) selbständiger Arbeit, Vermietung und Verpachtung oder aus Kapitalvermögen.

---

476 So auch die h.M.: Blaurock/Berninger, GmbHR 1990, 93; Flore, BB 1994, 1193; Schulze zur Wiesche, GmbHR 1986, 239; Felix, DStZ 1988, 102/103.

(2) Einkünfte aus § 20 I Nr.4 oder Nr.7 EStG (analog)

Offen geblieben ist bisher die Frage, wie Einkünfte desjenigen Unterbeteiligten steuerrechtlich zu behandeln sind, der sich weder als Gesellschafter und Mitunternehmer einer Personengesellschaft noch als Inhaber eines Anteils an einer Kapitalgesellschaft einordnen läßt.

Während nach ganz herrschender Meinung auch in diesen Fällen die auf den Unterbeteiligten entfallenden Anteile am Gewinn der Gesellschaft als dessen Einkünfte der Einkommensteuer unterliegen[477], wobei lediglich umstritten ist, welcher Einkunftsart die Einkünfte des Unterbeteiligten zuzurechnen sind, werden von einzelnen Stimmen in der Literatur Zweifel an der steuerlichen Anerkennung der Unterbeteiligung in ihrer typischen Ausgestaltung geäußert[478]. Zur Begründung wird auf die Nähe dieser Form der Unterbeteiligung zu dem Nießbrauch an Gesellschaftsanteilen verwiesen: Sei schon der Nießbrauch als dingliches Recht steuerrechtlich nicht anzuerkennen, müsse dies erst recht für die bloß schuldrechtliche Unterbeteiligung gelten[479].

Ob die Parallele zum Nießbrauch tatsächlich eine klare Lösung für die steuerliche Behandlung der typischen Unterbeteiligung eröffnet, ist allerdings zu bezweifeln, wenn man sich die Fülle der zu der steuerlichen Anerkennung von Einkünften des Nießbrauchers vertretenen Ansichten und die je nach Lage des Einzelfalls vorgenommenen Differenzierungen vergegenwärtigt: Während im Falle eines Vorbehalts-[480] oder Vermächtnisnießbrauches[481] nicht der Eigentümer, sondern der Nießbraucher als der Erzieler von Einkünften im Sinne des § 2 I EStG angesehen wird, soll nach Ansicht des BFH im Bereich des unentgeltlichen Zuwendungsnießbrauchs zwischen dem Nießbrauch an Grundstücken und dem Nießbrauch an Wertpapieren zu differenzieren sein. Der Grundstücksnießbraucher soll den Tatbestand der Einkünfteerzielung ohne weiteres verwirklichen

---

477 Knobbe-Keuk, S. 411; Felix, KÖSDI 1985, 5795; Felix, KÖSDI 1987, 6924, 6925; Blaurock/Berninger, GmbHR 1990, 90; Flore BB 1994, 1193.

478 Tillmann, GmbH-Hb III, Rn. 967, der sich allerdings in Rn. 972 selbst widerspricht, indem er pauschal davon ausgeht, daß die Einkünfte des Unterbeteiligten - also auch des typisch Unterbeteiligten - gemäß § 20 EStG zu versteuern seien; Streck/Schwedhelm, Steuerliches Vertrags- und Formularbuch A 4.48, Rn. 3, 12; Schulze zur Wiesche, GmbHR 1986, 238, allerdings beschränkt auf die unentgeltlich eingeräumte typische Unterbeteiligung.

479 Tillmann, GmbH-Hb III Rn. 967; auf diesen Unterschied weisen auch Böttcher/Zartmann/Faut, S. 149 ff. hin.

480 BStBl 1983 I, 512, Rn. 55; Charlier, StbJb 1982/1983, 241, Fn.58; Theil, BB 1982, 1544.

481 BFH BStBl II 1979, 562, 564; BStBl 1983 I, 512, Rn. 55; Theil, BB 1982, 1544.

können[482]. Anders der Nießbraucher an Wertpapieren: Der Nießbrauch soll in dieser Konstellation steuerrechtlich nicht anzuerkennen sein, mit der Folge, daß die Einkünfte allein dem Nießbrauchbesteller zugerechnet werden. Die Leistungsfähigkeit dessen, der einem anderen schenkweise einen Nießbrauch an einem Gewinnstammrecht in einer Personengesellschaft einräume, sei nicht weitergehend gemindert als die wirtschaftliche Leistungsfähigkeit eines Steuerpflichtigen, der einem anderen schenkweise künftige Gewinnansprüche abgetreten hat. Der Nießbraucher eines Kapitalgesellschaftsanteils trete, auch wenn ihm zur Sicherung seines Nutzungsrechts neben dem Eigentümer das Recht zum gemeinschaftlichen Besitz des Wertpapiers zustehe, nicht in die Rolle des Überlassers von Kapitalvermögen ein, sondern realisiere lediglich den kraft des Nießbrauchs erworbenen Erträgnisanspruch[483]. Dem wird von anderer Seite entschieden widersprochen: In der Literatur wird zum Teil vertreten, auch im Bereich des unentgeltlichen Zuwendungsnießbrauchs an Wertpapieren verwirkliche allein der Nießbraucher den Tatbestand der Einkünfteerzielung[484]. Die Finanzverwaltung geht demgegenüber unabhängig davon, ob der Nießbrauch entgeltlich oder unentgeltlich eingeräumt worden ist, davon aus, daß die Einkünfte allein dem Nießbrauchsbesteller zuzurechnen sind[485].

Der Verweis auf die Parallelen zwischen Unterbeteiligung und Nießbrauch schafft mithin keine Klarheit, sondern führt im Gegenteil zu weiterer Verwirrung. Hinzu kommt, daß sich die Unterbeteiligung in ihrer rechtlichen Ausgestaltung erheblich von dem Nießbrauch unterscheidet und schon aus diesem Grund Zweifel daran bestehen, ob sich die im Zusammenhang mit der steuerlichen Anerkennung des Nießbrauchs gewonnenen Ergebnisse auf die Unterbeteiligung übertragen lassen. Anders als dem Nießbrauch liegt der Unterbeteiligung ein Gesellschaftsverhältnis zugrunde; Haupt- und Unterbeteiligter wirken im Hinblick auf die Erreichung eines gemeinsamen Zieles zusammen. Auch wenn der Unterbeteiligte sein Einkommen nicht aus derselben Einkunftsquelle bezieht wie der Hauptbeteiligte, realisiert er nicht bloß einen von dem Gesellschafter erworbenen Anspruch. Sein Anteil an den Gewinneinkünften resultiert vielmehr aus seiner Tätigkeit im Rahmen der Innengesellschaft - mag sie sich auch lediglich in dem Einbringen einer unter Umständen von dem Hauptbeteiligten geschenkten Einlage erschöpfen.

Näher als ein Vergleich mit dem Nießbrauch liegt daher die Parallele zu der typischen stillen Gesellschaft. Letztere ist als Fall des § 20 I Nr.4 EStG zweifel-

---

482 BFH BStBl 1981 II, 295, 296/297.

483 BFH BStBl 1977 II 115, 116; so für die Lit. auch Theil, BB 1982, 1545.

484 So Tipke/Lang (Lang), § 9, Rn. 160 für den unentgeltlichen Zuwendungsnießbrauch an Wertpapieren.

485 BStBl I 1983, 512, Fn.57.

los steuerrechtlich anerkannt. Auch der typischen Unterbeteiligung darf daher die steuerrechtliche Anerkennung nicht von vornherein versagt werden[486].

Ist mithin auch die typische Unterbeteiligung steuerrechtlich grundsätzlich anzuerkennen, stellt sich als nächstes die Frage nach der Zuordnung der Einkünfte des Unterbeteiligten zu einer der Fallgruppen des § 2 I EStG. Wie diese Zuordnung zu erfolgen hat, ist umstritten. Die herrschende Meinung behandelt die Einkünfte des typisch Unterbeteiligten nach § 20 I Nr.4 EStG, wobei die Vorschrift von einigen unmittelbar herangezogen wird[487], während andere eine analoge Anwendung der Norm befürworten[488]. Zum Teil wird angenommen, § 20 I Nr.4 EStG erfasse den Fall der Unterbeteiligung nicht, vielmehr sei er allein von § 20 I Nr.7 EStG geregelt[489]. Wieder andere scheinen eine genaue Zuordnung für überflüssig zu halten und begnügen sich mit der Feststellung, daß der typisch Unterbeteiligte Einkünfte aus Kapitalvermögen beziehe[490].

Von vornherein abzulehnen ist die Überlegung, Einkünfte des an einem Personengesellschaftsanteil Unterbeteiligten ausnahmslos nach § 15 I Nr.2 EStG zu besteuern, soweit der Hauptbeteiligte in dieser Gesellschaft die Stellung eines Mitunternehmers innehat[491]. Die Annahme, daß § 20 I Nr.4 EStG allenfalls analog auf die Unterbeteiligung angewandt werden könne, die Zulässigkeit einer Analogie im Steuerrecht jedoch mehr als zweifelhaft sei[492], trifft zwar möglicherweise zu, sie vermag jedoch allenfalls die Ablehnung einer Besteuerung nach § 20 I Nr.4 EStG zu rechtfertigen. Argumente, die für eine Steuerpflicht des Unterbeteiligten nach § 15 I Nr.2 EStG sprechen, sind ihr demgegenüber nicht zu entnehmen. Zudem bleibt offen, wie die Fälle einer Unterbeteiligung an Kapitalgesellschaftsanteilen zu behandeln sein sollen.

---

486 So auch Blaurock/Berninger, GmbHR 1990, 88/89.

487 Knobbe-Keuk, S. 411; Stadie, S. 152; Blümich/Stuhrmann, § 20, Rn. 221; Brandenburg, JbFSt 1995/1996, 337; Biergans, S. 123; Kussmann/Martin/Niedenführ/Rick (Kussmann), S. 1352; Kirchhof/Söhn (Dötsch), § 20, Rn. F 301; Schmidt/Heinicke, § 20, Rn. 130.

488 Flore, BB 1994, 1192; Felix, KÖSDI 1985, 5795; Felix, KÖSDI 1987, 6925; Blaurock/Berninger, GmbHR 1990, 90/91.

489 A.Schmidt, S. 175; Schulze zur Wiesche, GmbHR 1986, 238; Zenthöfer/Schulze zur Wiesche (Schulze zur Wiesche), S. 464.

490 Paulick, ZGR 1974, 284; Böttcher/Zartmann/Faut, S. 155 ff.; Esch, BB 1968, 1280; Blaurock, S. 331/332, der ausdrücklich eine Zuordnung zu § 20 I Nr. 4 EStG ablehnt, aber mit Hinweis darauf, daß es sich bei § 20 I EStG im Hinblick auf seine Entstehungsgeschichte um eine offene Regelung handele, eine Besteuerung nach § 20 I EStG annimmt. Die Befürwortung einer analogen Anwendung des § 20 I Nr. 4 EStG in GmbHR 1990, 90/91 dürfte eine Abkehr von dieser Ansicht bedeuten.

491 So Crezelius, JbFSt 1985/1986, 406; Crezelius, § 6, Rn. 48.

492 Crezelius, § 6, Rn. 48.

Möglicherweise läßt sich der Gewinnanteil eines Unterbeteiligten, welcher faktisch nicht die Stellung eines Gesellschafters in der Hauptgesellschaft einnimmt, der Vorschrift des § 20 I Nr.4 EStG zuordnen. Unmittelbare Anwendung findet § 20 I Nr.4 EStG auf Einnahmen aus der Beteiligung an einem Handelsgewerbe als stiller Gesellschafter und aus partiarischem Darlehen.

Von dem partiarischen Darlehen unterscheidet sich die Unterbeteiligung dadurch, daß ihr ein Gesellschaftsverhältnis zugrunde liegt. Anders als Darlehensgeber und Darlehensnehmer[493] verfolgen Haupt- und Unterbeteiligter den gemeinsamen Zweck, den Anteil an der Hauptgesellschaft zu halten. Legt man aus dem Zivilrecht in das Steuerrecht übernommene Begriffe im Zivil- und im Steuerrecht in gleicher Weise aus, läßt sich die Unterbeteiligung mithin nicht als Fall des partiarischen Darlehens betrachten. Aber auch unter dem Gesichtspunkt der Gleichbehandlung wirtschaftlich vergleichbarer Sachverhalte im Rahmen der wirtschaftlichen Betrachtungsweise erscheint ein anderes Ergebnis nicht vertretbar. Denn der Verpflichtung des Darlehensnehmers, einen Teil seines Gewinns an den Darlehensgeber abzuführen, liegt nicht nur eine andere rechtliche Konstruktion zugrunde als der Pflicht des Hauptbeteiligten, den Unterbeteiligten an dem Gewinn teilhaben zu lassen. Vielmehr sind die Zuwendungen auch wirtschaftlich unterschiedlich zu werten. Während die Einkünfte des Darlehensgebers im Falle eines partiarischen Darlehens eine Gegenleistung für die Nutzungsüberlassung darstellen, ist der Unterbeteiligte als Gesellschafter am Gewinn beteiligt.

Neben den Einkünften aus partiarischem Darlehen regelt § 20 I Nr.4 EStG Einnahmen aus der Beteiligung an einem Handelsgewerbe als stiller Gesellschafter. Anders als der stille Gesellschafter[494] ist der Unterbeteiligte nicht direkt an einem Handelsgewerbe beteiligt; seine Beteiligung besteht vielmehr an dem Anteil des Hauptgesellschafters. Trotzdem ist die Verwandtschaft zwischen Unterbeteiligung und stiller Gesellschaft vergleichsweise eng. In beiden Fällen besteht eine Innengesellschaft, welche dem Stillen beziehungsweise dem Unterbeteiligten den Anspruch auf eine Teilhabe an dem erzielten Gewinn verschafft. Eine steuerrechtliche Gleichbehandlung erscheint mithin nicht von vornherein ausgeschlossen. Fraglich ist allerdings, ob die Subsumtion der Unterbeteiligung unter den Begriff der stillen Gesellschaft nicht die Grenzen der Auslegung überschreitet. Hierüber gehen die Ansichten auseinander. Während einige allenfalls eine analoge Anwendung des § 20 I Nr.4 EStG für möglich halten, weil die Unterbeteiligung in § 20 I Nr.4 EStG nicht ausdrücklich erwähnt wird[495], sind ande-

493 Siehe dazu oben B I 3 b.

494 Vgl. dazu oben B I 3 a.

495 Flore, BB 1994, 1192; Felix, KÖSDI 1985, 5795; Felix, KÖSDI 1987, 6925; Blaurock/Berninger, GmbHR 1990, 90/91.

re der Ansicht, eine unmittelbare Anwendung des § 20 I Nr.4 EStG überschreite nicht die Grenzen der Auslegung[496].

Ist man der Ansicht, im Bereich des Steuerrechts erfasse eine Vorschrift, die einen bestimmten Fall ausdrücklich regelt, zugleich auch alle wirtschaftlich ähnlichen Sachverhalte, könnte man auch die Unterbeteiligung unter § 20 I Nr.4 EStG subsumieren[497]. Geht man demgegenüber - wie hier - davon aus, daß die Auslegungsmethoden im Steuerrecht denjenigen in den anderen Rechtsgebieten entsprechen und bei vom Zivilrecht in das Steuerrecht übernommenen Begriffen jedenfalls im Ausgangspunkt an ihren zivilrechtlichen Bedeutungsgehalt anzuknüpfen ist, der Grundsatz der wirtschaftlichen Betrachtungsweise im Steuerrecht also lediglich auf die besondere Bedeutung der wirtschaftlichen Zwecksetzung von Steuernormen hinweisen soll, kommt man nicht umhin, auch im Steuerrecht Unterbeteiligung und stille Gesellschaft als zwei unterschiedliche Formen der stillen Beteiligung anzuerkennen. Es bedeutete daher eine Überschreitung der Wortlautgrenze des § 20 I Nr.4 EStG, die Unterbeteiligung ohne faktische Gesellschafterstellung des Unterbeteiligten in der Hauptgesellschaft unter diese Vorschrift zu fassen. Denkbar erscheint allenfalls eine entsprechende Anwendung der Norm auf Fälle der Unterbeteiligung.

Einer analogen Anwendung des § 20 I Nr.4 EStG bedarf es allerdings dann nicht, wenn die Einkünfte eines Unterbeteiligten, dessen Stellung faktisch nicht mit derjenigen eines Gesellschafters der Hauptgesellschaft vergleichbar ist, unmittelbar von § 20 I Nr.7 EStG erfaßt werden. Dies setzt voraus, daß es sich bei den auf den Unterbeteiligten entfallenden Gewinnanteilen um Erträge aus einer sonstigen Kapitalforderung handelt und die Rückzahlung des Kapitalvermögens oder ein Entgelt für die Überlassung des Kapitalvermögens zugesagt oder gewährt worden ist. Da unter einer Kapitalforderung jede auf Geldleistung gerichtete Forderung ohne Rücksicht auf die Dauer der Kapitalüberlassung oder den Rechtsgrund des Anspruchs verstanden wird[498], ließe sich daran denken, den Anspruch des Unterbeteiligten gegen den Hauptbeteiligten auf Rückzahlung der Einlage unter diesen Begriff zu fassen. Als Ertrag aus dieser Kapitalforderung könnte möglicherweise der an den Unterbeteiligten auszuzahlende Anteil am Gewinn der Hauptgesellschaft zu verstehen sein.

Vielfach wird darauf hingewiesen, daß nur Zinsen aus Kapitalforderungen von § 20 I Nr.7 EStG erfaßt seien, wobei mangels einer Definition des Zinsbegriffs im Steuerrecht die bürgerlich-rechtliche Definition als maßgebend angese-

---

496 Knobbe-Keuk, S. 411; Stadie, S. 152; Brandenburg, JbFSt 1995/1996, 337; Biergans, S. 123; Kirchhof/Söhn (Dötsch), § 20, Rn. F 301.

497 Als Beispiel für eine ausgesprochen weite, auf der wirtschaftlichen Betrachtungsweise beruhenden Auslegung vgl. BVerfGE 26, 327, 335/336.

498 Kirchhof/Söhn (Dötsch), § 20, Rn. I 3; Schmidt/Heinicke, § 20, Rn. 160.

hen und unter Zinsen eine gewinn- und umsatzunabhängige, laufzeitabhängige Vergütung für die Möglichkeit des Gebrauchs eines auf Zeit überlassenen Kapitals verstanden wird[499]. Der Zinsbegriff setzt mithin voraus, daß es sich bei den Einkünften um Vorteile handelt, die eine Art Gegenleistung für die Überlassung des Kapitals darstellen. Als solche betrachten die Befürworter einer Anwendung des § 20 I Nr.7 EStG auf den Unterbeteiligten den Gewinnanteil des Unterbeteiligten[500]. Die Einordnung der Gewinnbeteiligung des Unterbeteiligten als Form der Vergütung für die Kapitalüberlassung begegnet jedoch erheblichen Bedenken. Der Unterbeteiligte wird zwar am Gewinn nur beteiligt, wenn er seine Einlage geleistet hat. Das der Einlageleistung und der Gewinnbeteiligung zugrunde liegende Rechtsverhältnis ist aber von einem anderen Charakter als ein Vertrag, durch den die eine Seite zur Hingabe von Kapital verpflichtet und die andere Seite im Gegenzug zur Leistung eines Nutzungsentgelts - welcher Bezeichnung oder Art auch immer - verpflichtet wird. Der Unterbeteiligte ist, auch wenn die wesentlichen Entscheidungen vom Hauptbeteiligten getroffen werden, Gesellschafter der Unterbeteiligungsgesellschaft, nicht bloßer Kapitalgeber; seine Teilhabe an dem auf dem Anteil entfallenden Gewinn rührt aus dem gemeinschaftlichen Halten des Anteils her. Die Auszahlung des Gewinnanteils setzt zwar den Einsatz von Kapitalvermögen durch den Unterbeteiligten voraus, stellt aber keine Gegenleistung dar, sondern hat in dem Gesellschaftsverhältnis zwischen Haupt- und Unterbeteiligtem ihre Grundlage. Die Gewinnbeteiligung kann mithin nicht als Zins aus einer Kapitalforderung verstanden werden.

Allerdings hatte die Vorschrift des § 20 I Nr.7 EStG in der Fassung, wonach „Zinsen aus sonstigen Kapitalforderungen jeder Art" den Einkünften aus Kapitalvermögen zuzuordnen sind, nur bis zum Veranlagungszeitraum 1993 Geltung. Der Begriff der Zinsen ist für die nachfolgenden Veranlagungszeiträume durch den der Kapitalerträge ersetzt worden. Diese Änderung des Gesetzeswortlauts findet in der Literatur zu § 20 I Nr.7 EStG kaum Erwähnung. Verbreitet wird unverändert allein der Zinsbegriff erörtert. Von erheblicher Bedeutung ist jedoch, ob die Reichweite des Begriffs des Ertrages über diejenige des Zinsbegriffs hinausgeht und damit möglicherweise den Gewinnanteil des Unterbeteiligten erfaßt. Die Neufassung des § 20 I Nr.7 EStG ist im Zusammenhang mit dem Gesetz zur Bekämpfung des Mißbrauchs und zur Bereinigung des Steuerrechts[501] erfolgt. In der Begründung zum Gesetzentwurf[502] heißt es, durch die gesetzliche Regelung in § 20 I Nr.7 EStG solle klargestellt werden, daß Vorteile, die unabhängig von

499 Schmidt/Heinicke, § 20, Rn. 162; Kirchhof/Söhn (Dötsch), § 20, Rn. I 4.
500 A.Schmidt, S. 175; Schulze zur Wiesche, GmbHR 1986, 238.
501 BGBl 1993 I, 2310 ff.
502 BT-Drucks. 12/5764, S. 20.

ihrer Bezeichnung und zivilrechtlichen Gestaltung bei wirtschaftlicher Betrachtungsweise für die Überlassung von Kapitalvermögen zur Nutzung erzielt werden, zu den Einkünften aus Kapitalvermögen gehören.

Der Begriff des Kapitalertrags ist mithin insofern weiter als derjenige des Zinses, als er nicht verlangt, daß die Rückzahlung des überlassenen Kapitalvermögens zugesagt und die Höhe des zu zahlenden Zinses von vornherein festgelegt ist[503]. Ebenso wie der Begriff der Zinsen setzt jedoch auch das Tatbestandsmerkmal der Erträge voraus, daß den Einkünften des Steuerpflichtigen Vergütungscharakter zukommt. Im Hinblick auf die steuerliche Erfassung der Einkünfte des Unterbeteiligten hat die Neufassung des § 20 I Nr.7 EStG daher zu keiner Änderung der Rechtslage geführt. Da der Gewinn aus einer Beteiligung an einem Gesellschaftsanteil dem Ertrag aus einer Kapitalforderung nicht einmal wirtschaftlich entspricht, kann selbst bei ausdehnendster wirtschaftlicher Betrachtungsweise eine Zuordnung des Gewinnanteils des Unterbeteiligten ohne faktische Gesellschafterstellung in der Hauptgesellschaft zu § 20 I Nr.7 EStG nicht in Betracht kommen[504].

Da sich keine der Fallgruppen des § 20 I EStG auf die Einkünfte des Unterbeteiligten unmittelbar anwenden läßt, bedarf der Erörterung, ob dem Unterbeteiligten wegen der Nähe der Unterbeteiligung zu der stillen Gesellschaft die Erträge aus seiner Beteiligung analog § 20 I Nr.4 EStG als Einkünfte aus Kapitalvermögen zugerechnet werden können. Ob die entsprechende Anwendung von Vorschriften des Steuerrechts auf einen von der Norm nicht geregelten Sachverhalt zugelassen werden kann, ist - insbesondere wenn es wie hier um eine den Steuerpflichtigen belastende Analogie geht - höchst umstritten.

Gegen die belastende Analogie im Steuerrecht werden im wesentlichen verfassungsrechtliche Bedenken geäußert und zwar vor allem im Hinblick auf ihre Vereinbarkeit mit dem Rechtsstaatsprinzip. Kritiker der Analogie im Steuerrecht machen geltend, die entsprechende Anwendung steuerrechtlicher Normen zulasten des Steuerpflichtigen stehe insbesondere mit dem Gesetzesvorbehalt und dem Bestimmtheitsgrundsatz nicht in Einklang.

Nach der Wesentlichkeitstheorie[505] muß der Gesetzgeber, vor allem in dem für die Grundrechtsausübung relevanten Bereich, alle wesentlichen Entscheidungen selbst treffen. Die Ermächtigung der Exekutiven zur Vornahme belastender Verwaltungsakte muß durch das ermächtigende Gesetz nach Inhalt, Zweck und Ausmaß hinreichend bestimmt sein, so daß Eingriffe für den einzelnen voraus-

503 Jakob, ESt, § 3, Rn. 78; Scheurle, DB 1994, 446.
504 So auch Flore BB 1994, 1192, Blaurock/Berninger, GmbHR 1990, 90; Crezelius, JbFSt 1985/1986, 406 (zu § 20 I Nr. 8 EStG).
505 BVerfG DVBl 1997, 351; Schmidt-Bleibtreu/Klein (Brockmeyer), Art.20, Rn. 26; v.Münch/Schnapp, Art.20, Rn. 46; Degenhart, Rn. 335.

sehbar werden. Wird eine Vorschrift entsprechend auf einen von ihr nicht ausdrücklich erfaßten Sachverhalt angewendet, fehlt es an einer eigenen Entscheidung des Gesetzgebers über die Behandlung des betreffenden Falls. Dennoch ist der Schluß auf einen Verstoß gegen den Gesetzesvorbehalt nicht zwingend[506]. Auch die Auslegung, welcher es unstreitig auch im Geltungsbereich des Gesetzesvorbehalts bedarf, enthält nämlich oftmals Elemente der Rechtsfortbildung. Als Methoden der Gesetzesanwendung orientieren sich Auslegung und Analogie an dem hinter der Vorschrift stehenden Zweck und bedienen sich hierbei grammatischer, historischer und systematischer Mittel. Es handelt sich mithin bei Auslegung und Analogie um „zwei verschiedene Stufen desselben gedanklichen Verfahrens“[507], wobei die Grenzen zwischen beiden Stufen fließend sind. Die Analogie ist mithin keine unkontrollierte Neuschöpfung oder Erweiterung von Steuertatbeständen, sondern eine ebenso strikte Methode der Gesetzesanwendung wie die Auslegung.

Der Kritik, die Analogie im Steuerrecht laufe dem Bestimmtheitsgrundsatz zuwider und gefährde die Rechtssicherheit[508], ist zwar zuzugeben, daß der Bürger im Falle einer analogen Anwendung von Vorschriften nicht in der Lage sein wird, allein anhand des Wortlauts der Norm den vollen Anwendungsbereich der Regelung zu erkennen. Dieses Problem besteht jedoch nicht allein bei der Analogie, sondern auch in vielen Fällen, die noch in den Bereich der bloßen Auslegung fallen[509]. Daß der Bürger oftmals nicht ohne weiteres feststellen kann, ob eine Norm ihn betrifft und welche Folgen sich für ihn daraus ergeben, liegt in der abstrakt generellen Fassung der Normen begründet und läßt sich nicht vermeiden.

Auch Art. 103 II GG führt nicht zu erhöhten Anforderungen an die Bestimmtheit sämtlicher Normen des Steuerrechts. Zwar gilt das von Art. 103 II GG aufgestellte Verbot einer analogen Anwendung von Straftatbeständen auf nicht ausdrücklich von den Normen erfaßte, aber mit dem gesetzlich geregelten Fall vergleichbare Sachverhalte auch für das in der Abgabenordnung niedergelegt Steuerstrafrecht. Alle Steuertatbestände den Anforderungen des Art. 103 II GG zu unterwerfen, läßt sich jedoch nicht mit der Erwägung rechtfertigen, daß über

506 Tipke/Lang (Lang), § 4, Rn. 192.

507 Tipke/Kruse (Kruse), § 4, Rn. 112; Lang, FS Höhn, S. 172; Woerner, FR 1992, 230; Koch/Scholtz (Scholtz), § 4, Rn. 18: Grenzen zwischen Analogie und Auslegung sind flüssig; Offerhaus, BB 1984, 997: Grenze zwischen zulässiger Auslegung und unzulässiger Analogie oft schwer zu ziehen.

508 Offerhaus, BB 1984, 996; Koch/Scholtz (Scholtz), § 4, Rn. 18; Crezelius, BB 1984, 1380; Tipke/Kruse (Kruse), § 4, Rn. 121a.

509 Tipke/Lang (Lang), § 4, Rn. 192; in die gleiche Richtung geht die Anmerkung Schwabes, DVBl 1997, 352, eine Analogie könne sich äußerst konturenscharfer Ermächtigungen bedienen, die nur bei der ersten Anwendung, äußerstenfalls bei den ersten Anwendungen im Hinblick auf die Rechtssicherheit bedenklich sein könnten.

jeder Sachverhaltsgestaltung mit Bezug zum Steuerrecht das Damoklesschwert des in den §§ 369 ff AO kodifizierten Steuerstrafrechts schwebe[510]. Die allgemeine juristische Methode für den gesamten Bereich des Steuerrechts auf den Wortsinn zu beschränken, nur weil in den §§ 369 ff. AO Straftatbestände formuliert sind, erscheint wenig nachvollziehbar, zumal das Verbot, den gesamten Methodenkanon für die Bestimmung der Steuertatbestände und ihrer Grenzen einzusetzen, der Steuergerechtigkeit nicht diente[511]. § 20 I Nr.4 EStG als außerhalb des Steuerstrafrechts stehende Vorschrift unterfällt daher nicht den strengen Anforderungen des Art 103 II GG.

Wer eine entsprechende Anwendung von Vorschriften des Steuerrechts zulasten des Steuerpflichtigen dennoch wegen eines Verstoßes gegen den Gesetzesvorbehalt und den Bestimmtheitsgrundsatz ablehnt, sollte jedenfalls auch eine Analogie zugunsten des Bürgers für unzulässig erachten[512]. Denn gerade im Bereich des Steuerrechts kann die Entlastung des einen den anderen, beispielsweise einen Konkurrenten, welchem diese Entlastung nicht zuteil wird, erheblich benachteiligen. Hält man es für erforderlich, daß der Steuerpflichtige mögliche Belastungen ohne weiteres aus dem Gesetz entnehmen kann, muß man es auch demjenigen, welchem Entlastungen nicht zuteil werden, zubilligen, daß er sich über die seinem Konkurrenten zukommenden Vorteile ohne weiteres aus dem Gesetz informieren kann. Diese Konsequenz wird von den Gegnern einer entsprechenden Anwendung von Steuervorschriften zulasten des Steuerpflichtigen jedoch kaum gezogen[513].

Auch Verstöße der den Steuerpflichtigen belastenden analogen Anwendung von Steuertatbeständen gegen das Gewaltenteilungs- und das Demokratieprinzip sind nicht ersichtlich[514]. Wer von dem Gesetzgeber übersehene Lücken ausfüllt, verdrängt ihn gerade nicht unter Verstoß gegen das Prinzip der Gewaltenteilung aus seiner Stellung, er handelt vielmehr nach dessen Intention und mithin in dessen Interesse. Damit scheidet zugleich ein Verstoß gegen das Demokratieprinzip, wonach jede Ordnung eines Lebensbereichs durch Sätze des objektiven Rechts auf eine Willensentschließung der vom Volk gewählten Gesetzgebungsorgane rückführbar sein muß, aus. Denn der Richter bringt mit Hilfe der Analogie den sprachlich nur unvollkommen zum Ausdruck gekommenen Willen des Gesetzge-

---

510 Crezelius, BB 1984, 1380.

511 Gegen eine Anwendung des Art.103 II GG auf Steuertatbestände auch Lang, FS Höhn, S. 170; Woerner, FR 1992, 230; Schwarz (Schwarz), § 4, Rn. 21.

512 So Crezelius, BB 1984, 1380/1381.

513 Konsequent nur Crezelius, BB 1984, 1380/1381.

514 So aber Crezelius, BB 1984, 1380 und Offerhaus, BB 1984, 996, welche die Analogie für einen Eingriff in die Kompetenz des Gesetzgebers halten.

bers zum Ausdruck und handelt mithin in einer Weise, welche dessen Absichten entspricht[515].

Kritiker der Analogie im Steuerrecht bemängeln allerdings, es gebe kein Recht, an dem sich die wertschöpferische Normenbildung des Rechtsanwenders im Steuerrecht orientieren könne. Es fehle an steuerrechtlich relevanten Sachgesetzlichkeiten, da es keinen Sachverhalt gebe, der naturgemäß besteuert werden müsse. Damit sei zum einen oftmals nicht erkennbar, ob es sich um eine bewußte oder um eine planwidrige Lücke im Gesetz handele, zum anderen existiere kein Plan, nach dem die Lücke geschlossen werden könne[516]. Zweifellos führen wechselnde politische Strömungen oftmals zu einer Einführung neuer oder Änderung bestehender Steuerrechtsnormen, welche zu anderen Regelungen des Steuerrechts in Widerspruch steht und sich daher schwerlich mit dem Gesamtkonzept des Steuerrechts vereinbaren läßt. Die hinter einzelnen Vorschriften des Steuerrechts stehende Absicht läßt sich daher nicht immer ohne weiteres ermitteln. Dennoch steht hinter dem gesamten Steuerrecht ein Grundsatz, nämlich das aus Art. 3 I GG abzuleitende Prinzip der Steuergerechtigkeit. Auch wenn der hinter einzelnen Vorschriften stehende Plan des Gesetzgebers nicht immer klar erkennbar sein mag, liegt den Steuergesetzen insgesamt mithin ein analogiefähiges Prinzip zugrunde, welches dem Gesetzesanwender die Rechtsfortbildung ermöglicht[517]. Ihm obliegt wegen seiner Bindung an Gesetz und Recht, Art. 20 III GG, sogar die Pflicht, die Gerechtigkeitsordnung der Verfassung umzusetzen. Er ist damit auch befugt und sogar verpflichtet, diesem Gedanken bei der Auslegung von Steuernormen Geltung zu verschaffen und mit dem Prinzip der Steuergerechtigkeit nicht zu vereinbarende Lücken zu schließen[518].

Insgesamt sprechen die überzeugenderen Gründe dafür, nicht nur die den Normadressaten begünstigende, sondern auch die ihn belastende Analogie, wie in den anderen Rechtsgebieten auch, zuzulassen. Dies gilt umso mehr, als die Differenzierung zwischen belastender und entlastender Analogie gerade im Steuerrecht mit besonderen Schwierigkeiten verbunden ist. Wegen der Vielzahl von Ausnahme- und Befreiungsvorschriften läßt sich nämlich oftmals gar nicht sagen, ob die analoge Anwendung einer Norm auf einen bestimmten Sachverhalt sich ausnahmslos be- oder entlastend für verschiedene Steuerpflichtige oder sogar für denselben Steuerpflichtigen in unterschiedlichen Situationen auswirkt[519].

---

515 So auch Gern, NVwZ 1995, 1147.

516 Tipke/Kruse (Kruse), § 4, Rn. 121a; Offerhaus, BB 1984, 996.

517 Lang, FS Höhn, S. 181; Tipke/Lang (Lang), § 4, Rn. 189; Gern, NVwZ 1995, 1148.

518 Gern, NVwZ 1995, 1148; Sachs (Sachs), Art.20 GG, Rn. 120/121; Schwabe, DVBl 1997, 352; Lang, FS Höhn, S. 170; Jarass/Pieroth (Jarass), Art.20 GG, Rn. 28.

519 Lang, FS Höhn, S. 170.

Ist mithin auch die den Steuerpflichtigen belastende Analogie grundsätzlich als zulässig anzuerkennen, stellt sich als nächstes die Frage, ob die Voraussetzungen für eine entsprechende Anwendung des § 20 I Nr.4 EStG auf Einkünfte des Unterbeteiligten vorliegen. Da eine Regelung der Einkommensbesteuerung für einen Unterbeteiligten, dessen Einkünfte nicht unter § 15 I Nr.2 EStG oder unter § 20 I Nr.1 EStG fallen, nicht vorhanden ist, liegt zweifellos eine Lücke in den gesetzlichen Vorschriften vor. Diese Unvollständigkeit läßt sich nach dem Gesamtsystem der Regelung für die Besteuerung von Einkünften nicht sinnvoll erklären; der Gesetzgeber verhielte sich widersprüchlich, wenn er alle Einkünfte aus stiller Gesellschaft besteuerte, bestimmten Unterbeteiligten ihr Einkommen dagegen steuerfrei beließe. Es muß daher davon ausgegangen werden, daß er die Figur der Unterbeteiligung bei der Regelung der Einkünftebesteuerung in § 20 I Nr.4 EStG übersehen hat. Die im Hinblick auf Fälle der Unterbeteiligung festgestellte Lücke ist mithin als planwidrig anzusehen.

Die starken Parallelen zwischen stiller Gesellschaft und Unterbeteiligung begründen auch die erforderliche Vergleichbarkeit des gesetzlich nicht normierten Falles der Unterbeteiligung mit dem in § 20 I Nr.4 EStG geregelten Sachverhalt. Der den Steuergesetzen zugrunde liegende verfassungsrechtliche Grundsatz der Steuergerechtigkeit verlangt daher eine analoge Anwendung des § 20 I Nr.4 EStG auf den Unterbeteiligten ohne faktische Gesellschafterstellung in der Hauptgesellschaft.

Im Falle der Unterbeteiligung, welche zu Einkünften aus § 20 I Nr.4 EStG führt, sind schuldrechtliche Sonderbeziehungen zwischen der Hauptgesellschaft und dem Unterbeteiligten steuerrechtlich ebenso anzuerkennen wie solche zwischen der Gesellschaft und Dritten. Mangels einer Mitunternehmerschaft des Unterbeteiligten in einer Personengesellschaft ist die Umqualifizierungsvorschrift des § 15 I Nr.2, S.1 HS.2 EStG nicht einschlägig, so daß es sich bei den jeweiligen Vergütungen um solche aus Vermietung und Verpachtung, (nicht-) selbständiger Arbeit oder Kapitalvermögen handelt[520]. Bei der schwachen Unterbeteiligung an einem Kapitalgesellschaftsanteil steht die Körperschaftsteuergutschrift allein dem Hauptbeteiligten zu und nicht wie im Falle des Einkünfte-Splittings zwischen dem Unterbeteiligten und dem Hauptbeteiligten anteilig beiden Partnern[521].

520 Biergans, DStR 1988, 658; Grürmann, BB 1978, 1205; Krüger, S. 242.

521 Blaurock/Berninger, GmbHR 1990, 92; Märkle, DStZ 1985, 509; Schulze zur Wiesche, GmbHR 1986, 238.

c. *Ergebnis*

Festzuhalten bleibt, daß der Treugeber bei einem reinen Treuhandverhältnis und der Unterbeteiligte, welcher durch seine Beteiligung am Wagnis der Gesellschaft faktisch die Stellung eines Gesellschafters in der Hauptgesellschaft einnimmt, im Hinblick auf die Einkünftezurechnung im Einkommensteuerrecht gleich zu behandeln sind. Ist Gegenstand der Beteiligung ein Anteil an einer Personenhandelsgesellschaft, beziehen beide als Mitunternehmer der Hauptgesellschaft Einkünfte aus Gewerbebetrieb gemäß § 15 I Nr.2 EStG. Handelt es sich bei der Hauptgesellschaft um eine Kapitalgesellschaft, sind die Erträge aus dem Anteil ihnen als Einkünfte aus Kapitalvermögen gemäß § 20 I Nr. 1 EStG zuzurechnen.

Allein im Hinblick auf die Behandlung des Treuhänders beziehungsweise Hauptbeteiligten ergeben sich bei reiner Treuhand und Unterbeteiligung Unterschiede. Da der Hauptbeteiligte den Anteil auch im eigenen Interesse hält, sind ihm - anders als dem Treuhänder - Teile des auf den Anteil entfallenden Gewinns als eigene Einkünfte nach § 15 I Nr. 2 EStG oder § 20 I Nr.1 EStG zuzurechnen.

Anders verhält es sich im Falle der Unterbeteiligung, welche nicht zu einer wirtschaftlichen Gesellschafterstellung des Unterbeteiligten in der Hauptgesellschaft führt. Gleichgültig, ob der Unterbeteiligter mittelbar an einem Personengesellschaftsanteil oder an dem Anteil einer Kapitalgesellschaft beteiligt ist, sind die auf ihn entfallenden Gewinne analog § 20 I Nr.4 EStG als Einkünfte aus Kapitalvermögen einzuordnen.

3. *Einzelheiten zum Umfang der zu versteuernden Einkünfte*

Im Anschluß an die im vorangegangenen Abschnitt erörterte Problematik, ob und auf welcher Grundlage dem Treugeber beziehungsweise dem Unterbeteiligten Einkünfte aus seiner Beteiligung als zu versteuerndes Einkommen zuzurechnen sind, soll nun näher auf den Umfang des zu versteuernden Einkommens eingegangen werden.

Nicht nur während des Bestehens der mittelbaren Beteiligung kann es zu einkommensteuerrechtlich relevanten Vorgängen kommen. Auch im Zusammenhang mit der Begründung und der Beendigung von reiner Treuhand und Unterbeteiligung können Einkünfte erzielt werden, die der Einkommensteuer unterliegen. Unter welchen Voraussetzungen solche Einkünften entstehen, soll im ersten Abschnitt dieses Kapitels näher betrachtet werden.

Im zweiten Abschnitt wird der Frage nachgegangen, in welcher Weise sich Aufwendungen und Verluste, die in der Beteiligung an der Gesellschaft ihren Grund haben, auf die Höhe des zu versteuernden Einkommens des Treugebers und des Unterbeteiligten auswirken. Den Schwerpunkt sollen hierbei die Haftung des mittelbar an der Gesellschaft Beteiligten und seine Teilhabe an möglichen Verlusten der Gesellschaft bilden.

a. *Einkommensteuerrechtliche Folgen der Einräumung und Beendigung von reiner Treuhand und Unterbeteiligung*

Der Umfang des zu versteuernden Einkommens hängt entscheidend davon ab, ob der Steuerpflichtige Überschußeinkünfte, zum Beispiel Einkünfte aus Kapitalvermögen, oder Gewinneinkünfte, beispielsweise Einkünfte aus Gewerbebetrieb, erzielt. Während der Gewinnbegriff nämlich das Gesamtergebnis der unternehmerischen Betätigung einschließlich des Gewinns und des Verlusts aus der Veräußerung von Wirtschaftsgütern erfaßt[522], finden bei den Überschußeinkünften Veräußerungsgewinne, Substanz- und Wertverluste des Stammvermögens, insbesondere des privaten Kapitalvermögens, einkommensteuerrechtlich keine Berücksichtigung[523].

Dieser Dualismus der Einkünfteermittlung ist auch für die einkommensteuerrechtlichen Folgen der Einräumung und Aufhebung eines Unterbeteiligungsverhältnisses oder einer reinen Treuhand von Bedeutung: Entstehen im Zusammenhang mit der Begründung oder Beendigung der mittelbaren Beteiligung Veräußerungsgewinne, unterliegen diese ohne weiteres der Einkommensteuer, wenn sie aus der Übertragung von Anteilen an einer Personenhandelsgesellschaft oder von im Betriebsvermögen gehaltenen Anteilen an einer Kapitalgesellschaft herrühren und damit den Gewinneinkünften zuzuordnen sind. Demgegenüber stellen Gewinne aus der Veräußerung von im Privatvermögen gehaltenen Anteilen an einer Kapitalgesellschaft grundsätzlich keine einkommensteuerpflichtigen Einkünfte dar. Im folgenden soll zunächst auf die Begründung von Treuhand und Unterbeteiligung eingegangen werden und im Anschluß daran eine Betrachtung der einkommensteuerrechtlichen Auswirkungen der Beendigung dieser Formen mittelbarer Beteiligung an Gesellschaften erfolgen.

aa. *Einräumung von reiner Treuhand und Unterbeteiligung*

Erfolgen im Zusammenhang mit der Begründung eines reinen Treuhandverhältnisses Zahlungen an denjenigen, der den Anteil zuvor für eigene Rechnung gehalten hat, stellt sich die Frage, ob hierbei erzielte Mehrerlöse als Veräußerungsgewinne der Einkommensteuer unterliegen. In gleicher Weise ist zu überlegen,

522 Tipke/Lang (Lang), § 9, Rn. 181.
523 Tipke/Lang (Lang), § 9, Rn. 181.

wie Zahlungen, welche der Unterbeteiligte im Zusammenhang mit der Begründung des Unterbeteiligungsverhältnisses an den Hauptbeteiligten leistet, einkommensteuerrechtlich zu behandeln sind. Es erscheint sinnvoll, die einkommensteuerrechtlichen Folgen der Einräumung einer reinen Treuhand und einer Unterbeteiligung getrennt zu betrachten und dabei wegen des Dualismus der Einkünfteermittlung jeweils zwischen Überschuß- und Gewinneinkünften zu unterscheiden.

(1) Begründung von reinen Treuhandverhältnissen

(a) Überschußeinkünfte

Da, wie bereits festgestellt, im Bereich der Überschußeinkünfte realisierte Wertsteigerungen des eingesetzten Vermögens grundsätzlich nicht besteuert werden, unterliegen Gewinne aus der Veräußerung von Anteilen an Kapitalgesellschaften, welche im Privatvermögen gehalten werden, in der Regel nicht der Einkommensteuer[524]. Jedoch können auch hier ausnahmsweise steuerpflichtige Veräußerungseinkünfte anfallen, nämlich unter den Voraussetzungen des § 17, der §§ 22, 23 EStG oder des § 21 UmwStG.

Gemäß § 17 EStG sollen Gewinne aus der Veräußerung von Anteilen an Kapitalgesellschaften als Einkünfte aus Gewerbebetrieb zu versteuern sein. Einigkeit besteht darüber, daß die Vorschrift nur auf Beteiligungen im Privatvermögen Anwendung findet[525]. Werden Anteile veräußert, welche zum Betriebsvermögen des Veräußerers gehören, sind daraus resultierende Gewinne als betriebliche Einkünfte ohne weiteres nach den allgemeinen Gewinnermittlungsvorschriften der §§ 4, 5 EStG zu erfassen.

Ein Mehrerlös, welchen der zukünftige Treuhänder im Zusammenhang mit der Begründung einer Vereinbarungstreuhand von dem künftigen Treugeber erhält, unterliegt als Gewinn aus der Veräußerung eines Anteils an einer Kapitalgesellschaft gemäß § 17 EStG der Einkommensteuer, wenn die bloße Abrede, daß der Gesellschafter den Anteil nunmehr als Treuhänder für Rechnung des Treugebers halten werde, eine Veräußerung im Sinne dieser Vorschrift darstellt. Unter einer Veräußerung im Sinne des § 17 EStG versteht man jedes vermögensrechtliche Geschäft, aufgrund dessen das rechtliche oder wirtschaftliche Eigentum an Anteilen an einer Kapitalgesellschaft gegen Entgelt auf einen anderen Rechtsträ-

524 Vgl. Heidner, S. 131/132, Rn. 309.

525 Littmann/Bitz/Pust (Hörger), § 17, Rn. 2; Herrmann/Heuer/Raupach (Heuer/Raupach), § 17, Rn. 22; Blümich/Ebling, § 17, Rn. 2.

ger übertragen wird. Fallen rechtliche und wirtschaftliche Gesellschafterstellung auseinander, soll das wirtschaftliche Eigentum maßgebend sein[526].

Zwar führt die Vereinbarungstreuhand nicht zu einer Übertragung der zivilrechtlichen Gesellschafterstellung, denn der zukünftige Treuhänder ist bereits vor der Begründung der Treuhand Gesellschafter gewesen und behält diese Position auch während des Bestehens des Treuhandverhältnisses. Wirtschaftlich ist der Anteil jedoch mit Begründung der Treuhand als Wirtschaftsgut im Sinne des § 39 II Nr.1 S.2 AO in vollem Umfang dem Treugeber zuzurechnen. Wirtschaftliches und rechtliches Eigentum fallen damit auseinander; trotz des fehlenden Wechsels in der Person des zivilrechtlichen Gesellschafters ändert sich die Person des faktischen Anteilsinhabers. Die Vereinbarung zwischen dem Gesellschafter und dem künftigen Treugeber, daß der Gesellschafter den Anteil nunmehr als Treuhänder für den Treugeber halten werde, führt mithin zu einem einkommensteuerrechtlich relevanten Zuordnungswechsel[527]. Hat also der künftige Treuhänder innerhalb der letzten fünf Jahre eine Beteiligung innegehabt, muß er den eventuellen Veräußerungsgewinn in gleicher Weise versteuern wie bei einer Übertragung des Anteils auf einen Dritten zu vollem Recht.

Anders als bei der Vereinbarungstreuhand verhält es sich im Falle der Übertragungstreuhand. Überträgt der Treugeber das Treugut im Zusammenhang mit der Begründung des Treuhandverhältnisses an den Treuhänder, ist zum einen bereits zweifelhaft, ob der Treugeber von dem Treuhänder überhaupt ein Entgelt erhält. Selbst wenn dies der Fall sein sollte, lassen sich diese Einkünfte nicht als Veräußerungsgewinne im Sinne des § 17 EStG einordnen, denn da der Treugeber auch nach der Übertragung des Anteils auf den Treuhänder wirtschaftlich alleiniger Anteilsinhaber bleibt[528], ändert sich die bei Auseinanderfallen der zivilrechtlichen und wirtschaftlichen Gesellschafterstellung allein ausschlaggebende wirtschaftliche Zurechnung des Anteils nicht.

Erwirbt der Treuhänder den Anteil für den Treugeber von einem Dritten (Erwerbstreuhand), so erfolgt ein Zuordnungswechsel sowohl auf rechtlicher - nämlich von dem Dritten auf den Treuhänder - als auch auf wirtschaftlicher Ebene - von dem Dritten auf den Treugeber. Ein Mehrerlös, welchen der ehemals an der Kapitalgesellschaft beteiligte Gesellschafter für den Anteil erhält, ist mithin als Veräußerungsgewinn ohne weiteres einkommensteuerpflichtig[529].

---

526 Steinhauff, NWB Fach 3, 10320; Herrmann/Heuer/Raupach (Heuer/Raupach), § 17, Rn. 36.

527 Blaurock, S. 348; Eden, S. 125; Heidner, NWB Fach 3, 9424.

528 Blaurock, S. 348; Eden, S. 125; Heidner, NWB Fach 3, 9424; Rödder, BB 1988, 196; Heidner, S. 129, Rn. 299.

529 Eden, S. 125.

Als sonstige Einkünfte im Sinne des § 22 Nr.2 EStG sind Gewinne aus „Veräußerungsgeschäfte(n) bei anderen Wirtschaftsgütern, insbesondere Wertpapieren, bei denen der Zeitraum zwischen Anschaffung und Veräußerung nicht mehr als ein Jahr beträgt“ (§ 23 I Nr.2 EStG), einkommensteuerpflichtig. Die Vorschrift des § 23 EStG geht § 17 EStG vor (§ 23 II 2 EStG).

Im Hinblick auf die Anwendbarkeit der Vorschrift auf die Begründung reiner Treuhandverhältnisse an Kapitalgesellschaftsanteilen ergibt sich das gleiche Problem wie bei § 17 EStG. Auch § 23 I Nr.2 EStG setzt nämlich die Veräußerung eines Wirtschaftsguts voraus, so daß sich die Frage stellt, ob durch eine Übertragung der wirtschaftlichen Anteilsinhaberschaft erzielte Einkünfte von der Vorschrift erfaßt sind. Die Besteuerung der sogenannten Spekulationsgewinne als Ausnahme von der grundsätzlichen Steuerfreiheit der Entgelte aus der Veräußerung privaten Kapitalvermögens wird damit gerechtfertigt, daß der Steuerpflichtige, indem er Werterhöhungen von Wirtschaftsgütern binnen einer bestimmten Frist realisiere, seine wirtschaftliche Leistungsfähigkeit erhöhe[530].

Da mithin rein wirtschaftliche Erwägungen hinter der Vorschrift stehen, erscheint es allein konsequent, auch den Begriff der Veräußerung im Rahmen des § 23 EStG wirtschaftlich und damit in gleicher Weise auszulegen wie bei § 17 EStG. Entscheidend ist daher, ob faktisch ein Zuordnungswechsel eingetreten ist. Das bedeutet: Erklärt sich ein Gesellschafter bereit, seinen Anteil in Zukunft für den Treugeber zu halten, fallen von ihm als dem künftigen Treuhänder in diesem Zusammenhang erzielte Einkünfte unter §§ 23 I Nr.2, 22 Nr.2 EStG, wenn er den Anteil länger als ein Jahr für eigene Rechnung innegehabt hat. Gleiches gilt, wenn der Anteil bei der Begründung einer Erwerbstreuhand von dem bisherigen Gesellschafter an den Treuhänder übertragen wird.

Eine Sondervorschrift, welche ebenfalls Einkünfte aus der Veräußerung von Kapitalgesellschaftsanteilen der Einkommensteuer unterwirft, stellt § 21 UmwStG dar. Die Norm kommt zur Anwendung, wenn einbringungsgeborene Anteile an Kapitalgesellschaften veräußert werden, wobei gleichgültig ist, ob diese Anteile im Privat- oder im Betriebsvermögen gehalten werden[531]. Hat also ein Gesellschafter einer Kapitalgesellschaft seinen Anteil durch eine Sacheinlage im Sinne der §§ 20 I, 23 I bis IV UmwStG unter Teilwert erlangt und überträgt er den Anteil im Falle der Erwerbstreuhand gegen Entgelt an den zukünftigen Treuhänder, so liegen die Voraussetzungen des § 21 UmwStG vor. Ebenso verhält es sich, wenn der Inhaber einbringungsgeborener Anteile mit dem zukünftigen Treugeber vereinbart, er werde den Anteil nunmehr als Treuhänder für ihn halten.

---

530 Zenthöfer/Schulze zur Wiesche (Schulze zur Wiesche), S. 990; Schmidt/Heinicke, § 23, Rn. 2.

531 Haritz/Benkert (Haritz), § 21, Rn. 2; Dehmer, § 21, Rn. 13.

Auch im Rahmen einer Veräußerung nach § 21 UmwStG ist nämlich allein der Übergang des wirtschaftlichen Eigentums entscheidend[532].

Die Anwendbarkeit der Vorschrift hat zur Folge, daß ein Veräußerungsgewinn nach §§ 16, 34 EStG zu versteuern ist, und zwar unabhängig davon, ob es sich bei dem Anteil um eine wesentliche Beteiligung handelt oder nicht[533]. Die Norm dient der Ergänzung von § 20 UmwStG: Da diese Vorschrift die Möglichkeit zu einer steuerneutralen Übertragung von im Betriebsvermögen enthaltenen stillen Reserven eröffnet, soll § 21 UmwStG den steuerlichen Zugriff auf die übergegangenen stillen Reserven für den Fall sichern, in denen die Steuerverstrickung nicht mehr gesichert erscheint[534].

(b) Gewinneinkünfte

Anders als bei den Überschußeinkünften werden bei den Gewinneinkünften Wertsteigerungen in dem eingesetzten Vermögen ohne weiteres als steuerpflichtiger Gewinn erfaßt. Werden im Betriebsvermögen gehaltene Anteile an einer Kapitalgesellschaft oder Mitunternehmeranteile an einer Personenhandelsgesellschaft veräußert, entsteht mithin ein einkommensteuerpflichtiger Gewinn aus Gewerbebetrieb[535].

Mit der Veräußerung von Mitunternehmeranteilen an Personengesellschaften befaßt sich speziell die Vorschrift des § 16 I Nr.2 EStG[536]. Da im Rahmen der Gewinneinkünfte der Begriff der Veräußerung in gleicher Weise auszulegen ist wie bei den §§ 17 und 23 EStG[537], hat man darunter jede einen Gewinn oder Verlust verwirklichende Übertragung des bürgerlich-rechtlichen oder wirtschaftlichen Eigentums an dem Vermögensgegenstand auf eine andere Person zu verstehen, wobei bei einem Auseinanderfallen des rechtlichen und des wirtschaftlichen Eigentums wiederum das wirtschaftliche Eigentum den Ausschlag gibt[538]. Steuerpflichtige Gewinne im Sinne des § 16 I Nr.2 EStG entstehen daher im

---

532 Dehmer, § 21, Rn. 16.
533 Haritz/Benkert (Haritz), § 21, Rn. 2; Dehmer, § 21, Rn. 13.
534 Dötsch, Anh. UmwStG, Rn. 193; Dehmer, § 21, Rn. 6.
535 Heidner, S. 133, Rn. 314/315.
536 Umstritten ist, welche Bedeutung der Vorschrift zukommt: Während Stuhrmann in Blümich, § 16, Rn. 4. darauf hinweist, daß die Steuerpflicht der Veräußerungsgewinne sich bereits aus dem Gewinnbegriff in den §§ 2, 4 I, 5, 15 EStG ergebe, ist Erdweg (Herrmann/Heuer/Raupach, § 16, Rn. 4) der Ansicht, der Vorschrift komme insofern eine eigenständige Bedeutung zu, als sie der Ermittlung des Gewinns (§ 16 II) und der Steuerpflicht bei Betriebsaufgabe (§ 16 III) diene.
537 Littmann/Bitz/Pust (Hörger), § 16, Rn. 15.
538 Blümich/Stuhrmann, § 16, Rn. 12; Heidner, S. 133, Rn. 314; Heidner, NWB F 3, S. 9425.

Falle der Einräumung einer Vereinbarungs- oder einer Erwerbstreuhand, nicht aber bei der Begründung einer Übertragungstreuhand[539].

(2) Begründung von Unterbeteiligungsverhältnissen

(a) Überschußeinkünfte

Wie im Falle der reinen Treuhand kann auch ein bei der Einräumung der Unterbeteiligung entstehender Gewinn des Gesellschafters im Bereich der Einkünfte aus Kapitalvermögen als Überschußeinkünfte nur auf der Grundlage der Sondervorschriften der §§ 17, 22, 23 EStG, § 21 UmwStG einkommensteuerlich relevant sein.

Ob die Einräumung einer Unterbeteiligung an einem Kapitalgesellschaftsanteil eine Anteilsveräußerung im Sinne des § 17 EStG darstellen kann, hängt nach herrschender Meinung von der Ausgestaltung des Unterbeteiligungsvertrages ab. Während die Begründung einer atypischen Unterbeteiligung als Abtretung eines entsprechenden Teiles der Beteiligung an der Kapitalgesellschaft und, wenn sie entgeltlich erfolgt, als Veräußerungsgeschäft im Sinne des § 17 EStG verstanden wird[540], soll die Einräumung einer typischen Unterbeteiligung auch bei Entgeltlichkeit keine einkommensteuerrechtlichen Folgen auslösen[541]. Anders als bei der atypischen Unterbeteiligung bleibe der Hauptgesellschafter bei der Einräumung einer typischen Unterbeteiligung nicht nur rechtlich, sondern auch wirtschaftlich Inhaber der Anteilssubstanz. Eine „Veräußerung" liege mithin, da kein Vermögensgegenstand übertragen werde, in einem solchen Fall nicht vor.

In der Tat muß die einkommensteuerrechtliche Behandlung der Begründung einer Unterbeteiligung von der Ausgestaltung des Unterbeteiligungsverhältnisses im Einzelfall abhängen. Von dem nach § 17 EStG erforderlichen zumindest teilweisen Übergang der wirtschaftlichen Gesellschafterstellung kann nur dann die Rede sein, wenn dem Unterbeteiligten der Anteil über § 39 II Nr.1 S.2 AO steuerrechtlich zum Teil zuzurechnen ist[542]. Wird dem Unterbeteiligten durch den Unterbeteiligungsvertrag eine schwächere Position eingeräumt, verbleibt demgegenüber die Gesellschafterstellung sowohl rechtlich als auch wirtschaftlich bei dem Hauptbeteiligten. Es fehlt damit an einer Veräußerung im Sinne des § 17

539 Blaurock, S. 348; Eden, S. 125; Heidner, NWB Fach 3, 9425.
540 Blaurock, S. 349; Blaurock/Berninger, GmbHR 1990, 94; Littmann/Bitz/Pust (Hörger), § 17, Rn. 30; Böttcher/Zartmann/Faut, S. 246, Fn.381.
541 Blaurock, S. 348; Märkle, DStZ 1985, 478; Blaurock/Berninger, GmbHR 1990, 94; Grürmann, BB 1978, 1205; Fichtelmann, DB 1969, 630; Böttcher/Zartmann/Faut, S. 246, Fn.381.
542 Siehe oben C II 2 b aa (1).

EStG, so daß auch von dem Unterbeteiligten an den Hauptbeteiligten geflossene Zahlungen als einkommensteuerpflichtige Einkünfte im Sinne dieser Vorschrift ausscheiden.

Da der Begriff der Veräußerung in § 23 EStG demjenigen in § 17 EStG entspricht, kann für die Frage, wann die Voraussetzungen eines Spekulationsgeschäfts im Fall der Einräumung einer Unterbeteiligung vorliegen, auf die Ausführungen zu § 17 EStG verwiesen werden.

Auch in § 21 UmwStG ist unter der Veräußerung eines Anteils in erster Linie die Übertragung der wirtschaftlichen Gesellschafterstellung zu verstehen. Allein unter der Voraussetzung, daß dem Unterbeteiligten faktisch die Stellung eines Mitgesellschafters in der Kapitalgesellschaft eingeräumt wird, läßt sich daher von einer Teilveräußerung des einbringungsgeborenen und unter Teilwert erworbenen Anteils sprechen, welche zu einem nach §§ 16, 34 EStG zu versteuernden Veräußerungsgewinn führt. Ist die Position des Unterbeteiligten schwächer ausgestaltet, fehlt es an dem Tatbestandsmerkmal der Anteilsveräußerung; eine Einkommensteuerpflicht auf der Grundlage des § 21 UmwStG kommt in diesem Fall nicht in Betracht.

(b) Gewinneinkünfte

Der im Rahmen der für die Gewinneinkünfte entscheidenden Vorschrift des § 16 I Nr.2 EStG im Mittelpunkt stehende Begriff der Anteilsveräußerung ist in gleicher Weise auszulegen wie bei §§ 17 und 23 EStG. Entscheidend ist mithin, daß das bürgerlich-rechtliche oder aber das wirtschaftliche Eigentum an dem Vermögensgegenstand übertragen wird.

Daß im Falle der Einräumung einer Unterbeteiligung allenfalls eine Teilveräußerung des Mitunternehmeranteils in Betracht kommt, steht der Anwendbarkeit des § 16 I Nr.2 EStG nicht entgegen[543]. Eine Auslegung, welche die Teilveräußerung von der Vorschrift erfaßt sieht, befindet sich im Einklang mit dem Wortlaut des § 16 I Nr.2 EStG, denn auch ein Teilanteil ist Anteil einer Mitunternehmerschaft. Die entgeltliche Teilabtretung stellt folglich eine „Veräußerung des Anteils eines Gesellschafters an einer Mitunternehmerschaft" dar[544]. Dagegen läßt sich nicht einwenden, daß die Anwendung der §§ 16, 34 EStG eine volle Aufdeckung der stillen Reserven voraussetzt. Im Falle der Teilabtretung genügt

543 Herrmann/Heuer/Raupach (Erdweg), § 16, Rn. 140; Schmidt/Wacker, § 16, Rn. 408; Littmann/Bitz/Pust (Hörger), § 16, Rn. 141.

544 Herrmann/Heuer/Raupach (Erdweg), § 16, Rn. 140.

nämlich die Auflösung der in dem veräußerten Teilanteil enthaltenen stillen Reserven[545].

Möglicherweise findet jedoch § 24 UmwStG Anwendung und verdrängt als Spezialvorschrift[546] § 16 I Nr.2 EStG. Die Einräumung einer starken Unterbeteiligung läßt sich nämlich nicht nur als Teil-Anteilsveräußerung verstehen, sondern unter Umständen auch als Einbringung der gesamten Beteiligung in die neu zu gründende Unterbeteiligungsgesellschaft. Folge der Anwendbarkeit des § 24 UmwStG anstelle von § 16 I Nr.2 EStG wäre ein Wahlrecht der Mitglieder der Unterbeteiligungsgesellschaft als der Personengesellschaft, in welche der Mitunternehmeranteil eingebracht wird, bei den Wertansätzen. Angesetzt werden dürfte das eingebrachte Betriebsvermögen in der Bilanz der Gesellschaft mit seinem Buchwert, seinem Teilwert oder einem Zwischenwert[547]. Auf etwaige Einbringungsgewinne ließen sich unter der Voraussetzung, daß das eingebrachte Betriebsvermögen mit seinem Teilwert angesetzt wird, die §§ 16 IV, 34 EStG anwenden[548].

Von einigen Vertretern in der Literatur wird ohne weiteres angenommen, daß der Hauptbeteiligte seinen Mitunternehmeranteil im Sinne des § 24 UmwStG in die Unterbeteiligungsgesellschaft einbringe, wenn eine atypische Unterbeteiligung daran begründet werde[549]. Andere wollen danach differenzieren, zu welchem Zweck die Einlage des Unterbeteiligten verwendet wird. Werde die gezahlte Einlage nicht für die Erreichung des gemeinsamen Zwecks der Innengesellschaft eingesetzt, sondern außerhalb der Unterbeteiligungsgesellschaft für private Zwecke des Unterbeteiligten verwendet, entspreche die Situation derjenigen im Falle der Veräußerung eines Mitunternehmeranteils. § 24 UmwStG finde demgemäß keine Anwendung. Demgegenüber liege ein Einbringungsfall vor, wenn das Eigenkapital dem Zweck der Unterbeteiligungsgesellschaft zugeführt werde, indem der Hauptbeteiligte es zur Finanzierung des Anteils, der Erhöhung der Einlage oder des Erwerbs von Sonderbetriebsvermögen verwende[550].

---

545 Runge, BB 1970, 344; dennoch grundsätzlich kritisch gegenüber einer Einbeziehung der Teilveräußerung eines Anteils in § 16 I Nr. 2 EStG: Mittmann, DStZ 1989, 474.

546 Herrmann/Heuer/Raupach (Erdweg), § 16, Rn. 35; § 16, Rn. 35; Blümich/Stuhrmann, § 16, Rn. 9.

547 Dehmer, § 24, Rn. 26; Herrmann/Heuer/Raupach (Erdweg), § 16, Rn. 93.

548 Dehmer, § 24, Rn. 1, 28; Haritz/Benkert (Schlößer), § 24, Rn. 5, 9. Das Wahlrecht soll dem Steuerpflichtigen die Übertragung von Betriebsvermögen auf eine Personengesellschaft insoweit erleichtern, als diese keine zwingende Gewinnrealisierung zur Folge hat.

549 Grürmann, BB 1978, 1205.

550 Märkle, DStZ 1985, 479/480; Felix, KÖSDI 1987, 6924.

Der Gesellschafter einer Personenhandelsgesellschaft ist regelmäßig Mitunternehmer des Betriebs dieser Gesellschaft. Sein Mitunternehmeranteil wird, wenn eine Unterbeteiligung daran begründet wird, zweifellos in eine Personengesellschaft, nämlich die Unterbeteiligungsgesellschaft als Innengesellschaft, eingebracht. Problematisch erscheint jedoch, ob der Hauptbeteiligte, wie § 24 I UmwStG es verlangt[551], die Stellung eines Mitunternehmers in der Gesellschaft einnimmt, in welche der Anteil eingebracht worden ist. Dies setzte voraus, daß die Unterbeteiligungsgesellschaft ihrerseits eine Mitunternehmerschaft bildet.

Zwar steht dem Betrieb eines Gewerbes durch die Unterbeteiligungsgesellschaft als Voraussetzung für das Bestehen einer Mitunternehmerschaft nicht von vornherein entgegen, daß es sich bei der Unterbeteiligungsgesellschaft um eine Innengesellschaft handelt, wenn man bedenkt, daß bei der Innengesellschaft in der Form einer stillen Gesellschaft bereits dann von dem Vorliegen eines Gewerbebetriebs ausgegangen wird, wenn sich allein der Hauptbeteiligte gewerblich betätigt. Im Falle einer Unterbeteiligung nimmt jedoch nicht einmal der Hauptbeteiligte mit Wirkung nach außen am Marktgeschehen teil. Ein Gewerbe und damit eine Mitunternehmerschaft des Haupt- und des Unterbeteiligten in der Unterbeteiligungsgesellschaft sind mithin ausgeschlossen[552]. § 24 UmwStG kann daher auf die Einräumung einer Unterbeteiligung keine Anwendung finden[553]. Die Vorschrift verdrängt somit § 16 I Nr.2 EStG nicht [554].

§ 16 I Nr.2 EStG führt zu einer Einkommensteuerpflicht für Gewinne, welche der Hauptbeteiligte dadurch erzielt, daß er dem Unterbeteiligtem faktisch eine Stellung in der Hauptgesellschaft einräumt, welche mit derjenigen eines zivilrechtlichen Gesellschafters vergleichbar ist. Bei der Einräumung einer Unterbeteiligung, die dem Unterbeteiligten eine schwächere Stellung verschafft, handelt es sich demgegenüber nicht um eine Veräußerung, nicht einmal eine Teilveräußerung des Mitunternehmeranteils, so daß § 16 I Nr.2 EStG von vornherein nicht anwendbar ist. Trotz Entgeltlichkeit ist der Vorgang einkommensteuerrechtlich irrelevant[555].

---

551 Dehmer, § 24, Rn. 114; Haritz/Benkert (Schlößer), § 24, Rn. 44.

552 Siehe oben C II 2 b aa (1).

553 Blaurock, S. 349, Fn.79; a.A. Dehmer, § 24, Rn. 107; Haritz/Benkert (Schlößer), § 24, Rn. 54.

554 Blaurock, S. 349; Bopp/Weigell, Steuerliches Vertrags- und Formularbuch, A 13.00, Rn. 10; A 13.01, Rn. 4 .

555 Blaurock, S. 348; Märkle, DStZ 1985, 478; Felix, KÖSDI 1987, 6925; Grürmann, BB 1978, 1205; Fichtelmann, DB 1969, 630; Böttcher/Zartmann/Faut, S. 245/246; Bopp/Weigell, Steuerliches Vertrags- und Formularbuch, A 13.00, Rn. 17.

bb. Beendigung von reiner Treuhand und Unterbeteiligung

Reines Treuhandverhältnis und Unterbeteiligung können auf unterschiedlichem Wege beendet werden. Der mittelbar Beteiligte kann seine Position aufgeben, so daß die rechtliche und die wirtschaftliche Gesellschafterstellung bei dem Treuhänder beziehungsweise Hauptbeteiligten zusammenfallen. Denkbar ist auch, daß der Anteil unter Aufhebung des Treuhand- oder Unterbeteiligungsverhältnisses auf den mittelbar Beteiligten oder auf einen Dritten übertragen wird. Ein Wechsel der an der reinen Treuhand beziehungsweise der Unterbeteiligung beteiligten Personen tritt ein, wenn der mittelbar Beteiligte seine Stellung oder der zivilrechtliche Gesellschafter den Anteil unter Aufrechterhaltung des der mittelbaren Beteiligung zugrunde liegenden Rechtsverhältnisses an einen Dritten veräußert.

Neben den hier angesprochenen Fällen der Beendigung der Unterbeteiligung oder Auswechslung der an dem Rechtsverhältnis Beteiligten sind weitere einkommensteuerrechtlich interessante Konstellationen denkbar, die aus dem Charakter der Unterbeteiligung als Gesellschaft des bürgerlichen Rechts herrühren. So läßt sich an die Liquidation, die Umwandlung oder die Einbringung der Unterbeteiligung denken. Da diese Fälle im Bereich der reinen Treuhand keine Entsprechung finden, sind sie im Zusammenhang mit dieser Untersuchung von geringem Interesse und sollen deshalb nicht beleuchtet werden.

(1) Übertragung des Anteils von dem Gesellschafter auf den mittelbar Beteiligten

Überträgt im Falle einer reinen Treuhand der Treuhänder den Anteil auf den Treugeber und beendet er auf diesem Wege das Treuhandverhältnis, erfolgt ohne Zweifel ein Wechsel in der Person des zivilrechtlichen Gesellschafters. Handelt es sich um den Anteil an einer Kapitalgesellschaft, könnte der Vorgang unter der Voraussetzung, daß die Übertragung entgeltlich erfolgt, als eine Veräußerung im Sinne der §§ 17, 22, 23 EStG, § 21 UmwStG einzuordnen sein, mit der Folge, daß der dem Treuhänder zufließende Mehrerlös als Veräußerungsgewinn zu versteuern wäre. Ebenso könnte eine an den Treuhänder gezahlte Geldsumme als Veräußerungsgewinn einkommensteuerrechtlich von Bedeutung sein, wenn es sich um den Anteil an einer Personenhandelsgesellschaft (§ 16 I Nr.2 EStG) oder um einen Kapitalgesellschaftsanteil handelt, welcher in einem Betriebsvermögen gehalten wird. Derartige Schlußfolgerungen aus dem Zivilrecht ließen jedoch die in § 39 II Nr.1, S.2 AO normierte und den §§ 16, 17, 22, 23 EStG und § 21 UmwStG zugrunde liegende wirtschaftliche Betrachtungsweise außer acht: Eine Veräußerung im Sinne dieser Vorschriften setzt einen Wechsel in der Person des wirtschaftlichen Anteilsinhabers voraus. Hieran fehlt es bei der Übertragung des

Anteils von dem Treuhänder auf den Treugeber. Der Vorgang läßt sich mithin nicht als Veräußerung im Sinne des Einkommensteuerrechts begreifen[556].

Der Übertragung des Anteils von dem Treuhänder auf den Treugeber bei der reinen Treuhand entspricht bei der Unterbeteiligung die Übertragung des Anteils von dem Hauptbeteiligten auf den Unterbeteiligten. Nach herrschender Meinung stellt die Abtretung des Gesellschaftsanteils von dem zivilrechtlichen Gesellschafter auf den Unterbeteiligten ein Veräußerungsgeschäft im Sinne der §§ 16, 17, 22, 23 EStG, § 21 UmwStG dar. Sowohl im Bereich der Gewinneinkünfte als auch - unter den Voraussetzungen der §§ 17, 22, 23 EStG oder des § 21 UmwStG - bei den Überschußeinkünften soll ein erzielter Mehrerlös einkommensteuerpflichtig sein[557].

Die insoweit von den Fällen der reinen Treuhand abweichende Behandlung läßt sich ohne weiteres nachvollziehen, wenn die Position des Unterbeteiligten lediglich schwach ausgestaltet ist und der Unterbeteiligte daher keine faktische Gesellschafterstellung in der Hauptgesellschaft innehat. Veräußert der Hauptbeteiligte in diesem Fall den Anteil an den Unterbeteiligten, gehen sowohl die rechtliche als auch die für die Einkommensbesteuerung entscheidende wirtschaftliche Gesellschafterstellung in vollem Umfang von dem Hauptbeteiligten auf den Unterbeteiligten über. Liegen die übrigen Voraussetzungen einer der Vorschriften über die Besteuerung von Veräußerungsgewinnen vor, ist ein erzielter Veräußerungsgewinn mithin auf der Grundlage dieser Vorschrift zu besteuern.

Aber auch wenn der Unterbeteiligte faktisch gemeinsam mit dem Hauptbeteiligten die Stellung eines Gesellschafters in der Hauptgesellschaft eingenommen hat, ist eine Besteuerung des von dem Hauptbeteiligten erzielten Erlöses nicht ausgeschlossen. Denn auch die Teilveräußerung des Anteils kann - wie im Zusammenhang mit der Besteuerung der Einräumung eines Unterbeteiligungsverhältnisses bereits herausgearbeitet - eine einkommensteuerrechtlich relevante Veräußerung darstellen. Handelt es sich bei der Veräußerung des Anteils an den Unterbeteiligten gleichzeitig um eine Übertragung der dem Hauptbeteiligten bisher noch verbliebenen faktischen Gesellschafterstellung, unterliegt der erzielte Mehrerlös unter den Voraussetzungen der jeweils einschlägigen Vorschrift daher als Gewinn aus der Teilveräußerung des Anteils der Einkommensteuer.

---

556 Blaurock, S. 348; Eden, S. 125; Heidner, NWB Fach 3, 9424/9425; Heidner, S. 130, Rn. 303; Herrmann/Heuer/Raupach (Heuer/Raupach), § 17, Rn. 36, 56.

557 Schmidt/Wacker, § 16, Rn. 420; Kirchhof/Söhn (Reiß), § 16, Rn. C 71: wohl auf atypische Unterbeteiligung beschränkt.

(2) Übertragung des Anteils von dem Gesellschafter auf einen Dritten

Bei einer reinen Treuhand sind im Hinblick auf die Übertragung des Anteils durch den Treuhänder an einen Außenstehenden zwei Fälle zu unterscheiden: Auf der einen Seite kann die Übertragung lediglich zu dem Zweck einer Auswechslung des Treuhänders erfolgen. An der wirtschaftlichen Gesellschafterstellung des Treugebers ändert sich hierdurch nichts. Auf der anderen Seite ist es denkbar, daß die Veräußerung an den Dritten auf Weisung des Treugebers unter Aufhebung des Treuhandverhältnisses erfolgt. Bei einem bloßen Treuhänderwechsel ist es bereits unwahrscheinlich, daß überhaupt Gelder von dem neuen Treuhänder an den alten Treuhänder fließen. Aber selbst wenn dies der Fall sein sollte, handelt es sich bei diesen Beträgen nicht um einkommensteuerrechtlich relevante Veräußerungsgewinne, denn die allein entscheidende wirtschaftliche Anteilsinhaberschaft verbleibt vollständig bei dem Treugeber[558].

Anders verhält es sich, wenn der Anteil unter Aufhebung des Treuhandverhältnisses an einen Dritten übertragen wird. Hier wird das Auseinanderfallen von rechtlicher und wirtschaftlicher Gesellschafterstellung beendet. Die rechtliche Anteilsinhaberschaft des Treuhänders und die wirtschaftliche des Treugebers vereinigen sich in der Person des Dritten. Der erzielte Mehrerlös ist daher als ein dem Treugeber zuzurechnender Veräußerungsgewinn - im Bereich der Überschußeinkünfte allerdings nur unter den Voraussetzungen der §§ 17, 22, 23 EStG oder § 21 UmwStG - einkommensteuerpflichtig [559].

Parallelfall zu der Übertragung des Anteils von dem Treuhänder auf einen Dritten bei einem reinen Treuhandverhältnis ist bei der Unterbeteiligung die Abtretung des Anteils von dem Hauptbeteiligten auf einen Außenstehenden. Auch hier müssen zwei Konstellationen unterschieden werden, nämlich zum einen der Fall, in welchem der Dritte in das Unterbeteiligungsverhältnis eintritt, zum anderen derjenige, in dem die Übertragung auf den Dritten ohne Fortsetzung des Unterbeteiligungsverhältnisses erfolgt.

Während ein erzielter Mehrerlös in beiden Fällen unabhängig davon, wie das Unterbeteiligungsverhältnis im einzelnen ausgestaltet ist, bei dem Hauptbeteiligten im Bereich der Gewinneinkünfte ausnahmslos und bei den Überschußeinkünften unter den Voraussetzungen der §§ 17, 22, 23 EStG oder § 21 UmwStG zu einkommensteuerpflichtigen Einkünften führt[560], muß im Hinblick auf die

---

558 Blaurock, S. 348; Eden, S. 125 unter Hinweis auf § 39 II AO.

559 So auch Kirchhof/Söhn (Reiß), § 16, Rn. C 19: für § 16 EStG; Littmann/Bitz/Pust (Hörger), § 16, Rn. 139.

560 Märkle, DStZ 1985, 535, 537; Blaurock/Berninger, GmbHR 1990, 95; Kirchhof/Söhn (Reiß), § 16, Rn. C 71 im Hinblick auf die Anwendbarkeit des § 16 EStG bei einer atypischen Unterbeteiligung.

Person des Unterbeteiligten differenziert werden: Keine einkommensteuerrechtlichen Folgen können sich für ihn ergeben, wenn der Dritte in das Unterbeteiligungsverhältnis eintritt[561]. Ist dies nicht der Fall, hängen die einkommensteuerrechtlichen Auswirkungen der Anteilsveräußerung für den Unterbeteiligten entscheidend von der Ausgestaltung des Unterbeteiligungsverhältnisses ab. War dem Unterbeteiligten als faktischem Gesellschafter der Hauptgesellschaft der Gesellschaftsanteil teilweise zuzurechnen, ist ein möglicherweise erzielter Veräußerungsgewinn anteilig auf den Haupt- und den Unterbeteiligten aufzuteilen und - im Bereich der Überschußeinkünfte unter den Voraussetzungen der einschlägigen Sondervorschriften - zu versteuern[562].

Anders verhält es sich bei einer schwächeren Ausgestaltung der Stellung des Unterbeteiligten. Da der Anteil steuerrechtlich dem Hauptbeteiligten in vollem Umfang zugestanden hat, mithin auch der erzielte Veräußerungsgewinn nur dem Hauptbeteiligten zuzurechnen und daher allein von ihm zu versteuern ist, kann eine Einkommensteuerpflicht des Unterbeteiligten nur in Betracht kommen, wenn ihm von dem Hauptbeteiligten im Zusammenhang mit der Beendigung des Unterbeteiligungsverhältnisses eine über die bloße Rückzahlung der Einlage hinausgehende Abfindung zugebilligt wird. Eine solche Abfindung wird in der Regel nicht gezahlt, um einen erhöhten Wert der Einlage abzugelten, sondern stellt ein zusätzliches Entgelt für die Überlassung der Einlage dar. Sie unterliegt daher regelmäßig über § 20 II Nr.1 EStG der Einkommensteuer[563]. Wurde die Unterbeteiligung im Betriebsvermögen gehalten, handelt es sich demgegenüber bei der Abfindung um gewerbliche Einkünfte des Unterbeteiligten.

(3) Übertragung der Position des mittelbar Beteiligten auf einen Dritten

Der Treugeber bei einer reinen Treuhand kann seine ihm aus diesem Rechtsverhältnis erwachsenden Rechte auf einen Dritten übertragen. Er verliert damit jede Beziehung zu dem betreffenden Gesellschaftsanteil. Der außenstehende Erwerber tritt an seine Stelle. Die Situation ist für den Treugeber vergleichbar mit dem unter (2) angesprochenen Fall der Übertragung des Anteils an einen Dritten ohne Fortsetzung des Treuhandverhältnisses. In beiden Fällen verliert der bisherige wirtschaftliche Anteilsinhaber seine Stellung; sie geht auf den Dritten über. Der einzige Unterschied besteht darin, daß hier das Treuhandverhältnis erhalten bleibt, während es bei dem unter (2) angesprochenen Fall erlischt. Letzterer Um-

561 Märkle, DStZ 1985, 535, 537.

562 So für die atypische Unterbeteiligung Märkle, DStZ 1985, 537; Kirchhof/Söhn (Reiß), § 16, Rn. C 71: auf § 16 EStG bezogen.

563 So für die typische Unterbeteiligung Märkle, DStZ 1985, 534, 535.

stand ist für die Besteuerung von Gewinnen des Treugebers jedoch ohne Bedeutung. Daraus folgt, daß die einkommensteuerrechtliche Behandlung beider Fälle gleich sein muß.

Dem steht nicht entgegen, daß es sich bei dem Treugeber zweifellos nicht um einen zivilrechtlichen Gesellschafter handelt. Wegen seiner wirtschaftlichen Gesellschafterstellung ist die Übertragung der Treugeberrechte von den Vorschriften über die Anteilsveräußerung miterfaßt. Der Vorschrift des § 17 I 4 EStG, welche auch die Veräußerung mittelbarer Beteiligungen an Kapitalgesellschaften einbezieht, bedarf es hierzu nicht. Nach allgemeiner Ansicht ist im Sinne dieser Vorschrift unmittelbar vielmehr auch derjenige beteiligt, welchem der Anteil nach § 39 II AO zuzurechnen ist[564]. Der dem Treugeber zuzurechnende Gewinn aus der Übertragung seiner Stellung ist daher - im Bereich der Einkünfte aus Kapitalvermögen allerdings nur unter den Voraussetzungen der §§ 17, 22, 23 EStG oder § 21 UmwStG - einkommensteuerpflichtig[565].

Durch die Veräußerung der Unterbeteiligung wird der Hauptbeteiligte einkommensteuerrechtlich nicht tangiert. Ihm bleiben sowohl die zivilrechtliche Gesellschafterstellung als auch die wirtschaftliche (Teil-)Anteilsinhaberschaft erhalten; Einkünfte aus dem mit dem neuen Unterbeteiligten geschlossenen Rechtsgeschäft sind ihm nicht zuzurechnen[566]. Ein von dem Unterbeteiligten erzielter Mehrerlös stellt dann einen Veräußerungsgewinn im Sinne des Einkommensteuerrechts dar, wenn die Stellung des Unterbeteiligten so stark ausgestaltet ist, daß ihm der Anteil teilweise über § 39 II Nr.1 S.2 AO zugerechnet werden kann[567]. Wie der Treugeber bei einem reinen Treuhandverhältnis ist auch der Unterbeteiligte mit faktischer Gesellschafterstellung in der Hauptgesellschaft als im Sinne

564 Littmann/Bitz/Pust (Hörger), § 17, Rn. 22; Herrmann/Heuer/Raupach (Heuer/Raupach), § 17, Rn. 36, 141; Blümich/Ebling, § 17, Rn. 94. Als mittelbar betrachtet man allein die Beteiligung über eine Kapitalgesellschaft, vgl. hierzu Littmann/Bitz/Pust (Hörger), § 17, Rn. 23a; Herrmann/Heuer/Raupach (Heuer/Raupach), § 17, Rn. 143.

565 Blaurock, S. 348; Eden, S. 125; Heidner, NWB Fach 3, 9425; Heidner, S. 131 ff., Rn. 309 ff.

566 Märkle, DStZ 1985, 535 für den typischen Unterbeteiligten; S. 536 für den atypischen Unterbeteiligten; Blaurock/Berninger, GmbHR 1990, 95.

567 Für die atypische Unterbeteiligung an einem PG-Anteil: Schmidt/Wacker, § 16, Rn. 420; Krüger, S. 252/254; Fasold, GmbHR 1973, 14; Felix, KÖSDI 1985, 5796; Märkle, DStZ 1985, 536; für die atypische Unterbeteiligung an einem KapG-Anteil: Märkle, DStZ 1985, 536; Bopp/Weigell, Steuerliches Vertrags- und Formularbuch A.13.10, Rn. 4; a.A: Böttcher/Zartmann/Faut, S. 254/255: dem Unterbeteiligten stehe nur eine Kapitalforderung zu, so daß § 17 EStG in jedem Fall für etwaige Veräußerungsgewinne, anders als bei Treuhandverhältnissen, ausscheide.

des § 17 EStG unmittelbar an der Gesellschaft beteiligt zu betrachten[568]. Insoweit ist ein Rückgriff auf § 17 I 4 EStG daher nicht erforderlich.

Nimmt der Unterbeteiligte nicht die Stellung eines faktischen Gesellschafters in der Hauptgesellschaft ein, fehlt es im Falle einer Übertragung der Position des mittelbar Beteiligten auf einen Dritten an einer Anteilsveräußerung im Sinne des Einkommensteuerrechts. Da der von dem Unterbeteiligten durch das Geschäft mit dem Dritten erzielte Mehrerlös auch keinen Ausgleich für die Überlassung der Einlage darstellt, läßt sich - anders als im Falle der Veräußerung des Anteils durch den Hauptbeteiligten - auch § 20 II Nr.1 EStG nicht anwenden. Lediglich, wenn die Voraussetzungen der §§ 23 I Nr.2, 22 Nr.2 EStG vorliegen, unterliegt der von dem Unterbeteiligten erzielte Gewinn der Einkommensteuer, es sei denn, die Unterbeteiligung wird in einem Betriebsvermögen gehalten; in diesem Fall ordnet man die dem Unterbeteiligten zufließenden Erträge als laufende Einkünfte aus Gewerbebetrieb ein[569].

(4) Beendigung der mittelbaren Beteiligung durch Aufgabe der Stellung als mittelbar Beteiligter

Eine letzte für die reine Treuhand interessante Konstellation stellt die Beendigung des Treuhandverhältnisses durch Verzicht des Treugebers auf die (Rück-) Übertragung des Treuguts durch den Treuhänder dar. Wie in den Fällen der Übertragung des Anteils durch den Treuhänder an einen Dritten unter Auflösung des Treuhandverhältnisses und der Übertragung der Treugeberrechte durch den Treugeber gibt auch hier der Treugeber seine rechtliche Beziehung zu dem Anteil auf. Rechtliche und wirtschaftliche Gesellschafterstellung fallen bei dem Treuhänder zusammen. Wie in den vorgenannten Fällen erfolgt mithin ein Wechsel in der wirtschaftlichen Zuordnung des Anteils. Erhält der Treugeber von dem Treuhänder für seinen Verzicht ein Entgelt, stellt der Mehrerlös daher einen Veräußerungsgewinn dar, der - bei den Einkünften aus Kapitalvermögen unter den übrigen Voraussetzungen der §§ 17, 22, 23 EStG oder § 21 UmwStG - zu versteuern ist.

---

568 Für unmittelbare Geltung der Vorschrift auch bei Zurechnung über § 39 AO: Schmidt/Weber-Grellet, § 17, Rn. 66.

569 Für Unterbeteiligung im Privatvermögen: Märkle, DStZ 1985, 534/535; Felix, KÖSDI 1987, 6925; Blaurock/Berninger, GmbHR 1990, 95; BFH BStBl II 1981, 465, 466 (typische stille Beteiligung); Söffing, FR 1982, 446 (typische stille Beteiligung); Sterner, DStZ 1986, 67 (typische stille Beteiligung); für Unterbeteiligung im Betriebsvermögen: Märkle, DStZ 1985, 535; Felix, KÖSDI 1987 6925; Blaurock/Berninger, GmbHR 1990, 95.

Diesem Treuhandfall entspricht die Beendigung des Unterbeteiligungsverhältnisses durch Aufhebung des Unterbeteiligungsvertrages. Ob dieser Vorgang eine „Veräußerung" darstellt, hängt wiederum von der Ausgestaltung des Unterbeteiligungsverhältnisses ab. Nach einhelliger Ansicht liegt im Fall der atypischen Unterbeteiligung eine Veräußerung im Sinne der betreffenden Vorschriften vor[570]. Wird eine typische Unterbeteiligung im Privatvermögen gehalten, soll es zwar an einer Veräußerung des Anteils im Sinne des Einkommensteuerrechts fehlen. Dennoch soll ein an den Unterbeteiligten gezahlter, über seine Einlage hinausgehender Betrag zu versteuern sein, und zwar auf der Grundlage des § 20 II Nr.1 EStG. Die höhere Abfindung werde nämlich nicht gezahlt, um einen höheren Wert der Einlage abzugelten, sondern um ein zusätzliches Entgelt für die Überlassung der Einlage zu gewähren. Sie stelle mithin einen sonstigen Vorteil im Sinne dieser Vorschriften dar[571].

Wann nach der hier vertretenen Auffassung die Voraussetzungen einer einkommensteuerrechtlich relevanten Anteilsveräußerung vorliegen, läßt sich unter Rückgriff auf die bereits gewonnenen Ergebnisse ermitteln. Wird das Unterbeteiligungsverhältnis beendet, führt ein von dem Unterbeteiligten durch die Zahlung des Hauptbeteiligten erzielter Mehrerlös zu einem einkommensteuerpflichtigen Veräußerungsgewinn, wenn das Unterbeteiligungsverhältnis dem Unterbeteiligten eine faktische Gesellschafterstellung in der Hauptgesellschaft verschafft hat. War die Stellung des Unterbeteiligten schwächer ausgestaltet, wird man in der Regel annehmen können, daß die Voraussetzungen des § 20 II Nr.1 EStG vorliegen. Anders als ein außenstehender Dritter, der die Beteiligung von dem Unterbeteiligten erhält, hat der Hauptbeteiligte während des Bestehens des Unterbeteiligungsverhältnisses dem Unterbeteiligten bereits an den Gewinnanteilen als Gegenleistung für seine Einlagezahlung teilhaben lassen. Daß auch eine Abfindung des Unterbeteiligten bei Beendigung des Unterbeteiligungsverhältnisses aus diesem Grund erfolgt, liegt daher nahe. Dennoch bedarf es im Einzelfall der Prüfung, aus welchem Grund die Abfindungszahlung erfolgt ist[572]. Gewerbliche Ein-

570 Für PG: Märkle, DStZ 1985, 535; Schmidt/Wacker, § 16, Rn. 420; Kirchhof/Söhn (Reiß), § 16 Rn. C 71: zu § 16 EStG; Littmann/Bitz/Pust (Hörger), § 16, Rn. 145; für KapG: Märkle, DStZ 1985, 536; Blaurock/ Berninger, GmbHR 1990, 94; Tillmann, GmbH-Hb III Rn. 978; a.A. Böttcher/Zartmann/Faut, S. 254/255, wonach dem Unterbeteiligten stets nur eine Kapitalforderung zustehen soll mit der Folge, daß § 17 EStG - anders als bei reinen Treuhandverhältnissen - keine Anwendung finden kann.

571 Märkle, DStZ 1985, 534; Blaurock/Berninger, GmbHR 1990, 94; Tillmann, GmbH-Hb III, Rn. 976.

572 So auch Fella, BB 1976, 785.

künfte werden demgegenüber erzielt, wenn die Unterbeteiligung im Betriebsvermögen gehalten wurde.

b. Einkommensteuerrechtliche Berücksichtigung von Aufwendungen und Verlusten

aa. Abzugsfähigkeit von Betriebsausgaben und Werbungskosten

Wer bei einer reinen Treuhand als Treugeber über die Person des Treuhänders an einer Personenhandelsgesellschaft beteiligt ist, kann Aufwendungen, die durch seine mittelbare Beteiligung an der Gesellschaft verursacht sind, wie ein zivilrechtlicher Gesellschafter als durch den Betrieb veranlaßte Sonderbetriebsausgaben von seinem einkommensteuerpflichtigen Gewinn abziehen. Durch den Betrieb veranlaßt sind beispielsweise die Vergütungen, welche der Treugeber dem Treuhänder dafür zahlt, daß dieser den Anteil für ihn verwaltet[573]. Auch Gewinne des Unterbeteiligten, welcher faktischer Gesellschafter und Mitunternehmer in der Personenhandelsgesellschaft ist, werden durch Sonderbetriebsausgaben, zum Beispiel durch Reise- und Beratungskosten oder Zinsen für ein im Zusammenhang mit der Unterbeteiligung aufgenommenes Darlehen, gemindert[574].

Ist die Stellung des Unterbeteiligten schwächer ausgestaltet, können Aufwendungen als Werbungskosten von seinen Einkünften aus Kapitalvermögen nach § 20 I Nr.4 EStG abzuziehen sein. Der Werbungskostenbegriff in § 9 I 1 EStG erscheint zwar enger als derjenige der Betriebsausgaben. Es besteht aber im wesentlichen Einigkeit darüber, daß das Merkmal der Werbungskosten bei den Überschußeinkünften dem der Betriebsausgaben bei den Gewinneinkünften entspricht. Entscheidend ist also auch hier die Veranlassung durch eine Tätigkeit, welche zur Erzielung der Einkünfte dient[575].

Für den Hauptbeteiligten sind im Falle der Unterbeteiligung ohne faktische Gesellschafter- und Mitunternehmerstellung des Unterbeteiligten die an diesen gezahlten Gewinnanteile Sonderbetriebsausgaben, wenn die Einräumung der Unterbeteiligung in wirtschaftlichem Zusammenhang mit den gewerblichen Einkünften des Hauptbeteiligten steht, was unstreitig der Fall ist, wenn die Unterbeteiligung zur Kapitalbeschaffung eingeräumt worden ist[576]. Fehlt es an der erforderlichen Veranlassung der Aufwendungen durch die der Einkünfteerzielung die-

---

573 Eden, S. 133.

574 Vgl. hierzu Märkle, DStZ 1985, 513.

575 Tipke/Lang (Lang), § 9, Rn. 470; Crezelius, § 9, Rn. 12, S. 196, 197.

576 Römer, INF 1993, 256; Krüger, S. 226; Knobbe-Keuk, S. 362; Kirchhof/Söhn, (Dötsch), § 20 Rn. F 304; Biergans, S. 123; Fella, BB 1976, 785; Märkle, DStZ 1985, 510; Paulick, ZGR 1974, 289; Schulze zur Wiesche, NJW 1983, 2364.

nende Tätigkeit, werden also die durch die Unterbeteiligung erworbenen Mittel von dem Hauptbeteiligten für Geschäfte genutzt, die mit seiner Beteiligung an der Personenhandelsgesellschaft nicht im Zusammenhang stehen, kommt ein Sonderausgabenabzug nach § 10 I Nr.1a EStG in Betracht.

Bei den Sonderausgaben handelt es sich um solche Aufwendungen, die nicht schon als Betriebsausgaben oder Werbungskosten zu qualifizieren sind, aber ausnahmsweise als Kosten der privaten Lebensführung steuermindernd berücksichtigt werden, da sie die individuelle Leistungsfähigkeit beeinträchtigen[577]. Dauernde Lasten im Sinne des § 10 I Nr.1a EStG sind wiederkehrende Bezüge in Geld oder Geldeswert, die jemand längere Zeit erhält und die nicht bloß auf einem einheitlichen Beschluß beruhen, sondern auf einem besonderen Verpflichtungsgrund[578]. Besonderer Verpflichtungsgrund für die regelmäßig an den Unterbeteiligten gezahlten Gewinnanteile ist der Unterbeteiligungsvertrag. Die Voraussetzungen des § 10 I Nr.1a EStG liegen mithin regelmäßig vor. Um nicht abzugsfähige Aufwendungen im Sinne des § 12 Nr.2 EStG handelt es sich dabei im Zweifel nur dann, wenn die Unterbeteiligung unentgeltlich eingeräumt worden ist[579].

Anders verhält es sich im Falle einer Unterbeteiligung mit faktischer Gesellschafter- und Mitunternehmerstellung des Unterbeteiligten in der Hauptgesellschaft. Hier wird die Einkunftsquelle aufgesplittet und dem Hauptbeteiligten fließen um den Anteil des Unterbeteiligten originär gekürzte Einkünfte zu, so daß ein Abzug des an den Unterbeteiligten fließenden Gewinnanteils von den dem Hauptbeteiligten zuzurechnenden Einkünften als Betriebsausgaben nicht in Betracht kommt[580].

Für den Abzug von Werbungskosten und Betriebsausgaben bei der mittelbaren Beteiligung an einem Kapitalgesellschaftsanteil gilt Entsprechendes wie im Fall der reinen Treuhand oder Unterbeteiligung an dem Anteil an einer Personenhandelsgesellschaft. Da die dem Treugeber zuzurechnenden Gewinnanteile als Einkünfte aus Kapitalvermögen einzuordnen sind, § 20 I Nr.1 EStG, stellen die an den Treuhänder gezahlten Vergütungen für den Treugeber regelmäßig Werbungskosten im Sinne des § 9 I 1 EStG dar. Um Betriebsausgaben kann es sich nur dann handeln, wenn der Treugeber seine Beteiligung im Betriebsvermögen hält.

---

577 Crezelius, S. 206; Zenthöfer/Schulze zur Wiesche (Schulze zur Wiesche/Zenthöfer), S. 175.

578 Tipke/Lang (Lang), § 9, Rn. 576.

579 Blaurock/Berninger, GmbHR 1990, 90; Schulze zur Wiesche, GmbHR 1986, 238.

580 Fella, BB 1976, 786; Biergans, S. 123; Felix, DStZ 1988, 103; Schulze zur Wiesche, GmbHR 1986, 239; Flore, BB 1994, 1193; Blaurock/Berninger, GmbHR 1990, 92.

Auch Aufwendungen des Unterbeteiligten im Zusammenhang mit seiner mittelbaren Beteiligung an der Kapitalgesellschaft mindern in der Regel als Werbungskosten seine Einkünfte aus Kapitalvermögen gemäß § 20 I Nr.1 beziehungsweise § 20 I Nr.4 EStG. Anders verhält es sich wiederum, wenn die Unterbeteiligung dem Betriebsvermögen des Unterbeteiligten zuzuordnen ist.

Wie bei der mittelbaren Beteiligung an Personenhandelsgesellschaften kann der Hauptbeteiligte den an den Unterbeteiligten ausgezahlten Gewinnanteil nur dann von seinem einkommensteuerpflichtigen Gewinn abziehen, wenn durch das Unterbeteiligungsverhältnis eine faktische Gesellschafterstellung des Unterbeteiligten in der Gesellschaft nicht begründet wird. Insoweit liegen, wenn der Anteil nicht zu dem Betriebsvermögen des Hauptbeteiligten gehört, regelmäßig Werbungskosten vor.

bb. Insbesondere Verlustbeteiligung des Treugebers und des Unterbeteiligten

Auch Anteile der OHG-Gesellschafter und der Komplementäre einer KG an dem Verlust ihrer Gesellschaft mindern ohne weiteres das der Einkommensteuer unterliegende positive Einkommen. Nicht anders als der auf den Gesellschaftsanteil entfallende Gewinn wird bei Vorliegen eines reinen Treuhandverhältnisses der Anteil am Verlust der Gesellschaft dem Treugeber einem zivilrechtlichen Gesellschafter vergleichbar zugerechnet und wirkt sich auf sein Einkommen aus. Gleiches gilt für den Fall der Unterbeteiligung, wenn eine Beteiligung des Unterbeteiligten an dem auf den Anteil entfallenden Verlust der Gesellschaft zwischen dem Haupt- und dem Unterbeteiligten vereinbart worden ist.

Kompliziert wird der Verlustabzug lediglich im Bereich des § 15 a EStG[581]. Ein Kommanditist kann seine Beteiligung am Verlust der Gesellschaft bis zur Höhe seiner Einlage ohne weiteres mit anderen Gewinnen aus Gewerbebetrieb oder anderen Einkunftsarten ausgleichen. § 15 a EStG greift erst ein, wenn die Verlustbeteiligung des Kommanditisten über seine Einlage hinausgeht und auf diese Weise ein negatives Kapitalkonto entsteht oder sich erhöht. Die Vorschrift versagt dem negativen Kapitalkonto des Kommanditisten grundsätzlich nicht die

581 Von verschiedener Seite werden Bedenken im Hinblick auf die Verfassungsgemäßheit der Vorschrift vorgebracht: Sie verstoße gegen den Gleichheitsgrundsatz und das Prinzip der Besteuerung nach Leistungsfähigkeit (so Biergans, DStR 1981, 3; Herrmann/Heuer/Raupach (Schulze-Osterloh), § 15a, Rn. 91; Littmann/Bitz/Pust (Bitz), § 15a, Rn. 6). Dem wird von anderer Seite entgegengesetzt, die einkommensteuerrechtliche Wirksamkeit der Verlustzuweisungen auf solche mit wirtschaftlichem Gehalt sei systemgerecht (Blümich/Stuhrmann, § 15a, Rn. 19).

steuerrechtliche Anerkennung, sondern ordnet lediglich eine besondere steuerrechtliche Behandlung desselben an[582].

Zweck der Vorschrift ist, die Möglichkeit, Verluste mit anderen positiven Einkünften auszugleichen oder nach § 10 d EStG abzuziehen, für beschränkt haftende Unternehmer auf den Haftungsbetrag zu begrenzen. Denn Verluste, die über den Haftungsbetrag hinausgehen, belasten ihn in der Regel im Jahr ihrer Entstehung weder rechtlich noch wirtschaftlich; eine solche Belastung entsteht vielmehr nur aufschiebend bedingt, wenn und soweit später Gewinne erwirtschaftet werden[583].

Führt mithin der Anteil des Kommanditisten am Verlust der Kommanditgesellschaft, zu einem negativen Kapitalkonto des Kommanditisten[584], ist ein Ausgleich beziehungsweise Abzug des Verlusts von anderen Einkünften aus Gewerbebetrieb oder Einkünften aus anderen Einkunftsarten nicht möglich (§ 15a I EStG). Allerdings mindern diese Verluste die Gewinne des Kommanditisten aus seiner Beteiligung an der Kommanditgesellschaft in späteren Wirtschaftsjahren (§ 15 a II EStG).

Darüber, daß § 15 a EStG bei einem reinen Treuhandverhältnis an einer Kommanditbeteiligung auf den Treugeber Anwendung findet, besteht Einigkeit[585]. Da die Kommanditbeteiligung und damit auch die aus dieser fließenden Einkünfte dem Treugeber zuzurechnen seien, müsse auch die Einschränkung des Verlustausgleichs für ihn gelten. Auf die Frage, ob die Anwendung des § 15 a EStG auf den Treugeber-Kommanditisten unmittelbar erfolgt oder die Abs.1, S.1, Abs.2, Abs.3, S.1, 2, 4 und Abs.4 EStG über § 15 a V EStG sinngemäß herangezogen werden, wird nicht näher eingegangen.

Zwar ist das Treuhandverhältnis in § 15 a V EStG nicht ausdrücklich aufgeführt, jedoch ist die dort vorgenommene Aufzählung nur beispielhaft zu verste-

---

582 Zenthöfer/Schulze zur Wiesche (Zenthöfer), S. 494; Uelner/Dankmeyer, DStZ 1981, 14.

583 BT-Drucks. 511/79; Schmidt (Schmidt), § 15a, Rn. 30; Zenthöfer/Schulze zur Wiesche (Zenthöfer), S. 494. Daneben soll die Vorschrift dazu dienen, die Betätigungsmöglichkeiten von Verlustzuweisungsgesellschaften einzuschränken. So Zenthöfer/Schulze zur Wiesche (Zenthöfer), S. 494; Schmidt (Schmidt), § 15a, Rn. 30; BT-Drucks. 694/76.

584 Str., ob das Sonderbetriebsvermögen mitumfaßt ist oder nicht. Dafür Uelner/Dankmeyer, DStZ 1981, 16; Blümich/Stuhrmann, § 15a, Rn. 39 ff.; dagegen Schmidt (Schmidt), § 15a, Rn. 71; Zenthöfer/Schulze zur Wiesche (Zenthöfer), S. 497/498.

585 Blümich/Stuhrmann, § 15a, Rn. 27; Littmann/Bitz/Pust (Bitz), § 15a, Rn. noch 10; Herrmann/Heuer/Raupach (Schulze-Osterloh), § 15 a, Rn. 204; Kirchhof/Söhn (v.Beckerath), § 15a, Rn. B 266; BT-Drucks. 8/4157; Schmidt (Schmidt), § 15a, Rn. 60; Stuhrmann, DStR 1997, 1717.

hen[586]. Die sinngemäße Anwendung des § 15 a EStG soll Personen erfassen, welche nach Zivilrecht nicht Gesellschafter der Kommanditgesellschaft sind, aber eine dem Kommanditisten vergleichbare wirtschaftliche Stellung innehaben[587]. Daß der Treugeber nur faktisch die Position eines Kommanditisten einnimmt, zivilrechtlich aber allein der Treuhänder Gesellschafter ist, könnte mithin dafür sprechen, die Vorschrift über § 15 a V EStG nur entsprechend anzuwenden. Für eine lediglich sinngemäße Anwendung des § 15 a EStG fällt zudem ins Gewicht, daß § 15 a Abs.1, S.2, 3 EStG auf den Treugeber ohnehin unanwendbar sind, für ihn mithin ein erweiterter Verlustausgleich mangels jeglicher Handelsregistereintragung ausscheiden muß[588].

Auf der anderen Seite ist jedoch zu bedenken, daß das Treuhandverhältnis sich insofern von den in § 15 a V EStG genannten Beispielsfällen unterscheidet, als nicht an die Stelle der Kommanditgesellschaft ein vergleichbares Gemeinschaftsverhältnis tritt. Es besteht vielmehr ein Auftrags- oder Geschäftsbesorgungsvertrag, welcher dem Außenstehenden - anders als die in § 15 a V EStG genannten Rechtsverhältnisse - wirtschaftlich vollständig die Stellung eines zivilrechtlichen Kommanditisten verschafft. Diese wirtschaftliche Kommanditistenstellung des Treugebers, die auch zu seiner Einordnung als Gesellschafter und Mitunternehmer im Sinne des § 15 I Nr.2 EStG führt, verlangt es, § 15 a EStG unmittelbar auf den Treugeber anzuwenden, auch wenn § 15 a Abs.1, S.2 und 3 EStG wegen der Besonderheit des Treuhandverhältnisses auf ihn keine Anwendung finden können.

Das hier bereits im Rahmen der reinen Treuhand angesprochene Problem der unmittelbaren oder sinngemäßen Anwendung des § 15 a EStG wird in Literatur und Rechtsprechung - soweit ersichtlich - erst im Zusammenhang mit der Unterbeteiligung diskutiert. Während in Fällen einer atypischen Unterbeteiligung an einem Kommanditanteil von einigen ausdrücklich lediglich eine sinngemäße Anwendung des § 15 a EStG über seinen Absatz 5 befürwortet wird, und zwar mit dem Argument, daß die Unterbeteiligung ein besonderes Gesellschaftsverhältnis darstelle, welches dem Unterbeteiligten eine dem Kommanditisten ähnliche Stellung verschaffen könne[589], ordnen andere den an einem Kommanditanteil

---

586 Zenthöfer/Schulze zur Wiesche (Zenthöfer), S. 506; Schmidt (Schmidt), § 15a, Rn. 196.

587 Blümich/Stuhrmann, § 15a, Rn. 24; Zenthöfer/Schulze zur Wiesche (Zenthöfer), S. 505; Schmidt (Schmidt), § 15a, Rn. 195.

588 BM d. Finanzen, BStBl I 1981, 308; Herrmann/Heuer/Raupach (Schulze-Osterloh), § 15a, Rn. 204/292; Uelner/Dankmeyer, DStZ 1981, 18; Stuhrmann, DStR 1997, 1717.

589 BFH DB 1993, 617/618; Littmann/Bitz/Pust (Bitz), § 15a, Rn. noch 10; Märkle, DStZ 1985, 513, wobei offen gelassen wird, ob die Unterbeteiligung als stille Ge-

Unterbeteiligten als Kommanditisten im Sinne des § 15 a I EStG ein und wenden die Vorschrift ohne weiteres unmittelbar an[590].

Zweifellos handelt es sich bei der Unterbeteiligung - anders als bei einem reinen Treuhandverhältnis - um ein Gesellschaftsverhältnis, welches Parallelen zu der stillen Gesellschaft aufweist, so daß eine Anwendung des § 15 a V Nr.1 EStG näher liegt als bei einer reinen Treuhand. „Anderer Unternehmer" im Sinne der Vorschrift kann jedoch nur derjenige sein, dessen Haftung der eines Kommanditisten vergleichbar ist; eine spürbare wirtschaftliche oder rechtliche Belastung des betreffenden Gesellschafters durch seine haftungsmäßige Inanspruchnahme muß mithin ausgeschlossen werden können.

Dies mag bei einer schwachen Unterbeteiligung der Fall sein. Der Unterbeteiligte, dessen Stellung faktisch derjenigen eines zivilrechtlichen Gesellschafters entspricht, haftet jedoch ohne Beschränkung auf die von ihm geleistete Einlage - mittelbar - wie der Hauptbeteiligte für Verbindlichkeiten der Gesellschaft[591]. Die Haftung des Unterbeteiligten entspricht daher bei dieser Ausgestaltung des Unterbeteiligungsverhältnisses nur dann derjenigen eines Kommanditisten, wenn der Hauptbeteiligte selbst die Stellung eines Kommanditisten innehat. Ist der Hauptbeteiligte dagegen Komplementär oder Gesellschafter einer OHG, fehlt es auch für den Unterbeteiligten an der von § 15 a V EStG verlangten Haftungsbeschränkung. Die starke Unterbeteiligung begründet daher kein Gemeinschaftsverhältnis im Sinne des § 15 a V EStG.

Bedenkt man, daß die Stellung des Unterbeteiligten - soweit der Anteil von dem Hauptbeteiligten für seine Rechnung gehalten wird - derjenigen eines Treugebers bei einem reinen Treuhandverhältnis entspricht[592] und ihm gemäß § 39 II Nr.1, S.2 AO der Gesellschaftsanteil in Höhe seiner Beteiligung als Gesellschafter der Hauptgesellschaft zugerechnet wird, ist es allein konsequent, den Unter-

---

sellschaft im Sinne von § 230 HGB (§ 15a V Nr. 1 EStG) oder als Gesellschaft bürgerlichen Rechts mit beschränkter Haftung (dann § 15 a V Nr. 2 EStG) einzuordnen ist. Entscheidend soll sein daß der Unterbeteiligte nach außen nicht haftet. Für § 15 a V Nr. 2 EStG Kempermann, FR 1998, 249 ff.: Anknüpfungspunkt des § 15 a V Nr. 1 EStG sei der bestimmte, im HGB geregelte Typus eines Gesellschafters. Einer Anwendung der Vorschrift auf den Unterbeteiligten stehe daher entgegen, daß es einen gesetzlich geregelten Typus der Unterbeteiligung nicht gebe. Demgegenüber handele es sich bei dem atypisch Unterbeteiligten sowohl um den Gesellschafter einer BGB-Gesellschaft als auch um einen Mitunternehmer, so daß die Voraussetzungen der Nr. 2 des § 15 a V ohne weiteres angenommen werden könnten.

590 Herrmann/Heuer/Raupach (Schulze-Osterloh), § 15a, Rn. 204.

591 Siehe dazu oben B II 1 b.

592 Schulze-Osterloh (Herrmann/Heuer/Raupach, § 15a, Rn. 204) weist sogar ausdrücklich darauf hin, daß es sich bei der Unterbeteiligung um einen Fall der Treuhand handelt.

beteiligten auch im Hinblick auf § 15 a EStG einem Treugeber gleichzustellen. Der Verlustausgleich und -abzug wird daher für den Unterbeteiligten durch § 15 a EStG nicht eingeschränkt, wenn der Hauptbeteiligte die Stellung eines OHG-Gesellschafters oder Komplementärs innehat[593]. Handelt es sich demgegenüber bei dem Hauptbeteiligten um einen Kommanditisten, findet § 15 a EStG auch auf den Unterbeteiligten mit faktischer Gesellschafter- und Mitunternehmerstellung in der KG unmittelbar Anwendung. Hinsichtlich des erweiterten Verlustausgleichs nach § 15 a I 2, 3 EStG kann dann allerdings nichts anderes gelten als bei einem reinen Treuhandverhältnis: Die Eintragung des Hauptbeteiligten in das Handelsregister kann für den Unterbeteiligten ebenso wenig ausreichen wie die Eintragung des Treuhänders für den Treugeber. § 15 a I 2, 3 EStG kommen für den Unterbeteiligten mithin nicht zur Anwendung.

Anders als bei der reinen Treuhand und der Unterbeteiligung mit faktischer Gesellschafter- und Mitunternehmerstellung des Unterbeteiligten in der Hauptgesellschaft verhält es sich bei der schwachen Unterbeteiligung. Da dem Unterbeteiligten in diesem Fall der Anteil und damit auch der Gewinn nicht einmal anteilig zugerechnet werden können, läßt sich die Vorschrift des § 15 a EStG nicht unmittelbar heranziehen. Auch eine sinngemäße Anwendung der Norm über § 15 a V EStG kommt nicht in Betracht, denn es fehlt gerade an der von der Regelung vorausgesetzten Mitunternehmerstellung des Unterbeteiligten.

Jedoch findet sich in Satz 2 des analog anwendbaren § 20 I Nr.4 EStG[594] ein Verweis auf § 15 a EStG. Die Vorschrift ist daher sinngemäß auf die Anteile des Unterbeteiligten am Verlust der Unterbeteiligungsgesellschaft anzuwenden[595]. Sie greift ein, wenn der Unterbeteiligte über seine Einlage hinaus vertraglich an dem auf den Anteil entfallenden Verlust teilnimmt und dadurch ein negatives Kapitalkonto des Unterbeteiligten entsteht, das durch spätere Gewinnanteile bis zur Höhe der Einlage wieder aufzufüllen ist[596]. Denn die buchmäßige Belastung

593 Ähnlich Kempermann, der zu recht die Auffassung vertritt, daß dann, wenn die Stellung des Unterbeteiligten im wirtschaftlichen Ergebnis derjenigen eines Treugebers entspreche, es nicht gerechtfertigt erscheine, ihn hinsichtlich der Verlustausgleichsmöglichkeit anders zu behandeln als den zivilrechtlichen Gesellschafter. Der Unterbeteiligte, der unbeschränkt für Schulden der Gesellschaft hafte, müsse auch die Möglichkeit haben, sein Verlustausgleichspotential zu erweitern.

594 Siehe oben C II 2 b bb (2).

595 Kritisch Knobbe-Keuk, S. 502, die Zweifel an der Verfassungsgemäßheit des § 20 I Nr. 4, S. 2 EStG äußert. Die nackte Verweisung in § 20 I Nr. 4, S. 2 EStG verstoße gegen das rechtsstaatliche Gebot der Gesetzesklarheit und -bestimmtheit, da wegen der Unterschiedlichkeit des Verweisungsobjekts und der Verweisungen eine analoge Anwendung mit Eindeutigkeit nicht zu bewerkstelligen sei.

596 Zenthöfer/Schulze zur Wiesche (Schulze zur Wiesche/Zenthöfer), S. 723/724; Schmidt/Heinicke, § 20, Rn. 144; Blümich/Stuhrmann, § 20, Rn. 255.

des Unterbeteiligten bewirkt ebensowenig wie diejenige eines Kommanditisten eine gegenwärtige Vermögensminderung. Dies gilt unabhängig davon, ob es sich bei der Hauptgesellschaft um eine Kommanditgesellschaft handelt oder um eine andere Organisationsform. Ob auch der Hauptgesellschafter § 15 a EStG unterliegt, ist mithin für die Frage der Anwendbarkeit des § 15 a EStG auf den Unterbeteiligten ohne faktische Gesellschafterstellung in der Hauptgesellschaft ohne Bedeutung.

Entsteht ein negatives Kapitalkonto für den typischen Unterbeteiligten, kommt auch für ihn die Vorschrift des § 15 a II EStG zum Tragen; der Verlustanteil mindert mithin die Gewinne des Unterbeteiligten in kommenden Wirtschaftsjahren[597]. Mangels einer Eintragung in das Handelsregister kann der Unterbeteiligte ebenso wenig wie der Treugeber bei einem reinen Treuhandverhältnis oder der Unterbeteiligte mit faktischer Gesellschafterstellung in der Hauptgesellschaft den erweiterten Verlustausgleich gemäß § 15 a I 2, 3 EStG in Anspruch nehmen.

cc. *Einkommensteuerrechtliche Auswirkungen der haftungsmäßige Inanspruchnahme des Treugebers und des Unterbeteiligten*

(1) *Beteiligung an einer Personenhandelsgesellschaft*

Wird ein OHG-Gesellschafter oder ein Komplementär von den Gläubigern der Gesellschaft über § 128 (§ 161 II) HGB persönlich zur Haftung herangezogen, kann er von der Gesellschaft Ersatz für die ihm aus der haftungsmäßigen Inanspruchnahme entstandenen Aufwendungen verlangen, § 110 (§ 161 II) HGB[598]. Gleicht die Gesellschaft den ihrem Gesellschafter entstandenen Verlust aus, führt seine Haftung wirtschaftlich nicht zu einer Verringerung seiner Einkünfte aus der Beteiligung. Anders verhält es sich, wenn die Gesellschaft zum Ausgleich nicht in der Lage ist. In diesem Fall stellt sich die Frage, wie der Verlust bei dem betreffenden Gesellschafter einkommensteuerrechtlich berücksichtigt werden kann.

Die ganz herrschende Meinung behandelt die Befriedigung von Gesellschaftsgläubigern durch einen Gesellschafter wie auch das von einem Gesellschafter an die Gesellschaft gezahlte Darlehen als Einlage[599]. Dies hat zur Folge,

---

597 Zenthöfer/Schulze zur Wiesche (Schulze zur Wiesche/Zenthöfer), S. 724.

598 Herrmann/Heuer/Raupach (Schulze-Osterloh), § 15a Rn. 264; Kirchhof/Söhn (v.Beckerath), § 15a Rn. C 280; Baumbach/Hopt, § 128, Rn. 25; Sieker, S. 61 mit dem Hinweis darauf, daß die Freiwilligkeit des Vermögensopfers nur im Verhältnis des Gesellschafters zur Gesellschaft zu beurteilen ist.

599 BFH BStBl 1991 II, 64, 65/66; BFH BStBl 1989 II, 881, 888; zum Parallelfall des Darlehens: BFH BStBl 1983 II, 570, 571; BFH BStBl 1985 II, 243, 244; BFH

daß der Wertverlust der Ausgleichsforderung sich erst im Zeitpunkt der Beendigung der Gesellschafterstellung einkommensteuerrechtlich gewinnmindernd für den Gesellschafter auswirken kann[600]. Eine sofortige Berücksichtigung als negative Einnahmen oder Sonderbetriebsausgaben kommt dagegen nicht in Betracht.

Was die Person des Treugebers und des Unterbeteiligten angeht, muß zweierlei unterschieden werden: zum einen mögliche Auswirkungen einer Zahlung des Treuhänders beziehungsweise Hauptbeteiligten an die Gesellschaftsgläubiger auf das dem mittelbar Beteiligten zuzurechnende Einkommen und zum anderen die steuerrechtlichen Folgen einer Inanspruchnahme des mittelbar Beteiligten durch die Gesellschaftsgläubiger nach erfolgter Pfändung und Überweisung des Aufwendungsersatzanspruchs des für fremde Rechnung handelnden Gesellschafters gegen den Treugeber oder Unterbeteiligten.

Bei einem reinen Treuhandverhältnis werden dem Treugeber die auf den Anteil entfallenden Gewinne der Gesellschaft ebenso wie deren Verluste steuerrechtlich in vollem Umfang zugerechnet. Nichts anderes kann für Aufwendungen gelten, welche dem Treuhänder im Zusammenhang mit einer haftungsmäßigen Inanspruchnahme durch die Gläubiger der Gesellschaft entstehen. Die Befriedigung der Ansprüche der Gläubiger nach § 128 (161 II) HGB gehört nämlich zu den aus dem Anteil fließenden Pflichten, welche der Treuhänder für Rechnung des Treugebers übernommen hat. Da der Einlagecharakter der Zahlungen nicht dadurch verloren geht, daß die Aufwendungen dem mittelbar Beteiligten steuerrechtlich zuzurechnen sind, können Verluste, welche entstehen, wenn der Rückgriffsanspruch des zur Haftung herangezogenen Treuhänders von der Gesellschaft nicht befriedigt wird, bei dem Treugeber als wirtschaftlichem Gesellschafter nicht zu einem früheren Zeitpunkt berücksichtigt werden als bei einem unmittelbaren zivilrechtlichen Gesellschafter.

Auch ein von dem mittelbar Beteiligten an den Gesellschafter gezahlter Ausgleich in Höhe der von diesem an die Gläubiger gezahlten Summe führt nicht zu einem anderen Ergebnis. Setzte man nämlich die Zahlungen des Treugebers an den Gesellschafter als sofort abzugsfähige negative Einnahmen oder Sonderbe-

---

BStBl 1995 II, 465, 466; BFH BStBl 1993 II, 714, 715 mit Hinweis auf § 15 I Nr. 2 EStG; Biergans, S. 96; Döllerer, DStZ 1992, 647; a.A: Sieker, S. 132, welche die Ansicht vertritt, allein die Tatsache, daß der Gesellschafter im Interesse der Gesellschaft Vermögen einsetze, welches Gegenstand einer gesellschaftsrechtlichen Einlage sein könne, wenn man die für Vergütungen geltenden Wertungen zugrunde lege, sei kein ausreichender Grund dafür, Wertminderungen des Vermögens bei der Ermittlung der Einkünfte des Gesellschafters außer Betracht zu lassen.

600 BFH BStBl 1991 II, 64, 66; Sieker, S. 81; zum Parallelfall des Darlehens: Döllerer, DStZ 1992, 647; kritisch BFH BStBl 1989 II, 881, 888: Danach soll es vertretbar sein, Eigenkapital schon im Zeitpunkt der Einlage als wertlos zu behandeln.

triebsausgaben an und ließe man einen nochmaligen Abzug dieser Summe als dem mittelbar Beteiligten zuzurechnende nachträgliche Anschaffungskosten nach dem Ende seiner Beteiligung an der Gesellschaft zu, würden die durch die Haftung entstandenen Verluste doppelt berücksichtigt. Eine Minderung des dem Treugeber zuzurechnenden steuerpflichtigen Einkommens kommt daher erst dann in Betracht, wenn der Treugeber seine mittelbare Beteiligung an der Gesellschaft - sei es durch Aufgabe seiner Stellung, sei es durch Liquidation der Gesellschaft - verliert. Entsprechendes gilt für den Unterbeteiligten, soweit ihm der Anteil anteilig über § 39 II Nr.1 AO zuzurechnen ist.

Nicht anders verhält es sich aber, wenn die Gläubiger aus dem von ihnen gepfändeten Aufwendungsersatzanspruch des Gesellschafters gegen den Treugeber oder Unterbeteiligten vorgehen. Daß der mittelbar Beteiligte von den Gläubigern selbst in Anspruch genommen wird, darf nicht darüber hinwegtäuschen, daß es sich auch hier um den Fall einer unmittelbaren Haftung des zivilrechtlichen Gesellschafters nach § 128 (§ 161 II) HGB und mithin um eine Einlageleistung handelt, welche lediglich zu nachträglichen Anschaffungskosten auf die Beteiligung führt. Ebenso wenig wie der von dem mittelbar Beteiligten an den Gesellschafter geleistete Aufwendungsersatz ermöglicht mithin seine Inanspruchnahme durch die Gläubiger als Drittschuldner aufgrund eines Titels gegen den Gesellschafter eine Berücksichtigung der betreffenden Summe vor der Beendigung seiner Beteiligung an der Gesellschaft.

(2) Beteiligung an einer Kapitalgesellschaft

Für den Fall der Beteiligung an einer GmbH oder AG stellt sich insbesondere die Frage nach den steuerrechtlichen Auswirkungen der Haftung des Treugebers beziehungsweise des Unterbeteiligten für die Kapitalaufbringung und -erhaltung.

Wird zur Erhaltung des Stammkapitals erforderliches Vermögen der Gesellschaft unter Verstoß gegen § 30 I GmbHG an einen Gesellschafter ausgezahlt, so ist dieser nach § 31 I GmbHG zur Erstattung verpflichtet. Steuerrechtlich bewirkt die Rückgewähr einer solchen Gewinnausschüttung nach herrschender Meinung keine Einkommensminderung beim Gesellschafter, sondern führt zu einer Erhöhung seiner Anschaffungskosten auf die Beteiligung[601]. Ist der betreffende Gesellschafter kein wesentlich Beteiligter im Sinne des § 17 I 4 EStG und hält er den Anteil auch nicht im Betriebsvermögen, kann er die ihm entstandenen nach-

601 BFH BStBl 1989 II, 1029, 1030; Frotscher/Maas (Frotscher), Anh.vGA zu § 8 KStG, Rn. 297; Sarrazin, GmbHR 1982, 281; Döllerer, StVj 1991, 72; a.A. Wichmann, GmbHR 1993, 339; Buyer, S. 69; Lempenau, BB 1991, 1096: negative Einnahmen.

träglichen Anschaffungskosten daher steuerlich nicht einkommensmindernd geltend machen. Nichts anderes gilt für den nach §§ 57, 62 AktG rückzahlungspflichtigen Aktionär.

Eigenkapitalersetzende Darlehen sollen in ihren einkommensteuerrechtlichen Auswirkungen nach ganz herrschender Ansicht der Rückzahlung von Gewinnausschüttungen entsprechen. Zivilrechtlich werden sie zwar als Fremdkapital der Gesellschaft eingestuft mit der Besonderheit, daß der Anspruch des Gesellschafters gegen die Gesellschaft auf Rückzahlung der Darlehenssumme im Verhältnis zu Ansprüchen anderer Gläubiger zurückgestuft wird[602]. Im Widerspruch zu der zivilrechtlichen Rechtslage ordnete jedoch der 8.Senat des BFH eigenkapitalersetzende Gesellschafterdarlehen steuerrechtlich als verdeckte Einlagen ein und behandelte Wertminderungen der Darlehensforderung des Gesellschafters als nachträgliche Anschaffungskosten auf die Beteiligung[603]. Mittlerweile besteht Einigkeit zwischen dem 1. und dem 8. Senat und weiten Teilen der Literatur, daß eine verdeckte Einlage zwar nicht angenommen werden kann, nachträgliche Anschaffungskosten aber dennoch vorliegen, wenn die Darlehensgewährung durch das Gesellschaftsverhältnis veranlaßt war[604]. Die Darlehensgewährung komme zwar dem Beteiligungsverhältnis nicht unmittelbar zugute, wirke sich aber letztlich zugunsten des inneren Wertes der Beteiligung werterhöhend aus, indem der Gesellschaft ermöglicht werde, den Geschäftsbetrieb fortzuführen[605].

Wie auch im Fall der Erstattung von Zahlungen auf der Grundlage von §§ 30 I, 31 I GmbHG, §§ 57, 62 AktG hat im Bereich der eigenkapitalersetzenden Darlehen ein bei dem Gesellschafter entstandener Verlust mithin nur dann einkommensteuerrechtliche Folgen, wenn der Gesellschafter die Beteiligung im Betriebsvermögen hält oder an der Gesellschaft wesentlich beteiligt ist. Die Wertminderung der Darlehensforderung kann er erst bei der Veräußerung der Beteiligung (§ 17 I EStG) oder der Liquidation der Gesellschaft (§ 17 IV EStG) geltend machen[606].

Soweit die steuerrechtlichen Auswirkungen der verschuldensunabhängigen Ausfallhaftung des GmbH-Gesellschafters nach §§ 24, 31 III GmbHG überhaupt

---

602 BGH BB 1985, 1813; BGH BB 1987, 1553; BGH NJW 1990, 516; Hachenburg/Ulmer, §§ 32 a, b, Rn. 176; Scholz/Westermann, § 31, Rn. 4.

603 BFH BStBl 1985 II, 320, 322.

604 1.Senat: BFH BStBl 1992 II, 532; 8.Senat: BFH BStBl 1993 II, 334; Jülicher, DStR 1994, 308; Eilers/Wienands, GmbHR 1998, 620/621.

605 Jülicher, DStR 1994, 308; a.A.: Neu BB 1995, 1585, der Anschaffungskosten nicht annehmen will, weil der Forderungsausfall nicht gesellschaftsrechtlich veranlaßt sei, sondern das Resultat der wirtschaftlichen Lage der Gesellschaft darstelle.

606 Eilers/Wienands, GmbHR 1998, 623; Jülicher, DStR 1994, 305; Hartmann, DStZ 1998, 270.

untersucht werden, nimmt man auch hier überwiegend nachträgliche Anschaffungskosten auf die Beteiligung an[607]. Bei der Zahlung handele es sich um eine Einlage, da sie zu einer bilanziellen Mehrung des Vermögens der GmbH führe. Auch dem Grundsatz der Freiwilligkeit der Einlageverpflichtung werde Genüge getan, da die Haftung als Folge des freiwilligen Beitrittes zur Gesellschaft letztlich freiwillig begründet werde. Nichts anderes soll für die Gründerhaftung nach 9 a GmbHG und § 46 AktG gelten[608].

Nimmt der mittelbar Beteiligte - sei er nun reiner Treugeber oder Unterbeteiligter - faktisch die Stellung eines Gesellschafters ein mit der Folge, daß ihm die Beteiligung und die daraus fließenden Einkünfte wirtschaftlich und damit einkommensteuerrechtlich zuzurechnen sind, ist es nur konsequent, die durch die Haftung des Gesellschafters entstehenden nachträglichen Anschaffungskosten (anteilig) ebenfalls dem faktischen Gesellschafter zuzurechnen. Er kann sie daher allenfalls bei der Beendigung seiner Beteiligung einkommensteuerrechtlich geltend machen. Dies gilt, da sich alle Fälle der Haftung für die Kapitalaufbringung und -erhaltung ausnahmslos als nachträgliche Anschaffungskosten auf die dem wirtschaftlichen Gesellschafter zuzurechnende Beteiligung auswirken, unabhängig davon, ob es sich um eine verschuldensunabhängige Ausfallhaftung auf der Grundlage der §§ 24 oder 31 III GmbHG, um eine Rückzahlungsverpflichtung gemäß §§ 31 I, 30 I GmbHG, §§ 57, 62 AktG, um eigenkapitalersetzende Darlehen oder um einen Fall der Gründerhaftung handelt. Auch eine etwaige Ausgleichszahlung, welche der mittelbar Beteiligte an den Gesellschafter leistet, führt - ebenso wie bei der Personengesellschaft - nicht zu einem anderen Ergebnis.

Haften der Treugeber bei einem reinen Treuhandverhältnis und der Unterbeteiligte mit faktischer Gesellschafterstellung in der Hauptgesellschaft der Gesellschaft selbst für das Stamm- beziehungsweise Grundkapital, fallen bei ihnen unmittelbar eigene nachträgliche Anschaffungskosten auf die ihnen einkommensteuerrechtlich zuzurechnende Beteiligung an. Unabhängig davon, ob der mittelbar Beteiligte selbst zur Haftung herangezogen worden ist oder ob ihm die Inanspruchnahme des zivilrechtlichen Gesellschafters zugerechnet wird, können sich die entstandenen Kosten daher nur im Falle der Beendigung seiner Beteiligung einkommensteuermindernd auswirken.

---

607 Buyer, S. 67 ff., 98; Hachenburg/Müller, § 24, Rn. 66; a.A.: Rowedder/Rowedder, § 24, Rn. 19: als „Betriebsverlust“ im Jahr der Zahlung voll abzugsfähig.

608 Buyer, S. 50/51.

c. *Ergebnis*

Nicht nur die bereits bei der Einkünftezurechnung aufgezeigten Parallelen in der einkommensteuerrechtlichen Behandlung von reiner Treuhand und Fällen der Unterbeteiligung, welche zu einer faktischen Gesellschafterstellung des Unterbeteiligten in der Hauptgesellschaft führen, setzen sich im Bereich der einkommensteuerrechtlichen Auswirkungen von im Zusammenhang mit der mittelbaren Beteiligung entstandenen Aufwendungen und Verlusten und den Folgen der Begründung und der Beendigung von reiner Treuhand und Unterbeteiligung fort.

Vielmehr zeigen sich auch Parallelen, wenn man die Behandlung dieser Vorgänge im Zivilrecht und im Steuerrecht miteinander vergleicht. So ist beispielsweise weder hinsichtlich der Voraussetzungen für eine Haftung des mittelbar Beteiligten noch hinsichtlich der steuerrechtlichen Auswirkungen der Haftung für den mittelbar Beteiligten die Einordnung des Rechtsverhältnisses als reine Treuhand oder als Unterbeteiligung entscheidend. Sowohl im Steuerrecht als auch im Zivilrecht verlangen Sinn und Zweck der gesetzlichen Regelung oftmals eine Gleichbehandlung von zivilrechtlichem und wirtschaftlichem Gesellschafter, so daß die vielfach als Besonderheit des Steuerrechts bezeichnete „wirtschaftliche Betrachtungsweise“ keineswegs auf das Steuerrecht zu beschränken ist.

III. Andere Steuerarten

1. *Einleitung*

Ziel der Arbeit ist nicht, die steuerrechtliche Behandlung der reinen Treuhand und der Unterbeteiligung an Gesellschaftsanteilen umfassend für alle Steuerarten darzustellen. Vielmehr soll für einige ausgewählte Bereiche untersucht werden, inwieweit zivilrechtlicher Gesellschafter, reiner Treugeber und Unterbeteiligter steuerrechtlich gleich zu behandeln sind und ob sich in diesem Zusammenhang Parallelen zum Zivilrecht ziehen lassen.

Einige der im Hinblick auf die Besteuerung des Unterbeteiligten und des Treugebers bei einem reinen Treuhandverhältnis diskutierten Probleme haben sich im Laufe der Zeit erledigt. So stellt sich die Frage, ob die Begründung oder Beendigung einer mittelbaren Beteiligung an einer Gesellschaft ein Anschaffungsgeschäft über Wertpapiere im Sinne des Börsenumsatzsteuergesetzes darstellt[609], seit der Abschaffung dieses Gesetzes zum 1.1.1991 durch das Finanz-

609 Zum Streitstand hinsichtlich der Treuhand: Eden, S. 170 ff.; hinsichtlich der Unterbeteiligung: Bopp/Weigell, A.13.10, Steuerliches Vertrags- und Formularbuch,

marktförderungsgesetz vom 22.2.1990[610] nicht mehr. Auch das im Zusammenhang mit der Gesellschaftssteuer diskutierte Problem, ob § 39 AO bei Vorgängen der Eigenkapitalzufuhr einer Kapitalgesellschaft, beispielsweise im Falle der Kapitalzufuhr im Wege der Neugründung, Kapitalerhöhung, Verschmelzung, Eingliederung und Umwandlung, Anwendung finden kann[611], spielt seit dem ersatzlosen Wegfall der Gesellschaftssteuer[612] ab dem 1.1.1992 keine Rolle mehr.

Von Bedeutung ist demgegenüber weiterhin, welche Auswirkungen reine Treuhand und Unterbeteiligung im Bereich der Gewerbesteuer und der Körperschaftsteuer haben. Auf diese beiden Steuerarten soll im folgenden eingegangen werden.

2. *Körperschaftsteuer*

Im Mittelpunkt der Betrachtung sollen die Auswirkungen von reiner Treuhand und Unterbeteiligung auf die Körperschaftsteuerpflicht der GmbH beziehungsweise der AG stehen, an deren Anteilen das reine Treuhandverhältnis oder die Unterbeteiligung begründet worden ist. Insbesondere wird der Frage nachgegangen, wie sich die an den Treugeber oder Unterbeteiligten ausgezahlten Gewinnanteile oder ihnen gewährte Vergütungen auf den Umfang des körperschaftsteuerpflichtigen Einkommens der Kapitalgesellschaft auswirken.

a. *Auswirkungen der Gewinnverteilung auf das körperschaftsteuerpflichtige Einkommen der Kapitalgesellschaft*

Das körperschaftsteuerpflichtige Einkommen von Kapitalgesellschaften ist nach den Vorschriften des Einkommensteuergesetzes zu ermitteln, wenn nicht das Körperschaftsteuergesetz etwas anderes bestimmt, § 8 I KStG. Aus Absatz 2 der Vorschrift ergibt sich, daß Einkünfte der GmbH und der AG als nach dem Handelsgesetzbuch zur Führung von Büchern verpflichteter Steuerpflichtiger unabhängig von ihrer Tätigkeit als Einkünfte aus Gewerbebetrieb zu behandeln sind.

Rn. 5; Blaurock, S. 372; Böttcher/Zartmann/Faut, S. 250 f.; Blaurock/Berninger, GmbHR 1990, 97 f.

610 BGBl Teil I 1990/I, 266, 281/282.

611 Dazu noch Heidner, DStR 1989, 308; Eden, S. 166 ff. für Treuhand; Blaurock/Berninger, GmbHR 1990, 97; Böttcher/Zartmann/Faut, S. 250/251; Streck/Schwedhelm, Steuerliches Vertrags- und Formularbuch, A. 4.48, Rn. 19 für Unterbeteiligung.

612 BGBl Teil I 1990/I, 266, 282.

Für die Ermittlung des Einkommens ist es, so § 8 III 1 KStG, ohne Bedeutung, ob das Einkommen verteilt wird. Die an die Gesellschafter einer Kapitalgesellschaft ausgezahlten Gewinnanteile mindern das der Körperschaftsteuer unterliegende Einkommen der Gesellschaft mithin nicht. Nicht anders kann es sich bei einem reinen Treuhandverhältnis an einem Kapitalgesellschaftsanteil im Hinblick auf die unmittelbar oder über die Person des Treuhänders an den Treugeber fließenden Gewinnanteile verhalten. Denn wie bei der Einkommensteuer findet auch im Körperschaftsteuerrecht die Regelung des § 39 II Nr.1 S.2 AO als Ausdruck der wirtschaftlichen Betrachtungsweise Anwendung[613]. Formalrechtliche Rechtsstellungen müssen gegenüber faktischen Rechtsinhaberschaften zurücktreten. Der Anteil ist mithin dem Treugeber als wirtschaftlichem Anteilsinhaber zuzurechnen, so daß es sich nicht rechtfertigen ließe, die Auszahlung von Gewinnanteilen an den Treugeber anders zu behandeln als die Verteilung des Gewinns an die zivilrechtlichen Gesellschafter. Das körperschaftsteuerpflichtige Einkommen wird dadurch folglich nicht verringert.

Entsprechendes gilt für die an den Unterbeteiligten weitergeleiteten Anteile am Gewinn der Kapitalgesellschaft[614]. Ist der Unterbeteiligte mit einem zivilrechtlichen Gesellschafter der Hauptgesellschaft vergleichbar am Gewinn und Verlust der Gesellschaft und an der Substanz des Anteils beteiligt, muß ihm als Treugeber hinsichtlich eines Teils des Anteils an der GmbH oder der Aktie dieser Gesellschaftsanteil auch mit Wirkung für das Körperschaftsteuerrecht über § 39 II Nr.1 S.2 AO anteilig zugerechnet werden. Von der Stellung eines Treugebers bei einem reinen Treuhandverhältnis unterscheidet sich die Position des Unterbeteiligten bei einer solchen Ausgestaltung des Unterbeteiligungsverhältnisses lediglich dadurch, daß sich seine wirtschaftliche Gesellschafterstellung nur auf einen Teil des Anteils beschränkt und nicht den gesamten Anteil erfaßt. Die an ihn ausgezahlte Summe kann daher den körperschaftsteuerpflichtigen Gewinn ebenso wenig mindern wie die an den Treugeber bei einer reinen Treuhand oder die an den zivilrechtlichen Gesellschafter ausgezahlten Gewinnanteile.

Ist die Position des Unterbeteiligten schwächer ausgestaltet, scheidet eine anteilige Zurechnung des Anteils über § 39 II Nr.1 S.2 AO dagegen aus. Der auf den Anteil entfallende Gewinn läßt sich über § 20 I Nr.1 EStG allein dem Hauptbeteiligten zuzurechnen. Für die Hauptgesellschaft liegt daher in vollem Umfang eine Auszahlung an den zivilrechtlichen und zugleich wirtschaftlichen Gesell-

---

613 Vgl. Cattelaens/Gottstein/Stegmüller/Zenthöfer (Stegmüller), Rn. 1903.

614 So die allgemeine Ansicht; für die typische Unterbeteiligung: Flore, BB 1994, 1192; Blaurock/Berninger, GmbHR 1990, 89/90; Hesselmann, GmbHR 1964, 29; Tillmann, GmbH-Hb III, Rn. 968; für die atypische Unterbeteiligung: Flore, BB 1994, 1193; Blaurock/Berninger, GmbHR 1990, 92; Hesselmann, GmbHR 1964, 29; Märkle, DStZ 1985, 514; Tillmann, GmbH-Hb III Rn. 968.

schafter vor, die als Gewinnverteilung das Einkommen der Kapitalgesellschaft nicht mindert. Wie der Hauptgesellschafter seinen Gewinn verwendet, ob er ihn also an einen Unterbeteiligten weiterleitet oder für sich behält, ist für die Körperschaftsteuerpflicht der Hauptgesellschaft ohne Bedeutung.

Die an den mittelbar Beteiligten fließenden Teile des Gewinns der Kapitalgesellschaft mindern deren körperschaftsteuerpflichtiges Einkommen folglich nicht, unabhängig davon, ob ein reines Treuhandverhältnis oder eine Unterbeteiligung - welcher Ausgestaltung auch immer - vorliegt.

b. *Auswirkungen von Zahlungen der Gesellschaft aufgrund von schuldrechtlichen Verträgen auf das körperschaftsteuerpflichtige Einkommen*

Die Frage liegt nahe, ob Vergütungen der Kapitalgesellschaft an den mittelbar Beteiligten auf der Grundlage von Dienst-, Miet-, Pacht- oder Darlehensverträgen, anders als die Verteilung des von ihr erzielten Gewinns, ihr körperschaftsteuerpflichtiges Einkommen verringern. Da die Regelungen des Einkommensteuergesetzes grundsätzlich auch für die Körperschaftsteuer gelten, kann die Kapitalgesellschaft wie ein Steuerpflichtiger, welcher der Einkommensteuer unterliegt, durch den Betrieb veranlaßte Aufwendungen regelmäßig als Betriebsausgaben absetzen[615].

Anders als bei den Personenhandelsgesellschaften, bei denen Vergütungen an die Gesellschafter als Sondervergütungen nach § 15 I Nr.2 S.1 HS 2 EStG dem zu versteuernden Gesamtgewinn hinzuzurechnen sind[616], wird im Bereich der Körperschaftsteuer genau zwischen dem Körperschaftsteuersubjekt Kapitalgesellschaft und den hinter diesem stehenden Gesellschaftern getrennt. Grundsätzlich sind daher zivilrechtliche Verträge zwischen der Kapitalgesellschaft und ihren Gesellschaftern - und damit auch und erst recht zwischen der Kapitalgesellschaft und mittelbar an ihr beteiligten Personen - wie Rechtsgeschäfte zwischen der AG beziehungsweise der GmbH und fremden Dritten zu beurteilen und daraus herrührende Verbindlichkeiten der Gesellschaft als Betriebsausgaben absetzbar[617]. Anders verhält es sich nur, wenn die Zahlungen als verdeckte Gewinnausschüttungen einzuordnen sind. Diese mindern das körperschaftsteuerpflichtige Einkommen nicht, § 8 III 2 KStG.

Wann verdeckte Gewinnausschüttungen vorliegen, ist gesetzlich nicht definiert. Allgemein versteht man darunter Vermögensminderungen oder verhinderte

615 Frotscher/Maas (Frotscher), § 8, Rn. 37.
616 Siehe dazu näher C III 3 a bb.
617 Crezelius, § 15, Rn. 4, S. 266; Frotscher/Maas (Frotscher), § 8, Rn. 64, Anh v.GA zu § 8, Rn. 61.

Vermögensmehrungen, welche durch das Gesellschaftsverhältnis veranlaßt sind, sich auf die Höhe des Einkommens auswirken und nicht auf einem den gesellschaftsrechtlichen Vorschriften entsprechenden Gewinnfeststellungsbeschluß beruhen[618]. Dabei liegt eine Veranlassung durch das Gesellschaftsverhältnis vor, wenn ein ordentlicher und gewissenhafter Geschäftsleiter den Vermögensvorteil einer Person, die nicht Gesellschafter ist, unter sonst gleichen Umständen nicht gewährt hätte[619].

Liegt der Leistung der Gesellschaft an ihre Gesellschafter eine besondere schuldrechtliche Vereinbarung zugrunde, sind mithin zwei Fälle zu unterscheiden: Erfüllt die Gesellschaft eine Verbindlichkeit gegenüber einem ihrer Gesellschafter aus einem den Interessen beider Vertragspartner gleichermaßen Rechnung tragenden Schuldverhältnis, kann sie den Betrag von ihren Einkünften abziehen. Werden hingegen durch das Schuldverhältnis einseitig die Interessen des Gesellschafters bevorzugt, liegt eine verdeckte Gewinnausschüttung vor, welche auf das körperschaftsteuerpflichtige Einkommen der Kapitalgesellschaft ohne Einfluß ist.

Ob ein mittelbar an der Kapitalgesellschaft Beteiligter Empfänger einer verdeckten Gewinnausschüttung sein kann, läßt sich nur unter Berücksichtigung der Vorschrift des § 39 II Nr.1 S.2 AO entscheiden. Mag es auch in erster Linie auf die Person des zivilrechtlichen Anteilsinhabers als Empfänger der verdeckten Gewinnausschüttung ankommen, so gibt bei einem Auseinanderfallen der zivilrechtlichen und der wirtschaftlichen Anteilsinhaberschaft - wie im Einkommensteuerrecht - allein das wirtschaftliche Eigentum den Ausschlag[620].

Ist im Falle einer reinen Treuhand der Gesellschaft das Bestehen des Treuhandverhältnisses bekannt, sind Zahlungen der AG beziehungsweise der GmbH mithin ohne weiteres Leistungen an einen unmittelbar beteiligten Gesellschafter gleichzustellen. Zuwendungen an den Treugeber, welche diesen einseitig bevorzugen, sind durch das Gesellschaftsverhältnis veranlaßt und mindern daher den Gewinn der Kapitalgesellschaft nicht[621]. Wird die Treuhand demgegenüber geheim gehalten, tritt der Treugeber der Gesellschaft wie ein Dritter gegenüber. Zahlungen an ihn können mithin nicht gesellschaftsvertraglich veranlaßt sein[622]. Eine verdeckte Gewinnausschüttung ist jedoch auch in diesem Fall anzunehmen,

618 BFH BStBl II 1997, 301; Cattelaens/Gottstein/Stegmüller/Zenthöfer (Zenthöfer), S. 132, Rn. 423; Mahlow, DB 1997, 1640; Dötsch/Eversberg/Jost/Witt (Achenbach), § 8, Rn. 133.

619 BFH BStBl 1997 II, 301/302; Lange/Reiß (Lange), S. 159; Cattelaens/Gottstein/Stegmüller/Zenthöfer (Zenthöfer), S. 132, Rn. 423; Mahlow, DB 1997, 1640.

620 Frotscher/Maas (Frotscher), Anhang v.GA zu § 8, Rn. 54.

621 So auch Blaurock, S. 352.

622 Blaurock, S. 352.

wenn die unausgewogene Leistung an den Treuhänder erfolgt, welcher sie an den Treugeber, dem sie allein zuzurechnen ist, weiterzuleiten hat. Denn da aus Sicht der Gesellschaft der Treuhänder sowohl zivilrechtlich als auch wirtschaftlich Gesellschafter ist, liegt die erforderliche Veranlassung durch das Gesellschaftsverhältnis vor.

Entsprechend ist in den Fällen der Unterbeteiligung, durch welche eine faktische Gesellschafterstellung des Unterbeteiligten in der Hauptgesellschaft begründet wird, zu entscheiden. Über § 39 II Nr.1 S.2 AO ist dem Unterbeteiligten der Anteil anteilig zuzurechnen, so daß in den Fällen einer offenen Unterbeteiligung Zahlungen im alleinigen Interesse des Unterbeteiligten als verdeckte Gewinnausschüttung das steuerpflichtige Einkommen der Kapitalgesellschaft nicht mindern. Gleiches gilt für Leistungen an den Hauptbeteiligten. Ist die Unterbeteiligung der Hauptgesellschaft nicht bekannt, kommt eine verdeckte Gewinnausschüttung bei Zahlungen der Gesellschaft an den Unterbeteiligten mangels Veranlassung durch das Gesellschaftsverhältnis nicht in Betracht. Allein Zuwendungen an den Hauptbeteiligten verringern unter Umständen das Einkommen als verdeckte Gewinnausschüttungen nicht[623].

Ist die Stellung des Unterbeteiligten schwächer ausgestaltet, scheidet eine Anteilszurechnung über § 39 II Nr.1 S.2 AO aus. Der Unterbeteiligte ist im Verhältnis zur Gesellschaft nicht nur rechtlich, sondern auch wirtschaftlich Dritter. Zahlungen der Gesellschaft an den Unterbeteiligten lassen sich somit selbst im Falle der Offenlegung des Unterbeteiligungsverhältnisses nicht mit der Erwägung als verdeckte Gewinnausschüttung einordnen, daß die Stellung des Empfängers der Zuwendung faktisch derjenigen eines Gesellschafters gleichkomme[624].

Allerdings ist allgemein anerkannt, daß auch Zahlungen an Außenstehende durch das Gesellschaftsverhältnis veranlaßt sein und folglich verdeckte Gewinnausschüttungen der Gesellschaft darstellen können. Indiz für die gesellschaftsvertragliche Veranlassung der Leistung ist das Bestehen eines Näheverhältnisses zwischen dem Empfänger der Zahlung und einem Gesellschafter der betreffenden Kapitalgesellschaft. Dieses Näheverhältnis zwischen dem Gesellschafter und dem Außenstehenden kann persönlicher oder sachlicher Art sein; als seine Grundlage kommen beispielsweise vertragliche oder verwandtschaftliche Beziehungen oder auch bloße Freundschaft in Betracht[625].

Zweifellos ist der Unterbeteiligte mit einem Gesellschafter der Kapitalgesellschaft, dem Hauptbeteiligten, vertraglich verbunden. Allerdings wird man

623 So auch Blaurock, S. 352 für die atypische Unterbeteiligung.
624 Blaurock, S. 352 für die typische Unterbeteiligung.
625 BFH BStBl 1997 II, 301, 302; Lange/Reiß (Lange), S. 158; Cattelaens/Gottstein/Stegmüller/Zenthöfer (Zenthöfer), S. 137, Rn. 438; Felix, StbJb 1954/55, 286; Kläschen/Zenthöfer, § 8, Rn. 61; Frotscher/Maas (Frotscher), Anh v.GA zu § 8, Rn. 59.

schwerlich jeden Vorteil, den die Gesellschaft einem Außenstehenden gewährt, als verdeckte Gewinnausschüttung einordnen können, nur weil eine vertragliche Verbindung zu einem ihrer Gesellschafter besteht. Die Beziehung zwischen dem Gesellschafter und dem Dritten muß vielmehr den Schluß darauf zulassen, daß sie die Vorteilszuwendung der Kapitalgesellschaft an den Dritten beeinflußt habe[626]. Das Bestehen der Unterbeteiligung kann daher für die Leistung der Gesellschaft an den Unterbeteiligten überhaupt nur dann von Bedeutung sein, wenn das Unterbeteiligungsverhältnis gegenüber der Kapitalgesellschaft aufgedeckt worden ist.

Auch wenn der Gesellschaft die Unterbeteiligung offengelegt worden ist, erscheint es jedoch nicht unbedenklich, ohne weiteres eine Beeinflussung der Zuwendung durch den Unterbeteiligungsvertrag anzunehmen. Daß der Hauptbeteiligte verpflichtet ist, auch für Rechnung des Unterbeteiligten zu handeln, wird kaum Anlaß für die Kapitalgesellschaft sein, dem Gesellschaftsfremden entgegen ihren eigenen Interessen einen Vorteil zu verschaffen. Anders mag es sich im Einzelfall verhalten, wenn neben das Unterbeteiligungsverhältnis noch eine weitere Verbindung zwischen dem Gesellschafter und dem Dritten tritt oder wenn die Vorteilszuwendung an den Unterbeteiligten auf Weisung des Hauptbeteiligten erfolgt. Das bloße Vorliegen eines Unterbeteiligungsverhältnisses wird man demgegenüber nicht als ausreichend für eine gesellschaftsvertragliche Veranlassung der Zahlung betrachten können[627].

3. *Gewerbesteuer*

Da unter dem Gewerbeertrag als Grundlage für die Erhebung der Gewerbesteuer (§ 6 GewStG) gemäß § 7 GewStG der nach den Vorschriften des Einkommensteuergesetzes beziehungsweise des Körperschaftsteuergesetzes ermittelte Gewinn des Unternehmers zu verstehen ist, läßt sich bei der Untersuchung der gewerbesteuerlichen Behandlung von reiner Treuhand und Unterbeteiligung auf die bereits für die Einkommen- und Körperschaftsteuer vorgenommenen Einordnungen zurückgreifen.

---

626 BFH BStBl 1997 II, 301, 302; Dötsch/Eversberg/Jost/Witt (Achenbach), § 8, Rn. 173. Daß die Zuwendung an den Dritten auch für den mit diesem verbundenen Gesellschafter vorteilhaft sein muß, halten die neuere Rechtsprechung und Literatur nicht mehr für erforderlich: BFH BStBl 1997 II, 301, 302; Mahlow DB 1997, 1640; Lange, NWB F 4, 4170; Dötsch/Eversberg/Jost/Witt (Achenbach), § 8, Rn. 173. Vertreter der alten Ansicht sind z.B.: Kahlert, S. 14; Lange/Reiß (Lange), S. 157; Lange, S. 54.

627 Ähnlich Blaurock, S. 352.

a. Reine Treuhand und Unterbeteiligung an Personenhandelsgesellschaftsanteilen

aa. Reine Treuhand an Anteilen an einer Personenhandelsgesellschaft

Im Zusammenhang mit der reinen Treuhand an Personenhandelsgesellschaftsanteilen ergeben sich nur wenige gewerbesteuerrechtliche Probleme. Steuerschuldner wird oftmals nur die Personenhandelsgesellschaft sein, an welcher die mittelbare Beteiligung begründet worden ist, § 5 I 3 GewStG[628]. Für die Höhe ihres der Gewerbesteuer unterliegenden Gewinns ist es ohne Bedeutung, ob die Gewinnanteile wirtschaftlich ihren Gesellschaftern oder hinter diesen stehenden Personen zuzurechnen sind.

Allenfalls für die Frage, ob von der Gesellschaft gezahlte Tätigkeitsvergütungen, Zahlungen für die Hingabe von Darlehen oder für die Überlassung von Wirtschaftsgütern als Sondervergütungen im Sinne des § 15 I Nr.2 S.1, HS 2 EStG dem Gewinn der Gesellschaft hinzuzuzählen sind, können sich bei einer reinen Treuhand Besonderheiten ergeben.

Während im Falle einer offenen Treuhand Zahlungen an den Treugeber, gleichgültig, ob der Treugeber selbst oder der Treuhänder sie für diesen in Empfang nimmt, regelmäßig der Gewerbesteuer unterliegende Sondervergütungen darstellen[629], sind bei einer geheim gehaltenen Treuhand Leistungen der Gesellschaft an den Treugeber nicht über § 15 I Nr.2 S.1 HS 2 EStG Bestandteil ihres Gewinns. Sie sind vielmehr wie an beliebige Dritte gezahlte Vergütungen zu behandeln und lassen sich daher nicht ohne weiteres als Teil des Gewerbeertrags der Gesellschaft einordnen. Auch ohne Qualifizierung als Sondervergütungen im Sinne des § 15 I Nr.2 S.1 HS.2 EStG sind allerdings Vergütungen der Hauptgesellschaft an den Treugeber für von diesem gewährte Darlehen oder für die Vermietung und Verpachtung von Wirtschaftsgütern unter den Voraussetzungen der § 8 Nr.1 oder Nr.7 GewStG dem Gewerbeertrag zur Hälfte hinzuzurechnen[630].

Eine Gewerbesteuerpflicht des einzelnen Gesellschafters neben derjenigen der Gesellschaft kommt, da Steuerschuldner allein der Unternehmer ist (§ 5 I 1 GewStG), nur dann in Betracht, wenn der Gesellschafter neben seiner Beteiligung an der OHG oder KG selbst ein Gewerbe betreibt. In diesem Fall bildet, wenn der Gesellschaftsanteil zum Betriebsvermögen gehört, der aus dem Anteil fließende Gewinn einen Teil der gewerbesteuerpflichtigen betrieblichen Einkünfte des Gesellschafters. Gleiches gilt für den einem Treugeber zuzurechnen-

628 Blaurock, S. 355; Heidner, S. 152, Rn. 381.
629 Näher dazu oben C II 2 a aa (2).
630 Siehe dazu Blaurock, S. 358/359.

den Gewinn aus der Beteiligung an einer Personenhandelsgesellschaft, wenn der Treugeber daneben ein Gewerbe betreibt, welchem der Anteil zuzuordnen ist[631].

Unterläge der auf den Gesellschafter entfallenden Gewinn der Gesellschaft als Teil seines Gewerbeertrags ausnahmslos der Gewerbesteuer, bestünde allerdings die Gefahr einer doppelten Besteuerung dieses Betrages, da in der Regel bereits der sich aus den Gewinnanteilen der Gesellschafter zusammensetzende Gesamtgewinn der Gesellschaft der Gewerbesteuer unterliegt. Aus diesem Grund bestimmt § 9 Nr.2 GewStG, daß von dem Gewinn des Gesellschafters aus seinem Gewerbebetrieb der Gewinnanteil aus seiner Beteiligung an der Gesellschaft abgezogen werden muß, wenn dieser Gewinnanteil bereits bei der Ermittlung des Gewinns der Gesellschaft angesetzt worden ist[632].

Voraussetzung ist daneben, daß es sich bei dem Betroffenen um den Gesellschafter einer OHG, KG oder einer anderen Gesellschaft handelt, bei welcher er als Mitunternehmer des Gewerbebetriebs anzusehen ist. Die Formulierung des § 9 Nr.2 GewStG entspricht insoweit § 15 I Nr.2 EStG, so daß auch bei der Auslegung der Vorschrift auf die für § 15 I Nr.2 EStG gewonnenen Ergebnisse zurückgegriffen werden kann. Eine unmittelbare Beteiligung an der Gesellschaft ist daher auch im Rahmen des § 9 Nr.2 GewStG nicht erforderlich[633]. Auch der Treugeber kann aus diesem Grund als Gesellschafter und Mitunternehmer der OHG oder KG den von ihm zu versteuernden Gewerbeertrag um den auf ihn entfallenden Anteil am Gewinn der Personenhandelsgesellschaft kürzen, wenn dieser bereits bei der Gesellschaft als Teil ihres Gesamtgewinns der Gewerbesteuer unterliegt[634].

Muß ein Gesellschafter, welcher einen Gewerbebetrieb unterhält, zu dessen Betriebsvermögen auch der Anteil an einer Personenhandelsgesellschaft gehört, den auf diesen Anteil entfallenden Gewinn nicht als Teil seines Gewerbeertrag versteuern, dürfen sich auf der anderen Seite auch Verluste der Personenhandelsgesellschaft gewerbesteuerrechtlich nicht zu seinen Gunsten auswirken. In diesem Zusammenhang ist § 8 Nr. 8 GewStG von Bedeutung. Die Vorschrift korrespondiert mit § 9 Nr.2 GewStG[635]. Der Verlustanteil wird dem Gewinn aus Gewerbebetrieb in dem Umfang zugerechnet, der bei der Ermittlung des Gewinns tatsäch-

631 Eden, S. 143/144; Heidner, DStR 1989, 308.

632 Glanegger/Güroff (Güroff), § 9 Nr. 2, Rn. 1; Blümich/Gosch, § 9, Rn. 131; Lenski/Steinberg (Stäuber), § 9 Nr. 2, Rn. 7, 13.

633 Blümich/Gosch, § 9, Rn. 145.

634 Eden, S. 144; Heidner, S. 152, Rn. 382.

635 Glanegger/Güroff (Güroff), § 8 Nr. 8, Rn. 1; Petzold, S. 230/231; Blümich/Hofmeister, § 8, Rn. 190; Lenski/Steinberg (Stäuber), § 8 Nr. 8, Rn. 6.

lich abgesetzt worden ist[636]. Die Voraussetzungen der Vorschrift entsprechen im Kern denen des § 9 Nr.2 GewStG, so daß der Treugeber auch von dieser Vorschrift erfaßt wird.

bb. Unterbeteiligung an Anteilen an einer Personenhandelsgesellschaft

Rechnet man - wie hier geschehen - einem Unterbeteiligten, welcher wie ein Gesellschafter am Risiko des Unternehmens beteiligt ist, den Gewinnanteil nach § 39 II Nr.1 S.2 AO anteilig zu und behandelt man den Unterbeteiligten einkommensteuerrechtlich wie einen Gesellschafter, liegt nichts näher, als eine Unterbeteiligung dieser Ausgestaltung auch in ihren gewerbesteuerrechtlichen Auswirkungen der unmittelbaren Beteiligung an einer Personenhandelsgesellschaft gleichzustellen. Der dem Unterbeteiligten zuzurechnende Anteil am Gewinn der Gesellschaft mindert daher ebenso wenig wie derjenige eines zivilrechtlichen Gesellschafters den Gewerbeertrag der Gesellschaft[637]. Die Auswirkungen einer Unterbeteiligung mit faktischer Gesellschafter- und Mitunternehmerstellung des Unterbeteiligten in der Hauptgesellschaft auf die Gewerbesteuerpflicht der Hauptgesellschaft entsprechen mithin denjenigen einer reinen Treuhand.

Anders stellt sich die Situation dar, wenn dem Unterbeteiligten lediglich eine schwächere Position eingeräumt worden ist. In diesem Fall führt die Unterbeteiligung nicht zu einem Einkünftesplitting; der Anteil und die aus ihm fließenden Einkünfte sind vielmehr vollständig dem zivilrechtlichen Gesellschafter zuzurechnen. Den von ihm an den Unterbeteiligten abgeführten Gewinnanteil kann der Gesellschafter in der Regel als Sonderbetriebsausgaben von seinem einkommensteuerpflichtigen Gewinn abziehen[638].

Von Bedeutung ist mithin, wie sich Sonderbetriebsausgaben des Gesellschafters auf den Gewerbeertrag der Personenhandelsgesellschaft auswirken. Die Vertreter der mittlerweile aufgegebenen Bilanzbündeltheorie nahmen an, jeder Gesellschafter betreibe, indem er einen Anteil in der Gesellschaft halte, einen eigenen Gewerbebetrieb. Die gedanklich bestehenden Gewerbebetriebe der Mitunternehmer wurden zur Ermittlung des Gewinns der Personengesellschaft zusammengefaßt. Sonderbetriebsausgaben der einzelnen Gesellschafter verminderten daher auch den Gewerbeertrag der Gesellschaft. Heute geht man davon aus, daß

---

636 Glanegger/Güroff (Güroff), § 8 Nr. 8, Rn. 4; Meyer-Scharenberg/Popp/Woring (Meyer-Scharenberg), § 8 Nr. 8, Rn. 9

637 So für die atypische Unterbeteiligung Lenski/Steinberg (Stäuber), § 8 Nr. 3, Rn. 47; Glanegger/Güroff (Güroff), § 8 Nr. 3, Rn. 2; Grürmann, BB 1978, 1207; Paulick, ZGR 1974, 293.

638 Siehe dazu bereits oben C II 3 b aa.

umgekehrt zunächst der Gewinn der Gesellschaft zu ermitteln ist, welcher anschließend auf die Gesellschafter verteilt wird.

Einigkeit besteht darüber, daß erst auf der zweiten Gewinnermittlungsstufe Sondervergütungen, Sonderbetriebsvermögen, Sonderbetriebseinnahmen und -ausgaben der einzelnen Gesellschafter zu erfassen sind[639]. Allerdings soll nicht der auf erster Stufe festgestellte Gewinn der Gesellschaft Ausgangsgröße für die Ermittlung des der Gewerbesteuer unterliegenden Gewerbeertrags sein, sondern der Gesamtgewinn der Gesellschaft, welcher sich aus der Zusammenfassung des auf zweiter Stufe ermittelten Gewinns der Gesellschafter ergibt[640]. Trotz Aufgabe der Bilanzbündeltheorie sind mithin Sonderbetriebsausgaben und damit auch die an den Unterbeteiligten ausgezahlten Gewinne von dem auf erster Stufe ermittelten Gewinn der Gesellschaft abzuziehen.

Allerdings muß der Gewinnanteil des Unterbeteiligten dem Gesamtgewinn der Gesellschaft für die Gewerbesteuer unter den Voraussetzungen des § 8 GewStG wieder hinzugerechnet werden. In Betracht könnte eine Hinzurechnung auf der Grundlage des § 8 Nr.1 GewStG kommen. Voraussetzung hierfür ist, daß der an den Unterbeteiligten abgeführte Gewinnanteil ein Entgelt für Schulden darstellt, die wirtschaftlich mit der Gründung oder dem Erwerb eines (Teil-) Betriebs oder eines Anteils eines Betriebs oder mit der Erweiterung oder Verbesserung des Betriebes zusammenhängen oder der nicht nur vorübergehenden Stärkung des Betriebskapitals dienen. Ob es sich bei dem auf den Unterbeteiligten entfallenden Gewinnanteil um ein Entgelt im Sinne dieser Vorschrift handelt, also um eine Leistung, welche im weitesten Sinne Gegenleistung für das Zurverfügungstellen der den Schulden korrespondierenden Betriebsmitteln darstellt[641], erscheint jedoch mehr als zweifelhaft. Die Beziehungen der Gesellschafter einer Unterbeteiligungsgesellschaft untereinander sind nämlich weniger auf den Austausch von Leistungen als vielmehr auf das Erreichen eines gemeinsamen Zwecks gerichtet. Der Auszahlung eines Teils des auf den Anteil entfallenden Gewinns an den Unterbeteiligten fehlt daher der Charakter eines Entgelts; die Leistung bedeutet seine Teilhabe an dem durch das gemeinsame Streben erlangten Erfolg.

Aus diesem Grunde liegt es näher, § 8 Nr.3 GewStG, eine Spezialvorschrift zu § 8 Nr.1 GewStG[642], heranzuziehen. Nach dieser Norm werden Gewinnanteile des stillen Gesellschafters, wenn sie bei dem Empfänger nicht zur Steuer nach

---

639 Knobbe-Keuk, S. 366.

640 BFH BStBl 1975 II, 437; Tipke/Lang (Lang), § 9, Rn. 531; Crezelius, S. 68, § 6, Rn. 16.

641 Vgl. Glanegger/Güroff, § 8 Nr. 1, Rn. 33; Meyer-Scharenberg/Popp/Woring (Meyer-Scharenberg), § 8 Nr. 1, Rn. 57.

642 Glanegger/Güroff (Güroff), § 8 Nr. 3, Rn. 1; Blümich/Hofmeister, § 8, Rn. 129; Lenski/Steinberg (Stäuber), § 8 Nr. 3, Rn. 5.

dem Gewerbeertrag heranzuziehen sind, dem Gewinn aus dem Gewerbebetrieb hinzugerechnet. Von einem stillen Gesellschafter unterscheidet sich der Unterbeteiligte dadurch, daß er nicht an dem Gewerbebetrieb seines Partners beteiligt ist, sondern lediglich an dessen Gesellschaftsanteil. Es besteht jedoch Einigkeit darüber, daß die Beteiligung des Stillen nicht an dem gesamten Gewerbebetrieb bestehen muß, sondern es genügt, wenn sie an einem Teilbetrieb eingeräumt ist. Auch die Beteiligung an einem Mitunternehmeranteil soll zu einer Anwendbarkeit des § 8 Nr.3 GewStG führen[643]. Dem ist zuzustimmen, denn die Vorschrift soll gewährleisten, daß allein die Ertragskraft des Gewerbetriebs besteuert wird, unabhängig von der Art und Weise der Finanzierung des Betriebs[644].

Auch bei dem von dem Gesellschafter an den Unterbeteiligten gezahlten Teil des Gewinns der Hauptgesellschaft handelt es sich um einen Ertrag des gewerbesteuerpflichtigen Unternehmens[645]. Daß der Unterbeteiligte seinen Anteil am Gewinn nicht wie der stille Gesellschafter unmittelbar von dem gewerbesteuerpflichtigen Unternehmen, sondern von einem Gesellschafter erhält, steht einer Anwendbarkeit der Vorschrift mithin nicht entgegen. Der Zweck des § 8 Nr.3 GewStG verlangt eine Hinzurechnung der Zahlung zu dem Gesamtgewinn der Gesellschaft. Nimmt man den möglichen Wortsinn einer Norm als Grenze der Auslegung ernst, kommt allerdings nur eine analoge Anwendung der Vorschrift in Betracht. Der zunächst nach den Regeln des Einkommensteuerrechts abzuziehende Gewinnanteil des Unterbeteiligten ist daher entsprechend § 8 Nr.3 GewStG für die Gewerbesteuer wieder hinzuzurechnen, es sei denn, er unterliegt bei dem Unterbeteiligten selbst der Gewerbesteuer[646].

Grundsätzlich wirkt sich mithin weder bei der Unterbeteiligung mit faktischer Gesellschafterstellung des Unterbeteiligten in der Hauptgesellschaft noch bei einer Unterbeteiligung, welche eine schwächere Position des Unterbeteiligten begründet, der Gewinnanteil des Unterbeteiligten als Abzugsposten bei der Ermittlung des Gewerbeertrags aus.

---

643 Glanegger/Güroff (Güroff), § 8 Nr. 3, Rn. 4; Meyer-Scharenberg/Popp/Woring (Meyer-Scharenberg), § 8 Nr. 3, Rn. 3; Petzold, S. 180; Spangemacher, S. 306; Blümich/Hofmeister, § 8, Rn. 122.

644 Meyer-Scharenberg/Popp/Woring (Meyer-Scharenberg), § 8 Nr. 1, Rn. 2; Glanegger/Güroff (Güroff), § 8, Rn. 1; Petzold, S. 167/168; Blümich/Hofmeister, § 8, Rn. 11.

645 BFH BStBl 1971 II, 59, 60; Lenski/Steinberg (Stäuber), § 8 Nr. 3, Rn. 46; Spangemacher, S. 306; Stache, RWP EStG-Lfg.1114, SG 5.2, S. 503.

646 Roemer, INF 1993, 256; Felix, KÖSDI 1985, 5799; Märkle, DStZ 1985, 511; Grürmann, BB 1978, 1207; Böttcher/Zartmann/Faut, S. 238/239; Bopp/Weigell, Steuerliches Vertrags- und Formularbuch, A.13.00, Rn. 25; Kletschka, S. 139 f.; gegen eine Hinzurechnung noch BFH BStBl 1962 III, 337, 338.

Möglicherweise haben jedoch von der Hauptgesellschaft an den Unterbeteiligten gezahlte Vergütungen Auswirkungen auf den Gewerbeertrag der Hauptgesellschaft. Man wird hier zwischen Unterbeteiligungen, welche dem Unterbeteiligten die Stellung eines faktischen Gesellschafters und Mitunternehmers in der Hauptgesellschaft vermitteln, und solchen, die zu einer schwächeren Position des Unterbeteiligten führen, unterscheiden müssen.

Ist der Unterbeteiligte Mitunternehmer in der Hauptgesellschaft, sind Vergütungen, welche der Unterbeteiligte aufgrund von schuldrechtlichen Verträgen von der Hauptgesellschaft erhält, als Einkünfte aus Gewerbebetrieb im Sinne des § 15 I Nr. 2, S.1 HS.2 EStG mit in den der Gewerbesteuer unterliegenden Gewerbeertrag einzubeziehen, wenn es sich um eine offene Unterbeteiligung handelt. Halten die an dem Unterbeteiligungsverhältnis Beteiligten die Unterbeteiligung demgegenüber geheim, tritt der Unterbeteiligte der Hauptgesellschaft wie ein Außenstehender gegenüber. Vergütungen, welche an ihn geleistet werden, zählen daher nicht zu dem der Gewerbesteuer unterliegenden Gewinn der Hauptgesellschaft[647]. Allenfalls Entgelte für die miet- oder pachtweise Überlassung von Wirtschaftsgütern oder Zinsen für langfristige Kredite sind in diesem Fall unter den Voraussetzungen des § 8 Nr.7 GewStG beziehungsweise des § 8 Nr.1 GewStG dem Gewerbeertrag zur Hälfte hinzuzurechnen[648].

Ist dem Unterbeteiligten eine weniger starke Stellung eingeräumt, lassen sich Zahlungen, welche die Gesellschaft an ihn leistet, von vornherein nicht unter § 15 I Nr.2, S.1 HS 2 EStG fassen[649]. Unter den Voraussetzungen der § 8 Nr.1 oder Nr.7 GewStG sind sie jedoch zur Hälfte in den zu versteuernden Gewerbeertrag der Hauptgesellschaft einzubeziehen. Eine vollständige Hinzurechnung derartiger Zahlungen über § 8 Nr.3 GewStG muß demgegenüber ausscheiden, denn diese Vorschrift erfaßt nach einhelliger Ansicht nur Gewinnanteile, nicht aber sonstige Vergütungen[650].

Bei dem Haupt- und dem Unterbeteiligten unterliegen die ihnen zuzurechnenden Anteile am Gewinn der Hauptgesellschaft dann der Gewerbesteuer, wenn ein Gewerbebetrieb unterhalten und die Beteiligung im Betriebsvermögen gehalten

---

647 Näher dazu oben Seite 193 ff. Siehe auch Grürmann, BB 1978, 1207; Blaurock, S. 359.

648 Siehe dazu Blaurock, S. 358/359.

649 Blaurock, S. 359; Felix, KÖSDI 1985, 5799; Grürmann, BB 1978, 1207; a.A. Märkle, DStZ 1985, 511, der ohne Begründung für eine Hinzurechnung sonstiger Vergütungen der Hauptgesellschaft an den Unterbeteiligten eintritt.

650 So auch Lenski/Steinberg (Stäuber), § 8 Nr. 3, Rn. 77; Glanegger/Güroff (Güroff), § 8 Nr. 3, Rn. 12; Meyer-Scharenberg/Popp/Woring (Meyer-Scharenberg), § 8 Nr. 3, Rn. 15.

wird[651]. Daß die Gewinnanteile zweimal versteuert werden, nämlich zum einen bei der Personenhandelsgesellschaft und zum anderen bei dem Hauptbeteiligten beziehungsweise bei dem Unterbeteiligten, verhindert die Vorschrift des § 9 Nr.2 GewStG: Nimmt der Hauptbeteiligte die Stellung eines Mitunternehmers in der Hauptgesellschaft ein - wie es regelmäßig bei dem Gesellschafter einer OHG oder KG der Fall ist -, unterliegt sein Gewinn gemäß § 9 Nr.2 GewStG nicht der Gewerbesteuer, da die Gewerbesteuer bereits von der Hauptgesellschaft entrichtet wird. Dasselbe trifft für den Unterbeteiligten mit faktischer Gesellschafterstellung in der Hauptgesellschaft zu, wenn für den auf ihn entfallenden Anteil am Gewinn der Hauptgesellschaft bereits von dieser Gewerbesteuer zu zahlen ist. Der Unterbeteiligte ist mithin wie der Treugeber bei einem reinen Treuhandverhältnis zu behandeln. Ein anderes Ergebnis läßt sich auch nicht rechtfertigen, wenn man bedenkt, daß sich die starke Unterbeteiligung von einem reinen Treuhandverhältnis nur dadurch unterscheidet, daß nicht der gesamte Anteil, sondern nur ein Teilanteil von dem zivilrechtlichen Gesellschafter für Rechnung des mittelbar an der Gesellschaft Beteiligten gehalten wird.

Hält der Unterbeteiligte ohne faktische Gesellschafterstellung in der Hauptgesellschaft seine Beteiligung im Betriebsvermögen, kann er den von ihm erzielten Gewerbeertrag zwar nicht gemäß § 9 Nr.2 GewStG um den an ihn weitergeleiteten Gewinn kürzen, da er nicht die Position eines Mitunternehmers innehat. Eine Doppelbesteuerung des auf ihn entfallenden Gewinnanteils wird allerdings in der Regel über § 8 Nr.3 GewStG verhindert. Die Hinzurechnung des an ihn weitergeleiteten Gewinns zum Gewerbeertrag der Hauptgesellschaft erfolgt nämlich nur dann, wenn der jeweilige Betrag nicht bereits bei dem Unterbeteiligten selbst der Gewerbesteuer unterliegt.

Probleme bereitet jedoch der Fall einer gegenüber der Hauptgesellschaft geheim gehaltenen Unterbeteiligung. Wird die Unterbeteiligung im Gewinnfeststellungsverfahren der Hauptgesellschaft nicht offengelegt, kann sie von dem Gewerbeertrag der Hauptgesellschaft nicht abgezogen werden, so daß sich die Frage einer Hinzurechnung über § 8 Nr.3 GewStG gar nicht erst stellt. Dem Unterbeteiligten die Möglichkeit zuzubilligen, seinen Gewerbeertrag um den Gewinnanteil zu kürzen, widerspräche dem Sinn des Gesetzes, derjenigen Gemein-

---

651 Paulick, ZGR 1974, 292; Krüger, S. 262; Märkle DStZ 1985, 511. Eine Gewerbesteuerpflicht der Unterbeteiligungsgesellschaft selbst scheidet nach allgemeiner Ansicht (vgl. nur Blaurock, S. 354; Paulick, ZGR 1974, 292/293; Felix, KÖSDI 1985, 5799; Krüger, S. 260; Grürmann, BB 1978, 1207; Glanegger/Güroff (Glanegger), § 5, Rn. 7; Meyer-Scharenberg/Popp/Woring (Woring), § 5, Rn. 3; Lenski/Steinberg (Sarrazin), § 5, Rn. 4) von vornherein aus, da es mangels einer Teilnahme der Innengesellschaft am allgemeinen wirtschaftlichen Verkehr an einem von der Gesellschaft geführten Gewerbebetrieb fehlt.

de, in welcher der Unterbeteiligte seinen Betrieb unterhält, die Gewerbesteuer für den aus diesem Betrieb fließenden Ertrag zukommen zu lassen. Entgegen der Ansicht Hofmeisters[652] kann eine Kürzung auch dann nicht vorgenommen werden, wenn das Unternehmen der Hauptgesellschaft und dasjenige des Unterbeteiligten derselben Gemeinde angehören. Denn es fehlt an einer gesetzlichen Regelung, aus der sich eine Abzugsfähigkeit des Gewinnanteils ableiten ließe[653]. In den Fällen einer geheim gehaltenen schwachen Unterbeteiligung läßt sich daher eine doppelte Erfassung des Gewinns des Unterbeteiligten von der Gewerbesteuer nicht vermeiden.

b. Reine Treuhand und Unterbeteiligung an Kapitalgesellschaftsanteilen

Hält ein Gesellschafter einer Kapitalgesellschaft den Anteil lediglich treuhänderisch für einen Dritten, ergeben sich für die Kapitalgesellschaft gewerbesteuerrechtlich keine Besonderheiten. Für sie als gewerbesteuerpflichtiges Unternehmen spielt es keine Rolle, ob ihre Gesellschafter auch wirtschaftlich hinter dem Anteil stehen. Die Gewerbesteuerpflicht erstreckt sich in jedem Fall auf den gesamten nach den Vorschriften des Körperschaftsteuergesetzes zu ermittelnden Gewinn der Gesellschaft[654]. Weder offene noch verdeckte Gewinnausschüttungen mindern mithin den Gewerbeertrag der Kapitalgesellschaft. Sonstige Vergütungen, welche die Gesellschaft an den Treugeber aufgrund von Miet-, Pacht-, Darlehens- oder Dienstverträgen an den Treugeber zahlt, verringern zwar als Betriebsausgaben den sich aus dem Körperschaftsteuergesetz ergebenden Gewinn aus Gewerbebetrieb. Sie sind ihm jedoch unter den Voraussetzungen des § 8 Nr.1 und Nr.7 GewStG zur Hälfte wieder hinzuzurechnen.

Für den Treugeber selbst kommt eine eigene Gewerbesteuerpflicht - wie bei der reinen Treuhand an Personenhandelsgesellschaftsanteilen - nur in Betracht, wenn er selbst ein Unternehmen betreibt und seine Beteiligung zum Betriebsvermögen gehört[655]. Zur Vermeidung einer doppelten Besteuerung des Gewinns besteht in diesem Fall entsprechend der Lage bei der Treuhand an Personengesellschaftsanteilen die Möglichkeit der Kürzung gemäß § 9 Nr.2a GewStG, wenn dessen Voraussetzungen im Einzelfall erfüllt, insbesondere die Gewinnanteile bei der Ermittlung des Gewinns der Kapitalgesellschaft angesetzt worden sind. Die Vorschrift verlangt ebenso wie § 9 Nr.2 GewStG keine unmittelbare zivilrechtli-

652 Blümich/Hofmeister, § 8, Rn. 127.
653 So auch die h.M.: Lenski/Steinberg (Stäuber), § 8 Nr. 3, Rn. 89; Glanegger/Güroff (Güroff), § 8 Nr. 3, Rn. 15; Meyer-Scharenberg/Popp/Woring (Meyer-Scharenberg), § 8 Nr. 3, Rn. 12.
654 Blaurock, S. 355.
655 Eden S. 143/144.

che Beteiligung an der Gesellschaft, so daß der Treugeber, welchem der Anteil wirtschaftlich zuzurechnen ist, als faktischer Gesellschafter ohne weiteres von der Norm erfaßt wird[656].

Ist anstelle eines reinen Treuhandverhältnisses eine Unterbeteiligung an einem Kapitalgesellschaftsanteil vereinbart worden, ergeben sich für die Gewerbesteuerpflicht der Hauptgesellschaft ebenfalls keine Probleme: Gleichgültig, ob es sich um eine Unterbeteiligung mit oder ohne faktische Gesellschafterstellung des Unterbeteiligten in der Hauptgesellschaft handelt, ist die mittelbare Beteiligung für die Gewerbesteuerpflicht der Hauptgesellschaft ohne Auswirkungen. Offene und verdeckte Gewinnausschüttungen gegenüber dem Unterbeteiligten mindern den zu versteuernden Gewerbeertrag nicht[657]. Sonstige Vergütungen, welche dem Unterbeteiligten auf der Grundlage von Miet-, Pacht-, Darlehens- oder Dienstverträgen zufließen, verringern zwar den sich nach den Vorschriften des Körperschaftsteuergesetzes ergebenden Gewinn[658], sind aber unter den Voraussetzungen des § 8 Nr.1 oder Nr.7 GewStG dem Gewerbeertrag zur Hälfte hinzuzurechnen.

Eine Gewerbesteuerpflicht von Haupt- und Unterbeteiligtem kommt nur in Betracht, wenn diese selbst einen Gewerbebetrieb unterhalten und die Anteile zum Betriebsvermögen gehören[659].

Hat der Hauptbeteiligte einem Dritten an seinem Anteil eine Unterbeteiligung eingeräumt, welche zu einer wirtschaftlichen Gesellschafterstellung des Unterbeteiligten in der Hauptgesellschaft führt, kommt es einkommensteuerrechtlich zu einem Einkünftesplitting, so daß dem Hauptbeteiligten und dem Unterbeteiligten der auf den Anteil entfallende Gewinn anteilig als zu versteuernder Gewerbeertrag zuzurechnen ist[660]. Sowohl der Haupt- als auch der Unterbeteiligte können den von ihnen zu versteuernden Gewerbeertrag unter den Voraussetzungen

---

656 Vgl. Lenski/Steinberg (Stäuber), § 9 Nr. 2a, Rn. 27; Glanegger/Güroff (Güroff), § 9 Nr. 2a, Rn. 3.

657 Blaurock, S. 355.

658 Siehe oben C III 2 b.

659 Für den Unterbeteiligten: Streck/Schwedhelm, Steuerliches Vertrags- und Formularbuch, A 4.48, Rn. 17; Blaurock/Berninger, GmbHR 1990, 96; Paulick, ZGR 1974, 292; Märkle, DStZ 1985, 511; Tillmann, GmbH-Hb III Rn. 973; Böttcher/Zartmann/Faut, S. 253; Krüger, S. 262; für den Hauptbeteiligten: Blaurock/Berninger, GmbHR 1990, 96; Tillmann, GmbH-Hb III Rn. 973; Paulick, ZGR 1974, 292; Streck/Schwedhelm, Steuerliches Vertrags- und Formularbuch, A 4.48, Rn. 17.

660 Tillmann, GmbH-Hb III Rn. 973; wenig nachvollziehbar Streck/Schwedhelm, Steuerliches Vertrags- und Formularbuch A 4.48, Rn. 17 und Blaurock/Berninger, GmbHR 1990, 96, die undifferenziert und im Widerspruch zu den für das Einkommensteuerrecht gewonnenen Ergebnissen in jedem Fall der Unterbeteiligung den auf den Unterbeteiligten entfallenden Gewinnanteil als Betriebsausgabe des Hauptbeteiligten einordnen und darauf § 8 Nr. 3 GewStG anwenden wollen.

des § 9 Nr. 2a GewStG um den auf ihren Gesellschaftsanteil entfallenden und ihnen zuzurechnenden Gewinn kürzen.

Anders verhält es sich, wenn der Unterbeteiligte eine schwächere Stellung innehat. Dem Hauptbeteiligten ist hier der volle Gewinn als Gewerbeertrag zuzurechnen. Er kann allerdings den an den Unterbeteiligten abzuführenden Gewinnanteil als Betriebsausgaben absetzen. Daß insoweit die Vorschrift des § 8 Nr.3 GewStG greift, wenn der Unterbeteiligte nicht selbst gewerbesteuerpflichtig ist[661], wird regelmäßig ohne Auswirkungen auf die Höhe der von dem Hauptbeteiligten zu zahlenden Gewerbesteuer sein, da der Gewerbeertrag des Hauptbeteiligten in der Regel ohnehin nach § 9 Nr.2a GewStG um den auf seinen Anteil entfallenden Gewinn zu kürzen ist.

Demgegenüber ist auf der Ebene des Unterbeteiligten eine doppelte Besteuerung des auf diesen entfallenden Anteils am Gewinn unvermeidbar, und zwar unabhängig davon, ob die Unterbeteiligung offengelegt worden ist oder geheimgehalten wird. Denn der Gewinnanteil unterliegt bei der Hauptgesellschaft in vollem Umfang der Gewerbesteuer, ohne daß es wie im Falle der Unterbeteiligung an einer Personenhandelsgesellschaft einer Hinzurechnung gemäß § 8 Nr.3 GewStG bedürfte. Der Unterbeteiligte selbst kann seinen Gewinn aus Gewerbebetrieb nicht um den jeweiligen Gewinnanteil kürzen, denn einer Anwendung der Vorschrift des § 9 Nr.2a GewStG steht das Fehlen einer faktischen (Teil-) Gesellschafterstellung des Unterbeteiligten in der Hauptgesellschaft entgegen. Mangels einer entsprechenden gesetzlichen Regelung muß daher im Falle einer schwachen Unterbeteiligung eine doppelte Besteuerung des an den Unterbeteiligten weitergeleiteten Gewinns der Hauptgesellschaft in Kauf genommen werden.

4. Ergebnis

Das der Körperschaftsteuer unterliegende Einkommen der GmbH oder der AG wird durch offene Gewinnausschüttungen nicht verringert, gleichgültig, ob an dem Anteil, auf welchen der Gewinn ausgezahlt wird, eine reine Treuhand oder ein Unterbeteiligungsverhältnis besteht. Vergütungen, welche die Gesellschaft aufgrund von besonderen schuldrechtlichen Vereinbarungen an ihre Gesellschafter oder an Dritte zahlt, sind nur dann ohne Auswirkungen auf die der Körperschaftsteuer unterliegenden Einkünfte der Gesellschaft, wenn es sich um verdeckte Gewinnausschüttungen handelt. Solche liegen im Falle einer reinen Treuhand vor, wenn durch die Vereinbarung einseitig die Interessen des Treugebers

661 Tillmann, GmbH-Hb III, Rn. 973; Blaurock/Berninger, GmbHR 1990, 96.

bevorzugt werden. Gleiches gilt für an den Unterbeteiligten gezahlte Vergütungen im Falle der starken Unterbeteiligung. Ist die Position des Unterbeteiligten schwach ausgestaltet, kommt eine gesellschaftsvertragliche Veranlassung der Zahlung und damit eine verdeckte Gewinnausschüttungen nur in Betracht, wenn neben die rechtsgeschäftliche Verbindung zwischen Haupt- und Unterbeteiligtem weitere Umstände treten, welche ein Näheverhältnis begründen.

Auch im Bereich der Körperschaftsteuer sind mithin die Fälle der reinen Treuhand und der starken Unterbeteiligung gleich zu behandeln. Zahlungen an den mittelbar Beteiligten wirken sich bei mittelbaren Beteiligungsverhältnissen dieser Ausgestaltung wie solche an den zivilrechtlichen Gesellschafter aus.

Wie bei der Körperschaftsteuer zeigen sich auch im Bereich der Gewerbesteuer Parallelen zwischen der Stellung des zivilrechtlichen Gesellschafters, des reinen Treugebers und des Unterbeteiligten mit faktischer Gesellschafterstellung in der Hauptgesellschaft. Gewinnausschüttungen an diese Beteiligten sind ohne Auswirkungen auf den Umfang des der Gewerbesteuer unterliegenden Gewinns. Sonstige von der Hauptgesellschaft gezahlte Vergütungen mindern, wenn es sich bei der Hauptgesellschaft um eine Personenhandelsgesellschaft handelt, den Gewerbeertrag nicht oder sind ihm - wenn die Hauptgesellschaft eine Kapitalgesellschaft ist - unter den Voraussetzungen des § 8 Nr.1 oder 7 GewStG zur Hälfte wieder hinzuzurechnen. Zivilrechtlicher Gesellschafter, reiner Treugeber oder starker Unterbeteiligter unterliegen mit dem auf sie entfallenden Gewinnanteil der Gewerbesteuer, wenn sie den Anteil beziehungsweise die Unterbeteiligung in ihrem Betriebsvermögen halten; allerdings greift regelmäßig die Kürzungsvorschrift des § 9 Nr.2 GewStG oder des § 9 Nr.2a GewStG ein.

Eine Sonderbehandlung erfordert demgegenüber die schwache Unterbeteiligung. Auch hier unterliegt der Unterbeteiligte, wenn er seine Beteiligung im Betriebsvermögen hält, mit dem auf die Unterbeteiligung entfallenden Betrag der Gewerbesteuer. Eine Kürzungsmöglichkeit nach § 9 Nr.2, Nr.2a GewStG besteht jedoch nicht. Ist die Unterbeteiligung der Hauptgesellschaft offengelegt, verhindert § 8 Nr.3 GewStG eine Doppelbesteuerung, wenn die Hauptgesellschaft als Personenhandelsgesellschaft organisiert ist. Anderenfalls muß eine zweifache gewerbesteuerliche Erfassung des auf den Unterbeteiligten entfallenden Ertrags in Kauf genommen werden.

Teil D: Schlußbemerkung

Ob eine Person als Gesellschafter in unmittelbare Rechtsbeziehungen zu einer Gesellschaft tritt oder ob sie sich mit Hilfe des Instituts der reinen Treuhand lediglich mittelbar an der Gesellschaft beteiligt, ist für den Umfang ihrer Einkommensteuerpflicht ohne Auswirkungen: Besteht das Treuhandverhältnis an einem Personenhandelsgesellschaftsanteil, sind dem Treugeber als Gesellschafter und Mitunternehmer im Sinne des § 15 I Nr.2 EStG die auf den Anteil entfallenden Gewinne als Einkünfte aus Gewerbebetrieb zuzurechnen. Handelt es sich um die Beteiligung an einem Kapitalgesellschaftsanteil, gilt Entsprechendes: Als Anteilsinhaber im Sinne des § 20 II a EStG erzielt der Treugeber wie ein zivilrechtlicher Gesellschafter Einkünfte aus Kapitalvermögen.

Die Gleichbehandlung von Treugeber und Gesellschafter auf dem Gebiet des Einkommensteuerrechts erschöpft sich jedoch nicht nur in der Zurechnung der laufenden Gewinne aus dem Anteil. Auch ein Mehrerlös, der im Zusammenhang mit der Übertragung der Treugeberstellung anfällt, ist wie der Ertrag aus der Abtretung des Anteils selbst als Veräußerungsgewinn im Sinne der §§ 16, 17 oder 22, 23 EStG oder des § 21 UmwStG zu versteuern. Nicht anders verhält es sich im Hinblick auf die Beteiligung am Verlust der Gesellschaft (§ 15 a EStG) und die haftungsmäßige Inanspruchnahme des Treugebers. Sie wirken sich nicht anders aus als bei einem unmittelbaren Gesellschafter.

Der Unterbeteiligte ist zwar anders als der Treugeber im Falle eines reinen Treuhandverhältnisses im Innenverhältnis zu „seinem" Gesellschafter nur anteilig an dem Gesellschaftsanteil beteiligt. Je nach Ausgestaltung des Unterbeteiligungsverhältnisses kann sich seine Stellung aber derjenigen eines reinen Treugebers annähern. Das dem Steuerrecht zugrunde liegende Prinzip der Steuergerechtigkeit verlangt daher eine Gleichbehandlung von Treugeber und Unterbeteiligtem, wenn seine Stellung durch seine Teilhabe am Unternehmensrisiko derjenigen des Hauptgesellschafters faktisch entspricht, und damit eine Einbeziehung des Unterbeteiligten in die Normen des Steuerrechts, welche die Steuerpflicht des Gesellschafters regeln.

Ist die Position des Unterbeteiligten demgegenüber schwächer ausgestaltet, liefe es der Steuergerechtigkeit zuwider, ihn mit einem Gesellschafter und einem reinen Treugeber auf eine Stufe zu stellen. Anhaltspunkte für die steuerrechtliche Behandlung des Unterbeteiligten finden sich in diesem Fall wegen der insoweit bestehenden Parallelen zwischen Unterbeteiligung und stiller Gesellschaft in den Vorschriften über die Steuerpflicht des stille Gesellschafters.

Aber nicht nur im Steuerrecht, sondern auch außerhalb des Geltungsbereichs der „wirtschaftlichen Betrachtungsweise“ ist von erheblicher Bedeutung, ob die Stellung des mittelbar Beteiligten derjenigen eines Gesellschafters faktisch gleichkommt. So ist auch für die Frage, wann einem Treugeber oder einem Unterbeteiligtem Einfluß auf die Abstimmungen in der Gesellschafterversammlung eingeräumt werden kann, die tatsächliche Vergleichbarkeit der Position des mittelbar Beteiligten mit der Stellung eines Gesellschafters entscheidend. Im Falle der reinen Treuhand und bei Unterbeteiligungen, die zu einer Beteiligung des Unterbeteiligten von mindestens 50 % an dem auf den Anteil entfallenden Gewinn und an der Substanz des Anteils führen, wird - da der mittelbar Beteiligte wie ein Gesellschafter die Folgen der in der Gesellschaft getroffenen Entscheidungen zu tragen hat - sein Abstimmungsverhaltens den Gesamtinteressen der Gesellschaft nicht zuwiderlaufen. Dagegen kann, wenn der mittelbar Beteiligte faktisch nicht die Position eines Gesellschafters einnimmt, dem Schutzbedürfnis der Gesellschaft und ihrer Gläubiger vor einer dem Wohle der Gesellschaft zuwiderlaufenden Stimmrechtsausübung nur ausreichend Rechnung getragen werden, wenn ihm nur in den auch für beliebige andere Nichtgesellschafter geltenden Grenzen Einfluß auf die in der Gesellschaft zu treffenden Entscheidungen eingeräumt wird.

Auch die Haftung trifft nicht nur den rechtlichen Gesellschafter. Der Schutz vor einer Umgehung der Haftungsvorschriften verlangt vielmehr, daß auch der reine Treugeber und - in Ausnahmefällen - der Unterbeteiligte, der gegen den Willen „seines“ Gesellschafters die mit dem Anteil verbundenen Einflußmöglichkeiten auf Vorgänge in der Gesellschaft wahrnehmen kann, gleich einem Gesellschafter der Haftung für die Kapitalaufbringung und -erhaltung, der Durchgriffs- und der Konzernhaftung unterliegen.

Die für die Behandlung von Treugeber und Unterbeteiligtem gewonnenen Ergebnisse bestätigen die im Rahmen der Gegenüberstellung von Treuhand und Unterbeteiligung vorgenommene Einordnung der Unterbeteiligung als Fall der Treuhand: Eine strikte Trennung von Treuhand und Unterbeteiligung als einander ausschließender Institute könnte dazu führen, daß die in Fällen der Treuhand und der Unterbeteiligung bestimmter Ausgestaltung bestehende vergleichbare Interessenlage, welche eine rechtliche Gleichbehandlung der beiden Rechtsinstitute erfordert, keine ausreichende Beachtung findet.

Betrachtet man die Unterbeteiligung demgegenüber als Unterfall des Treuhandverhältnisses, eröffnet sich der Zugang zu einer angemessenen rechtlichen Behandlung von Treuhand und Unterbeteiligung sowohl im Steuerrecht als auch im Gesellschaftsrecht. Denn nicht die Einordnung als Treuhand oder Unterbeteiligung ist entscheidend für die Anwendbarkeit von Normen, welche sich an den Gesellschafter als Adressaten richten, sondern die faktische Anteilsinhaberschaft, die sowohl einem Treugeber als auch einem Unterbeteiligten zukommen kann. Wer - als Treugeber oder Unterbeteiligter - tatsächlich eine dem Gesellschafter vergleichbare Stellung einnimmt, ist rechtlich gleich dem Anteilsinhaber zu behandeln. Auf ihn finden Vorschriften für Gesellschafter Anwendung, und zwar nicht nur im Bereich des Steuerrechts, wo die „wirtschaftliche Betrachtungsweise“ als Form der Auslegung vorherrscht, sondern auch im Zivilrecht.

Sicherlich kann der faktische Gesellschafter nicht pauschal in allen Rechtsgebieten und für jede Einzelfrage einem Gesellschafter gleichgestellt werden. Immer muß unter Beachtung des Schutzzwecks der jeweiligen Norm untersucht werden, ob ihre Anwendung im Einzelfall geboten ist. Gerade wenn hinter einer Norm der Schutz der Gesellschafter und ihrer Gläubiger - so bei der Haftung - steht, liegt es nahe, einer Umgehung der Vorschriften entgegenzuwirken, indem man sie auf Fälle der Treuhand und der starken Unterbeteiligung erstreckt. Im Steuerrecht gilt Entsprechendes unter dem Gesichtspunkt der Gleichbehandlung wirtschaftlich vergleichbarer Sachverhalte. Ist die Stellung des mittelbar Beteiligten mit derjenigen eines Gesellschafters faktisch vergleichbar, verlangt der Grundsatz der Gleichbehandlung eine Anwendung der den Gesellschafter betreffenden Norm auf den mittelbar Beteiligten.

Auch wenn im Rahmen dieser Arbeit nicht auf alle Einzelfragen eingegangen wird, können die hier gewonnenen Ergebnisse mithin hilfreich für die Lösung anderer Problemfälle im Zusammenhang mit Treuhand und Unterbeteiligung an Gesellschaftsanteilen sein.

Literaturverzeichnis

Altmeppen, Holger: Kapitalerhaltungs- und Kapitalersatzregeln in der GmbH, in: Festschrift für Bruno Kropff, S. 643 - 667, Düsseldorf, 1997

App, Michael: Unternehmerische Kapitalanlage durch Unterbeteiligung, DStR 1994, S. 291 - 293

App, Michael: Unterbeteiligung als Instrument eines Gesellschafters zur Beteiligung seiner Angehörigen an seinem Gesellschaftsanteil, FRP 1996, S. 123 - 126

Armbrüster, Christian: Zur Beurkundungsbedürftigkeit von Treuhandabreden über GmbH-Anteile, DNoztZ 1997, S. 762 - 786

Armbrüster, Christian: Die treuhänderische Beteiligung an Gesellschaften, Köln, Berlin, Bonn, München 2001

Ax, Rolf/Grosse, Thomas/Melchior, Jürgen: Abgabenordnung und Finanzgerichtsordnung, 16. Auflage, Stuttgart 1999

Bälz, Ulrich: Treuhandkommanditist, Treuhänder der Kommanditisten und Anlegerschutz, ZGR 1980, S. 1 - 100

Ballerstedt, Kurt: Zur Rechtsstellung des Auftraggebers eines Strohmanns nach GmbH-Recht, JZ 1960, S. 513 - 518

Ballerstedt, Kurt: 75 Jahre GmbH-Gesetz, GmbHR 1967, S. 66 - 71

Baumbach, Adolf/Hopt,Klaus J.: Handelsgesetzbuch, 30. Auflage, München 2000

Baumbach, Adolf/Hueck, Alfred: GmbH-Gesetz, 17. Auflage, München 2000

Baumbach, Adolf/Lauterbach, Wolfgang/Albers, Jan/Hartmann, Peter: Zivilprozeßordnung, 59. Auflage, München 2001

Becker, Enno: Die Selbständigkeit der Begriffsbildung im Steuerrecht und ihr Einfluß auf die Auslegung der internationalen Doppelbesteuerungsverträge vom Standpunkt der deutschen Entwicklung aus betrachtet, StuW 1939, S. 745 - 770

Beermann, Albert (Hrsg.): Steuerliches Verfahrensrecht, AO, FGO, Nebengesetze, Kommentar, Band 2, §§ 101-207 AO, Bonn/Berlin, Stand: Januar 2000

Behrens, Peter: Stimmrecht und Stimmrechtsbindung, in: Festschrift 100 Jahre GmbH-Gesetz, Köln 1992, S. 539 - 558

Beuthien, Volker: Treuhand an Gesellschaftsanteilen, ZGR 1974, S. 26 - 85

Biergans, Enno: Einkommensteuer, 6. Auflage, München/Wien 1992

Biergans, Enno: Sondervergütungen nach § 15 I Nr.2 EStG bei mittelbaren Leistungsbeziehungen oder mittelbaren Beteiligungen, DStR 1988, S. 655 - 663

Biergans, Enno: Verluste bei beschränkter Haftung, DStR 1981, S. 3-18

Biergans, Enno/Stockinger, Roland: Zum Einkommensbegriff und zur persönlichen Zurechnung von Einkünften im Einkommensteuerrecht (II), FR 1982, S. 25 - 33

Bilsdorfer, Peter: Gesellschafts- und steuerrechtliche Probleme bei Unterbeteiligung von Familienangehörigen, NJW 1980, S. 2785 - 2789

Blaurock, Uwe: Unterbeteiligung und Treuhand an Gesellschaftsanteilen, Baden-Baden 1981

Blaurock, Uwe: Handbuch der stillen Gesellschaft: Gesellschaftsrecht, Steuerrecht, 5. Auflage, Köln 1998

Blaurock, Uwe/Berninger, Axel: Unterbeteiligung an einem GmbH-Anteil in zivilrechtlicher und steuerrechtlicher Sicht, GmbHR 1990, S. 11 - 16 und 87 - 98

Blümich: Einkommensteuer, Körperschaftsteuer, Gewerbesteuer, Kommentar, Hrsg. Klaus Ebling, München
Band I, §§ 1-8 EStG, Stand: Februar 2001,
Band II, §§ 9-21a EStG, Stand: Februar 2001,
Band IV §§ 1-55 KStG, §§ 1-37 GewStG, Stand: Februar 2001

Boehmer, Henning von: Die uneinheitliche Stimmrechtsausübung bei Handelsgesellschaften, NJW 1949, S. 564 - 566

Bölsenkötter, Heinz: Zum aktienrechtlichen Begriff des Unternehmens, DB 1967, S. 1098 - 1101

Böttcher, Conrad/Zartmann, Hugo/Faut, Eberhard: Stille Gesellschaft und Unterbeteiligung, 3. Auflage, Stuttgart/Wiesbaden 1978

Bordewin, Arno: Doppelstöckige Personengesellschaft und stille Gesellschaft, NWB Fach 3, S. 10433/10434

Brandenburg, Hermann Bernwart: Offene Felder der Ertragsbesteuerung bei den Personengesellschaften, JbFSt 1995/96, S. 275 - 341

Brodmann, Erich: Gesetz betreffend die Gesellschaften mit beschränkter Haftung, Kommentar, 2. Auflage, Berlin/Leipzig 1930

Brox, Hans: Allgemeiner Teil des BGB, 24. Auflage, Köln/Berlin/Bonn/München 2000

Brüggemann, Werner: Die Rechtsbehelfsbefugnis des mitunternehmerischen Treugeber-Kommanditisten bei gesonderter Feststellung von Sonder-Betriebsausgaben, DStZ 1994, S. 141

Buyer, Christoph: Gewinn und Kapital, Die Rückgewähr von verdeckten Gewinnausschüttungen im Handels- und Steuerrecht, Stuttgart 1989

Canaris, Claus-Wilhelm: Handelsrecht, 22. Auflage, München 1995

Canaris, Claus-Wilhelm: Die Rückgewähr von Gesellschaftereinlagen durch Zuwendungen an Dritte, in: Festschrift für Robert Fischer, S. 31 - 64, Berlin/New York, 1979

Cattelaens, Heiner/Gottstein, Siegfried/Stegmüller, Hubert/Zenthöfer, Wolfgang: Körperschaftsteuer, 12. Auflage, Stuttgart 1997

Charlier, R.: Gesichertes und Ungesichertes bei der Einkommensbesteuerung des Nießbrauchs, StbJb 1982/1983, S. 229 - 254

Clemm, Hermann: Wirtschaftliche versus formalrechtliche Betrachtung im Steuer- und Bilanzrecht, in: Festschrift für Franz Klein, Köln 1994, S. 715 - 736

Coing, Helmut: Die Treuhand kraft privaten Rechtsgeschäfts, München 1973

Costede, Jürgen: Unterbeteiligte als Mitunternehmer, ZGR 1976, S. 188 - 202

Crezelius, Georg: Tendenzen der Rechtsfortbildung im Steuerrecht, BB 1984, S. 1377 - 1381

Crezelius, Georg: Steuerrecht II, Die einzelnen Steuerarten, 2. Auflage, München 1994

Crezelius, Georg: Formen und Schwerpunkte der Unternehmensfinanzierung in steuerrechtlicher und gesellschaftsrechtlicher Sicht, Teil I: Zivilrechtliche und steuerrechtliche Probleme der Finanzierung von Personengesellschaften, JbFSt 1985/86, S. 389-406

Däubler, Wolfgang: Die treuhänderische Abtretung des GmbH-Geschäftsanteils, GmbHR 1966, S. 243 - 248

Degenhart, Christoph: Staatsrecht I, Staatsorganisationsrecht, 16. Auflage, Heidelberg 2000

Dehmer, Hans: Umwandlungsgesetz, Umwandlungssteuergesetz, 2. Auflage, München 1996

Döllerer, Georg: Rezension zu Christoph Buyer: Gewinn und Kapital, StVj 1991, S. 69-72

Döllerer, Georg: Gesellschafterdarlehen an die gewerbliche Personengesellschaft, DStZ 1992, S. 646-651

Döllerer, Georg: Die Beteiligung einer Kapitalgesellschaft an einer Personenhandelsgesellschaft nach Handelsrecht und Steuerrecht, Wpg 1977, S. 81 - 91

Dötsch, Ewald: Das neue Umwandlungssteuerrecht ab 1995, Stuttgart 1995

Dötsch, Ewald/Eversberg, Horst/Jost, Werner F./Witt, Georg: Die Körperschaftsteuer, Kommentar, Band 1, §§ 1-14, Stuttgart, Stand Mai: 2000

Dreher, Meinrad: Treuepflichten zwischen Aktionären und Verhaltenspflichten bei der Stimmrechtsbündelung, ZHR 157 (1993), S. 150 - 171

Düchting, Alfons: Die Unterbeteiligung im Einkommen- und Gewerbesteuerrecht, BB 1963, S. 808 - 810

Durchlaub, Wolfgang: Überlegungen zur Unterbeteiligung an Unternehmen, DB 1978, S. 873 - 875

Eckhardt, Walter: Das Steuerrecht und die Einheit der Rechtsordnung, StbJb 1961/62, S. 77 - 142

Eden, Siegfried: Treuhandschaft an Unternehmen und Unternehmensanteilen, 2. Auflage, Bielefeld 1989

Ehlke, Michael: Zur Behandlung von Treugeber und Treuhänder an einem GmbH-Anteil, DB 1985, S. 795 - 803

Eilers, Stephan/Wienands, Hans-Gerd: Zur steuerlichen Behandlung von eigenkapitalersetzenden Gesellschafterdarlehen und Gesellschaftersicherheiten auf der Ebene des Gesellschafters, GmbHR 1998, S. 618-625

Emmerich, Volker/Sonnenschein, Jürgen: Konzernrecht, 6. Auflage, München 1997

Enneccerus, Ludwig/Nipperdey, Hans Carl: Allgemeiner Teil des Bürgerlichen Rechts, Erster Band, 2.Teil, 15. Auflage, Tübingen 1960

Erman: Bürgerliches Gesetzbuch, Handkommentar, Hrsg.: Harm Peter Westermann,
1. Band, §§ 1 - 853, MHG, ProdHaftG, VerbrKrG, HausTWG, SchuldRAnpG, 10. Auflage, Münster 2000,
2. Band, §§ 854 - 2385, 7. Auflage, Münster 1981

Esch, Günter: Die Unterbeteiligung an Handelsgesellschaftsanteilen, NJW 1964, S. 902 - 907

Esch, Günter: Die Unterbeteiligung im Steuerrecht, NJW 1964, S. 2044 - 2048

Esch, Günter: Zur steuerlichen Behandlung der Unterbeteiligung, BB 1968, S. 1280 - 1282

Esch, Günter: Das Dogma der Einheitlichkeit der Personengesellschaftsbeteiligung, BB 1996, S. 1621 - 1627

Fasold, Rudolf W.: Unterbeteiligungen im Bereiche der GmbH und der GmbH & Co., GmbHR 1973, S. 12 - 16

Felix, Günther: Unterbeteiligungen aus der Sicht der Steuerberatung, KÖSDI 1985, S. 5791 - 5806

Felix, Günther: Unterbeteiligungen aus der Sicht der Steuerberatung, KÖSDI 1987, S. 6918 - 6931

Felix, Günther: Unterbeteiligung nichttätiger Abkömmlinge an Familiengesellschaften mbH, DStZ 1988, S. 102/103

Felix, Günther: Atypisch Unterbeteiligter kein Obergesellschafter i.S. des § 15 Abs.1 Satz 1 Nr.2 Satz 2 EStGE 1992, StVj 1991, S. 392/393

Felix, Günther: Verdeckte Gewinnausschüttungen an Nichtgesellschafter, StbJb 1954/55, S. 277-296

Fella, Günter: Die Unterbeteiligung bei Personengesellschaften im Einkommensteuerrecht, BB 1976, S. 784 - 787

Fichtelmann, Helmar: Gewinnauswirkungen bei Einräumung, Übertragung und Auflösung einer Unterbeteiligung, DB 1969, S. 629 - 634
Fischer, Robert: Die unwiderrufliche Stimmrechtsvollmacht in der GmbH, GmbHR 1952, S. 113 - 116
Fischer, Robert: Zulässigkeit und Wirkung von Abstimmungsvereinbarungen, GmbHR 1953, S. 65 - 70
Fischer, Robert: Urteilsanmerkung, BGH LM 1954, Nr.1 zu § 719 BGB
Flechtheim: Uneinheitliche Abstimmung und das Bankgewerbe, Bankarchiv 1928/29, S. 418 - 422
Fleck, Hans-Joachim: Der Grundsatz der Kapitalerhaltung - seine Ausweitung und seine Grenzen, in: Festschrift 100 Jahre GmbH-Gesetz, Köln 1992, S. 391 - 419
Fleck, Hans-Joachim: Stimmrechtsabspaltung in der GmbH?, in: Festschrift für Robert Fischer, Berlin/NewYork 1979, S. 107-129
Fleck, Hans-Joachim: Neuere Entwicklungen im GmbH-Recht, GmbHR 1993, S. 550 - 556
Fleischer, Holger: Kurzkommentar, BGH EWiR § 662 BGB 1/94, 861
Fleischer, Erich/Thierfeld, Rainer: Stille Gesellschaft im Steuerrecht, 5. Auflage, Achim 1990
Flore, Ingo: Unterbeteiligung an einem GmbH-Anteil, BB 1994, S. 1191 - 1193
Flume, Werner: Allgemeiner Teil des Bürgerlichen Rechts, Erster Band, Erster Teil, Die Personengesellschaft, Berlin/Heidelberg/New York 1977
Flume,Werner: Allgemeiner Teil des Bürgerlichen Rechts, Erster Band, Zweiter Teil, Die juristische Person, Berlin/Heidelberg/New York/Tokyo, 1983
Friehe, Christian-Friedrich: Die Unterbeteiligungsgesellschaften an Mitgliedschaften in Personalgesellschaften, Berlin 1973
Frotscher, Gerrit/ Maas, Ernst (Hrsg.): Körperschaftsteuergesetz, Umwandlungssteuergesetz, Kommentar, Band 1, §§ 1 bis 13 KStG, Freiburg i.Br., Stand: November 1999
Gehrlein, Markus: Der Konsortialkredit als Modell einer Innengesellschaft, DStR 1994, S. 1314 - 1318
Geißler, Markus: Zukunft, Stillstand oder Geltungsverlust für die Durchgriffshaftung im Recht der GmbH?, GmbHR 1993, S. 71- 79
Gerkan, Hartwin von: Schwerpunkte und Entwicklungen im Recht der kapitalersetzenden Gesellschafterleistungen, GmbHR 1986, S. 218 - 225
Gern, Alfons: Aktuelle Probleme des Kommunalabgabenrechts, NVwZ 1995, S. 1145 - 1155
Gernhuber, Joachim: Die fiduziarische Treuhand, JuS 1988, S. 355 - 363
Geßler, Ernst/ Hefermehl, Wolfgang /Eckardt, Ulrich /Kropff, Bruno: Aktiengesetz Kommentar, Band I, §§ 1 - 75, München 1984,

Band II, §§ 76 - 147, München 1973/1974,
Band VI, §§ 291 - 410, München 1994
Glanegger, Peter/Güroff, Georg: Gewerbesteuergesetz, 4. Auflage, München 1999
Glenk, Hartmut: Die Unterbeteiligung an einem Unternehmen aus gesellschaftsrechtlicher Sicht, INF 1995, S. 593 - 598
GmbH-Handbuch: Gesellschaftsrecht, Rechnungswesen, Arbeits- und Sozialversicherungsrecht, Verträge und Formulare, Hrsg.: Otto Schmidt, 15. Auflage, Köln 1998
Gorski, Hans Günter: Von der Begünstigung der Unternehmer bei der Einkommensteuer, DStZ 1993, S. 613 - 620
Groh, Manfred: Die Bilanzen der Mitunternehmerschaft, StuW 1995, S. 383 - 389
Großfeld, Bernhard: Rezension zu Blaurock, Uwe, Unterbeteiligung und Treuhand an Gesellschaftsanteilen, JZ 1982, S. 163/164
Großfeld, Bernhard/ Berndt, Joachim: Die Übertragung von deutschen GmbH-Anteilen im Ausland, RIW 1996, S. 625 - 632
Großkommentar Aktiengesetz: Erster Band, 1.Halbband, §§ 1 - 75, 3. Auflage, Berlin New York 1973,
Vierter Band, §§ 291 - 410, 3. Auflage, Berlin/New York 1975,
§§ 1 - 14, 2.Lieferung, Hrsg.: Klaus J. Hopt/Herbert Wiedemann, 4. Auflage, Berlin/New York 1992,
§§ 15 - 22, 10.Lieferung, Hrsg.: Klaus J. Hopt/ Herbert Wiedemann, 4. Auflage, Berlin/New York 1999,
§§ 121-130, 4. Lieferung, Hrsg.: Klaus J.Hopt/Herbert Wiedemann, 4. Auflage, Berlin/New York 1993
Grürmann, Harald: Die Unterbeteiligung bei Personengesellschaften im Steuerrecht, BB 1978, S. 1204 - 1208
Grundmann, Stefan: Der Treuhandvertrag insbesondere die werbende Treuhand, München 1997
Gschwendtner, Hubert: Ergänzungsbilanz und Sonderbilanz II in der Rechtsprechung des Bundesfinanzhofs, DStR 1993, S. 817 - 825
Gummert, Hans: Anmerkung zu BGH: Abgrenzung von Treuhand und Unterbeteiligung an Gesellschaftsanteilen, WiB 1994, S. 776
Hachenburg: Gesetz betreffend die Gesellschaften mit beschränkter Haftung, Großkommentar,
Erster Band: Allg. Einleitung, §§ 1 - 34, Hrsg.: Peter Ulmer, 8. Auflage, Berlin/New York 1992,

Zweiter Band: §§ 35-53, Hrsg.: Peter Ulmer, 8. Auflage, Berlin/New York 1997,
Zweiter Band: §§ 35-84, 6. Auflage, Berlin 1959

Handbuch der Personengesellschaften: Westermann, H. P./Scherpf, Peter/Paulick, Heinz/Bulla, Gustav Adolf/Hackbeil, Werner, 4. Auflage, Köln, Stand: Oktober 2000

Haritz, Detlev/Benkert, Manfred: Umwandlungssteuergesetz, Kommentar, 2. Auflage 2000

Hartmann, Winfried: Kapitalersetzende Finanzierungsmaßnahmen als Anschaffungskosten eines Gesellschafters auf seine Beteiligung, DStZ 1998, S. 270-272

Haupt, Günter/Reinhardt, Rudolf: Gesellschaftsrecht, 4. Auflage, Tübingen 1952

Heckelmann, Dieter: Die uneinheitliche Abstimmung bei Kapitalgesellschaften, AcP 170 (1970), S. 306 - 346

Hefermehl, Wolfgang: Der Aktionär als „Unternehmen" im Sinne des Konzernrechts, in: Festschrift für Ernst Geßler, München 1971, S. 203 - 217

Heidenhain, Martin: Anmerkung zu BGH LM H 11/1992, Nr.13, GmbHG §§ 19 I, 24

Heidner, Hans-Hermann: Treuhandverhältnisse im Steuerrecht, Herne/Berlin 1994

Heidner, Hans-Hermann: Die rechtsgeschäftliche Treuhand im Steuerrecht, DStR 1989, S. 305 - 309

Heidner, Hans-Hermann: Treuhandverhältnisse im Einkommensteuerrecht, NWB Fach 3, S. 9417 - 9426

Heidner, Hans-Hermann: Die Behandlung von Treuhandverhältnissen in der Abgabenordnung, DB 1996, S. 1203 - 1212

Heining, Arnold: Treuhand an GmbH-Anteilen, GmbHR 1954, S. 98 - 103

Henn, Alexandra: Die Unterbeteiligung in der GmbH, Mainz 1996

Hennrichs, Joachim: Treupflichten im Aktienrecht, AcP 195 (1995), S. 221 - 273

Henssler, Martin: Treuhandgeschäft - Dogmatik und Wirklichkeit, AcP 196 (1996), S. 37 - 87

Henze, Hartwig: Die Treupflicht im Aktienrecht, BB 1996, S. 489 - 499

Herrmann/Heuer/Raupach: Einkommensteuer- und Körperschaftsteuergesetz, Kommentar, Hrsg.: Arndt Raupach, 21. Auflage, Köln, 1996
Band 10, §§ 15a - 18 EStG, Stand: Mai 2001,
Band 11, §§ 19-21a EStG, Stand: Mai 2001

Herzfeld, Edgar: Die Unterbeteiligung, AcP 137, S. 270 - 326

Hesselmann, Malte: Die Unterbeteiligung an GmbH-Anteilen, GmbHR 1964, S. 26 - 30

Huber, Ulrich: Vermögensanteil, Kapitalanteil und Gesellschaftsanteil an Personengesellschaften des Handelsrechts, Heidelberg 1970

Hübschmmann/Hepp/Spitaler: Abgabenordnung und Finanzgerichtsordnung, Kommentar, 10. Auflage, Köln 1995, Band II, §§ 5-50 AO, Stand: Oktober 1999, Band V, §§ 172-201 AO, Stand: Oktober 1999

Hueck, Alfred: Stimmbindungsverträge bei Personenhandelsgesellschaften, in: Festschrift für Hans Carl Nipperdey, München/Berlin, 1965, S. 401-426

Hüffer, Uwe: Aktiengesetz, 4. Auflage, München 1999

Hüffer, Uwe: Die Publikumspersonengesellschaft und das Problem des Anlegerschutzes, JuS 1979, S. 457 - 465

Immenga, Ulrich: Kapitalersetzende Aktionärsdarlehen als Haftkapital?, ZIP 1983, S. 1405 - 1412

Jaeniche, Steffen: Die Dritteinflußnahme bei Personengesellschaften, München 1995

Jakob, Wolfgang: Abgabenordnung, 2. Auflage, München 1996

Jakob, Wolfgang: Einkommensteuer, 2. Auflage, München 1996

Janberg, Hans: Die Unterbeteiligung im Gesellschaftsrecht, DB 1953, S. 77 - 80

Janberg, Hans/ Schlaus, Wilhelm: Abstimmungsverträge nach neuem Aktienrecht unter Berücksichtigung des Rechts der verbundenen Unternehmen, AG 1967, S. 33 - 39

Jarass, Hans D./Pieroth, Bodo: Grundgesetz für die Bundesrepublik Deutschland, 4. Auflage, München 1997

Joussen, Edgar: Die einheitliche Mitgliedschaft in Personengesellschaften, DB 1992, S. 1173 - 1175

Jülicher, Marc: Steuerliche Behandlung von im Konkurs verlorenen Gesellschafterdarlehen beim Privatvermögen nach § 17 EStG, DStR 1994, S. 305-310

Kahlert, Günter: Verdeckte Gewinnausschüttungen an Nichtgesellschafter im Gesellschaftsrecht, Frankfurt a.M. u.a. 1994

Kamprad, Balduin: Die Rechtsentwicklung kapitalersetzender Gesellschafterdarlehen seit dem Inkrafttreten der GmbH-Novelle am 1.1.1981, GmbHR 1984, S. 339 - 343

Kanzleiter, Rainer: Der Umfang der Beurkundungsbedürftigkeit bei verbundenen Rechtsgeschäften, DNotZ 1994, S. 275 - 284

Kempermann, Michael: Unterbeteiligte als „andere Unternehmer" i.S. des § 15a Abs.5 EStG, FR 1998, S. 248-252

Kirchhof, Paul/Söhn, Hartmut/Mellinghoff, Rudolf (Hrsg): Einkommensteuergesetz, Kommentar,
Band 3, § 4, Heidelberg, Stand: März 2001,

Band 10, §§ 16, 18, 19, Heidelberg, Stand: März 2001,
Band 12, §§ 20, 21, 21a, 22, 23, Heidelberg, Stand: März 2001
Kirsten, Walter/Matheja, Kurt: Treuhand und Treuhänder im Steuerrecht, 2. Auflage, Herne/Berlin 1978
Kläschen, Kay D. (Begr.): Körperschaftsteuergesetz, Kommentar, Bonn,
Band 1, §§ 1 - 26 KStG, Stand: Mai 1993,
Band 2, §§ 27 - 55 KStG, EStG, Stand: Mai 1993
Klein, Franz/Orlopp, Gerd: Abgabenordnung, 7. Auflage, München 2000
Kletschka, Franz: Die Unterbeteiligung an gewerblichen Unternehmen im Steuerrecht, Köln 1974
Knobbe-Keuk, Brigitte: Bilanz- und Unternehmenssteuerrecht, 9. Auflage, Köln 1993
Koch, Karl/Scholtz, Rolf-Detlev (Hrsg): Abgabenordnung, 5. Auflage, Köln/Berlin/Bonn/München 1996
Kölner Kommentar zum Aktiengesetz: Band 1, §§ 1 - 75, Hrsg.: Wolfgang Zöllner, 2. Auflage, Köln/Berlin/Bonn/München 1988,
Band 6, 1.Lieferung §§ 291 - 328, Hrsg.: Wolfgang Zöllner, 2. Auflage, Köln/Berlin/Bonn/München 1987
Kollhosser, Helmut: Kredite als Eigenkapitalersatz bei stillen Kapitalbeteiligungen?, WM 1985, S. 929 - 936
Kort, Michael: Der „private" Großaktionär als Unternehmen?, DB 1986, S. 1909 - 1914
Kraft, Alfons/Kreutz, Peter: Gesellschaftsrecht, 11. Auflage, Neuwied/Kriftel 2000
Kropff, Bruno (Hrsg.): Textausgabe des AktG vom 6.9.1965 und des EinfG zum AktG vom 6.9.1965, Düsseldorf 1965
Krüger, Dirk: Zweckmäßige Wahl der Unternehmensform, 5. Auflage, Bonn 1992
Kühn, Rolf/Kutter, Heinz/Hofmann, Ruth: Abgabenordnung, Finanzgerichtsordnung, 16. Auflage, Stuttgart 1990
Kümmerlein, Hartmut: Erscheinungsformen und Probleme der Verwaltungstreuhand bei Personengesellschaften, Münster, 1971
Kussmann, Manfred/Martin, Klaus/Niedenführ, Peter/Rick, Eberhard: Lehrbuch der Einkommensteuer, 9. Auflage, Herne/Berlin 1997
Lammerding, Jo: Abgabenordnung, Finanzgerichtsordnung, 13. Auflage, Achim 1997
Lang, Joachim: Die Ausfüllung von Lücken in Steuergesetzen, in: Festschrift zum 65.Geburtstag von Ernst Höhn, Bern/Stuttgart/Wien 1995, S. 159-184
Lang, Joachim/Seer, Roman: Die persönliche Zurechnung von Einkünften bei Treuhandverhältnissen, FR 1992, S. 637 - 646

Lange, Joachim: Verdeckte Gewinnausschüttungen, 6. Auflage, Herne/Berlin 1993

Lange, Joachim: Neuere Rechtsprechung zur verdeckten Gewinnausschüttung, NWB Fach 4, S. 4169 - 4178

Lange, Joachim/Reiß, Wolfram: Lehrbuch der Körperschaftsteuer, 8. Auflage, Herne/Berlin 1996

Lehmann, Heinrich: Zur Sicherungsabtretung von GmbH-Anteilen, GmbHR 1953, S. 143 - 145

Lempenau, Gerhard: Begründet die Verpflichtung zur Rückzahlung einer verdeckten Gewinnausschüttung eine Einlage?, BB 1991, S. 1095/1096

Lenski, Edgar/Steinberg, Wilhelm (Begr.): Kommentar zum Gewerbesteuergesetz, fortgeführt von Viktor Sarrazin/ Hans-Wilhelm Stäuber, 9. Auflage, Köln, Band II, §§ 4-37 GewStG, Stand: November 2000

Leßmann, H.: Vinkulierte Übertragung von GmbH-Geschäftsanteilen, GmbHR 1985, S. 179 - 188

Liebich, Dieter/Mathews, Kurt: Treuhand und Treuhänder in Recht und Wirtschaft, 2. Auflage, Berlin 1983

Liebmann, J.: Kommentar zum Gesetz betreffend die Gesellschaften mit beschränkter Haftung, 6. Auflage, Berlin 1921

Littmann, Eberhard (Begr.)/Bitz, Horst/Pust, Hartmut (Hrsg.): Kommentar zum Einkommensteuerrecht,
Band 3, §§ 13 - 18 EStG, Stuttgart, Stand: April 2001,
Band 4, §§ 19 - 37a EStG, Stuttgart, Stand: April 2001

Lüttge, Jörg W.: Die zulässige Mehrfachbeteiligung an einer Personengesellschaft, NJW 1994, S. 5 - 11

Lutter, Marcus: Theorie der Mitgliedschaft, AcP 180 (1980), S. 84 - 159

Lutter, Marcus: Verfassungsrechtliche Grenzen der Mehrheitsherrschaft nach dem Recht der Kapitalgesellschaften, AG 1968, S. 73 - 75

Lutter, Marcus: Die zivilrechtliche Haftung in der Unternehmensgruppe, ZGR 1982, S. 244 - 275

Lutter, Marcus/Grunewald, Barbara: Zur Umgehung von Vinkulierungsklauseln in Satzungen von Aktiengesellschaften und Gesellschaften mbH, AG 1989, S. 109 - 117

Lutter, Marcus/Hommelhoff, Peter: GmbH-Gesetz, Kommentar, 15. Auflage, Köln 2000

Lutter, Marcus/Schneider, Uwe: Die Beteiligung von Ausländern an inländischen Aktiengesellschaften - Möglichkeiten der Beschränkung nach geltendem Recht und Vorschläge de lege ferenda, ZGR 1975, S. 182 - 211

Märkle, Rudi W.: Die Unterbeteiligung an Einkunftsquellen, DStZ 1985, S. 471 - 480, 508 - 514, 533 - 537

Mahlow, Christian: Verdeckte Gewinnausschüttungen an nahestehende Personen, DB 1997, S. 1640 - 1642
Markwardt, Manfred: Rechtsgeschäftliche Treuhandverhältnisse bei Personenhandelsgesellschaften, Marburg 1973
Martens, Klaus-Peter: Kurzkommentar, BGH EWiR § 30 GmbHG 1/89, 369/370
Mathiak, Walter: Zum Bilanzsteuerrecht, StuW 1985, 273 - 279
Maulbetsch, Hans-Christoph: Beirat und Treuhand in der Publikumspersonengesellschaft, Bonn 1984
Meincke, Jens Peter: Anmerkung zu Bundesverfassungsgericht zum Verhältnis von Steuerrecht und Zivilrecht, StuW 1992, S. 186 - 190
Mellwig, Winfried: Beteiligungen an Personengesellschaften in der Handelsbilanz, BB 1990, S. 1162 - 1172
Mertens, Hans-Joachim: Die Haftung wegen Mißbrauchs der Leitungsmacht nach § 309 AktG aus schadensersatzrechtlicher Sicht, AcP 168 (1968), S. 225 - 234
Meßmer, Kurt: Die Gesellschafter und der Mitunternehmer des § 15 Absatz 1 Nr.2 EStG, in Festschrift für Georg Döllerer, Düsseldorf 1988, S. 429 - 446
Meyer, Gerd: Die Unterbeteiligung an Handelsgesellschaftsanteilen, Münster 1971
Meyer-Landrut, Joachim/Miller, Georg/ Niehus, Rudolf S. : Gesetz betreffend die Gesellschaften mit beschränkter Haftung, Kommentar, Berlin/New York 1987
Meyer-Landrut, Andreas: Urteilsanmerkung, WuB II F. § 723 BGB 1.95, S. 313/314
Meyer-Scharenberg, D.E./Popp, M./Woring, S. : Gewerbesteuer-Kommentar, 2. Auflage, Herne/Berlin 1996
Mittmann, Volker: Einkommensteuerbegünstigte Aufgabe einzel- oder mitunternehmerischer Einkunftsquellen, DStZ 1989, S. 473 - 476
Mühl, Otto: Der Geschäftsanteil in einer Gesellschaft mit beschränkter Haftung als Kreditsicherheit, in: Walther Hadding/Uwe H. Schneider, Gesellschaftsanteil als Kreditsicherheit, Berlin 1979, S. 129-161
Müller, Andreas: Das Wettbewerbsverbot des GmbH-Gesellschafters und seine körperschaftsteuerlichen Folgen, Frankfurt am Main, 1995
Müller, Waltraut: Die Sicherungsübereignung von Anteilen an Personengesellschaften, Hamburg 1969
Müller-Erzbach, Rudolf: Die Haftung und die Vermögensbeteiligung des Kommanditisten und des stillen Gesellschafters, besonders im Falle ihrer Anteilnahme an der Unternehmensverwaltung, in: Festschrift für Ernst Heymann, Marburg in Hessen, 1931, S. 737 - 743

Münch, Ingo von (Begr.): Grundgesetz-Kommentar, Band 1 (Präambel bis Art.20), Hrsg.: Philip Kunig, 4. Auflage, München 1992
Münchener Handbuch des Gesellschaftsrechts: Hrsg.: Michael Hoffmann-Becking, Band 4, Aktiengesellschaft, München 1988
Münchener Kommentar zum Bürgerlichen Gesetzbuch: Band 2, Schuldrecht Allgemeiner Teil (§§ 241 - 432), Redaktion: Helmut Heinrichs, 3. Auflage, München 1994,
Band 5, Schuldrecht Besonderer Teil III (§§ 705 - 853), Hrsg.: Kurt Rebmann/Franz Jürgen Säcker/Roland Rixecke, 3. Auflage München 1997
Münchener Kommentar zur Zivilprozeßordnung: Band 3, §§ 808-1048 ZPO, EGZPO, GVG, EGGVG, Internat. Zivilprozeßrecht, Hrsg.: Gerhard Lüke/ Alfred Walchshöfer, München 1992
Mugdan, Benno: Die gesamten Materialien zu den Reichs-Justizgesetzen, Band 6, Neudruck der Ausgabe Berlin 1897, Aalen 1983
Neu, Norbert: Darlehensforderungen gegenüber interessenverflochtenen Personen aus bilanzrechtlicher Sicht, BB 1995, S. 1579-1586
Nieskens, Hans: Die Bilanzierung und Bewertung von Beteiligungen an Personenhandelsgesellschaften im handelsrechtlichen Jahresabschluß, Wpg 1988, S. 493 - 502
Nirk, Rudolf: Zur Rechtsfolgenseite der Durchgriffshaftung, in: Festschrift für Walter Stimpel, Berlin/New York 1985, S. 443-462
Nodoushani, Andreas: Die Treuepflicht der Aktionäre und ihrer Stimmrechtsvertreter, Baden-Baden 1997
Obermüller, Walter/Obermüller, Manfred: Die Unterbeteiligung im Bankgeschäft, in: Festschrift für Winfried Werner, Berlin/New York, 1984, S. 607 - 638
Offerhaus, Klaus: Zur Analogie im Steuerrecht, BB 1984, S. 993 - 997
Otten, Gieseltraud: Die Entwicklung der Treuhand im 19.Jahrhundert, Göttingen 1975
Palandt: Bürgerliches Gesetzbuch, Kommentar, 60. Auflage, München 2001
Paulick, Heinz: Die Unterbeteiligung in gesellschaftsrechtlicher und steuerrechtlicher Sicht, ZGR 1974, S. 253 - 295
Paulick, Heinz: Handbuch der stillen Gesellschaft, 3. Auflage, Köln 1981
Paus, Bernhard: Welche Einkünfte erzielt der angestellte Komplementär? Oder: Wird der Begriff des Mitunternehmers überstrapaziert?, DStZ 1989, S. 162-166
Peters, Sönke: Der gesellschaftsrechtliche Grundsatz der Einheitlichkeit der Mitgliedschaft, Zivilrechtliche Schriften, Beiträge zum Wirtschafts-, Bank- und Arbeitsrecht, Band 26, Frankfurt a. M. 2000
Petzold, Günter: Gewerbesteuer, 4. Auflage, München/Wien 1991

Plate, Horst G.: Treuhandverträge über GmbH-Geschäftsanteile beurkundungspflichtig?, DStR 1995, S. 367/368
Pleyer, Klemens: Zur Haftung des Gesellschafters einer unterkapitalisierten Strohmann-GmbH, GmbHR 1963, S. 206 - 208
Plückebaum, Rudolf/Wendt, Wilhelm/Niemeier, Gerhard/Schlierenkämper, Klaus-Peter: Einkommensteuer, 19. Auflage, Achim 1999
Priester, Hans-Joachim: Quotentreuhand am GmbH-Anteil, Der Fachanwalt für Steuerrecht im Rechtswesen 1999, S. 153-164
Priester, Hans-Joachim: Gespaltene Stimmangabe bei der GmbH, in Beiträge zum Gesellschafts- und Notarrecht, Freundesgabe für Willi Weichler, Köln 1997, S. 101 - 113,
Priester, Hans-Joachim: Die zwingende Einheitlichkeit des Personengesellschaftsanteils - ein überholtes Prinzip, DB 1998, S. 55 - 60
Priester, Hans-Joachim: Drittbindung des Stimmrechts und Satzungsautonomie, in: Festschrift für Winfried Werner, S. 657 - 679, Berlin/New York 1984
Reiners, Armin: Treuhand und Unterbeteiligung an Gesellschaftsanteilen, WRP 1996, S. 1002 - 1004
Reinhardt, Rudolf/Erlinghagen, P.: Die rechtsgeschäftliche Treuhand - ein Problem der Rechtsfortbildung, JuS 1962, S. 41 - 50
Reiß, Wolfram: Ertragsteuerliche Behandlung von Gesamthandsbeteiligungen und Bilanzerträgen, StuW 1986, S. 232 - 255
Reuter, Dieter: Ansätze eines Konzernrechts der Personengesellschaft in der höchstrichterlichen Rechtsprechung, AG 1986, S. 130 - 138
Reuter, Dieter: Stimmrechtsvereinbarungen bei treuhänderischer Abtretung eines GmbH-Anteils, ZGR 1978, S. 633 - 642
Ritzrow, Manfred: Innengesellschaft als Mitunternehmerschaft im Sinne des § 15 Abs.1 Nr.2 EStG, StBp 1999, S. 177-183 und S. 197-201
Rödder, Thomas: Persönliche Zurechnung und sachliche Qualifikation von Einkünften bei der Treuhandschaft, DB 1988, S. 195 - 202
Röhricht, Volker/Westphalen, Friedrich Graf von: Handelsgesetzbuch, Kommentar, Köln 1998
Roemer, Manfred: Unterbeteiligung an Gesellschaftsanteilen, INF 1993, S. 253 - 258
Roth, Günter H.: Urteilsanmerkung, BGH LM H 12/1994, Nr.45 § 662 BGB
Roth, Günther/Altmeppen, Holger: Gesetz betreffend die Gesellschaften mit beschränkter Haftung, 3. Auflage, München 1997
Roth, Günter H./Thöni, Wilfried: Treuhand und Unterbeteiligung, in: Festschrift 100 Jahre GmbHG, Köln 1992, S. 245 - 288
Rowedder, Heinz: Gesetz betreffend die Gesellschaften mit beschränkter Haftung, Kommentar, 3. Auflage, München 1997

Rümker, Dietrich: Formen kapitalersetzender Gesellschafterdarlehen in der Bankpraxis, in: Festschrift für Walter Stimpel, Berlin/New York 1985, S. 673-704

Runge, Berndt: Die Übertragung eines Bruchteils eines Mitunternehmeranteils, BB 1970, S. 342 - 344

Ruth, Rudolf: Rezension zu Friedrich Klausing: Uneinheitliche Ausübung mehrerer Stimmen durch Einzelpersonen und Personenverbände, AcP 131 (1929), S. 236-243

Sachs, Michael (Hrsg.): Grundgesetz, Kommentar, 2. Auflage, München 1999

Sarrazin, Viktor: Die Rückgewähr von Gewinnausschüttungen, GmbHR 1982, S. 277-281

Schaub, Bernhard: Treuhand an GmbH-Anteilen, DStR 1995, S. 1634 - 1639

Schaub, Bernhard: Treuhand an GmbH-Anteilen - Treuhandgefahren für den Treugeber, DStR 1996, S. 65 - 69

Schellenberger, Heinz: Der Bundesfinanzhof-Beschluß vom 25.6.1984 GrS 4/82 - Folgen und Folgerungen, DStR 1985, S. 163 - 169

Scheurle, Florian: Mißbrauchsbekämpfungs- und Steuerbereinigungsgesetz: Änderungen der Besteuerung von Kapitaleinkünften (Teil I), DB 1994, S. 445 - 451

Schlegelberger: Handelsgesetzbuch, Band III 1.Halbband, §§ 105 - 160, 5. Auflage, München 1992,
Band III, 2. Halbband, §§ 161 - 177 a, 335 - 342 (§§ 230 - 237 n.F.), 5. Auflage, München 1986

Schlüter, Wilfried: Veräußerung und Abtretung von GmbH-Geschäftsanteilen als Formproblem, in: Festschrift für Horst Bartholomeyczik, Berlin 1973, S. 359 - 375

Schmidt, Axel: Einkommensteuerliche Behandlung mittelbarer Leistungsbeziehungen bei Personengesellschaften, Düsseldorf 1990

Schmidt, Karsten: Gesellschaftsrecht, 3. Auflage, Köln/Berlin/Bonn/München 1997

Schmidt, Karsten: Grundzüge der GmbH-Novelle, NJW 1980, S. 1769 - 1776

Schmidt, Ludwig (Hrsg.): Einkommensteuergesetz, Kommentar, 20. Auflage, München 2001

Schmidt, Ludwig: Unmittelbare Leistung bei mittelbarer Beteiligung an einer Personenhandelsgesellschaft in der Form einer atypischen Unterbeteiligung, StuW 1988, S. 245 - 252

Schmidt-Bleibtreu, Bruno/ Klein, Franz: Kommentar zum Grundgesetz, 9. Auflage, Neuwied/Kriftel 1999

Schneider, Herbert: Über die Unterbeteiligung an Anteilen an einer Personengesellschaft als stille Gesellschaft, in: Festschrift für Philipp Möhring, München/Berlin 1965, S. 115-125

Schön, Wolfgang: Gewinnübertragungen nach § 6 b EStG zwischen Kapital- und Personengesellschaft in Handels- und Steuerbilanz FR 1994, S. 658 - 668

Scholz: Kommentar zum GmbH-Gesetz, Band I, §§ 1 - 44, 8. Auflage, Köln 1993,
Band II, §§ 45 - 85, 8. Auflage, Köln 1995

Schulze zur Wiesche, Dieter: Mitunternehmerschaft auf nicht gesellschaftsrechtlicher Grundlage, DB 1982, S. 919 - 922

Schulze zur Wiesche, Dieter: Die Unterbeteiligung in der steuerlichen Rechtsprechung, NJW 1983, S. 2362 - 2366

Schulze zur Wiesche, Dieter: Unterbeteiligung an einem GmbH-Anteil, GmbHR 1986, S. 236 - 241

Schulze zur Wiesche, Dieter: Die Unterbeteiligung als Mitunternehmerschaft, DB 1987, S. 551 - 553

Schulze zur Wiesche, Dieter: Die ertragsteuerliche Behandlung von Nießbrauch und Treuhand am Mitunternehmeranteil, FR 1999, S. 281-286

Schulze-Osterloh, Joachim: Das Prinzip der gesamthänderischen Bindung, München 1972

Schulze-Osterloh, Joachim: Gläubiger- und Minderheitenschutz bei der steuerlichen Betriebsaufspaltung, ZGR 1983, S. 123 - 161

Schwabe, Jürgen: Urteilsanmerkung, DVBl 1997, S. 352/353

Schwarz, Bernhard (Hrsg): Kommentar zur Abgabenordnung, 11. Auflage, Freiburg, Band 1, §§ 1-84 AO, Stand: März 2001,
Band 3, §§ 179 bis 346 AO, Stand: März 2001

Schwarz, Oliver: Einige Überlegungen zum Zweck des Beurkundungserfordernisses gemäß § 15 Abs.3 und 4 GmbHG, in: Notar- und Rechtsgestaltung, Köln 1998, S. 371 - 383

Schwichtenberg, Knut W.: Wann ist das Unterbeteiligungsverhältnis eine Mitunternehmerschaft?, DB 1987, S. 1963/1964

Seer, Roman: Die ertragsteuerliche Behandlung der doppelstöckigen Personengesellschaft unter besonderer Berücksichtigung des Steueränderungsgesetzes 1992, StuW 1992, S. 35 - 47

Serick, Rolf: Sicherungsabtretung von GmbH-Anteilen und andere Kreditsicherungsmöglichkeiten im Bereiche der GmbH, GmbHR 1967, S. 133 - 142

Serick, Rolf: Eigentumsvorbehalt und Sicherungsübertragung, Band II, Heidelberg 1965

Sieker, Susanne: Eigenkapital und Fremdkapital der Personengesellschaft, Köln 1991

Sieveking, Arnold: Keine Mehrfachbeteiligung an Personengesellschaften, in: Festschrift für Helmut Schippel, München 1996, S. 505 - 518

Söffing, Günter: Verluste bei typisch stiller Beteiligung, FR 1982, S. 445/446

Söffing, Günter: Zum Begriff des Wirtschaftsguts, JbFSt 1978/79, S. 199 - 227

Soergel: Kommentar zum Bürgerlichen Gesetzbuch,
Band 2, Allgemeiner Teil 2 (§§ 104 - 240), 13. Auflage, Stuttgart/Berlin/Köln/Mainz, Stand: März 1999,
Band 4, Schuldrecht III (§§ 705 - 853), 11. Auflage, Stuttgart/Berlin/Köln/Mainz, Stand: Frühjahr 1985,
Band 5, Sachenrecht (§§ 854-1296), 11. Auflage, Stuttgart/Berlin/Köln/Mainz, Stand: März 1978

Spangemacher, Gerd/Spangemacher, Klaus: Gewerbesteuer, 12. Auflage, Achim 1995

Stache, Ulrich: Fragen der Unterbeteiligung im Steuerrecht, Rechts- und Wirtschaftspraxis, SG 5: Einkommensteuer, S. 459-503

Stadie, Holger: Die persönliche Zurechnung von Einkünften, Berlin 1983

Stahl, Rudolf: Steuerliche Aspekte zur Treuhandschaft, KÖSDI 1995, S. 10159 - 10165

Staub: Großkommentar HGB, Hrsg.: Claus-Wilhelm Canaris/Wolfgang Schilling/Peter Ulmer, 4. Auflage, 12. Lieferung: §§ 105-113, Berlin/New York 1989, 13. Lieferung: §§ 230 - 237, Berlin/New York 1990

Staudingers Kommentar zum Bürgerlichen Gesetzbuch: 12. Auflage,
Erster Buch, Allgemeiner Teil, §§ 90-240, Redaktion: Helmut Coing/Norbert Habermann, Berlin 1980,
Zweites Buch, Recht der Schuldverhältnisse, §§ 652 - 740, Redaktion: Dieter Reuter, Berlin 1991

Steinbeck, Anja: Zur „Einheitlichkeit" der Mitgliedschaft in einer Personengesellschaft, DB 1995, S. 761 - 765

Steindorff, Ernst: Allgemeine Formvorschriften in Gesellschafts- und Auftragsverhältnissen, ZHR 129 (1967), S. 21 - 30

Steinhauff, Dieter: Veräußerungsverluste durch Übertragung einer wesentlichen Beteiligung im Wege der Vereinbarungstreuhand, NWB Fach 3, S. 10319 - 10322

Sterner, Friedrich: Nochmals: Unterbeteiligung an Einkunftsquellen, DStZ 1986, S. 66 - 68

Steuerliches Vertrags- und Formularbuch: Bearb.: Gerhard Bopp/ Richard L. Engel u.a., 2. Auflage, München 1992

Stimpel, Walter: „Durchgriffshaftung" bei der GmbH: Tatbestände, Verlustausgleich, Ausfallhaftung, in: Festschrift zum 65. Geburtstag von Reinhard Goerdeler, Düsseldorf 1987, S. 601 - 621

Stuhrmann, Gerd: Die Anwendung der Verlustverrechnungsbeschränkung des § 15 a EStG bei Treuhandverhältnissen, DStR 1997, S. 1716-1718

Sudhoff, Heinrich: Der Nießbrauch am Anteil einer Personengesellschaft, NJW 1971, S. 481-486

Tebben, Joachim: Unterbeteiligung und Treuhand an Gesellschaftsanteilen, Baden-Baden 2000

Teichmann, Arndt: Gestaltungsfreiheit in Gesellschaftsverträgen, München 1970

Theil, Clemens: Überlegungen zu Nießbrauch an Wertpapieren aufgrund der neuen Rechtsprechung des Bundesfinanzhofes, BB 1982, S. 1543 - 1545

Theißen, Rolf: Die „verdrängende" Stimmrechtsausübung in der GmbH, DB 1993, S. 469 - 472

Thoma, Gerhard: Die Unterbeteiligung und ihre steuerliche Beurteilung, StbJb 1954/55, S. 215 - 231

Thomsen, Joachim: Die Unterbeteiligung an einem Personengesellschaftsanteil, Bielefeld 1978

Tiedtke, Klaus: Einkommensteuer- und Bilanzsteuerrecht, 2. Auflage, Herne/Berlin 1995

Tipke, Klaus/Kruse, Heinrich Wilhelm: Abgabenordnung, Finanzgerichtsordnung, 16. Auflage,
Band I, §§ 1-154 AO, Köln, Stand: April 2001,
Band II, §§ 155 - 368 AO, Köln, Stand: April 2001

Tipke, Klaus/Lang, Joachim: Steuerrecht, 16. Auflage, Köln 1998

Uelner, Adalbert/Dankmeyer, Udo: Die Verrechnung von Verlusten mit anderen positiven Einkünften nach dem Änderungsgesetz vom 20.August 1980, DStZ 1981, S. 12 - 24

Ulbrich, Clemens: Die Unterbeteiligungsgesellschaft an Personengesellschaftsanteilen, Göttingen 1982

Ulmer, Peter: Rechts- und Steuerfragen zur Treuhand an GmbH-Anteilen, Wpg 1963, S. 120 - 124

Ulmer, Peter: Zur Treuhand an GmbH-Anteilen, in: Festschrift für Walter Odersky, Berlin/New York 1996, S. 873 - 896

Ulmer, Peter: Zur Treuhand an GmbH-Anteilen: Haftung des Treugebers für Einlageansprüche der GmbH?, ZHR 156 (1992), S. 377 - 393

Ulmer, Peter: Zur Haftung der abordnenden Körperschaft nach § 31 BGB für Sorgfaltsverstöße des von ihr benannten Aufsichtsratsmitglieds, in: Festschrift für Walter Stimpel, Berlin/New York 1985, S. 705-725

Ulmer, Peter: Die GmbH und der Gläubigerschutz, GmbHR 1984, S. 256 - 264

Vogel, Wolfgang: Gesellschafterbeschlüsse und Gesellschafterversammlung, 2. Auflage, Köln 1986

Vonnemann, Wolfgang: Die Haftung von GmbH-Gesellschaftern wegen materieller Unterkapialtisierung, GmbHR 1992, S. 77 - 83

Vossius, Oliver: Sicherungsgeschäfte bei der Übertragung von Gesellschaftsanteilen, BB 1988, Beilage Nr.5

Wank, Rolf: Mißbrauch der Treuhandstellung und der Vertretungsmacht - BGH WM 1977, 525, JuS 1979, S. 402 - 408

Westermann, Harm Peter: Zur Rückführung eines Überziehungskredits eines am Schuldnerunternehmen als Aktionär beteiligten Kreditinstituts, ZIP 1983, S. 1281 - 1289

Wichmann, Gerd: Probleme bei Rückforderung von verdeckten Gewinnausschüttungen, GmbHR 1993, S. 337-343

Wiedemann, Herbert: Die Übertragung und Vererbung von Mitgliedschaftsrechten bei Handelsgesellschaften, München/Berlin 1965

Wiedemann, Herbert: Rechte und Pflichten des Personengesellschafters, WM 1992, Sonderbeilage Nr.7

Wiedemann, Herbert: Gesellschaftsrecht Band I, München 1980

Winkler, Karl: Die Haftung der Gesellschafter einer unterkapitalisierten GmbH, BB 1969, S. 1202 - 1207

Winter, Heinz: Die Zulässigkeit der uneinheitlichen Stimmabgabe durch den Gesellschafter einer GmbH, GmbHR 1965, S. 23 - 29

Winterstein, Manfred: Die Unterbeteiligung an OHG und KG-Anteilen als stille Gesellschaft, Hamburg 1969

Woerner, Lothar: Verfassungsrecht und Methodenlehre im Steuerrecht, FR 1992, S. 226 - 233

Wolany, Josef: Rechte und Pflichten des Gesellschafters einer GmbH, Köln 1964

Wolff-Diepenbrock, Johannes: Handeln für fremde Rechnung im Einkommensteuerrecht, in: Festschrift für Georg Döllerer, Düsseldorf 1988, S. 757 - 774

Wrede, Friedrich: Beteiligungen an Personenhandelsgesellschaften in der Handelsbilanz und der Steuerbilanz, FR 1990, S. 193 - 302

Zenthöfer, Wolfgang/Schulze zur Wiesche, Dieter: Einkommensteuer, 4. Auflage, Stuttgart 1997

Zöller, Richard (Begr.): Zivilprozeßordnung, 22. Auflage, Köln 2001

Zöllner, Wolfgang: Zum Unternehmensbegriff der §§ 15 ff. AktG, ZGR 1976, S. 1 - 32

Zivilrechtliche Schriften
Beiträge zum Wirtschafts-, Bank- und Arbeitsrecht

Herausgegeben von Peter Kreutz und Dieter Reuter

Band 1 Sabine Koch: Eigenkapitalleistungen und eigenkapitalersetzende Leistungen des Kommanditisten in der gesetzestypischen Kommanditgesellschaft. 1992.

Band 2 Knut Weigle: Die leitenden Angestellten zwischen Sprecherausschuß und Betriebsrat. 1993.

Band 3 Stephan Worpenberg: Die konzerninterne Arbeitnehmerüberlassung. 1993.

Band 4 Carsten Führling: Sonstige Unternehmensverträge mit einer abhängigen GmbH. 1993.

Band 5 Heike Grote-Seifert: Das englische Arbeitskampfrecht unter besonderer Berücksichtigung der Entwicklung seit 1979. Zugleich: Vergleichende Analyse der Rechtslage in Deutschland und England. 1994.

Band 6 Uwe Theobald: Gesamthaftungsverhältnisse. Die Gesamtschuld als Ausgleichsmodell bei der mehrfachen Drittsicherung einer Forderung. 1994.

Band 7 Kay-Uwe Jacobs: Die Wahlvorstände für die Wahlen des Betriebsrats, des Sprecherausschusses und des Aufsichtsrats. 1995.

Band 8 Horst-Jürgen Michallek: Die Verteilung des wirtschaftlichen Risikos der Nothilfe. Eine rechtsvergleichende Studie. 1995.

Band 9 Sibylle Kessal-Wulf: Die Innenverbände. Am Beispiel Publikumsgesellschaft, Franchising, Mitarbeiterbeteiligung und Betriebsverband. 1995.

Band 10 Britta Holdorf-Habetha: Der Übergang von gewerblich genutztem Vermögen im Wege der Erbfolge im Einkommensteuerrecht. 1996.

Band 11 Sönke-Peter Nehlsen: Nutzungsausfallersatz. Ein notwendiges Übel? Versuch einer dogmatischen Begründung und Alternativlösungen. 1997.

Band 12 Sebastian Graf von Wallwitz: Tarifverträge und die Wettbewerbsordnung des EG-Vertrages. Wettbewerbsbeschränkende Tarifverträge und das Kartellverbot des Artikel 85 EGV. 1997.

Band 13 Hans-Joachim Arnold: Die Bilanzierung des Geschäfts- oder Firmenwertes in der Handels-, Steuer- und Ergänzungsbilanz. 1997.

Band 14 Volker Hoes: Die Überschuldung Privater als Problem von Ungleichgewichten. 1997.

Band 15 Dörte Christiansen: Betriebszugehörigkeit. Die Zuordnung von Arbeitnehmern aus betriebsverfassungsrechtlicher Sicht. 1998.

Band 16 Axel Boysen: Betriebsverband und Arbeitsverhältnis am Beispiel der Gruppenarbeit. Ein Beitrag zur Entwicklung der arbeitsrechtlichen Dogmatik im Wandel der Industriearbeit. 1998.

Band 17 Kristoffer Blydt-Hansen: Die Rechtsstellung der Destinatäre der rechtsfähigen Stiftung Bürgerlichen Rechts. 1998.

Band 18 Per Christiansen: Über die reale Seite der Verbände. Die Bedeutung der tatsächlichen Zweckverfolgung in einem Verband für dessen Legitimität, Existenz und Kontinuität. 1999.

Band 19 Annette Grotkamp: Die Bedeutung des Gesamtbetriebsrats und die Abgrenzung seiner Zuständigkeit zu den Einzelbetriebsräten im Rahmen des Strukturwandels in der deutschen Wirtschaft. 1999.

Band 20 Oliver Ebert: Die Kosten der Einigungsstelle gemäß § 76 a BetrVG 1972 unter besonderer Berücksichtigung der Honorierung von Einigungsstellenmitgliedern. 1999.

Band 21 Christoph Nawroth: Die steuerliche Anerkennung von Familienpersonengesellschaften be fehlerhaftem Gesellschaftsvertrag. Zur Anwendung der Lehre von der fehlerhaften Gesel schaft im Steuerrecht. 1999.

Band 22 Kai Litschen: Die juristische Person im Spannungsfeld von Norm und Interesse. Am Be spiel der Gesellschafterhaftung in der GmbH. 1999.

Band 23 Eva Günther-Gräff: Kündigung und Kündigungsschutz von Absatzmittlungsverträgen. Da gestellt am Beispiel des Handelsvertreters, des Vertragshändlers und des Franchisenel mers. 1999.

Band 24 Martin Steiner: Entgelte der Kreditinstitute. Regelungen beim Girovertrag mit rechtsvergle chender Darstellung des anglo-amerikanischen Rechts. 2000.

Band 25 Sven Claussen: Grenzen der Insichgeschäfte im Gesellschaftsrecht. 2000.

Band 26 Sönke Peters: Der gesellschaftsrechtliche Grundsatz der Einheitlichkeit der Mitgliedschaf 2000.

Band 27 Gabriele Komp: Die juristische Person als Geschäftsführungsorgan einer Kapitalgesel schaft. Betrachtungen zu §§ 76 Abs. 3 S. 1 AktG und 6 Abs. 2 S. 1 GmbHG. 2000.

Band 28 Gunnar Mayer: Das außerdienstliche Verhalten von Arbeitnehmern. Ein Beitrag zu Ge schichte, Grundlagen und Erscheinungsformen außerdienstlicher Verhaltenspflichter 2000.

Band 29 Michael Mönke: Die Sicherung der Bauunternehmer nach § 648 a BGB. Unter besondere Berücksichtigung der Vereinbarkeit der Regelung mit den Prinzipien des Zivilrechts. 2000.

Band 30 Oliver May: Die Zulässigkeit der Regelung von Lohn und Arbeitszeit in Betriebsvereinba rungen. 2001.

Band 31 Robert Pape: Die tarifvertragliche Unkündbarkeit. Zugleich ein Beitrag zu den Grenzen de Tarifautonomie im Kündigungsschutzrecht und zum partiell zweiseitig-zwingenden Charak ter des § 1 Abs. 2 und 3 KSchG. 2002.

Band 32 Wilm-Christian Jaekel: Die Bindung an formnichtige Grundstücksverträge nach Treu un Glauben. 2002.

Band 33 Susanne Müller: Die Gesellschafterklage als rechtsformübergreifendes Institut. 2002.

Band 34 Freia Peters: Treuhand und Unterbeteiligung an Gesellschaftsanteilen. Eine vergleichend Betrachtung für den Bereich des Gesellschafts- und des Steuerrechts. 2003.